HISTOIRE

DE LA

DÉFENSE DE PARIS

OUVRAGES DU MÊME AUTEUR

Guerre des communeux de Paris. — Paris, Firmin Didot, 1871.

Le Bombardement de Paris par les Prussiens, en 1871. — Paris, Firmin Didot, 1872.

PARIS. — IMPRIMERIE J. DUMAINE, RUE CHRISTINE, 2.

PRÉFACE

« C'est icy un livre de bonne foy. »

L'auteur ne s'y est, en effet, proposé d'autre fin que de classer méthodiquement les notes qu'il a prises pendant le temps du siége et de les présenter avec ordre et clarté. Témoin de beaucoup d'événements, il expose, aussi simplement que possible, ce qu'il a vu, ce qu'il sait, ce qu'il tient de bonne source. Il s'est particulièrement attaché à ne mettre en lumière que la vérité, ce qu'il croit être la vérité.

Le lecteur jugera.

L'auteur ne fait que remplir un devoir en remerciant ici, très-cordialement, tous ceux qui ont bien voulu mettre à sa disposition les documents qu'ils possédaient. C'est à leur extrême obligeance que cet ouvrage doit le seul mérite qu'on y puisse reconnaître, celui d'une scrupuleuse exactitude des faits.

Notre époque agitée a, tout récemment, vu des dédicaces étranges initier le public aux tendances politiques de quelques écrivains distingués, éminemment autorisés, d'ailleurs, à traiter des choses de la guerre. Pour bien des motifs, l'auteur s'est gardé de suivre cet exemple. Si l'étude qu'il publie aujourd'hui avait eu les proportions d'un monument historique ou littéraire, il l'eût plus volontiers consacré à la mémoire de ceux qui sont morts en combattant pour la défense de Paris.

TABLE ANALYTIQUE DES MATIÈRES

TITRE I.

PRÉLUDES DU SIÈGE.

La guerre de 1870. — Instincts des races du Nord. — Candidature du prince de Hohenzollern au trône d'Espagne. — Déclaration de guerre. — Allégresse des Parisiens. — Combat de Sarrebrück. — Journée de Wissembourg, de Forbach et de Frœschwiller. — Angoisses du gouvernement. — Le département de la Seine en état de siége 1

Ministère Palikao. — Préparatifs de défense. — Emeute du 14 août. — Journées de Borny, de Gravelotte et de Saint-Privat. — Le général Trochu gouverneur de Paris. — Désastre de Sedan. — Le 4 septembre. — Violation du Palais du Corps législatif. — Démonstrations socialistes. — Les députés de Paris s'emparent du gouvernement. — Impuissance des hommes de septembre. 9

Mise en état de défense des gares de chemins de fer. — Démolition des maisons aux abords de l'enceinte de Paris. — Coupures aux routes. — Destruction des ponts. — Mesures prises contre l'éventualité d'un bombardement. — Projet d'incendie des bois. — Proclamations au peuple allemand. — Mission de M. Thiers. — Difficultés de cette mission . . 25

Marche des colonnes prussiennes. — Leur arrivée sous Paris. — Historique des siéges soutenus par la capitale de la France. — Les Parisiens se préparent à résister vigoureusement aux armées du roi de Prusse. 33

TITRE II.

ORGANISATION DE LA DÉFENSE.

CHAPITRE Ier.

LES DÉFENSEURS.

Pages.

Comité de défense. — Ses attributions. — Membres dont il se compose. — L'état-major du gouverneur de Paris. — Commandement supérieur du génie. — Commandement supérieur de l'artillerie. 40
Chiffre de la garnison nécessaire. — Ressources du gouvernement. 46
Infanterie. — Marins. — Infanterie de marine. — 13e corps. — 14e corps. — Rassemblement de divers éléments épars. — Formation de nouveaux régiments. — Appel de la classe de 1870. — Troupes diverses : gendarmerie, gardiens de la paix, douaniers, forestiers, pompiers de la ville de Paris . . 48
Garde nationale mobile 52
Gardes nationales de la Seine. — Valeur vraie de cette force armée. — Création de nouveaux cadres. — Le nombre des bataillons s'élève à 266. — Engouement des Parisiens. — Garde nationale universelle. — Compagnies de guerre. — Bataillons de guerre. — Régiments de Paris. — Commandement supérieur des gardes nationales 52
Corps francs. — Estampille de la guerre. — Organisation. — Revue d'effectif. — Nomenclature des corps francs parisiens (infanterie). — Le comité des femmes. — Zouaves de rempart. — Amazones de la Seine 60
Cavalerie de l'armée de Paris. — Légion de cavalerie de la garde nationale. — Corps francs à cheval 67
Artillerie de l'armée. — Batteries de la garde mobile. — Artillerie de marine. — Canonniers de la marine. — Corps d'artillerie de la garde nationale. — Corps francs. — Canonniers volontaires auxiliaires. — Train d'artillerie. — Artificiers. — Ouvriers d'artillerie. — Corps franc des ouvriers auxiliaires 68

DES MATIÈRES.   IX

Pages.

Génie. — Création de nouvelles compagnies de sapeurs. — Légion du génie de la garde nationale. — Corps francs. — Génie volontaire. — Bataillons auxiliaires du génie. — Bataillon de mineurs auxiliaires. — Ouvriers auxiliaires du génie. 73
Pontonniers de l'armée. — Pontonniers auxiliaires 76
Flottille de la Seine 77
Services administratifs.—Corps du train de la garde nationale. 78
Répartition des défenseurs. — Division de l'enceinte de Paris en neuf commandements dits *secteurs*. — Commandement d'artillerie de la rive droite. — Commandement d'artillerie de la rive gauche. — Division du service des travaux de défense en trois *circonscriptions*, puis en cinq *arrondissements* du génie 79
Limites, quartier général, commandement supérieur, état-major, commandement de l'artillerie, commandement du génie, bataillons de garde nationale de chacun des secteurs de l'enceinte 81
Division des défenses extérieures en trois grands commandements. — Commandement supérieur, commandement de l'artillerie, commandement du génie des forts du Mont-Valérien ; — de Vincennes ; — de la Briche ; — de la Double-Couronne ; — de l'Est ; — d'Aubervilliers ; — de Romainville ; — de Noisy ; — de Rosny ; — de Nogent ; — de Charenton ; — d'Ivry ; — de Bicêtre ; — de Montrouge ; — de Vanves et d'Issy. — Garnison des forts. — Répartition des troupes du génie 87
Commandement des bataillons de mobiles. — Groupes : de l'Elysée ; — du Palais-Royal ; — des Arts-et-Métiers ; — du Luxembourg. — Régiments de mobiles 92
Formation de trois armées destinées à la défense de Paris. . . 93
1re armée (Clément Thomas). 94
2e armée (Ducrot) ; — 1er corps (Blanchard) ; — 2e corps (Renault) ; — 3e corps (d'Exéa) ; — division de cavalerie (de Champéron). — Service de l'artillerie, service du génie, réserve d'artillerie de chacun des trois corps d'armée. — Réserve générale d'artillerie. — Modifications apportées à l'organisation de la 2e armée 94
3e armée (Vinoy). — Divisions Soumain, — de Liniers, — de Beaufort, — Corréard, — d'Hugues, — Pothuau. — Division de cavalerie Bertin. — Modifications apportées à l'organisa-

tion de la 3ᵉ armée. — Corps d'armée de la rive gauche. — Corps d'armée de la rive droite 99
Corps d'armée de Saint-Denis 102
Quartiers généraux des armées et des corps d'armée 103

CHAPITRE II.

LES AUXILIAIRES.

Le gouvernement encourage la formation de différentes associations civiles *auxiliaires*. — Classement des groupes qui se constituent pour venir en aide à la défense 103

§ 1. — *Subsistances, hygiène, service hospitalier, habillement.*

Commission des subsistances. — Compagnies de pourvoyeurs. 106
Commission centrale d'hygiène et de salubrité. — Comité médical 108
Ambulances de rempart. — Ambulances municipales. — Brancardiers municipaux. — Société française de secours aux blessés. — Internationale. — Ambulances de la Presse. — Comités anglais, belges, suisses et américains. — Comité évangélique. — M. Richard Wallace. — Commission supérieure d'inspection du service des blessés. — Règlement de la marche des voitures ambulancières et du mode d'enlèvement des blessés. — Répartition des blessés entre les diverses ambulances. — Hôpitaux répartiteurs. — Appel à la population parisienne. — Ambulances privées. — Asile offert aux convalescents 110
Souscriptions pour achat de vêtements de laine destinés à l'armée de Paris. — Société de prévoyance en faveur des citoyens sous les armes 123

§ 2. — *Travaux.*

Services rendus par les ingénieurs des ponts et chaussées et par les ingénieurs des mines. 127
La deuxième enceinte. — Le chemin de fer de la rue du rempart 130
La commission des barricades. — Le *colonel* Deroide. — Les abris casematés de la garde nationale 133

§ 3. — *Auxiliaires de l'artillerie.*

Pages.

Commission d'armement. — Génie civil. — Commission de centralisation des commandes d'armes. 139

§ 4. — *Services divers.*

Postes de guetteurs. — Ballons captifs. — Observatoires militaires. — Télégraphie électrique. — Sémaphores. — Télégraphie optique. — Pyrotechnie. — Pigeons messagers. — Système mixte de correspondance par le télégraphe, la photomicroscopie et les pigeons 146
Ballons libres. — Ballons montés. — Société des *Nouvelles-Montgolfières* 152
Eclairage électrique. — Organisation du service sur le pourtour de l'enceinte et dans les forts. 155
Organisation du service des torpilles. 157

§ 5. — *Commissions d'études.*

Commission d'études proprement dite. — Commission scientifique de la défense nationale. — Comité de défense de la *Société chimique.* — Essai du pétrole. — Propositions, inventions et renseignements divers adressés au comité de défense. 160

CHAPITRE III.

LES MOYENS DE DÉFENSE.

§ 1ᵉʳ. — *Baraquement.*

Casernement de Paris. — Constructions de baraques sur le plateau de Romainville et au camp de Saint-Maur. — Baraques de la ville de Paris. — Les boulevards extérieurs se couvrent de constructions volantes 166

§ 2. — *Fortifications.*

Fermeture des portes. — Organisation des ponts-levis. — Ouvrages destinés à couvrir les portes conservées. — Estacades de

TABLE ANALYTIQUE

la Seine. — Barrage de la Bièvre. — Démolition des bâtiments situés dans la zone des servitudes militaires. — Construction de bâtiments à l'épreuve de la bombe. — Traverses. — Abris blindés. — Pare-éclats. — Travaux divers 167

§ 3. — *Artillerie*.

Embrasures. — Plateformes. — Traverses. — Magasins. — Armement de l'enceinte et des forts. — Répartition du matériel de l'artillerie. — Tableau de l'armement de la défense au 28 janvier 1871 175
Ressources de la défense mobile. — Wagons blindés. — Flottille de la Seine. 182
Munitions. — Projectiles. — Poudres de guerre. — Construction de voitures et d'affûts. 185
Armes à feu portatives. — Cartouches. 187

§ 4. — *Subsistances*.

Ressources du département de la marine ; — de la guerre. — Pénurie de l'administration civile. — La ville de Paris a recours à la guerre 188
Services rendus par les fonctionnaires de l'intendance. — Approvisionnements opérés. — Nomenclature exacte des denrées achetées d'urgence pour le compte de la ville. — 1re période d'approvisionnements (ministère Dejean-Louvet). — 2e période (ministère Palikao-Duvernois). — Excellence des résultats obtenus. — 3e période (ministère Le Flô-Magnin). — Néant des opérations 193
Total des dépenses effectuées par l'intendant Perrier. — Denrées cédées par la guerre à la ville de Paris, après l'investissement 201
Magasins de distributions de la guerre. 205
Alimentation de la population parisienne. — Service des eaux. Vivres pain. — Principes de l'administration civile. — Déclarations. — Réquisitions. — Perquisitions. — Encouragements à la délation 206
Moyens de mouture. — Services rendus par l'usine Cail et les ateliers des chemins de fer. — Insuffisance de ces moyens. 211
La consommation du pain. — Répression des abus. — Défense de vendre des farines. — Panique de la population parisienne. — Défense de fabriquer du *pain de luxe*. — Ration-

nement du pain. — Altérations successives des qualités de la matière première. — A la veille de l'armistice, il n'entre plus dans le pain que 10 °/₀ de farine. 213

Vivres-viande. — Ressources en viande sur pied. — Parcs aux bœufs et aux moutons improvisés par M. Duvernois. — Stock au jour de l'investissement 221

Réglementation de la vente des chevaux de boucherie. — Fixation des tarifs.— Répartition de la viande entre les 20 arrondissements de Paris. — Restrictions apportées à la liberté du commerce des chevaux 222

Organisation du service de la boucherie de cheval. — Recensement des chevaux, ânes et mulets. — Réquisition des bêtes à cornes et à laine. — Réquisition des charcuteries. — Commission de réquisition des chevaux. — Décrets du gouvernement. 225

L'historique des vivres-viande pendant le siège présente quatre périodes distinctes. — Nombre de chevaux livrés à la boucherie 233

Les animaux du jardin d'acclimatation. — Animaux domestiques. — Chats. — Chiens. — Rats. 234

L'*Osséine*. — Réquisition des os. — Réquisition du poisson de la Seine et de la Marne. 237

Phases diverses du régime alimentaire. — Physionomie de la vie parisienne. — Génie culinaire des assiégés. — Carte d'un dîner pendant le siège. 240

Hausse continue du prix des denrées alimentaires. 242

Critique des procédés suivis par l'administration 243

§ 5. — *Services divers.*

Habillement et campement. — Magasin central. — Entrepôts. — Entraînement de l'industrie parisienne. 249

Eclairage. — Stock des usines à gaz au jour de l'investissement. — Réglementation de la consommation. — Rationnement du gaz. — Aspect des boulevards de Paris, la nuit. — Réquisition des huiles de pétrole 253

Chauffage. — Coupes dans le bois de Boulogne et dans le bois de Vincennes. — Abatages sur les routes et sur les boulevards. — Désordres divers. — Bris et dévastation de clôtures en planches. — Pillage de chantiers. — Elévation du prix des charbons et des bois de chauffage. — Extrême rigueur du froid. 255

TITRE III.

LES OPÉRATIONS.

CHAPITRE Ier.

L'INVESTISSEMENT.

Pages.

Reconnaissance du général Vinoy vers Choisy-le-Roi. — Les Prussiens passent la Seine au gué d'Athis. — Chicanes d'éclaireurs. — Les Prussiens dans les bois de Meudon. — Engagements de Trévaux, de Noisy-le-Sec, de Villejuif. . . 262
Combat de Châtillon (19 septembre). — Entrevue de Ferrières. — Forces de l'armée d'investissement. 270

CHAPITRE II.

LES COMBATS.

Agitation dans Paris à la suite du combat de Châtillon. — Proclamation de M. Gambetta. — Les Parisiens s'attendent à une attaque de vive force de la part des Prussiens. — On observe un calme profond aux abords de la place investie. — Les Prussiens occupent les villages et commencent des batteries à grande distance. 276
Nouvelle proclamation de M. Gambetta. — Manifestation en armes sur la place de la Concorde 279
Premiers obus tirés par les forts. — Premiers engagements. — Préludes des opérations de la défense. 280
Le général Ducrot commandant en chef des 13e et 14e corps. — Son quartier général à la Porte Maillot. — Positions occupées par l'armée sur la rive droite et sur la rive gauche de la Seine. — Corps d'armée de Saint-Denis. 282
Liste des combats et des batailles qui vont se livrer sous Paris. 284

Combat de Villejuif (23 septembre).

La division de Maud'huy reprend le plateau de Villejuif et la

DES MATIÈRES.   XV

Pages.

redoute des Hautes-Bruyères. — La brigade Blaise réoccupe le Moulin-Saquet 284
Reconnaissance de Drancy opérée par l'amiral Saisset. — Attaque de Pierrefitte par le général de Bellemare 286

Combat de Chevilly (30 septembre).

Données diverses touchant les projets de l'ennemi. — On renforce l'armement de certaines portions de l'enceinte. 286
Affaires de la Ferme-des-Mèches, de Neuilly-sur-Marne et de la Maison-Blanche. — Déboisement de l'île de Billancourt. 287
Travaux de l'assiégeant. — Le gouverneur les fait reconnaître par les troupes du 13ᵉ corps. — Le général Vinoy aborde les villages de l'Hay, de Chevilly et de Thiais. — Mort du général Guilhem. — Le général d'Exéa pousse, en même temps, entre Seine et Marne. — Le général Blanchard explore la Basse-Seine. — Autres diversions opérées par le général Ducrot, le général Renault et les Eclaireurs de la Seine. — Ordre du jour du gouverneur. 289

Combat de la Malmaison (8 octobre).

Reconnaissances et engagements divers. — Le gouverneur estime que la défense doit prendre résolûment l'offensive. — Occupation de Cachan. — Affaire de Clamart 293
Expédition dirigée sur la Malmaison par le général Martenot. — Le commandant Cholleton appuie le mouvement 295
L'amiral Saisset chasse l'ennemi hors de Bondy 296
Les Parisiens apprennent la chute de Toul et de Strasbourg. — L'émeute du 8 octobre. — Le journal *La Patrie en danger*. — Départ de M. Gambetta à bord du ballon *l'Armand-Barbès* 297

Combat de Bagneux (13 octobre).

Les forts du Nord-Est démontent aux Prussiens plusieurs bouches à feu de campagne. — Occupation de la maison Millaud. — Reconnaissance du Bois-de-Neuilly, de Villemomble et du plateau d'Avron. — Affaire de la Jonchère. 300
Concentration de l'ennemi aux environs de Choisy-le-Roi. — Le gouverneur fait aussitôt renforcer les défenses du Sud. — Nécessité de tâter le terrain en avant, de Cachan à Issy.

— Les troupes du 13ᵉ corps reçoivent l'ordre de faire une reconnaissance offensive. — Colonnes d'attaque dirigées sur Clamart, Châtillon et Bagneux. — Mort du commandant de Dampierre. — Ordre du jour du gouverneur 303

Combat de Buzenval (21 octobre).

L'assiégeant prend, de plus en plus, une attitude expectante. — Moyens de résistance de la capitale assiégée. — Le gouverneur pense que le moment est venu de substituer au système des petites entreprises celui de la *grande offensive*. — Organisation d'une artillerie puissante. — Mesures diverses. — Situation de la défense. — Nos opérations incessantes tracassent vivement l'ennemi 309
Le gouverneur apprend que les Prussiens ont formé le projet d'insulter le Mont-Valérien. — Il ordonne une grande reconnaissance entre La Jonchère et le château de Buzenval . . . 313
Plan du général Ducrot. — Répartition des forces dont il dispose. — Les généraux Vinoy et de Bellemare doivent appuyer le 14ᵉ corps. — Rapport du général Ducrot 314
Frayeur au quartier général de Versailles. — Angoisses du roi de Prusse. — L'ennemi s'apprête à décamper 318
Ordre du jour du gouverneur 319

1ᵉʳ Combat du Bourget (28 octobre).

Progrès et solidité de nos jeunes troupes des 13ᵉ et 14ᵉ corps. — Importance de l'appui que doit leur prêter une forte artillerie de campagne. — Perfectionnements apportés aux moyens de la défense fixe et de la défense mobile. — Série continue de chicanes 320
Les francs-tireurs de la Presse surprennent le Bourget. — Le général de Bellemare les fait soutenir. — Bombardement du village. — Les Prussiens tentent en vain un retour offensif. — Réflexions du gouverneur au sujet de cette affaire. 322

2ᵉ Combat du Bourget (30 octobre).

Nouveau bombardement du Bourget. — Une masse de 15,000 Prussiens menace le village. — L'ennemi attaque suivant la méthode dite *de l'ordre déployé soutenu par des tirailleurs*. — Récit du duc de Wurtemberg. — Nous abandonnons le Bourget et Drancy. 325

Emoi de la population parisienne. — On apprend, à Paris, la chute de Metz et l'arrivée de M. Thiers, porteur des propositions des Puissances. — Emeute du 31 octobre. 330

CHAPITRE III.

LES BATAILLES.

Origine et conséquences de la journée du 31 octobre. — Temps d'arrêt des opérations de l'attaque et de la défense — Nos forts et nos avant-postes ne cessent cependant pas de harceler l'ennemi. 332

L'armement et les travaux de défense se poursuivent partout avec activité. — Accumulation d'ouvrages et de batteries de gros calibre dans la presqu'île de Gennevilliers. — Idée du général Ducrot, approuvée par le gouverneur 335

Le succès de Coulmiers. — Bouleversement des projets du général Trochu. — Illusions de M. Gambetta. — Virement et transport à l'Est de Paris de tous les moyens d'action préparés dans la presqu'île de Gennevilliers. 341

Batailles de Villiers et de Champigny (30 novembre-2 décembre).

Belle proclamation du général Ducrot à la 2ᵉ armée de Paris. — Bouches à feu destinées à soutenir les mouvements de l'armée. — Armement du plateau d'Avron. — Diversion due au général de Liniers 346

Journée du 29 novembre. — Crue subite de la Marne. — Diversions opérées par l'amiral Pothuau, le général de Beaufort et l'amiral de la Roncière 350

Passage de la Marne par la 2ᵉ armée. 352

Les Prussiens ont vent de nos intentions. — Ordres émanés du quartier général de Versailles. — Le prince de Prusse et le prince de Saxe doivent appuyer la division wurtembergeoise. — Nous surprenons l'ennemi en flagrant délit de concentration. — Effectif des forces qu'il est en mesure de nous opposer 353

Bataille de Villiers. — Récit du major Blume. 360

Les Prussiens se concentrent en arrière des positions de Villiers et de Cœuilly. — Bataille de Champigny. — Résultats obtenus 365
La 2ᵉ armée repasse la Marne. — Proclamation du général Ducrot. — Désappointement de la population parisienne. . 369
Le gouvernement de la défense nationale nous fait perdre le fruit de nos succès de Villiers et de Champigny. — Palinodies des hommes du 4 septembre 373
Réorganisation des armées de Paris 375

Bataille du Bourget (21 décembre).

Résolutions du gouverneur. — Vagues espérances de nos soldats. — Concentration des armées de Paris entre la Seine et la Marne, de Saint-Denis à la Ville-Evrard. — Attaque principale dirigée contre le Bourget, Drancy et la ferme de Groslay. — Deux actions secondaires. — Le général Noël opère sur toute la largeur de la presqu'île de Gennevilliers. — Le général Vinoy aborde les positions de l'ennemi sur la rive droite de la Marne. — Mort du général Blaise..... 376
La brigade Lamothe-Tenet enlève très-brillamment la partie nord du Bourget. — Insuffisamment soutenue, elle est forcée d'évacuer le village. — Le général de Bellemare occupe sans difficulté Bondy, Drancy et la ferme de Groslay........ 380
L'ennemi ne se montre pas à découvert et ne nous oppose que le feu de ses batteries.................... 382
Le *Camp du froid*. — Le Bourget demeure l'objectif de nos opérations. — Importants travaux d'approches. — Cas de congélation. — Nombre de jeunes soldats sont atteints d'anémie........................ 384
Le bombarbement. — Violation du droit des gens. — Les assiégeants ne bombardent que pour masquer leur affaiblissement numérique. — Effets des projectiles prussiens sur les localités suburbaines, sur nos forts et nos édifices. — Notre artillerie répond vigoureusement aux batteries prussiennes. — L'histoire saura flétrir la manière militaire de M. de Moltke........................ 386
Grande agitation dans les lignes de l'assiégeant. — Engagements divers. — Evacuation du plateau d'Avron. — Situation de la défense. — Le mot du bailli de Suffren.......... 392

DES MATIÈRES. XIX

Bataille de Buzenval (19 janvier).

Pages.

L'acte du désespoir. — Le gouverneur met en ligne trois corps d'armée formés de troupes d'infanterie, de mobiles et de gardes nationaux, en tout 84,350 hommes, commandés par les généraux Ducrot, Vinoy et de Bellemare. — Nomenclature et répartition de cette masse de combattants 396

Le *Butard*, objectif commun aux trois corps. — Subsidiairement, la colonne Ducrot doit attaquer l'Ouest du parc de Buzenval; la colonne de Bellemare, l'Est du plateau de la Bergerie; la colonne Vinoy, la redoute de Montretout. . . . 402

Solidité des lignes prussiennes. — Importance des forces appelées à les défendre. — Renforts envoyés au 5ᵉ corps ennemi. — Dispositions prises par le général de Kirchbach. — Le nouvel empereur d'Allemagne prend position à l'aqueduc de Marly. 403

Récit de la bataille. 409

Fâcheuse dépêche du gouverneur. — Angoisses et stupeur de la population parisienne. 417

TITRE IV.

LA CAPITULATION.

Agonie de la défense. — L'autorité du gouverneur est ébranlée et compromise. — Le général Trochu résigne ses fonctions. — Le général Vinoy est nommé commandant en chef. — Son ordre à l'armée. 419

Attentat du 22 janvier. — Cette émeute est, comme les précédentes, l'œuvre occulte de M. de Bismarck. — Attaque de l'Hôtel de ville. — Mesures prises par le général Vinoy. — Arrêtés du gouvernement. 423

Intensité du bombardement. — Fiévreuse activité des Prussiens à l'entour de la place. — Cessation du feu. 429

Note du gouvernement. — Négociations à Versailles. — Convention Favre-Bismarck. 430

Ligne de démarcation devant Paris. — Passage de la ligne de démarcation. 432

Imminence de l'entrée des Prussiens dans Paris. — Lettre du général Trochu. 434

Les défenseurs de Paris prisonniers de guerre. — Etat des armes de main et des bouches à feu remises aux commissaires prussiens. — Corps de troupes autorisés à conserver leurs armes. — Contribution de guerre frappée sur la vile de Paris.................................... 436
Ressources et devoirs de la France............... 437

ÉPILOGUE....................... 439

APPENDICES.

Appendice A. — De la marche des Prussiens sur Paris. . . . 487
Appendice B. — Du service de santé............. 487
Appendice C. — Des pigeons-messagers........... 488
Appendice D. — Des ballons dirigeables.......... 490
Appendice E. — De l'emploi de la dynamite....... 493
Appendice F. — De l'investissement............. 493
Appendice G. — Notice bibliographique.......... 493

HISTOIRE
DE LA
DÉFENSE DE PARIS

TITRE PREMIER.
PRÉLUDES DU SIÉGE.

Le 19 juillet 1870, quand éclata la funeste guerre dont nous portons aujourd'hui la peine, l'événement n'était plus de nature à surprendre personne. Il y avait longtemps qu'on s'attendait, en France, à l'explosion du fourneau de mine si fortement surchargé par M. de Bismarck. — « J'ai toujours cru, écrivait alors « M. Thiers, que la France serait amenée à résister à « l'ambition de la Prusse, nation jeune et conqué- « rante... »

Jeunes et conquérants ! Ils le sont tous, en effet, ces peuples du Nord dont les aspirations hardies rompent périodiquement l'équilibre européen. Ils le sont nécessairement, fatalement, en vertu des lois mystérieuses qui régissent les mouvements adamiques à la surface de notre hémisphère. Jeunes, parce qu'ils vivent en des régions voisines de l'une des sources des grands courants humains ; qu'ils bordent ce sol fécond que Jornandès nomme si énergiquement la fabrique et le réservoir des nations — « *Officina gentium* « *aut certè velut vagina nationum* »; — Conquérants, parce que ces races plantureuses, qu'anime la sève polaire, sont fréquemment soumises à des accidents de *trop-plein* et doivent, dès lors, tendre à s'écouler par les voies ouvertes à leurs instincts d'expansion.

Les grands fleuves d'hommes, qui parsèment le globe à la manière des courants magnétiques, ont un régime essentiellement affecté d'intermittences, mais le thalweg en est toujours perceptible ; et le sens, visiblement déterminé. C'est ainsi que, en ce qui regarde notre vieux continent d'Europe, les lois ethnologiques veulent que les flux de populations destinés aux formations durables se dirigent invariablement du nord au sud et de l'est à l'ouest. Telles se dessinèrent, par exemple, les invasions des Goths qui, sortis de la presqu'île scandinave, abordèrent en Russie, descendirent jusqu'à la mer Noire et, de là, se répandirent en Italie, en France et en Espagne. Telles furent aussi celles des Vandales qui essaimèrent des bords du Rhin pour inonder et l'Espagne et l'Afrique. La science observe, d'ailleurs, l'échec constant des migrations ou des conquêtes tentées en sens inverse. Ainsi, les Musulmans d'Afrique, qui opèrent du sud au nord, n'occupent que temporairement la Péninsule et ne peuvent s'établir dans le midi de la France. C'est pour la même raison que nos Croisades, dirigées de l'ouest à l'est, aboutissent finalement à un insuccès, et que notre grande armée de 1812 se fait promptement détruire comme l'armée de Louis le Jeune ; comme les légions des empereurs Conrad et Frédéric Barberousse.

Descendants des Slaves septentrionaux, les Prussiens ont éminemment l'instinct des migrations, l'esprit d'aventures et de conquêtes. Ils sont, tout comme les Goths, possédés d'un démon de la guerre qui les pousse irrésistiblement en avant. Or, en obéissant aux lois ethnologiques qui régissent le monde occidental, c'est la France qu'ils rencontrent inévitablement sur leur passage et qu'ils tendent toujours à envahir. On peut en induire que, en nous cherchant querelle en 1870, M. de Bismarck et son souverain n'ont fait que céder à l'entraînement qui s'impose au sang septentrional ; que se laisser aller à l'un de ces cours torrentueux qui emportent vers l'avenir les destinées des races humaines.

Il faut rendre, d'ailleurs, pleine et entière justice à nos ennemis. Armés d'une foi robuste, imbus profondément de cette idée que la Prusse doit, un jour, dévorer la France, ils ont admirablement préparé les événements qui viennent de s'accomplir. Ils ont su allumer les haines, surchauffer l'esprit national, ouvrir aux convoitises une large perspective et, suprême degré de l'art, ils ont eu l'insigne habileté de se faire déclarer la guerre !

Donc, le 3 juillet 1870, la *Gazette de France* apprenait au public une nouvelle étrange. M. de Bismarck qui, le mois précédent, à propos de l'affaire du Saint-Gothard, avait soumis notre patience à de rudes épreuves, venait de trouver le moyen de la pousser à bout. Il lançait résolûment la candidature du prince de Hohenzollern au trône d'Espagne. Cette question, déjà soulevée en mars 1869, n'avait pas alors suscité de conflits, grâce aux protestations de notre ambassadeur et à l'*engagement d'honneur* pris à ce sujet par M. de Thiele. Mais le chancelier de la Confédération du Nord, que ces sortes d'engagements n'entravent guère, se jetait de nouveau, et très-sérieusement cette fois, dans les bras du maréchal Prim. Les Cortès allaient s'ouvrir et le prince-candidat roulait déjà sur la route de Madrid.

Cette nouvelle, qu'aucun événement récent ne faisait pressentir, souleva dans Paris une émotion et une indignation indescriptibles.

Notre Gouvernement, on se le rappelle, rédigea de suite une note très-ferme à l'adresse de la Prusse et fut alors très-applaudi. M. de Grammont se mit, en même temps, en quête d'une solution pacifique et, par l'entremise de lord Lyons, il fit, dès le 8 juillet, demander au prince Léopold une renonciation *volontaire*. Cette tentative de conciliation ne tarda pas à aboutir ; le Ministre des ffaires étrangères reçut, le 13, de

M. Olozaga, ambassadeur d'Espagne, l'avis du désistement consenti par le fils du prince Antoine de Hohenzollern.

Un instant, le Gouvernement considéra la paix comme assurée, mais la satisfaction donnée parut insuffisante et, jusqu'à certain point, dérisoire à la majeure partie du public qui, cependant, ignorait que la candidature Léopold en était à sa seconde édition, du fait de la violation d'une parole d'honneur.

Usant à la fois de tous ses organes, Corps législatif, presse et manifestations des rues, le pays exprimait ses volontés impatientes et demandait que la Prusse fût mise en demeure de ne plus troubler ainsi, à tout propos, sa tranquillité. Le Gouvernement dut céder à cette explosion du sentiment universel et demander au cabinet de Berlin des garanties pour l'avenir. La Russie et l'Angleterre conseillaient vivement au roi Guillaume d'accéder à ces demandes, mais un tel arrangement contrariait singulièrement les projets de M. de Bismarck. Il était prêt à la guerre et, à tout prix, il lui fallait la guerre. En conséquence, il dicta à son maître un refus qu'il sut, aux yeux des puissances, transformer en un outrage sanglant.

La France, ainsi frappée au visage, n'avait plus qu'à crier : vengeance ! M. de Bismarck comptait sur le premier mouvement d'un sang généreux ; il ne se trompait pas. Chacun de nous, instinctivement, mit la main à son épée. Le Gouvernement demanda au Corps législatif les crédits nécessaires pour soutenir une guerre imminente, et les crédits furent votés d'urgence à la majorité de 247 voix contre 10. Enfin, le mercredi 20 juillet, à trois heures de l'après-midi, M. de Grammont déclara aux députés que, depuis la veille, 19 juillet, l'état de guerre était intervenu entre la Prusse et la France.

Le triomphe de M. de Bismarck était complet.

Malgré tout, la nouvelle de cette déclaration de guerre fut accueillie avec un vif enthousiasme.

Le public parisien se mit à faire tout haut de beaux rêves de gloire, et l'expression des préoccupations les plus légitimes fut bientôt étouffée sous un tumulte de clameurs patriotiques; tout le répertoire des chants nationaux et révolutionnaires eut, suivant l'usage établi, les honneurs d'une fiévreuse renaissance et, incontinent, l'on se disposa le plus gravement du monde à procéder à la conquête des provinces rhénanes. — « *A Berlin!* » criaient à pleins poumons les promeneurs des boulevards. — « *A Berlin!* » répondaient les soldats qui partaient pour l'armée. Et ces cris malheureux trouvaient de l'écho partout, et jusque dans l'oratoire du prélat qui devait, dix mois plus tard, tomber sous les coups de feu des bandits de la Commune, agents de M. le comte de Bismarck. — « La France, disait l'archevêque de Paris en sa lettre
« pastorale du 27 juillet, la France provoquée descend
« de nouveau sur les champs de bataille, et ses aigles
« reprendront leur vol triomphant.—Rien ne manque
« à notre pays de ce qui peut humainement détermi-

« ner le succès. — Tout fait espérer que la victoire
« sera fidèle à notre drapeau et que, sur les traces de
« leurs pères, les fils sauront retrouver le chemin
« d'Iéna ». Paroles innocentes mais téméraires, dont
pleurèrent amèrement ceux qui ne pouvaient croire
au succès de nos armes !

Cependant, les sinistres pressentiments des partisans de la paix parurent un instant exagérés. Un vif éclair, précurseur des tempêtes, nous fit entrevoir des horizons splendides, et la fibre belliqueuse des Parisiens tressaillit d'aise à l'annonce d'une première victoire. Une dépêche officielle leur fit, en effet, connaître que le 2 août, à onze heures du matin, l'armée française avait pris l'offensive, franchi la frontière, et *envahi* le territoire prussien ; que, malgré la force de la position ennemie, quelques-uns de nos bataillons avaient brillamment enlevé les hauteurs qui dominent Sarrebrück, et cela en moins de deux heures. Le lendemain, 3 août, un second télégramme, confirmant l'heureuse issue du combat de la veille, exposait les propriétés merveilleuses d'un nouvel engin de guerre sur lequel on fondait les plus grandes espérances. Pendant quarante-huit heures, on ne parla que des mitrailleuses. Ce fut une joie universelle.

Il fallait être, comme on l'est en France, bien ignorant des choses et des hommes de l'Allemagne pour s'imaginer que ce combat de Sarrebrück allait nous permettre de percer jusqu'au cœur du pays. Aussi le désappointement fut-il profond, autant que l'illusion avait été vaine, quand on vit subitement s'éteindre la lueur éblouissante qui venait d'éclairer les coteaux de la Sarre. Le ciel fut vite assombri, et la foudre frappa des coups précipités. C'est ici qu'il faut hélas ! évoquer le souvenir des journées de Wissembourg, de Forbach et de Frœschwiller.

Le 4 août, moins de quarante-huit heures après l'épisode de Sarrebrück, le général Douay, surpris par l'ennemi, se faisait bravement tuer ; et, encore quarante-huit heures après, c'est-à-dire le 6 août, le général Frossard était forcé de battre en retraite, au moment même où le maréchal de Mac-Mahon cédait à des forces supérieures.

Ce concours de nouvelles désastreuses produisit aussitôt l'effet qu'on en pouvait attendre. La population fut atterrée, et le Gouvernement ne songea plus à dissimuler ses angoisses. Le 7 août, dès six heures du matin, les Ministres annonçaient qu'ils allaient mettre Paris en état de défense ; ils déclaraient l'état de siége dans le département de la Seine, et convoquaient pour le 11 août le Corps législatif et le Sénat. Une proclamation de l'Impératrice-Régente faisait, en même temps, appel au patriotisme des bons citoyens. Elle les adjurait de maintenir l'ordre, de demeurer fermes, et de parer ainsi aux conséquences possibles d'un revers imprévu.

— « *Tout peut se rétablir* » avait télégraphié l'Empereur. — « *Nos ressources sont immenses* » disaient les Ministres. — « *Paris ne sera pas pris au dépourvu,*

« ajoutait le Ministre de la guerre en son rapport à
« l'Impératrice en date du 7 août ; *la défense de Paris*
« *sera bientôt assurée ; la France peut armer deux millions*
« *de défenseurs ; leurs fusils sont prêts et il en restera*
« *encore un million en réserve...* »

Ces assurances, données par le *Journal officiel*, ne parvenaient pas à calmer le public, à restituer sa confiance ébranlée. Il n'y avait plus d'illusions possibles : notre frontière était entamée et déjà, par la brèche ouverte, le torrent de l'invasion roulait à grand fracas.

Paris était dans la stupeur.

C'est alors que sombra silencieusement le ministère du 2 janvier, emportant avec lui bien des malédictions. Un décret du 9 août confia aussitôt le portefeuille de la Guerre au général de Palikao. M. Henri Chevreau fut appelé à l'Intérieur; M. Jérôme David, aux Travaux publics. Enfin, M. Clément Duvernois fut nommé Ministre de l'Agriculture et du Commerce. La publicité donnée à cette liste de noms significatifs n'était pas de nature à dissiper les craintes qui s'étaient fait jour. Les appréhensions s'accrurent, au contraire, de toutes les terreurs d'une dynastie qui sentait sa stabilité compromise. Le choix qu'on avait fait du général de Palikao était, d'autre part, rassurant ; on se crut en droit de compter sur une bonne direction des opérations militaires, et les premiers discours du Ministre surent lui concilier des sympathies. Les Parisiens se calmèrent.

Ils surent, d'ailleurs, bientôt que le Gouvernement

s'attachait à prendre toutes les mesures propres à préparer une bonne défense de la place. Grâce à l'activité de M. Duvernois, les approvisionnements de bouche commençaient à s'opérer dans les proportions les plus larges et, dès le 8 août, des travaux de terrassements avaient été entrepris sur tout le pourtour des fortifications. Le 13, le Ministre de la guerre affirmait aux députés que, avant très-peu de jours, les forts seraient complétement armés, et le lendemain, 14, le *Journal officiel* publiait ces renseignements destinés à servir de sédatif aux anxiétés d'une population essentiellement nerveuse :

« Tout l'armement de Paris est dans Paris même. Plus de six cents bouches à feu sont déjà sur les remparts des forts qui seraient les premiers menacés. La mise en place des pièces continue sans interruption, de jour et de nuit, avec la plus grande activité.

« Hier, 7,500 ouvriers étaient employés aux coupures des voies qui pénètrent dans Paris. Ces coupures sont faites, et il ne reste plus à terminer que le détail de l'achèvement des fermetures et de la mise en place des ponts-levis.

« Des milliers de travailleurs sont occupés, à l'extérieur, au terrassement des ouvrages accessoires qui compléteront l'ensemble des forts permanents. »

Le Ministre de la guerre s'assurait, d'autre part, le concours des troupes de la marine ; donnait des ordres de route aux régiments encore disponibles en France et en Algérie ; rappelait (le 11 août) la division stationnée dans les Etats-Pontificaux; complétait à 900 hommes les quatrièmes bataillons des cent régiments d'infanterie; organisait des régiments de gendarmerie, et parvenait ainsi à mettre sur pied 150,000 hommes. Du 8 au 12 août, 60,000 hommes de la classe 1869 rejoignirent leurs dépôts. Enfin, la garde nationale mobile et les compagnies de francs-tireurs, qui s'organisaient par toute la France, permettaient de compter sur un effectif de plus de 400,000 hommes. La cause de la France ne semblait donc pas désespérée.

Malheureusement, les Prussiens avaient un allié terrible qui déjà s'agitait au milieu de nous. Sombre suppôt de la politique inaugurée par M. de Bismarck, le spectre démagogique émergeait des ténèbres pour étendre ses bras sanglants sur Paris éperdu. On se rappelle ce poste de pompiers brusquement envahi, en plein jour (14 août), par une bande de scélérats vulgaires. C'était le prologue des événements sinistres qui devaient, sept mois plus tard, aboutir au gouvernement des communeux. Ce premier danger fut promptement conjuré, et l'émotion s'apaisa grâce à d'excellentes nouvelles qui arrivaient juste à point pour cicatriser la plaie.

Le maréchal Bazaine appelé, par décret du 12 août, au commandement en chef de l'armée du Rhin, venait de livrer trois batailles qui donnaient aux Prussiens à réfléchir sur la vraie valeur des troupes françaises. Le 14 août, à Borny, il avait battu Steinmetz; le 16, à

Gravelotte (*aliàs* Rezonville ; les Prussiens disent Mars-la-Tour), il avait fort maltraité Frédéric-Charles ; le 18, enfin, à Saint-Privat (Gravelotte pour nos adversaires), il avait vaillamment tenu tête aux forces commandées par le roi de Prusse en personne ; et ces luttes furieuses paraissaient devoir arrêter l'envahisseur.

Paris poursuivait, d'ailleurs, ses travaux de défense avec une activité qui tenait du prodige. — « Après la « visite que je viens de faire des grands ouvrages qui « couvrent Paris, disait M. Thiers en la séance du « Corps législatif du 17 août, je suis convaincu que « Paris peut opposer à l'ennemi une résistance invin- « cible. Je suis convaincu que devant ses hautes « murailles viendra s'arrêter une fortune bien puis- « sante aujourd'hui et bien nouvelle. Quand on les a « faites, on n'entendait pas outrager la France, et ce « n'est pas l'outrager que de dire que, si la fortune « nous trahit encore, il y aura sur ce point un obstacle « invincible qui arrêtera l'ennemi. »

M. Thiers avait raison. Les fortifications de Paris étaient déjà fort respectables ; mais des murailles, si solides qu'elles soient, ne se défendent pas seules. C'est là surtout que la matière a besoin d'être vivifiée par le souffle d'une âme, et l'on comprend qu'une forteresse ne peut s'inspirer que de l'âme de son gouverneur. Aussi les règlements militaires, en cela d'accord avec la raison, réclament-ils impérieusement d'un commandant de place des qualités exceptionnelles.

Les articles 254 et 255 du décret du 13 octobre 1863 veulent qu'il soit vraiment homme antique. Intelligence et caractère, savoir et fermeté, héroïsme et dévouement, tous les mérites, toutes les expériences, tous les courages, il doit les sentir en lui, l'homme qui reçoit en dépôt la garde d'un palladium de son pays ! Depuis un mois, l'opinion désignait le général Trochu au choix du Gouvernement, et l'on vit Paris se réjouir en toute sincérité quand un décret du 17 août lui donna cet officier général pour gouverneur et commandant en chef de toutes les forces de la défense.

Cependant, le Prince royal de Prusse, laissait à Steinmetz et à Frédéric-Charles le soin de tenir en échec le maréchal Bazaine, et piquait droit sur Paris, son objectif, avec une armée de 150,000 hommes. Dès le 24 août, il était, de sa personne, à Saint-Dizier et ses coureurs entraient à Châlons-sur-Marne. D'autres cavaliers, partis de Doulevent, se dirigeaient sur Arcis-sur-Aube ; enfin quelques uhlans descendaient vers Troyes. Il était clair que le prince dessinait son mouvement en avant par les vallées de la Marne, de l'Aube, de la Seine, et que, de plus, ses troupes avaient l'habitude des marches forcées. Toutefois, en procédant ainsi, il lui était impossible de ne pas tenir compte des forces réunies au camp de Châlons, sous le commandement du maréchal de Mac-Mahon, et qui pouvaient lui couper sa route. Qu'allait-il se passer ? Le maréchal devait-il donner vigoureusement dans le flanc droit des Prussiens, ou se replier lestement sur l'Ouest pour couvrir les approches de Paris ? Il n'y avait guère que l'un de ces deux partis à prendre, et le second paraissait de beaucoup le plus sage.

Tout à coup, l'on apprit que d'importantes décisions venaient d'être prises en Conseil des ministres ; que le camp de Châlons avait été livré aux flammes et que le maréchal, remontant vers le Nord, se dirigeait sur Vouziers, dans le but évident d'aller tendre la main à Bazaine. Dès qu'il eut vent de cette levée du camp de Châlons, le Prince royal suspendit sa marche vers Paris et fit brusquement un à-droite. Les troupes qu'il avait à Châlons se portèrent vers Suippe et, de là, sur Vouziers ; les Prussiens parvenus à Reims filèrent sur Rethel, et tous leurs détachements du département de l'Aube se massèrent rapidement à Sommepy.

Dans cette situation, une crise était inévitable et imminente. L'action s'engagea, le 30 août, à Beaumont et à Mouzon, et se poursuivait à Bazeille le lendemain 31 août. « *Malheureuses, mais à jamais glorieuses jour-* « *nées !* » a dit un Ministre de la guerre (1). Glorieuses ! oui, parce que la lutte était acharnée, et que nos soldats combattirent avec toute l'énergie du désespoir; malheureuses, car leurs efforts étaient inutiles. La France était fatalement condamnée à des désastres inouïs.

La troisième journée est celle du dénouement. Nous étions à Sedan. Là tout fut fini !... Et le lendemain, 2 septembre, notre armée épuisée dut se rendre. Cent

---

(1) Rapport du général Le Flô, du 20 avril 1871.

mille hommes, quatre-vingts généraux et l'empereur furent déclarés prisonniers de guerre !

Jamais, depuis Pavie, la France n'avait, en un seul jour, dévoré tant d'affronts. L'histoire militaire des temps modernes n'offre pas d'exemple de capitulations semblables. En 1700, 60,000 Russes sont ramassés par Charles XII, à Narva ; en 1805, à Ulm, 32,000 Autrichiens se rendent aux Français ; en 1865, en Amérique, Johnston et Beauregard sont forcés de livrer 30,000 hommes à Shermann. Tels sont les chiffres qui mesurent les plus grands échecs d'une armée, mais ces chiffres sont encore minimes auprès de ceux que nous avons enregistrés à Sedan. Les Prussiens eux-mêmes, si gros joueurs qu'ils soient, durent alors être frappés d'un étonnement étrange, car ils n'étaient pas habitués à ces proportions. Leur général Vogel de Falkenstein avait bien pris, en 1866, 16,000 Hanovriens, à Langensalza. En fouillant dans leurs souvenirs, ils pouvaient se remémorer Blücher laissant en 1806, à Lubeck, 12,000 hommes entre les mains de Bernadotte ; et, la même année, à Prenzlau, le prince de Hohenlohe se rendant à Murat avec 24,000 hommes. Mais, encore une fois, qu'est-ce que de tels dommages, en regard de ceux que nous venions de subir ? Nous avions été coupables, et la main du Dieu des armées s'était appesantie sur nous.

Cependant la coupe d'amertume n'avait fait qu'effleurer nos lèvres. Il faut reculer de cinq siècles et remonter le cours de notre histoire jusqu'au lendemain de la bataille de Poitiers (19 septembre 1356), pour y trouver quelque image des événements douloureux qui nous attendaient encore. On se souvient des troubles suscités dans Paris, lors de la captivité du roi Jean, par les prétentions de Charles de Navarre et les menées démagogiques du prévôt des marchands, Marcel. Nous étions destinés à revoir des temps aussi sombres.

C'est le samedi soir, 3 septembre, que la nouvelle de la catastrophe de Sedan jeta la consternation dans Paris. Officiellement saisi du fait de ce désastre, le président du Corps législatif convoqua les députés pour une séance de nuit, et cette séance eut lieu vers une heure du matin. Le Ministre de la guerre prit, le premier, la parole. — « L'armée, dit-il, après d'hé-
« roïques efforts, a été refoulée dans Sedan ; elle a été
« environnée par une force tellement supérieure
« qu'une résistance était impossible. L'armée a capi-
« tulé et l'empereur a été fait prisonnier. » Alors, le député Jules Favre se leva pour demander à la Chambre qu'elle déclarât l'Empereur et sa dynastie déchus des pouvoirs que leur avait conférés la Constitution ; qu'elle nommât, de plus, une commission gouvernementale chargée de résister énergiquement à l'invasion et de chasser l'ennemi hors du territoire. Singulière ironie des événements de ce monde ! Cette motion de résistance à outrance était présentée par un homme qui, depuis vingt ans, s'évertuait à ruiner nos institutions militaires !

A la séance de jour du 4 septembre, le Ministre de

la guerre demanda l'institution d'un Conseil de gouvernement et de défense nationale, composé de cinq membres nommés par le Corps législatif et présidés par lui, général de Palikao.

Enfin, M. Thiers et quarante-six de ses collègues déposèrent la proposition suivante : « Vu les circon-
« stances, la Chambre nomme une commission de
« gouvernement et de défense nationale. Une Consti-
« tuante sera convoquée dès que les circonstances le
« permettront. »

Ainsi, la Chambre était saisie de trois propositions tendant, toutes trois, à l'organisation régulière de nos moyens de défense nationale. Il était une heure et demie. Les députés, sur la déclaration d'urgence, venaient de se retirer dans leurs bureaux pour en délibérer...

C'est alors que la cour, les couloirs et les escaliers de la Chambre furent brusquement envahis par les têtes de colonne d'une multitude qui stationnait, depuis le matin, sur le pont de la Concorde et sur tous les quais, depuis le Pont-Neuf jusqu'au delà des Champs-Elysées. Les premiers énergumènes se précipitèrent dans les tribunes publiques en criant : — « *La déchéance! Vive la République!* » Quelques allocutions du président Schneider et de M. Gambetta surent, un instant, maintenir un semblant d'ordre dans la salle; mais, à trois heures, la salle elle-même fut odieusement violée. La foule, arrogante et hideuse, força la porte qui fait face à la tribune, ainsi que les portes du pourtour, occupa tous les bancs et remplit l'hémicycle en répétant : « La déchéance ! Vive la République ! « Vive la Sociale ! »

Comment se fait-il que des dispositions militaires n'aient pas été prises, en temps utile, pour la sauvegarde de l'Assemblée ? Le général Trochu a décliné ultérieurement toute espèce de responsabilité à cet égard. Il a exposé, le 13 juin 1871, qu'il n'avait plus, de fait, au 4 septembre 1870, le commandement de l'armée de Paris ; que cette armée était alors exclusivement aux ordres du Ministre de la guerre. En ce cas, pourquoi des instructions précises n'ont-elles pas été données par le Ministre ? Il y avait dans chaque caserne un bataillon prêt à marcher ; les deux bataillons de gendarmerie à pied et deux escadrons du régiment de gendarmerie à cheval, caserné au palais de l'Industrie, étaient également prêts. Il y avait un bataillon de garde au Corps législatif. Le général Mellinet, alors présent aux Tuileries, avait été prévenu de toutes les mesures prises par le général Soumain, commandant la 1re division militaire.

Encore une fois, comment n'a-t-on pas su maintenir l'ordre sur le quai des Tuileries, sur le Cours-la-Reine, la place de la Concorde et le quai d'Orsay ? Pourquoi, suivant le dire du général Lebreton, les troupes se laissèrent-elles immédiatement *pénétrer* par la multitude ? Le temps seul saura dégager la vérité d'un fatal concours de circonstances mystérieuses.

Et quelle était l'idée-mère qui présidait à la levée

en masse de ces tourbes affolées que le régime impérial avait, par antiphrase sans doute, honorées du nom de *classes laborieuses*? Un témoin oculaire, le général Trochu, va nous le dire : — « Une multitude immense « d'hommes, de femmes et d'enfants, absolument « sans armes, irritée, effrayée, bienveillante, mena- « çante, s'agitait autour de moi et m'empêchait abso- « lument d'avancer. Dix fois, des hommes à figure « sinistre se jetèrent sur mon cheval, le saisirent par « la bride et me dirent : « *Crie : vive la Sociale !* »

Ainsi la foule, qui grouillait sur les quais, réclamait à grands cris la *Sociale*, c'est-à-dire le partage et le régime de la communauté des biens. Le *socialisme*, puisqu'il faut l'appeler par son nom, n'est certainement pas d'invention moderne ; c'est une maladie dont les accès intermittents ont malheureusement atteint toutes les sociétés humaines. L'antiquité avait ses communistes que réfutait Aristote ; ses utopistes avides que raillaient Aristophane, Phérécrate, Cratès et d'autres comiques, dont Athénée nous a conservé des extraits en son livre VI du *Banquet des Savants*. Qu'on relise ces comédies d'Aristophane ayant pour titres : la *Richesse*, les *Oiseaux*, l'*Assemblée des femmes*, et l'on verra que les Athéniens du Ve siècle avant notre ère n'étaient pas, moins que nous, travaillés par les fièvres sociales. Qu'on médite la *Politique* du maître d'Alexandre, et l'on saura se convaincre que les coryphées de l'*Internationale* ne sont que de mauvais plagiaires des Hippodamus, des Téléclès, des Protagoras, des Phaléas, honnêtes communeux qui ne demandaient, il y a deux mille cinq cents ans, que leur bonne part du bien d'autrui.

Cette syphilis sociale est donc universellement endémique, et l'on ne doit pas s'étonner qu'elle étende ses ravages chez nous aussi bien que chez d'autres peuples. Mais ce qu'on n'avait jamais vu nulle part, c'est le spectacle odieux qu'offrit, au 4 septembre, Paris, la capitale de la France. C'est une secte féroce frappant la patrie au cœur, à l'heure même où l'étranger vient d'anéantir ses armées; c'est une bande de loups attirés par le sang et se ruant à la curée des entrailles d'un combattant couvert de blessures.

Pendant que le Corps législatif était envahi par le parti qui se décerne le nom de *peuple*, des scènes analogues, et aussi violentes, se passaient à l'Hôtel-de-Ville. — « Là, dit encore le général Trochu, la situation
« était saisissante. C'étaient les mêmes foules im-
« menses, mais déjà bien plus mêlées. Les cris : « *Vive
« la Sociale!* » se faisaient entendre plus fréquemment;
« des interpellations malveillantes, furieuses, arri-
« vaient de divers côtés. Les cours, les escaliers, les
« salons étaient absolument remplis. » Dans un cabinet obscur, éclairé par une lampe, s'étaient réunis une dizaine de députés qui se constituaient en gouvernement provisoire.

Ils avaient élu président M. Jules Favre, ce député qui, après avoir demandé la déchéance, disait au général Trochu : — « Nous avons une révolution qui

« se consomme au milieu de la défaite des armées, et
« soyez sûr que la démagogie, qui voudra en béné-
« ficier, jettera la France dans l'abîme, si nous ne
« nous y opposons. Quant à moi, je vais à l'Hôtel-de-
« Ville, et c'est là que doivent se rendre les hommes
« qui entendent contribuer à sauver le pays. »

Ainsi, l'illustre avocat, que nous avons eu depuis pour ministre des affaires étrangères, se plaignait déjà d'être débordé par les démagogues, comme si *démagogue* et *révolutionnaire* n'étaient pas expressions sœurs ou, tout au moins, germaines. Les premiers coupables n'étaient-ils donc pas ceux qui venaient d'entreprendre une révolution politique, à l'heure de la défaite de nos armées? Ainsi, les hommes qui composaient le nouveau Gouvernement provisoire allaient nous doter une fois encore de la république, dans l'unique but d'amadouer le monstre mugissant; d'endiguer le torrent démagogique! A ce compte, ils n'étaient pas usurpateurs : ils ne faisaient que ramasser le pouvoir qui venait de tomber à terre! Soit, mais n'était-il pas plus simple de ne pas le faire choir? La proclamation d'une république n'était pas, d'ailleurs, un remède efficace, l'événement l'a bien prouvé; et, avant d'appliquer sur la plaie sociale cet emplâtre politique, ils avaient à consulter la France. Soumis aux lois d'un suffrage universel dont nous ne sommes point l'inventeur, nous, simple électeur français, nous protestons encore. On ne nous a point consulté.

Pendant que le coup de main s'exécutait, des députés

s'étaient rassemblés dans la salle à manger de la présidence du Corps législatif, et y entendaient le rapport de la commission nommée pour l'examen des trois propositions ; celle de M. Thiers obtenait le plus grand nombre de suffrages. Mais déjà le nouveau Gouvernement s'était installé ; l'avenir était sérieusement compromis, et toute discussion devenait inutile.

Les députés firent toutefois porter à l'Hôtel-de-Ville des paroles de conciliation et se réunirent encore une fois le soir, à 8 heures, sous la présidence de M. Thiers, pour attendre avec lui la réponse aux questions qu'ils avaient cru devoir poser. M. J. Favre vint en personne au Corps législatif et se contenta, pour toute solution, de développer quelques sentences banales sur le thème de la liberté, de l'ordre et du patriotisme ; des circonstances de force majeure et des faits accomplis... les faits accomplis ! justification de tous les attentats que le succès couronne.

— « Mes collègues, dit fermement M. Thiers, ne
« m'ont pas donné la mission de vous dire s'ils
« accordent où s'ils refusent leur ratification aux
« événements de la journée. Vous vous êtes chargé
« d'une immense responsabilité. »

La responsabilité semblait lourde, en effet ; mais les révolutionnaires du 4 septembre envisageaient l'avenir sous de riantes couleurs ; ils étaient heureux d'être au pouvoir. On leur vit faire aussitôt force nominations de préfets et de fonctionnaires de toute sorte. Ils grattèrent sur les murs de nos édifices la plupart des emblèmes impériaux, afin d'y substituer le nom des trois grandes vertus républicaines. Ils lancèrent de toutes parts des proclamations retentissantes, qui rappelaient les mouvements oratoires de 89, de 92 et de 48, ainsi que les pompeuses, mais fades, puérilités de ces sombres époques.

Quant au but sérieux qu'ils se proposaient d'atteindre, ils en demeurèrent loin. En mettant la main sur la barre du navire sans patron, n'avaient-ils pas voulu se constituer médiateurs entre des classes qui menaçaient de s'entre-dévorer? Ne se proposaient-ils pas de rompre le flot démagogique? d'agir à la manière du bâtardeau qui arrête, un temps, la crue des rivières folles? Or, au moment où ces orateurs épandaient des flots d'éloquence, voici ce qu'écrivait à un confrère le nommé Dupont, secrétaire général de correspondance de l'*Internationale*, à Londres :

« 6 septembre 1870.

« La politique impériale amène au pouvoir les Favre et les Gambetta. Rien n'est changé. La bourgeoisie, affolée par son triomphe, s'est portée vers ce Gouvernement qu'elle conservera pendant quelque temps. Il faut laisser la vermine bourgeoise se faire illusion sur la durée de sa victoire, profiter des libertés qui vont être accordées pour organiser le concert, l'accord de tous les travailleurs, afin qu'ils soient prêts au moment où l'impitoyable guerre commencera. »

Le 4 septembre n'était donc que le précurseur du 18 mars.

Les avocats du Gouvernement avaient, en second lieu, promis de défendre et de sauver la France. Or il est constant que, s'ils n'avaient pas, au lendemain de Sedan, fait acclamer leur république en place de Grève, l'intervention de la Russie nous eût valu un traité de paix établi sur les bases d'une intégrité de territoire. On raconte, d'autre part (1), que, pendant la longue défense de Paris, l'Autriche voulut tenter une médiation armée en notre faveur, et que cette combinaison échoua promptement du fait de l'amour immodéré de M. Gambetta pour le pouvoir et pour la forme de gouvernement qu'il nous avait imposée. Le Gouvernement du Quatre-Septembre n'a donc ni défendu ni sauvé la France; il n'a fait que l'affaiblir et la ruiner. Tel est aussi l'avis de nos voisins les Anglais.

— « On a reconnu, dit en plein Parlement M. Glad-
« stone, on a reconnu que *la guerre était finie de*
« *fait après la bataille de Sedan, et qu'on aurait dû*
« *alors faire la paix*. Mais, avant que le mot de paix
« eût été proféré, le nouveau Gouvernement de Paris,
« par la bouche de ses représentants les plus auto-
« risés, MM. Jules Favre et Gambetta, avait prévenu
« toutes négociations en déclarant qu'on ne céderait
« NI UN POUCE DU TERRITOIRE, NI UNE PIERRE DES FORTE-
« RESSES. Et M. Gambetta, allant plus loin encore,
« ajoutait qu'on ne prêterait l'oreille à aucune propo-
« sition *tant que la présence d'un soldat allemand souille-*

---

(1) Voyez l'*Équilibre européen*, de M. Cucheval-Clarigny.

« *rait le sol de la France*. Je ne voudrais pas dire un
« mot qui pût blesser une grande nation malheu-
« reuse. Je sympathise avec la France que je plains de
« toute mon âme, mais que je plains surtout d'être
« tombée entre les mains de *ces deux hommes qui portent*
« *la principale responsabilité du sang répandu*. Si la
« France a été humiliée, dévastée, épuisée, la faute en
« est à ces hommes qui, par des proclamations *vaines,*
« *exagérées, trompeuses, sans conviction*, l'ont entraînée
« dans l'erreur. »

Il est permis de se demander si, comme M. Gladstone, nos ennemis les Prussiens pensaient que la guerre dût se terminer à Sedan. Ce qu'il y a de certain, c'est qu'ils marchaient sur Paris, pendant que les membres de notre nouveau Gouvernement adressaient force discours aux Français, aux citoyens de Paris, aux préfets, à la garde nationale et à l'armée.

Mais il est juste de reconnaître que ce Gouvernement de la défense nationale prenait, en même temps, des mesures énergiques et poussait avec la plus grande activité les travaux entrepris dès les premiers jours de la guerre.

Les places couvrant Paris furent mises sans retard en état de défense.

Pour conserver intactes, et aussi longtemps que possible, les communications de Paris avec la province, on fortifia, jusqu'à 100 kilomètres de l'enceinte, les gares des chemins de fer de Lyon et d'Orléans ; des lignes du Nord, de Bretagne et de Normandie.

Chaque gare eut ses bâtiments crénelés; puis, réunis entre eux par des tranchées ou des palanques. Des barrières faciles à manœuvrer furent disposées en travers des voies.

La démolition des maisons et la destruction des couverts de toute nature aux abords de l'enceinte de Paris avaient été prescrites par un arrêté du gouverneur en date du 27 août. Il y fut procédé sans retard, et tous les matériaux furent soigneusement régalés.

On dépava les grandes routes; on les couvrit d'abatis. Tous les chemins praticables furent mis, çà et là, hors de service. On y organisa de larges coupures; on y accumula tous les obstacles pouvant, sinon arrêter, du moins contrarier la marche de l'ennemi.

Afin d'interrompre sûrement les principales voies de communication, on prit toutes dispositions de nature à permettre de supprimer, au moment opportun, les ouvrages d'art les plus importants. C'est ainsi que, le 12 septembre, on détruisit, sur la Haute-Seine, les ponts d'Ivry, de Ris et de Villeneuve-Saint-Georges; sur la Basse-Seine, les ponts d'Argenteuil, de Bezons, de Chatou, de Bougival, du Pecq et de Maisons.

Le 13 septembre, on fit sauter le pont de Corbeil, construit à l'emplacement de celui qu'avait détruit le prévôt des marchands, en 1358; le même jour, sautèrent, sur la Seine, les ponts de Triel et de Meulan; et, sur l'Oise, le pont de Creil, du chemin de fer du Nord.

Le 14 septembre, ce fut le tour des ponts de Conflans et de Poissy, sur la Basse-Seine ; et, sur l'Oise, des ponts de Pontoise, de l'Isle-Adam et de Fin-d'Oise, ponts que Louis XIII avait aussi coupés, en 1636, pour opposer un obstacle à l'invasion des Espagnols.

On sacrifia, le 15 septembre, les ponts de Neuville, d'Auvers, de Beaumont, sur la même rivière ; et, sur la Marne, ceux de Chennevières et de Gournay.

Le pont de Joinville sauta le 16, à quatre heures du matin. Au moment de l'investissement, c'est-à-dire le 19 septembre, on détruisit les ponts de Clichy, d'Asnières, de Suresnes, de Saint-Cloud, de Sèvres et de Mantes. Enfin, le pont de Billancourt fut détruit le 20 septembre, à cinq heures et demie du soir ; et celui de Chatou, le 24, à trois heures.

Bien d'autres ouvrages d'une importance secondaire sautèrent encore aux environs de Paris, et, il faut le dire, bien inutilement. On prétend que les Prussiens ont alors admiré notre puissance de sacrifice, mais nous avons, nous, à constater l'abus que l'initiative des autorités locales a souvent fait des moyens de ruine laissés à sa disposition.

Cependant, on se préoccupait des conséquences possibles d'un bombardement et l'on s'attacha, par suite, à préserver de tout malheur les musées du Louvre et de Cluny, la Bibliothèque nationale, les édifices les plus précieux et les objets d'art isolés, tels que les chevaux de Marly, de la place de la Concorde. Un décret du 15 septembre ouvrit, à cet effet, un crédit de 50,000 francs au Ministre de l'instruction publique. En même temps, le musée d'artillerie de Saint-Thomas d'Aquin fut évacué sur les arsenaux des ports de l'Océan ; les canons des Invalides furent expédiés à Brest ; les archives du Dépôt des fortifications furent mises en caisses et partirent pour Bayonne.

L'excès du zèle patriotique fit aussi parfois prendre des décisions d'une exécution difficile. C'est ainsi que, après avoir prescrit aux habitants des zones de servitudes d'abandonner sans retard leurs demeures, le gouverneur voulut, deux jours après, faire incendier les forêts et les bois d'alentour. « Considérant, était-
« il dit en l'arrêté pris à cet effet le 10 septembre,
« considérant que les forêts, bois et portions de bois
« qui environnent Paris sur tout son périmètre offrent
« à l'ennemi des couverts dont il se servira infaillible-
« ment pour masquer le mouvement de ses armées,
« pour arriver à l'abri jusqu'à portée des fortifica-
« tions, pour préparer des ateliers de fascinage et de
« gabionnage en vue du siége de la capitale ; — con-
« vaincu que la nation ne reculera devant aucun effort
« pour faire son devoir, et que Paris voudra donner
« au pays tout entier l'exemple des grands sacrifices ;

« Le gouverneur arrête :

« Seront incendiés, à l'approche de l'ennemi, les
« forêts, bois et portions de bois qui peuvent com-
« promettre la défense. »

Le Comité de défense, dont il sera bientôt parlé, était hostile, en principe, à l'incinération des bois qui avoisinent l'enceinte. Le directeur général des forêts exposa, d'ailleurs, les difficultés de l'entreprise, laquelle eut exigé l'emploi d'un demi-fût de pétrole par are de surface boisée. Appliquée à de grandes superficies, la mesure semblait peu praticable, surtout au mois de septembre, temps où s'opère le mouvement de la sève dite *remontante* dans les essences diverses qui complantent les environs de Paris. Il fallut bien renoncer à ce dessein grandiose.

L'arrêté précité du gouverneur se terminait ainsi : — « Par les soins des ingénieurs, le fond des fossés « des fortifications sera garni de fagots et de bran- « chages qui recevront des matières liquides incen- « diaires et seront livrées aux flammes quand il y « aura lieu. »

Ces projets fantastiques firent pâmer d'aise la population parisienne et quelque peu sourire les ingénieurs. Le maréchal Vaillant finit par obtenir que la conception prônée demeurât à l'état de lettre morte.

Le Gouvernement se consola de ce mécompte en publiant de nouveaux essais littéraires. D'innombrables circulaires, rédigées en allemand, sortirent des presses de l'Imprimerie nationale pour inonder non seulement le pays d'outre-Rhin, mais encore les portions envahies de notre territoire. Nous donnerons comme exemple la traduction de l'une de ces productions étranges :

AU NOM DE LA FRATERNITÉ DES PEUPLES.

« Le Peuple français au Peuple allemand.

« Frères Allemands,

« Les menées criminelles de deux despotes ont
« allumé une guerre fratricide entre deux peuples,
« et fait naître en nous des sentiments sauvages.

« La dévastation des champs, les ravages continuels
« qui se produisent dans nos rangs, l'effroyable
« misère que nous avons en perspective ; voilà les
« conséquences terribles du choc de deux tyrans !

« Les peuples sont-ils créés pour être soumis à la
« volonté de deux monstres sur lesquels la vue du
« sang humain produit le même effet que celui qu'elle
« exerce sur un tigre féroce ?

« Non ! mille fois non !

« Vous supporterez, comme nous, les conséquences
« terribles de cette guerre. Vos dernières victoires,
« loin de nous abattre, nous ont donné de nouvelles
« forces pour combattre l'envahisseur que nous atten-
« dons de pied ferme.

« Nous protestons de toutes nos forces contre la cause
« de cette guerre et nous vous prions, au nom de la
« fraternité des peuples, d'imiter le grand exemple
« que vous a donné la France et de proclamer comme
« nous la République.

« Nogent-sur-Marne, le 10 septembre 1870. »

L'auteur de ce factum espérait attendrir ainsi les soldats du roi Guillaume! Il semblait ignorer que le cœur d'un Prussien ne bat un peu vivement qu'au sentiment de haine de la France; haine passionnée, invétérée, inexorable, et absolument hostile à l'idée de la confraternité des peuples. Pendant que de telles naïvetés couraient après leurs destinataires, le Prussien marchait sur Paris d'un pas résolu, dont l'avénement de la République n'avait ni ralenti, ni accéléré la cadence. Il faisait acte de vengeance, d'une vengeance qui couvait depuis plus de soixante ans et dont M. de Bismarck avait habilement agencé les mouvements.

Des tentatives d'un autre ordre, et celles-là plus sérieuses, étaient alors faites pour préserver le pays des malheurs de la guerre. M. Thiers, on se le rappelle, s'était dignement retiré de la scène politique après le coup de main du 4 septembre. Il n'avait pas voulu reconnaître le nouveau Gouvernement; mais, disait-il, « le combattre aujourd'hui serait une œuvre antipa-
« triotique. Ces hommes (de l'Hôtel-de-Ville) doivent
« avoir le concours de tous les citoyens contre l'enne-
« mi. » M. Thiers leur prêta donc le sien, et l'on apprit, le 13 septembre, que l'éminent homme d'Etat partait en mission pour Londres, et devait se rendre, de là, à Pétersbourg, à Vienne, et à Florence.

Les Parisiens se laissaient aller aux plus douces espérances sur l'issue de ce tour du monde européen. « Il est impossible, disaient-ils, que les grandes puis-

« sances nous laissent égorger ainsi par la Prusse.
« Elles ne demeureront pas sourdes aux représenta-
« tions de notre grand citoyen. » Erreur profonde !
les mesures de M. de Bismarck étaient prises, et bien prises.

En Angleterre, la reine ne dissimulait aucune de ses sympathies en faveur de l'Allemagne. Le peuple nous tendait bien un peu les bras ; mais le Gouvernement ne nous pardonnait pas une guerre déclarée au mépris de la renonciation des Hohenzollern à la couronne d'Espagne. Le cabinet Gladstone n'était pas, d'ailleurs, très-rassuré. Faire pour nous autre chose que des vœux stériles, c'était appeler sur soi le premier projectile des flottes combinées de Russie, de Prusse et d'Amérique.

Pétersbourg ne pouvait nous pardonner une troisième édition de la République une et indivisible, circonstance peu propre, il faut le dire, à lénifier les souvenirs encore cuisants de la prise de Sébastopol.

A Vienne, on se rappelait fort bien tous les épisodes de la campagne de 1859 et, d'un autre côté, l'on n'était pas en mesure de souscrire une alliance défensive.

A Florence, enfin, le Ministre de la guerre Govone ne songeait qu'à préparer l'entrée du général Cadorna dans les Etats-Pontificaux. Toute autre pensée le fatiguait ; et puis, comme tous les bons Italiens, il prenait au sérieux cette légende d'une vieille caricacature : — « *A l'Italie la France reconnaissante !* »

M. Thiers ne pouvait donc se flatter d'obtenir que des consolations platoniques.

Les Prussiens marchaient toujours.

On en signalait trois colonnes distinctes. La première, que nous appellerons colonne du Nord, s'était concentrée le 8 septembre, à Sissonne, venant de Rethel, Château-Porcien et Reims ; et son avant-garde avait sommé Laon de se rendre. Le 9, ses éclaireurs étaient à Vailly-sur-Aisne. Le 10, Soissons était également sommé d'ouvrir ses portes et, quelques jours après, il était investi. Le 12, un régiment de cuirassiers blancs avait déjà poussé jusqu'à l'Oise ; il occupait Chauny et menaçait La Fère. Le 14 septembre, un corps de 30 à 40 mille hommes était à Crespy-en-Valois (62 kilomètres de Paris), avec de fortes avant-gardes à Nanteuil, Villers, St-Genest et Le Plessis. Le 15, il envoyait 10,000 hommes à Nanteuil ; et 3,000, à Villers-Cotterets ; il poussait, de là, des détachements sur Senlis et Chantilly, et ses coureurs inondaient Dammartin, Villeneuve, et le Plessis-au-Bois. Le chemin de fer du Nord supprimait tout service entre Paris et Chantilly ; et, le lendemain, 16, ses trains ne dépassaient plus St-Denis. Le 16, l'ennemi était signalé à Pierrelaye ; le 18, à Conflans et au Bourget. Ce même jour, 18 septembre, après avoir jeté un pont de de bateaux à Pontoise, il arrivait à Andrésy, à Carrières, à Triel ; son artillerie s'établissait à Chanteloup pour protéger un passage de la Seine que le maire de Poissy pensait devoir s'effectuer à Triel. Enfin, le 20, à cinq heures du soir, il jetait un pont entre le Pecq et Port-Marly.

La deuxième colonne, celle du centre, occupait, dès le 8 septembre, Épernay et Château-Thierry. Le 9, elle était à la Ferté-sous-Jouarre ; le 11, à dix heures du soir, elle entrait à Meaux. Elle avait, en même temps, sur son flanc gauche, un corps qui, s'avançant entre la Marne et la Seine, était, le 9, à Montmirail ; le 10, à Coulommiers ; le 11, à Crécy. Le 15 septembre, ses uhlans battaient l'estrade entre Neuilly-sur-Marne et Créteil, et elle détachait un corps de 10,000 hommes sur Joinville, dont on s'empressa de faire sauter le pont, dès le lendemain, 16. Le 18, 200 Prussiens s'avançaient en reconnaissance sur la route de Champigny, jusqu'à 500 mètres du pont de ce nom ; et la vigie du plateau d'Avron signalait 20,000 hommes dans la vallée de la Marne. Le soir du 19, enfin, à Brie-sur-Marne, l'ennemi cherchait à opérer son passage de rivière.

La troisième colonne, celle du Sud, avait, le 9 septembre, 10,000 hommes à Sézanne et, le lendemain, 10, on en signalait l'apparition à 19 kilomètres de Villeneuve-la-Grande. Le 12, elle entrait à Nogent-sur-Seine, et ses uhlans pénétraient dans Provins ; le lendemain, 13, à 5 heures du soir, ils arrivaient à Nangis. Le 14, trente lanciers se présentaient à Mormant, annonçant la venue prochaine du Prince royal à la tête de son corps d'armée. Le 15, 200 coureurs rôdaient autour de Mesly et 2,000 chevaux (hussards de la mort et dragons) arrivaient à Provins avec une batterie d'artillerie : c'était l'escorte de l'état-major du prince Albert. Le lendemain, 16 septembre, cette troupe entrait à Nangis. Ce même jour, la voie d'Orléans était coupée entre Ablon et Athis; et le télégraphe, entre Ablon et Juvisy. Une misérable femme, habitante d'Athis, indiquait à l'ennemi le seul gué praticable en cette région, et l'ennemi franchissait la Seine. Le 17, on signalait, sur les hauteurs de Brunoy, un grand nombre de Prussiens se dirigeant sur Villeneuve-St-Georges et commençant un pont de bateaux en ce point. Le 18, enfin, une quarantaine de uhlans galopant sur la rive droite de la Seine, à la hauteur de Choisy-le-Roi, y attaquaient un train qui venaient d'être expédié de Paris par la Compagnie d'Orléans et qui dut aussitôt rebrousser chemin.

De toutes parts, les Prussiens étaient donc sous Paris.

Ce n'était pas la première fois que les Parisiens se voyaient ainsi menacés d'un siége. Ils trouvaient, au contraire, dans l'histoire bien des récits de l'attaque et de la défense de leur ville. Ce ne sera pas faire une digression inutile que d'analyser ici ces faits de guerre d'un glorieux passé.

C'est d'abord Labienus qui, l'an 52 avant l'ère chrétienne, établit son quartier général en regard de la *cité*, là où fut plus tard élevée l'église de Saint-Germain-l'Auxerrois. Il passe la Seine au Point-du-Jour et livre aux défenseurs une bataille décisive qui s'engage sur les hauteurs comprises entre les limites du 7ᵉ secteur de notre enceinte actuelle.

Menacé par Attila, l'an 451 de notre ère, Paris est assiégé et pris par les Francs de Childéric, en 476. Il devient ensuite le pivot des principales opérations des princes Mérovingiens qui se disputent le trône. Attaqué en 561 par Chilpéric 1ᵉʳ, ses environs sont livrés à toutes les horreurs de la guerre qui se poursuit, de 567 à 575, entre Chilpéric et Sigebert. En 584, il est contraint d'ouvrir ses portes à Gontran, roi d'Orléans, venu avec une armée considérable au secours de Frédégonde. A la mort de Gontran (593), Paris est repris par Childebert II et, à la mort de Childebert (596), par Clotaire II.

Sous les Carlovingiens, Paris lutte contre d'autres ennemis, les Normands qui, en moins de 70 ans, l'attaquent et le ruinent six fois. Regnard Lodbrog le pille en 845, l'incendie en 856 et le saccage encore en 861. Puis vient le siége de l'an 886, formé par Sighfried, habile chef qui, à l'instar de Labienus, assied son camp sur l'emplacement de Saint-Germain-l'Auxerrois. Ce siége, dont le moine Abbon nous a laissé, en vers latins, une narration précieuse, est resté fameux par l'héroïque défense du Comte Eudes et de l'évêque Gozlin. De 910 à 912, Paris est encore attaqué et ravagé deux fois par les bandes armées de Roll. Mais c'est ici la fin des invasions normandes : Roll traite avec Charles-le-Simple et s'établit définitivement à Rouen.

Paris respire durant quatre siècles.

Ce temps passé, il doit, de nouveau, se rendre familières les méthodes de l'art de l'attaque et de la défense des places. Il est, en effet, bloqué, en 1358, par le Dauphin ; en 1359, par le roi de Navarre ; en 1360, par Edouard d'Angleterre. Les Anglais occupaient alors à Montrouge, à Issy, à Vanves et à Vaugirard des points qui ont été le théâtre de plus d'une action de vigueur en 1870 et 1871.

Après ces trois crises successives, les Parisiens ont soixante ans de repos ; puis les guerres recommencent. En 1418, la ville est livrée aux Bourguignons. Elle est attaquée, en 1429, par Jeanne d'Arc qui, établie à la Chapelle, tente un assaut infructueux sur la partie comprise entre les portes St-Denis et St-Honoré. En 1436, les bourgeois ouvrent la porte St-Jacques au connétable de Charles VII qui refoule les Anglais dans la Bastille.

En 1464, Paris est insulté par le comte de Charolais qui essaye en vain une surprise. En 1472, les Bourguignons s'avancent jusqu'à Vincennes, lancent quelques boulets inutiles et se retirent après le pillage de Montmartre et de Clignancourt. Charles-Quint attaque, à son tour, Paris (1536) qui doit, encore une fois, son salut à ses murailles.

Vers la fin de juillet (1589), un siége était entrepris par Henri III et le roi de Navarre qui campaient : l'un, à Saint-Cloud ; l'autre, à Meudon. Après la mort de Henri III, survenue le 2 août, le roi de Navarre continua seul les attaques ; mais il dut maintes fois les interrompre. Ce n'est qu'après des souffrances inouïes dues à un rigoureux investissement, que les défenseurs capitulèrent, en 1594.

Mentionnons, en terminant, les menaces de l'armée espagnole en 1636 ; les entreprises de Condé en 1652 ; l'entrée des coalisés en 1814 et 1815, et nous n'aurons pas compté moins d'une trentaine d'attaques, siéges ou blocus, insultes ou démonstrations.

Les Parisiens n'en étaient donc pas à leur première affaire lorsque, le 18 septembre 1870, ils se sentirent investis par les soldats du roi de Prusse. Ils avaient, dès longtemps, compris leur devoir et se préparaient à une vigoureuse résistance. Tel était le seul rôle que Paris eut alors à remplir. — « Paris, dit très-bien
« M. Thiers en la séance de l'Assemblée du 8 juin 1871,
« Paris n'avait qu'un rôle dans la défense nationale :
« c'était de fermer ses portes et d'arrêter l'ennemi
« aussi longtemps qu'il le pourrait. — Paris était une
« place qui devait résister. Paris ne devait pas juger
« si la guerre devait, ou non, continuer. Paris était
« dans la situation d'un brave défenseur de place
« forte qui reste dans sa forteresse jusqu'à ce qu'on
« l'ait relevé de son poste. »

Ce faisant, les Parisiens ont vaillamment défendu leur honneur. Ils ont soutenu un siége long et difficile, entreprise étonnante et grandiose, dont les dépenses ont dépassé la somme de onze cents mil-

lions (1); et cette longue résistance « *demeurera l'un
« des monuments de la constance et de l'énergie hu-
« maines* (2). »

---

(1) Discours de M. Thiers à l'Assemblée nationale, séance du 8 mars 1871.
(2) Discours de M. Thiers à l'Assemblée nationale, séance du 20 février 1871.

TITRE II.

L'ORGANISATION DE LA DÉFENSE.

CHAPITRE PREMIER.

LES DÉFENSEURS.

A la nouvelle de nos désastres de Frœschwiller et de Forbach, Paris, subitement atterré, avait senti sa sûreté compromise. Parmi les malheurs publics dont il eut alors l'intuition, le siége dont il était menacé lui apparaissait comme un événement de guerre presque fatal. Aussi, dès le lendemain de nos premières défaites, c'est-à-dire à partir du 7 août, la grande capitale ne parut-elle plus songer qu'aux moyens de soutenir une lutte honorable. Quant au Gouvernement, l'un de ses premiers devoirs était de constituer un comité de défense. C'est ce qu'il fit par ce décret qui porte la date du 19 août 1870 :

« Le comité de défense des fortifications de Paris est composé :

du général de division Trochu, président;

du maréchal Vaillant;

de l'amiral Rigault de Genouilly;

du baron Jérôme David, Ministre des travaux publics ;

du général de division baron de Chabaud-la-Tour ;
du général de division Guiod ;
du général de division d'Autemarre d'Ervillé ;
du général de division Soumain.

« Le comité de défense est investi, sous l'autorité du Ministre de la guerre, des pouvoirs nécessaires pour l'exécution des décisions qu'il prendra.

« Pour l'exécution de ces décisions, le Ministre de la guerre attachera au comité de défense les généraux, intendants militaires et officiers de tous grades qui seront nécessaires.

« Le comité de défense se réunira, chaque jour, au ministère de la guerre.

« Il se fera rendre compte quotidiennement de l'état des travaux, de celui des armements, de l'état des munitions et de celui des approvisionnements en vivres.

« Le comité rendra, chaque jour, compte de ses opérations au Ministre de la guerre, qui en fera rapport en conseil des Ministres. »

La composition du comité, dont les attributions se trouvaient ainsi définies, n'était pas destinée à demeurer immuable. Dès le 22 août, en effet, M. de Kératry déposait sur le bureau du Corps législatif une proposition ainsi conçue : « *Neuf députés élus par le* « *Corps législatif seront adjoints au comité de défense de* « *Paris.* »

« —Au nom du Gouvernement tout entier, dit aus-

« sitôt le Ministre de la guerre, nous repoussons la
« proposition... — Quelque confiance que nous ayons
« dans les membres de la Chambre, nous avons la
« responsabilité de nos actes, et nous la voulons tout
« entière. »

A la séance du lendemain, M. Thiers exposa à la Chambre que la commission dont il faisait partie repoussait également la proposition de M. de Kératry pour deux motifs : — « D'abord, dit-il, parce que le
« cabinet s'y oppose et que, à l'unanimité, la commis-
« sion a été d'avis qu'une crise ministérielle serait, en
« ce moment, un malheur ; ensuite, parce qu'il ne faut
« pas augmenter outre mesure le nombre des mem-
« bres du comité de défense, nommés soit par le Gou-
« vernement, soit par la Chambre. »

S'inspirant de cette dernière considération, la commission tenta de faire prévaloir une solution de nature à concilier des sentiments opposés. Elle proposa trois membres, au lieu de neuf, à nommer par la Chambre ; mais le Gouvernement ne crut pas encore pouvoir admettre ce chiffre réduit. — « Nous ne voulons pas, dit
« le Ministre de la guerre, en la séance du 24, qu'il y
« ait dans le comité des membres nommés par nous
« à côté d'autres membres nommés par la Chambre ;
« tous doivent l'être au même titre. Nous sommes
« prêts à accepter trois membres de cette assemblée
« désignés par le Gouvernement. » Le député Glais-Bizoin proposa en vain cet amendement : « *Une com-*
« *mission de neuf membres sera nommée par le Corps lé-*

« *gislatif. Elle aura pour but de se mettre en rapport
« avec le comité de défense.* » Sa proposition n'eut pas
plus de succès que celle de M. de Kératry; toutes
deux furent écrasées sous une majorité de 206 voix
contre 41, sur 247 votants.

Le Gouvernement, ayant ainsi gain de cause, crut
néanmoins opportun de satisfaire, dans les limites des
principes qu'il professait, aux vœux exprimés par une
partie de la Chambre. Un décret du 25 août nommait
membres du comité de défense trois députés : le
comte Daru, M. Dupuy de Lôme et le marquis de Talhouët. Deux sénateurs, M. Béhic et le général Mellinet,
furent compris dans le même décret. Enfin, M. Thiers
eut l'honneur d'un décret tout spécial, en date du 26
août.

Le nombre des membres du comité s'accrut encore,
après la révolution qui nous donna la République.
Un arrêté du Gouvernement de la défense nationale,
en date du 7 septembre, y fit entrer M. Dorian, Ministre des travaux publics; le contre-amiral de Dompierre d'Hornoy; M. Dupuy de Lôme (cette fois à
titre d'ancien inspecteur général du génie maritime)
et le général de division Frébault, de l'artillerie de
marine.

Quinze jours après, c'est-à-dire le 22 septembre,
un nouvel arrêté du Gouvernement y introduisit trois
avocats : MM. Gambetta, Garnier-Pagès et Emmanuel
Arago.

Enfin, et comme pour corriger ce choix d'un goût

douteux, l'amiral de La Roncière Le Noury fut nommé le 18 octobre suivant.

Telles sont les modifications successives apportées à la composition du comité de défense. Le nombre de ses membres s'éleva, comme on le voit, de 8 à 21. Quant à ses séances, il tint la première le 18 août; et la dernière, le 27 novembre.

On sait à qui furent dévolues, pendant le siége, les délicates fonctions de gouverneur de Paris. Le général Trochu, auquel une décision impériale du 12 août 1870 avait confié le commandement du 12° corps d'armée, alors en voie de formation à Châlons, fut nommé par une autre décision, en date du 17 août, *gouverneur de Paris et commandant en chef de toutes les forces chargées de pourvoir à la défense de la capitale*. Deux jours après, c'est-à-dire le 19 août, le général était encore l'objet d'une nomination spéciale : il devenait président du comité de défense des fortifications de Paris. Enfin, le *Journal officiel* du 5 septembre apprit au public que le même officier général était investi de pleins pouvoirs militaires, en vue de l'organisation de la défense nationale ; que, de plus, il était appelé à la présidence du nouveau Gouvernement.

Ces dispositions diverses sortirent leur plein et entier effet jusqu'au 21 janvier 1871, date à laquelle le Gouvernement de la défense nationale décida que le commandement en chef de l'armée de Paris serait séparé de la présidence ; que les fonctions de gouverneur de Paris seraient supprimées. Le général Trochu ne conserva plus, dès lors, d'autre titre officiel que celui de président du Gouvernement.

L'état-major du gouverneur se composait du général Schmitz, chef d'état-major général; du général Foy, sous-chef; du colonel Hecquard; du commandant Feydeau de Brou; de MM. Nau de Champlouis, Thory de Béarn, Bavrois et Delatre, officiers d'état-major retraités ou démissionnaires; des capitaines d'infanterie de Montebello, Madelor et Barthélemy; des officiers de la garde nationale mobile d'Hérisson, de Beaumont, de Villers; du colonel Usquin, professeur à l'École d'état-major; du commandant de Lemud, professeur à l'École de Saint-Cyr; enfin, de M. Nicolas Bibesco, chef de bataillon au titre étranger, en mission hors cadres.

Le général Trochu prit pour aides de camp le chef d'escadron d'état-major Faivre et le capitaine Brunet; pour officiers d'ordonnance, les capitaines Lestrohan, Lunel de Montesquiou, venus de la non-activité, et le sous-lieutenant de Langle de Cary, élève à l'École d'état-major. Les trente-deux élèves de la 2ᵉ division de cette école furent, d'ailleurs, tous mis à la disposition du gouverneur, qui les répartit dans les divers états-majors des secteurs de l'enceinte, des commandements de garde mobile, etc.

Il convient d'observer que, parmi tous ces aides immédiats d'un général en chef qui avait à résoudre un problème assez ardu de l'art de la défense des places, il faut, disons-nous, observer qu'il ne se trouvait pas un seul officier d'artillerie; pas un seul du génie. Exceptons-en le colonel Usquin; mais ce n'était assurément point parce qu'il était professeur de fortification qu'on prenait son avis... quand on le prenait. Il est juste de dire que le génie et l'artillerie étaient commandés par deux officiers généraux de grand mérite et sur le dévouement desquels le gouverneur pouvait compter.

Le général de Chabaud-la-Tour était dans le cadre de réserve aux débuts de la guerre. Il en sortit aussitôt et fut nommé *président du comité des fortifications* par décision impériale du 17 juillet. Une seconde décision du 19 lui donna le titre de *membre du comité de défense*. Plus tard, le 24 septembre, intervint un décret du Gouvernement de la défense nationale qui conféra au général les hautes fonctions de *commandant supérieur du génie de l'armée de Paris*. Enfin, le 6 novembre, lorsqu'il fut procédé à l'organisation de trois armées, le *commandement supérieur du génie de ces trois armées* lui fut tout naturellement dévolu.

Symétriquement, le général Guiod avait été nommé membre du comité de défense par décision du 19 août; commandant supérieur de l'artillerie de l'armée de Paris par décret du 24 septembre; enfin, commandant supérieur de l'artillerie des trois armées, le 6 novembre suivant.

Quelle était l'importance de la garnison strictement indispensable à la défense de la place de Paris? Le comité de défense estimait qu'il était nécessaire de disposer d'une force de 850 hommes par bastion, soit d'environ 80,000 hommes pour les 94 bastions de l'enceinte ; que, pour les forts, il suffisait de 500 hommes par bastion, c'est-à-dire de 2,000 ou 2,500 hommes par fort, suivant qu'on avait à pourvoir aux besoins d'un quadrilatère ou d'un pentagone; ensemble, à peu près 40,000 hommes. En ce qui concernait le service de l'artillerie, le comité réclamait un *minimum* de trois canonniers par bouche à feu, soit 4,000 pour l'enceinte et 3,500 pour les forts, ensemble 7,500 hommes. Ces considérations portaient déjà la garnison au chiffre de 127,000 hommes. Mais, en outre, M. Thiers demandait instamment une armée active, capable de tenir la campagne; de courir, au besoin, sur les points menacés; de maintenir les communications de Paris avec le reste de la France; et il n'en portait pas l'effectif à moins de 30 ou 40,000 hommes. Tout compte fait, il ne fallait pas moins de 160 à 170,000 hommes de bonnes troupes pour une défense honorable de la place.

Or, de quelles ressources disposait le Gouvernement ? Au 23 août, il n'y avait plus à Paris que deux régiments d'infanterie constitués, un certain nombre de quatrièmes bataillons et quelques batteries d'artillerie. Le Ministre de la marine promettait 6,000 hommes, canonniers ou fusiliers de la flotte, et l'on attendait 100,000 mobiles de la province. On décida, le 1er septembre, que le 14e corps de l'armée du Rhin, alors en formation à Paris, y serait maintenu ; et M. Thiers obtint, le 3 septembre, le rappel du 13ᵉ corps, dont on avait à regretter le départ. On pressa l'armement de la garde nationale, et tout fut mis en œuvre pour accélérer l'organisation des corps francs.

Le gouverneur de Paris reçut effectivement, vers la fin du mois d'août, une division de marins composée de neuf bataillons mixtes (fusiliers, canonniers, timoniers, ouvriers de professions diverses et matelots de pont) et de huit compagnies provenant de l'école de canonnage du *Louis XIV*; ensemble 8,000 hommes, placés sous le commandement supérieur du vice-amiral de La Roncière Le Noury, ayant sous ses ordres les contre-amiraux Pothuau et Saisset, et pour chef d'état-major le capitaine de vaisseau Le Normant de Kergrist. Les marins fusiliers formèrent trois bataillons de 1,950 à 2,000 hommes, respectivement commandés par les capitaines de frégate Ladrange, Desprez et Valessie.

Deux bataillons d'infanterie de marine (1,800 hommes) arrivèrent à la même époque à Paris. Les bataillons de mobiles rejoignirent successivement durant la première quinzaine de septembre. Quant au 13ᵉ corps, il était de retour dès le 6. On lit, en effet, dans le *Journal officiel* du 7 septembre :

« Le général Vinoy est arrivé intact hier à quatre
« heures du soir avec 13 trains d'artillerie, 11 trains
« de cavalerie et 14 d'infanterie. Le matériel du che-
« min de fer du Nord, renforcé des matériels des au-
« tres compagnies, retourne immédiatement vers le

« nord, pour prendre le reste des troupes du général
« Vinoy. »

On voyait, en même temps, un nombre considérable de douaniers, gardes forestiers et gardes nationaux des communes suburbaines venir grossir le nombre des défenseurs de Paris.

Ces faits établis, il est possible de restituer, par arme, et avec une approximation suffisante, le chiffre de ces défenseurs.

On a vu plus haut que la division des marins et l'infanterie de marine formaient ensemble une force d'environ 8,000 hommes. Le 13e corps, rentré à Paris, se composait des divisions d'Exéa, de Maud'huy et Blanchard. La première division (d'Exéa) était formée des brigades Mattat (5e et 6e de marche) et Daudel (7e et 8e de marche) ; la deuxième (de Maud'huy), des brigades du Moulin (9e et 10e de marche) et Blaise (11e et 12e de marche). La troisième division (Blanchard) comprenait les brigades Susbielle (13e et 14e de marche) et Guilhem (35e et 42e d'infanterie). L'effectif total de l'infanterie du 13e corps pouvait s'évaluer à 25,000 hommes.

Le 14e corps, maintenu à Paris par décision du comité de défense, du 1er septembre, était commandé par le général Renault, avec le général Appert pour chef d'état-major général. Il était formé des trois divisions de Caussade, d'Hugues et de Maussion. La première (de Caussade) se composait des brigades Ladreit de la Charrière (15e et 16e de marche) et Lecomte (17^e

et 18ᵉ de marche); la deuxième (d'Hugues), des brigades Bocher (19ᵉ et 20ᵉ de marche) et Paturel (21ᵉ et 22ᵉ de marche). La troisième division (de Maussion) était formée des brigades Avril de l'Enclos (23ᵉ et 24ᵉ de marche) et Courty (25ᵉ et 26ᵉ de marche). Ces six brigades présentaient également un effectif d'environ 25,000 hommes.

Là ne se bornèrent pas les ressources de l'armée. Le Gouvernement rassembla en infanterie divers éléments épars et en constitua successivement des régiments nouveaux. Il y avait à Paris quelques milliers de soldats échappés de Sedan; on les répartit dans divers cadres, mais ils y semèrent la profonde démoralisation dont ils étaient atteints. D'autres créations furent plus heureuses. C'est ainsi, par exemple, que l'organisation du 37ᵉ de marche, décrétée le 2 octobre, fut franchement obtenue au moyen de la réunion des compagnies de dépôt des 7ᵉ, 15ᵉ et 18ᵉ bataillons de chasseurs à pied et de compagnies disséminées des 38ᵉ, 66ᵉ, 82ᵉ, 86ᵉ et 100ᵉ régiments d'infanterie. Des mesures analogues permirent de procéder, le 20 octobre, à la formation des 38ᵉ et 39ᵉ régiments de marche. Un décret du 12 novembre chargea le ministre de la guerre de l'appel à l'activité des jeunes gens de 25 à 35 ans, célibataires ou veufs sans enfants, du département de la Seine, formant la troisième catégorie; un autre décret du lendemain, 13 novembre, appela les jeunes gens de la classe 1870, et ces deux appels donnèrent de 3 à 4,000 hommes. La gendarmerie à pied et la garde républicaine en fournirent 3,000 ; les gardiens de la paix, 3,250 ; les douaniers, les gardes forestiers, le régiment des pompiers de la ville de Paris, près de 5,000 ; en tout, plus de 11,000 hommes.

En résumé : 8,000 marins ; 50,000 hommes des 13e et 14e corps ; 3,000 provenant des compagnies de dépôt et de détachements de divers corps ; 3,000 hommes de l'appel de la classe de 1870 ; 11,000 hommes de troupes diverses ; on pouvait évaluer à près de 75,000 hommes l'effectif de l'infanterie de l'armée. Tous ces corps d'infanterie ne présentaient pas la même solidité. Les marins, les gendarmes, les hommes de la garde républicaine étaient prêts à tous les dévouements, mais les troupes des 13e et 14e corps manquaient encore de la cohésion nécessaire, et l'inexpérience des jeunes régiments de marche était de nature à semer bien du décousu dans les opérations. Il n'y avait, dans cet ensemble, que deux régiments préexistants à la guerrre, deux illustres régiments, le 35e et le 42e d'infanterie. — « Ces deux régiments, dit le « général Trochu en la séance de l'Assemblée natio- « nale du 13 juin 1871, ces deux régiments, pendant « toute la durée du siége, ont été le fonds de toutes « nos entreprises militaires. — A la fin du siége, leur « effectif avait été, presque en entier, renouvelé ; et, « au second siége, sous vos yeux, vous avez entendu, « dans chaque bulletin du maréchal de Mac-Mahon, « retentir les numéros du 35e et du 42e d'infanterie. »

La défense de Paris eut, en même temps, à sa dis-

position 100,000 hommes de la garde nationale mobile, et dans ce chiffre n'étaient compris ni les jeunes gens du département de la Seine, ni ceux des autres départements en résidence à Paris, appartenant au contingent de la classe 1870, lesquels ne furent appelés à l'activité que par un décret du 13 novembre. Ces 100,000 hommes étaient venus de leurs provinces avec un excellent esprit, un bon vouloir remarquable; mais, avant de les pouvoir grouper, il fallait les vêtir, les instruire, les discipliner. On les logea chez l'habitant. « Les résultats d'une éducation militaire qui
« débute ainsi sont bien incomplets, dit le général
« Trochu, et plusieurs de ces excellents jeunes gens
« de la province recueillirent dans cette dispersion
« des exemples, des contacts qui les compromirent.
« — Au mois de décembre, près de 8,000 d'entre
« eux étaient atteints de maladies qui montraient à
« quel point la civilisation de Paris les avait péné-
« trés. »

Ensuite venait la garde nationale proprement dite, sur laquelle on fondait les plus grandes espérances. M. Thiers demandait, dès le 29 août, qu'on confiât exclusivement à cette garde la défense des fronts de l'enceinte; et, le lendemain, il obtenait du comité de défense qu'on donnât un seul et même uniforme à toutes ses fractions constituées. On espérait sans doute ainsi la rendre homogène, la doter de quelque solidité, lui inspirer un peu d'esprit militaire. Vains efforts ! préjugés puérils ! illusions déplorables ! Une

garde nationale quelconque n'a jamais été, en France, qu'un instrument de désordre, fait pour interrompre le cours normal de la vie publique. A cet égard, la garde nationale parisienne se trouvait dans des conditions exceptionnelles ; car, au dire d'un de ses colonels, de qui nous tenons le fait, elle comptait dans ses rangs plus de 40,000 hommes, dont 1,800 officiers, munis d'antécédents judiciaires. Le général Trochu n'accorde que 25,000 *repris de justice, ou l'équivalent dans l'ordre moral, et* 6,000 *sectaires capables de tout* sur l'ensemble des 250,000 gardes nationaux ; mais cette proportion d'un huitième de coquins est encore énorme. Les plus honnêtes étaient d'ailleurs dépravés par le vice. — « L'absence de toute éducation militaire, dit encore
« le général et, par conséquent, de toute discipline,
« l'insuffisance du commandement élu, l'abandon de
« tout travail régulier, l'ivrognerie, qui prit de grands
« développements, l'habitude de ces sorties qui se
« faisaient hors des remparts, sans contrôle, et met-
« taient des groupes mal commandés près des mai-
« sons abandonnées de la banlieue, tout contribua à
« introduire dans ces masses des germes de profonde
« démoralisation. » En somme, il n'y avait réellement d'honorable que la garde nationale des premiers jours du siége, ne comprenant que 60 bataillons, mais tous animés du meilleur esprit, composés de l'élite de la population, seuls dignes de paraître sous les armes. C'était la garde nationale du temps de l'Empire, qui comprenait fort bien cette définition du soldat : *vir*

probus, pugnandi peritus, et qui remplissait nettement la première des deux conditions. Quant à la seconde, elle faisait les plus louables efforts. Son zèle pour les exercices était infini. « Bien souvent, dit le général « Trochu, la nuit, à la lueur du gaz, j'ai vu des com- « pagnies s'exercer dans la cour du Louvre, sous la « direction d'hommes qui mirent un dévouement « sans bornes à cette œuvre de préparation. » Ces 60 bataillons présentaient un effectif d'environ 40,000 hommes; soit, à peu près, un sixième de soldats de choix sur une masse de 250,000 gardes nationaux. En d'autres termes, sur deux douzaines de ces soldats-citoyens, pris au hasard, on comptait 4 hommes honorables, 17 ivrognes ou joueurs de bouchon, et 3 misérables valant, au plus, la corde.

Que pouvait-on attendre d'une force armée composée de la sorte? Il est d'excellents esprits qui pensent qu'une garde nationale, si bonne qu'elle soit, ne peut rendre à son pays que des services négatifs. Ce jugement est peut-être un peu sévère. Il est certain, toutefois, que nos braves gardiens des remparts ne comprenaient pas toujours la consigne donnée; que leur entêtement compromettait souvent la régularité des travaux militaires et en entravait parfois la marche.

Quant au courage, c'est autre chose.

Nous ne parlons pas des gens de Belleville, de Montmartre et de Ménilmontant; de ces sectaires qui obéissaient au mot d'ordre émané de l'officine de M. de Bismarck. Ceux-là avaient pour mission de proclamer la guerre à outrance, d'exprimer la haine la plus violente contre les Prussiens ; mais, de fait, ils ne devaient pas combattre. Il leur était prescrit de rassembler des munitions, des fusils, des bouches à feu... et d'attendre. Les misérables s'acquittaient à merveille de la mission qu'on leur avait confiée. Les jours de combat, dès les premières décharges de mousqueterie, ils s'enfuyaient en criant, comme un vol de canards sauvages.

Nous entendons parler des gens de cœur, qui n'étaient point rares dans les rangs des bons bataillons : des Rochebrune, des Regnault, des Coriolis. Cette garde nationale se battait avec beaucoup d'héroïsme avec autant de courage que les troupes; mais à la guerre, cette vertu ne suffit pas. Dans leur inexpérience, nos braves gens arrivaient à la bataille tout courbés sous le poids des vivres et des appareils de campement, et tout mouvement leur devenait impossible. Pendant l'action, manquant de l'esprit d'ensemble, ne rencontrant pas dans le commandement le point d'appui et la direction nécessaires, chacun opérait à peu près pour son compte et, dominé par l'émotion, tirait, le plus souvent, sur ses voisins.

Quoi qu'on puisse penser des qualités et des défauts de la garde nationale parisienne, nous dirons quelques mots de l'organisation d'une force armée qui a joué, pendant le siége, un rôle dont il eut été sage de restreindre l'importance.

On a vu plus haut qu'il y avait, sous l'Empire,

60 bataillons d'un effectif total d'environ 40,000 hommes. Une circulaire du ministre de l'intérieur, du 6 septembre 1870, les maintint en pleine activité et décida la création de 60 bataillons nouveaux comprenant chacun 1,500 hommes répartis en 8 compagnies. A la revue du mercredi 14 septembre, on comptait déjà 130 bataillons sous les armes, soit dix de plus qu'on n'en avait officiellement formé. Du reste, dès l'avant-veille, 12, une note du Gouvernement invitait les maires des vingt arrondissements de Paris à procéder d'office à l'inscription sur les contrôles de la garde nationale sédentaire de tous les hommes âgés de 25 à 35 ans et à les prévenir que le service était obligatoire. La milice citoyenne allait prendre chaque jour une extension nouvelle, car une circulaire du ministre de l'intérieur, insérée au *Journal officiel* du 15 septembre, ordonnait l'inscription de tous les habitants de la France, âgés de 21 à 60 ans, et laissait pressentir ces idées de mobilisation qui fermentaient dans le cerveau de M. Gambetta. Le nombre des bataillons parisiens alla donc grossissant très-rapidement et atteignit, au 6 novembre, le chiffre de 266. Il faut dire que ces résultats ne furent pas seulement dus aux décrets du Gouvernement de la défense nationale, mais encore, et surtout, à l'entraînement opéré par certain sentiment tapageur qui semble n'être qu'une charge du vrai patriotisme. Chacun voulut alors faire partie de la garde nationale. Toutes les administrations, tous les services constitués voulurent être représentés ré-

gulièrement et tenir un rôle dans le grand drame. C'est ainsi que surgirent les bataillons des *Postes*, des *Omnibus*, du *Ministère des finances*, de l'*Octroi*, des *Pompiers*, du *Chemin de fer de l'Ouest*, des *Petites-Voitures*, du *Chemin de fer d'Orléans*, du *Chemin de fer du Nord*. Le personnel du Ministère de la guerre forma deux belles compagnies au képi constellé de foudres d'argent; celui de l'instruction publique se constitua, sous les ordres de M. Jules de Serravalle, en un petit corps d'élite dont les palmes universitaires, brodées aussi d'argent, distinguèrent la coiffure. Puis, comme le sort commun des choses sérieuses est d'aboutir, en France, aux grotesques, les vieillards, les enfants se mêlèrent aussi de garde nationale. On eut des *Volontaires de la Mort*, des *Vétérans volontaires*, une *Garde civique*, une *Légion des Enfants de Paris*, un corps des *Pupilles de la République* à la blouse blanche rehaussée d'une ceinture rouge.

Tous les gardes nationaux du département de Seine-et-Oise, non incorporés dans les bataillons de la Seine, furent, enfin, par décret du 28 novembre, formés en une *Légion de Seine-et-Oise*. Un arrêté du 4 décembre suivant porta que la légion comprendrait cinq bataillons.

Le Gouvernement songea bientôt à tirer quelque parti de cette masse d'hommes armés. Le décret du 16 octobre ordonna de former dans chaque bataillon de la garde nationale sédentaire *une* compagnie de *mobilisés*. Quatre compagnies réunies sous le commandement d'un chef de bataillon devaient composer un *bataillon de guerre*, à placer sous les ordres des généraux commandant les divisions actives de l'armée. On ne s'en tint pas là. *Pour satisfaire, par des dispositions nouvelles, aux nécessités des opérations militaires, et répondre aux vœux unanimement exprimés par la garde nationale* — tels furent les considérants — un nouveau décret, du 8 novembre, porta que les *quatre* premières compagnies de chaque bataillon seraient dites *compagnies de guerre*. — « Ces compagnies, exposait le Gouvernement, seront fournies par les hommes valides des catégories ci-dessous, en suivant l'ordre des catégories, et en ne prenant dans l'une d'elles que lorsque la catégorie précédente aura été épuisée :

1° Volontaires de tout âge ;

2° Célibataires, ou veufs sans enfants, de 20 à 35 ans ;

3° Célibataires, ou veufs sans enfants, de 35 à 45 ans ;

4° Hommes mariés, ou pères de famille, de 20 à 35 ans ;

5° Hommes mariés, ou pères de famille, de 35 à 45 ans. »

Dès le 22 novembre, on passait en revue sur les boulevards les compagnies de guerre de *sept* bataillons : les 6e, 72e, 84e, 149e, 165e, 170e, 212e ; et, *le lendemain*, celles des 72e et 149e bataillons partaient bravement pour les avant-postes. Le 9 décembre, on comptait 80 bataillons de guerre équipés, et l'on pouvait prévoir que le nombre en allait s'accroître chaque jour. Dès lors, on crut indispensable de lier entre eux ces bataillons isolés; de leur donner un peu de cohésion. On les groupa donc et l'on en forma des *régiments de Paris* qui fonctionnèrent à partir du 9 décembre et ne furent dissous que par un décret du 3 février 1871. Ces régiments avaient vraiment bonne tournure. La grande capote seyait à merveille à ces soldats improvisés qui marchaient avec assez d'ensemble et enlevaient vivement le pas. Ces corps de troupes étaient commandés par des lieutenants-colonels dont quelques-uns se firent, pendant le siége, une réputation méritée d'intelligence et de bravoure. Citons MM. de Narcillac, de Crisenoy, de Brancion, Ibos, Langlois; enfin, de Rochebrune, tué à cette bataille de Buzenval où les Prussiens firent grand éloge de nos nouvelles *troupes de ligne*.

Quant au commandement supérieur, il passa en diverses mains durant la période dont nous écrivons l'histoire. Au début de la guerre, c'est le général d'Autemarre qui est à la tête des gardes nationales de la Seine; mais, le 29 août, il donne sa démission et est remplacé, le même jour, par le général de La Motterouge. Celui-ci, démissionnaire le 8 septembre, à la chute du régime impérial, cède, à son tour, la place à M. Tamisier, ancien officier d'artillerie et représentant du peuple en 1848. M. Tamisier ayant, lui aussi, donné sa démission après l'affaire du 31 octobre, le commandement en chef fut confié, le 4 novembre, au général Clément Thomas, commandant supérieur du 3e secteur depuis le 19 septembre et qui, le 2 novembre, avait été déjà nommé adjudant-général, commandant en second des gardes nationales de la Seine. Clément Thomas conserva jusqu'à la fin du siége ce commandement qu'il remit, lors de l'armistice, au général Vinoy. Durant cette période il imprima la meilleure impulsion au service dont il s'était chargé avec le concours de M. Montagut, nommé chef d'état-major général en remplacement du colonel Ferri-Pisani, et de M. de Mortemart, sous-chef d'état-major; enfin, du capitaine du génie Méreau, son aide de camp. — « Pendant le siége, dit le général Trochu, « alors que nous luttions tant contre les ennemis du « dehors que contre ceux du dedans, Clément Thomas « a été mon collaborateur le plus dévoué, le plus cou- « rageux, le plus généreux... C'était une âme haute « et fière, pleine de patriotisme... » L'homme qui méritait ces louanges a été assassiné, le 18 mars, par les communeux de Paris et les bandits de l'Internationale, mais il vivra dans la mémoire des honnêtes gens avec son auréole de martyr.

Après la garde nationale, le Gouvernement disposait d'une force armée irrégulière, celle des *corps francs*, dont un grand nombre s'était organisé dès le début de la guerre. A la séance du Corps législatif du 24 août, le général de Palikao, répondant à des interpellations de MM. Pelletan et Estancelin, avait déclaré qu'il donnait à tous les corps francs en formation l'estampille du ministère de la guerre. Cette marque prouvait qu'ils étaient armés par le pays ; qu'ils faisaient partie de l'armée ; qu'ils devaient, en conséquence, être protégés par les lois de la guerre et respectés par l'ennemi qui envahissait notre sol. Malgré les Prussiens qui invoquaient des arguments atroces à l'appui de leur sinistre interprétation du droit des gens, l'idée de l'organisation des corps francs eut un tel succès que le ministre de la guerre dut adresser, le 11 octobre, ce rapport au Gouvernement de la défense nationale :

« Depuis l'ouverture de la campagne contre la Prusse, un grand nombre de corps francs, dus à l'initiative individuelle, ont été levés à Paris et dans ses environs.

« Le Gouvernement leur a prêté son concours en donnant des commissions aux officiers, et des armes et des munitions aux hommes de troupe.

« Quelques corps francs ont même reçu, à titre exceptionnel, des objets d'équipement, des subsides, etc.

« Le nombre de ces corps suffit aujourd'hui à tous les besoins du service, et il y aurait de sérieux inconvénients à en augmenter le nombre, et à distraire de la garde nationale et de l'armée des hommes qui y ont leur place marquée naturellement.

« Le moment est donc venu de régler définitivement l'organisation de ces corps ; j'ai, en conséquence, l'honneur de proposer au Gouvernement de la défense nationale d'adopter les propositions contenues dans le projet de décret ci-joint :

« Art. 1er. Les corps francs existant en ce moment à Paris, et dont l'organisation a été autorisée, seront maintenus en activité pendant tout le temps de la durée de la guerre contre la Prusse.

« Art. 2. Chacun de ces corps sera placé sous les ordres d'un commandant militaire.

« Art. 3. Les officiers, sous-officiers, caporaux ou brigadiers, et soldats qui en font partie, pourront, en vertu d'arrêtés du ministre de la guerre, être traités, sous le rapport de la solde et des vivres, comme la garde nationale mobile.

« Aucune autre allocation, soit en deniers, soit en nature, ne pourra leur être faite par le département de la guerre.

« Art. 4. Dans le cas où des bataillons de la garde nationale sédentaire de Paris seraient autorisés à former des compagnies de volontaires destinés à faire des sorties, il ne sera rien changé à la position des officiers, sous-officiers, caporaux ou brigadiers et gardes nationaux de ces compagnies, sous le rapport de la solde et des vivres, c'est-à-dire qu'ils continueraient à être traités exactement comme les autres gardes nationaux sédentaires.

« Art. 5. Aussitôt après la promulgation du présent décret, il sera passé une revue d'effectif par un fonctionnaire de l'intendance militaire.

« L'effectif constaté à cette revue ne pourra jamais être dépassé.

« Art. 6. Il sera délivré de nouvelles commissions à

tous les officiers des corps francs par le ministre de la guerre.

« Art. 7. Les grades dans les corps francs ne donneront à ceux qui en exercent, ou qui en auront exercé, les fonctions aucun droit à un grade régulier dans l'armée.

« Art. 8. Il ne sera plus délivré, à dater de la promulgation de ce décret, aucune autorisation de lever des corps francs.

« Art. 9. Le ministre de la guerre est chargé de l'exécution du présent décret. »

Le Gouvernement approuva purement et simplement ce décret, en conformité duquel l'intendance passa une revue d'effectif qui permit de reconnaître *officiellement* les corps francs d'infanterie dont les noms suivent :

	Commandants.
Volontaires de la Seine (3ᵉ et 4ᵉ bataillons)..	LAFON.
Légion des volontaires de la France......	CAILLOUÉ.
Francs-tireurs de la presse..........	ROLAND.
Id. des Ternes............	DE VERTUS.
Id. de la Ville de Paris........	CHABOUD-MOLLARD.
Id. de l'Aisne............	DOLLÉ.
Id. des Lilas............	THOMAS-ANQUETIL.
Id. sédentaires...........	DESCHAMPS.
Id. de la Gironde..........	CAVASSO.
Tirailleurs parisiens...............	LAVIGNE.
Tirailleurs de la Seine.............	DUMAS.
Tirailleurs-éclaireurs parisiens.........	FÉRY D'ESCLANDS.
Légion des amis de la France.........	VAN DER MEER.
Corps civique des carabiniers parisiens....	PERRELLI.
Chasseurs de Neuilly..............	DIDION.
Bataillon d'éclaireurs de la garde nationale..	DE JOINVILLE.
Volontaires de la défense nationale......	PAIRA.

	Commandants (suite).
Guerilla de l'Ile de France..	André Peri.
Bataillon des gardes mobiles de 1848.	»
Eclaireurs de la garde nationale de la Seine.	Valette.

Il y eut encore d'autres corps francs d'infanterie qui, bien que n'ayant pas passé la revue d'effectif prévue par le décret du 11 octobre, furent néanmoins reconnus par le département de la guerre. En voici la liste :

	Commandants.
Tirailleurs de Saint-Hubert.	Thomas..
Corps des agents et gardes forestiers.	Carraud.
Corps franc de la compagnie de l'Est (pompiers armés).	de Sappel.
Légion bretonne.	Domalain.
Francs-tireurs alsaciens.	Braun.
Id. de Saint-Germain.	de Richemond de Richardson.
Corps franc de Rouen..	Desseaux (Gaston).
Id. de Seine-et-Marne.	Liénard.
Id. de Saint-Denis et Neuilly.	Blanchard et Sageret.
Id. du Haut-Rhin	Dolfus.
Id. des Vosges	Dumont.
Compagnie des gardes forestiers de la couronne.	de la Panouse.

Le Gouvernement avait eu bien raison d'apporter des limites au zèle des particuliers qui voulaient, à tout prix, s'enrôler dans les corps francs; car ce sentiment faisait rage et tournait souvent au comique. C'est ainsi que le *Comité des Femmes* se réunit un soir au gymnase Triat dans le but de constituer un bataillon de *Zouaves de rempart,* et que, le 10 octobre, les murs de Paris se couvrirent de certaines affiches vert tendre portant la signature *Félix Belly* et ce titre alléchant : 1er *Ba-*

taillon des *Amazones de la Seine*. Voici quelques extraits de cet incroyable factum :

« Pour répondre aux vœux qui nous ont exprimés
« par de nombreuses lettres, et aux dispositions géné-
« reuses d'une grande partie de la population fémi-
« nine de Paris, il sera formé successivement, au fur
« et à mesure des ressources qui nous seront fournies
« pour leur organisation et leur armement, *dix* batail-
« lons de femmes, sans distinction de classes sociales,
« qui prendront le titre d'*Amazones de la Seine*.

« Ces bataillons sont principalement destinés à dé-
« fendre les remparts et les barricades, concurremment
« avec la partie la plus sédentaire de la garde natio-
« nale, et à rendre aux combattants, dans les rangs
« desquels ils seraient distribués par compagnies, tous
« les services domestiques et fraternels, compatibles
« avec l'ordre moral et la discipline militaire.

. . . .

« Pour couvrir les frais de cette création, un appel,
« adressé à toutes les dames des classes riches, solli-
« citera de leur patriotisme et de leur intérêt bien
« entendu le sacrifice de leur superflu à la cause sa-
« crée du pays. Elles ont assez de bracelets, de colliers
« et de bijoux, que leur arracherait le brigandage
« prussien, si Paris succombait, pour armer cent mille
« de leurs sœurs. Elles ne se refuseront pas à témoi-
« gner de leurs sentiments civiques par les plus larges
« souscriptions et à renverser ainsi la barrière qui les
« a trop longtemps séparées des classes laborieuses.

. . . .

« Un médecin expérimenté, autant que possible,
« du sexe féminin, sera attaché à chaque bataillon.
« — Un comité de dames, faisant fonctions de conseil
« de famille, pourvoira aux soins hygiéniques.

. . . .

« Les moments sont précieux. Les femmes, elles
« aussi, sentent que la patrie et la civilisation ont be-
« soin de toutes leurs forces pour résister aux vio-
« lences sauvages de la Prusse. Elles veulent partager
« nos périls, soutenir nos courages, nous donner
« l'exemple du mépris de la mort et mériter ainsi leur
« émancipation et leur égalité civile. Elles ont, plus
« que nous, le feu divin des grandes résolutions qui
« sauvent, et le dévouement actif qui soutient et con-
« sole. Ouvrons nos rangs pour recevoir, sur les rem-
« parts, les compagnes aimées du foyer ; et que l'Eu-
« rope apprenne avec admiration que ce ne sont pas
« seulement des milliers de citoyens, mais encore des
« milliers de femmes qui défendent, à Paris, la liberté
« du monde contre un nouveau débordement de bar-
« bares ! »

Après la lecture d'un pareil document, le Comité de défense n'avait vraiment plus qu'à se reporter aux préceptes qu'expose le deuxième alinéa du chapitre 15 du livre II des Œuvres de François Rabelais, touchant le meilleur système de fortification de Paris.

Ce qu'il y a de plus curieux en cette affaire, c'est que, bien que déclamatoire, l'affiche vert-tendre n'était pas une plaisanterie. L'auteur était sérieux, tellement sérieux que son idée fut ultérieurement reprise et réalisée par la Commune. Nous avons vu des amazones communeuses arriver prisonnières à Versailles, entre deux files de lanciers. Quelques-unes portaient à la ceinture la petite giberne et la blague à tabac réglementaires.

La garnison se composait, en cavalerie, des divisions Reyau et de Champéron, des 13° et 14° corps. La division Reyau était formée des brigades du Coulombier (6° hussards et 6° dragons) et Ressayre (9° cuirassiers et régiment de marche de la garde). La division de Champéron comprenait les brigades Cousin (1er et 9° chasseurs) et de Gerbrois (1er et 2° dragons de marche). Le commandement disposait, en outre, des cent-gardes présents à Paris, de la garde républicaine et de la gendarmerie à cheval, et de quelques pelotons de spahis.

La garde nationale fournit aussi son contingent ; elle eut une légion de cavalerie commandée par le colonel Quiclet, coquette légion qui dut être dissoute le 11 janvier 1871, par suite de la réquisition de ses chevaux. Enfin, il se forma des corps francs : l'escadron des volontaires de la Seine, commandant de Pindray ; — les éclaireurs à cheval de la Seine, commandant Franchetti ; — l'escadron de la légion des volontaires de la France, commandant G. Fould ; — les cavaliers de la République, commandés par le célèbre Dardelle.

L'effectif total de la garnison peut, en conséquence, s'évaluer à une cinquantaine d'escadrons, soit environ 5,000 chevaux.

L'âme de la défense de toute place assiégée c'est la bonne organisation de l'artillerie et du génie; il convient donc d'examiner les rouages de ces deux armes.

L'artillerie de l'armée de Paris comprenait les 1re, 3e, 4e, 13e, 15e et 16e batteries du 2e régiment; — les 8e et 12e batteries du 3e régiment; — les 2e, 13e, 14e, 15e, 16e, 17e, 18e, 19e, 20e, 21e, 22e, 23e et 24e batteries du 4e régiment; — les 1re, 3e, 4e et 16e batteries du 6e régiment; — les 2e, 13e, 14e, 15e et 16e batteries du 7e régiment; — les 13e et 16e batteries du 8e régiment; — les 3e, 4e et 13e batteries du 9e régiment; — les 3e, 4e, 13e, 14e, 15e et 16e batteries du 10e régiment; — les 1re, 3e, 13e, 14e, 15e, 16e, 17e, 18e, 19e, 20e, 21e, 22e, et 23e batteries du 11e régiment; — la 4e batterie du 12e; — les 2e, 3e, 4e et 16e batteries du 13e régiment; — les 1re, 3e, 4e, 13e, 15e et 16e batteries du 14e régiment; — les 13e et 16e batteries du 15e régiment; — les 1re, 2e, 3e, 4e, 5e, 6e, 7e, 8e, 9e, 10e, 11e, 12e et 13e batteries du 21e régiment; — enfin, les 1re, 2e, 3e, 4e, 5e, 6e, 7e, 8e, 9e, 10e, 11e, 12e et 13e batteries du 22e régiment.

C'était un ensemble de 93 batteries. Précieux résultat dû au patriotisme des officiers retraités ou démissionnaires qui reprirent du service, et aux dispositions du décret du 23 octobre qui incorpora dans l'artillerie, pour la durée de la guerre, toutes les ressources en personnel qu'on put trouver parmi les gardiens de la paix, les préposés des douanes, les gardes forestiers, la gendarmerie républicaine ou départementale, et le régiment des sapeurs-pompiers.

Mais laissons, à ce sujet, parler le général Susane. — « C'est, dit-il, dans l'absence presque complète de
« candidats capables de constituer de nouveaux cadres
« de batteries montées qu'était notre misère au com-
« mencement du siége. — Il restait, on s'en souvient,
« après la formation de l'armée du Rhin, sept cadres
« de batteries disponibles, en Afrique et en Italie. Il
« fallut trouver ou créer, dès les premiers jours du
« mois d'août, les quinze batteries nécessaires au 12e
« corps qui sont allées disparaître, elles aussi, dans
« le gouffre de Sedan ; puis, trente autres batteries
« pour les 13e et 14e corps qui combattent depuis trois
« mois, devant Paris. Toutes ces batteries de cam-
« pagne, moins sept, sont des batteries improvisées
« soit avec des fractions de batteries à pied, soit de
« toutes pièces. Depuis l'investissement de Paris,
« quarante-deux autres batteries de personnel ont été
« formées avec les seules ressources que renfermait
« la capitale. Au petit nombre d'officiers que comp-
« taient encore les dépôts des 4e et 11e régiments, ou
« qui étaient parvenus à s'échapper des mains des
« Prussiens, sont venus se joindre nos camarades de
« l'artillerie de marine, quelques officiers de la flotte ;
« d'autres, sortis de la retraite ou relevés de la dé-
« mission, des ingénieurs, des élèves des Ecoles.

« Appel a été fait aux anciens sous-officiers et bri-
« gadiers d'artillerie devenus gendarmes, douaniers,
« forestiers. Grâce à l'admirable élan et au dé-
« vouement absolu de tous, il s'est formé une nou-
« velle artillerie qui a donné déjà des preuves de soli-
« dité. »

La garde mobile eut aussi son apport. Le départ-
tement de la Drôme fournit une batterie ; la Loire-
Inférieure en donna deux ; le Pas-de-Calais, une. Le
Rhône sut former deux batteries ; le département de
Seine-et-Oise, trois ; enfin, la Seine offrit un régiment
à six batteries. Ces formations diverses composaient
un total de 15 batteries dont le concours n'était pas à
dédaigner.

Il convient de faire suivre ces chiffres de ceux qui
expriment les ressources mises à la disposition de la
guerre par le service de l'artillerie de marine. Ce
service avait, avant l'investissement, expédié sur
Paris ses 1re et 1re bis, 2e et 2e bis, 11e et 11e bis, 12e,
13e, 15e et 15e bis, 16e, 17e, 18e, 19e, 23e et 27e, en
tout, seize batteries.

L'artillerie de terre, la mobile et l'artillerie de marine présentaient donc ensemble un effectif de 124
batteries. N'était pas compris dans ce nombre, il faut
l'observer, le personnel des canonniers de la marine
qui servaient les pièces des forts de Romainville, Noisy,
Rosny, Ivry, Bicêtre, Montrouge et du Mont-Valérien.
L'effectif total de ces braves gens était de 1,800 à
2,000 hommes. Dans le cours du siége, on emprunta

aux forts des détachements qui, réunis, formèrent un *bataillon de canonniers* destiné au service de diverses batteries extérieures ou de l'enceinte. C'est à la marine qu'on dut le tir si précis des bouches à feu de Saint-Ouen, de Montmartre, des batteries de la Boissière et de Bondy, des Hautes-Bruyères, de la Pépinière de Vitry, de la batterie Mazagran (pont du chemin de fer) et du Moulin-Saquet. C'étaient des marins qui manœuvraient les pièces arrimées sur les wagons blindés. C'étaient eux qui servaient, sur l'enceinte, les batteries du Point-du-Jour et du bastion 73, ainsi que la pièce de $0^m,19$, dite *Joséphine*, que les curieux allaient voir au bastion 40. Enfin, il ne faut pas oublier que, outre les forts ci-dessus désignés, ceux de Nogent, de l'Est et de la Double-Couronne de Saint-Denis avaient aussi des bouches à feu servies par les canonniers de la marine.

Telle était l'artillerie des armées de terre et de mer.

La garde nationale de Paris voulut avoir aussi la sienne, et il fut satisfait à ses vœux dès le 19 septembre. On lit en effet dans le *Journal officiel* de ce jour :

« Le Gouvernement de la défense nationale dé-
« crète :

« *Article unique*. — Il sera formé un corps d'artil-
« lerie de la garde nationale dont la formation et
« l'organisation sont confiées au colonel d'état-major
« Victor Schœlcher, sous la direction du général

« commandant supérieur. Son effectif ne devra pas
« dépasser le chiffre de *neuf batteries*. »

La défense disposa enfin d'un nombre assez considérable de corps francs dits de *canonniers volontaires auxiliaires* dont quelques-uns rendirent de bons services. En voici la nomenclature exacte :

Commandants.

1. — 1re compagnie principale de canonniers auxiliaires, bastions du 1er secteur. . . . . . . LANGUEREAU.
2. — 1re compagnie *bis*, bastions du 1er secteur . . CARRUS.
3. — 2^e compagnie principale, bastions du 2^e secteur. COGNET.
4. — 2^e compagnie *bis*, bastions du 2^e secteur . . . MAURICE.
5. — 2^e compagnie *ter*, bastions du 2^e secteur. . . WENDLING.
6. — Compagnie de canonniers volontaires du bastion 12. . . . . ROUART.
7. — 7^e compagnie de canonniers auxiliaires, 7^e secteur . . . . LESNE.
8 — 8^e compagnie de canonniers auxiliaires, 8^e secteur. . . . . FORGEOIS.
. — 9^e compagnie de canonniers auxiliaires, 9^e secteur. . . . . MATHIEU.
10. — 1re compagnie de la 4^e batterie. . . . . DUJARDIN.
11. — 2^e compagnie de la 4^e batterie. . . . . ROY.
12. — 3^e compagnie principale. . . . . MARTIN.
13. — 3^e compagnie *bis*. . . . . DUFRESNOY.
14. — 5^e compagnie principale, bastion 50. . . . . ROGER.
15. — 5e compagnie *bis*, bastion 50. . . . . TERRIUN.
16. — Canonniers volontaires (gardiens de la paix) 2e et 4e secteurs. . . . . CADIAT.
17. — Canonniers de l'Ecole polytechnique, bastion 87. MANNHEIM.
18. — 6e batterie de canonniers auxiliaires, bastion 57. . . . . DORRÉ.
19. — Corps d'artillerie des mitrailleuses (constitué par décret du 2 janvier 1871) . . . . POTHIER.
20. — Compagnie de canonniers volontaires dynamiteurs (formée par arrêté du gouverneur de Paris, du 15 janvier 1871).. . . . . BRÜLL.

De ces vingt corps francs d'artillerie celui des *mi-*

trailleuses avait seul une importance réelle. Organisé pour la durée de la guerre, il avait un état-major complet et se composait de *neuf* batteries, dont une de parc.

Observons, en terminant, que l'artillerie de terre était pourvue de tous les services accessoires indispensables. Elle disposait, pour ses transports de matériel, des 9°, 10°, 14° et 16° compagnies du 1er régiment du train d'artillerie et des 2°, 3°, 6° et 14° compagnies du 2° régiment. Il était pourvu à tous autres besoins par la 2° compagnie d'artificiers et les 4°, 6° et 9° compagnies d'ouvriers. A ces dernières se rattachaient un corps franc particulier, dit des *ouvriers auxiliaires d'artillerie*. Ce corps était dirigé par les soins de M. l'ingénieur en chef Krantz, ayant sous ses ordres une pléiade d'ingénieurs de mérite, parmi lesquels le malheureux Elphège Baude, qui devait être assassiné par les communeux le 22 mars 1871.

Au moment de l'imminence du siége, la place de Paris n'avait à sa disposition que les 1er, 15° et 16° compagnies de sapeurs du 2° régiment du génie, la 2° compagnie de mineurs, les 15° et 16° compagnies de sapeurs et un détachement de sapeurs-conducteurs du 3° régiment. La proportion de ces troupes spéciales était notablement insuffisante: aussi intervint-il, le 21 août 1870, un décret portant création de deux nouvelles compagnies de sapeurs dans chacun des 2° et 3° régiments du génie. Ces compagnies prirent, dans chaque régiment, les numéros 17 et 18 ; le 2° régiment constitua, de plus, une compagnie 18 *bis*, et, dès lors, le service du génie put satisfaire à tous les besoins de la défense.

Plus que tous les autres corps de l'armée, le corps du génie militaire trouva des auxiliaires, ou plutôt des similaires, dans la population civile.

Il convient de mentionner, tout d'abord, la *Légion du génie de la garde nationale*, régulièrement constituée par décret du 7 novembre 1870. Cette organisation n'était alors que le résultat d'un remaniement et d'un changement de dénomination du corps auxiliaire du génie créé, en vertu du décret du 24 août précédent, et placé sous la direction de MM. Alphand et Viollet-le-Duc et des ingénieurs des ponts-et-chaussées du service municipal.

Nous devons, en second lieu, rappeler ici les noms de quelques corps francs.

1° *Le corps du génie volontaire*, commandant Flachat, institué, le 22 septembre, sous les auspices du ministère des travaux publics et de celui des finances, et reconnu, le 11 octobre, par le département de la guerre.

2° *Les bataillons auxiliaires du génie*, créés par un arrêté du ministre de l'intérieur, en date du 6 octobre 1870. C'étaient tout simplement 22 bataillons *non armés* de la garde nationale dont on ne savait que faire et qu'il fallait nourrir en leur conférant le bénéfice du décret du 14 septembre relatif à l'indemnité de 1 fr. 50 c. par homme et par jour. Mal composés, mal commandés, ces bataillons n'exécutèrent jamais de travaux sérieux; ils n'étaient, d'ailleurs, bons à rien. Ils portaient, dans la série générale des bataillons de la garde nationale, les numéros 224, 230, 231, 232, 236, 237, 238, 241, 242, 243, 244, 245, 246, 247, 248, 249, 252, 253, 257, 258, 259 et 260.

3° Vers la fin du siége, le 16 janvier 1871, le gouvernement de la défense nationale crut devoir décréter l'organisation d'un *bataillon auxiliaire du génie*, composé de volontaires formant ensemble huit compagnies de 150 hommes chacune. Nous ne pensons pas que ce corps ait jamais fonctionné.

4° Il n'en est pas de même du *bataillon de mineurs auxiliaires du génie*, commandant Jacquot, reconnu, le 11 octobre, par le département de la guerre. Ce corps ne comportait, en réalité, que l'effectif d'une compagnie formée des ouvriers attachés au service des carrières de Paris. Ces 150 ou 200 mineurs, habilement dirigés par M. l'ingénieur Descos, furent d'un grand secours pour la défense du fort de Montrouge.

5° Les *ouvriers auxiliaires du génie*. — On peut comprendre sous cette dénomination générique un assez grand nombre d'ouvriers civils qui travaillaient de ci, de là, sous les ordres des ingénieurs Le Masson, Trélat, Potier, Lévy, La Morandière, etc., et la haute direction de l'ingénieur en chef Ducros auquel le général Trochu a cru devoir payer un large tribut d'éloges. Les travaux à exécuter se soldaient sur les fonds du budget du génie militaire et devaient toujours être ordonnés par le général Tripier. Parfois, cependant, quelques jeunes ingénieurs se constituaient chefs de bandes indépendantes, et c'est d'eux que le général Trochu disait, le 17 novembre, au Comité de défense :

« Les ingénieurs civils apportent à la défense le
« plus précieux concours ; mais il n'est pas toujours
« possible de modérer leur zèle ni de restreindre leur
« initiative. Il est bien démontré qu'on eût mieux
« servi l'État en agissant avec plus d'ordre et de mé-
« thode. »

Tels furent, pendant le siége, les auxiliaires principaux du génie militaire. Quant au *génie civil*, dont il sera question plus loin, ses travaux n'avaient aucune analogie avec ceux des ingénieurs de l'armée.

Le service spécial des ponts militaires à jeter sur la Seine et la Marne était confié aux soins des 5e et 10e compagnies du régiment de pontonniers auxquelles s'adjoignaient, à l'occasion, les deux compagnies de pontonniers de la mobile du Rhône. Ces quatre compagnies étaient secondées par les *pontonniers auxiliaires* de la marine. C'était un détachement de soixante gabiers d'élite commandés par l'enseigne de vaisseau Verschneider. Enfin, les *ouvriers auxiliaires d'artillerie* sous les ordres de M. l'ingénieur Krantz, rendaient aussi de signalés services. Ils préparèrent, entre autres, le fameux passage de la Marne opéré par le général Ducrot avant la bataille de Villiers.

Ce n'est pas sans raison que la ville de Paris a pris

pour symbole le vaisseau qu'on voit gravé sur son écusson. En effet ; sa population, essentiellement adonnée à la navigation fluviale, eut jadis à lutter, bien des fois contre les efforts des forces navales de l'ennemi. C'est ainsi que, grâce à l'appui de cinquante grosses embarcations, Labienus parvient à surprendre le passage de la Seine, au Point-du-Jour, l'an 52 avant notre ère. Au temps de la domination des Empereurs, les Parisiens sont surveillés par une escadrille romaine, la *Classis Anderetianorum*, mouillée au confluent de la Seine et de l'Oise. Plus tard, sous les Carlovingiens, la Seine se couvre de voiles normandes. La veille de Pâques de l'an 845, la *Cité* voit s'embosser sous ses murailles 120 navires de guerre ; et, en novembre 885, ses défenseurs en comptent 700 dont quelques-uns, armés en brulôts, tentent d'incendier le Pont-au-Change. On ne doit donc pas s'étonner de voir Paris reprendre, de nos jours, les traditions d'un glorieux passé et imposer à son fleuve un matériel de guerre navale. Fidèle à sa devise : *Fluctuat nec mergitur*, la ville assiégée ne pouvait manquer de mettre en ligne, en 1870, de petits vapeurs armés. Elle en eut vingt.

L'effectif des équipages était d'environ 540 hommes. La flottille avait pour commandant en chef le capitaine de vaisseau Thomasset, ayant pour second le capitaine de frégate Rieunier et pour chef d'état-major le capitaine de frégate Goux. Le personnel d'officiers comptait 20 lieutenants de vaisseau, commandants de bord. Dans le courant du mois d'octobre on désarma 5 bâtiments et, dès lors, la flottille de la Seine fut réduite à 15 canonnières ou batteries flottantes.

Le service hydrographique était dirigé par M. l'ingénieur Estignard.

Il serait difficile d'exposer ici le mécanisme assez compliqué des services administratifs qui fonctionnèrent, pendant le siége, sous la direction de l'intendant général Blondeau et qui, à partir du 6 novembre, furent placés sous les ordres de l'intendant général Wolff. Nous ne parlerons que des services auxiliaires, et l'on trouvera plus loin quelques détails touchant l'organisation des ambulances dues à l'initiative privée. Nous nous bornerons à mentionner ici cet arrêté du Gouverneur concernant la création d'un corps du *train de la garde nationale* :

« Le Gouverneur de Paris,

« Vu le décret du 21 septembre 1870, ordonnant l'organisation d'un corps du train de la garde nationale, recruté dans le personnel de la Compagnie générale des omnibus ;

« Vu l'arrêté en date du même jour, ordonnant la formation d'un bataillon spécial de garde nationale composé du personnel de la Compagnie générale des omnibus et obligeant cette Compagnie à tenir à la disposition du Gouverneur de Paris un certain nombre de voitures de transport,

ARRÊTE :

« Art. 1er. Le corps du train formé par la Compagnie

des omnibus comprendra 120 voitures, dont 60 seront à la disposition de la garde nationale sédentaire et 60 à la disposition de l'armée.

« Art. 2. Les 60 voitures mises à la disposition de l'armée se divisent en 45 voitures à banquettes, propres au transport du personnel ou des blessés, et en 15 voitures ou chariots, propres au transport du matériel.

« Art. 3. Les réquisitions relatives à la fourniture des voitures seront faites exclusivement :

1° Par le chef d'état-major de la garde nationale pour les 60 voitures réservées à la garde nationale sédentaire ;

2° Par l'intendant général de l'armée pour les 45 voitures à banquettes affectées au transport du personnel ;

3° Par les généraux commandant l'artillerie ou le génie, pour les 15 voitures ou chariots propres au transport du matériel.

« Fait à Paris, le 19 octobre 1870.

« Général TROCHU. »

Tel est le tableau du personnel armé appelé à la défense de la place de Paris. Nous n'avons plus qu'à en exposer la répartition locale.

Les fortifications comprenaient l'enceinte et les forts détachés. Par décision du comité de défense en date du 26 août, l'enceinte fut divisée en neuf commandements dits *secteurs*, et chacun des forts fut placé sous les ordres d'un commandant relevant directement du gouverneur.

Il fut créé deux commandements d'artillerie : l'un, dit *de la rive droite* (général Pélissier), fut formé des six premiers secteurs et des forts du nord, avec la forteresse du Mont-Valérien ; l'autre, dit *de la rive gauche* (général René), comprit les trois derniers secteurs avec les forts du sud.

Le service du génie fut divisé en trois *circonscriptions*. La 1re (général Malcor) fut formée des 1er et 2e secteurs et des forts de Charenton, Vincennes, Nogent, Rosny et Romainville ; la 2e (général Duboys-Fresney) comprit les 3e, 4e, 5e et 6e secteurs, ainsi que les forts d'Aubervilliers, de l'Est, de Saint-Denis, de la Briche et du Mont-Valérien ; la 3e (général Javain) se composa des 7e, 8e et 9e secteurs avec les forts d'Issy, de Vanves, de Montrouge, de Bicêtre et d'Ivry.

Cette organisation fut ultérieurement modifiée par un ordre du général de Chabaud-la-Tour, du 8 janvier 1871, et le service des travaux de défense fut, dès lors, réparti en cinq arrondissements savoir :

1er *arrondissement* (général Malcor) : 1er et 2e secteurs ; forts de Charenton, Vincennes, Nogent, Rosny, Noisy, Romainville et avancées.

2e *arrondissement* (général Duboys-Fresney) : 3e et 4e secteurs ; forts d'Aubervilliers, de l'Est, de Saint-Denis, de la Briche et avancées.

3e *arrondissement* (général Guillemaut) : 5e et 6e secteurs; fort du Mont-Valérien et avancées; ouvrages de la presqu'île de Gennevilliers.

4° *arrondissement* (général Riffault) : 7°, 8° et 9° secteurs; forts d'Issy, de Vanves, de Montrouge et avancées.

5° *arrondissement* (colonel de Courville) : forts de Bicêtre, d'Ivry; ouvrages du plateau de Villejuif et avancées.

Il convient d'étudier ici le mécanisme des commandements de l'enceinte et des forts. Voici d'abord le tableau des secteurs :

1er *secteur*, dit de Bercy, [du bastion 1 (haute Seine) au bastion 11 inclus (route de Montreuil). Quartier général, rue Michel Bizot, 26];

Commandant supérieur : général de division Baroilhet de Puligny;

Commandant de l'artillerie : colonel Guironnet de Massas;

Commandant du génie : capitaine Porion.

Les forces mises à la disposition des commandants supérieurs se composaient de la garde nationale de Paris, en première ligne sur le rempart et en réserve dans l'intérieur du secteur; de la garde nationale mobile en deuxième réserve; et des troupes de ligne, en troisième. La garde nationale chargée du service au 1er secteur était forte de 27 bataillons portant les numéros suivants : 14, 48, 49, 50, 51, 52, 53, 56, 73, 93, 94, 95, 96, 99, 121, 122, 126, 150, 162, 182, 183, 198, 199, 200, 210, 212 et 254. Effectif total : 37,124 hommes.

2ᵉ *secteur*, dit de Belleville, [du bastion 11 (route de Montreuil) au bastion 24 inclus (route de Pantin). Quartier général, boulevard Davoust, 38; puis, rue Haxo, 79];

Commandant supérieur : général de division Callier (de la réserve);

Commandant de l'artillerie : colonel Pierre;

Commandant du génie : lieutenant-colonel Darodes.

55 bataillons de la garde nationale : nᵒˢ 27, 30, 31, 54, 55, 57, 58, 63, 65, 66, 67, 68, 74, 76, 80, 86, 87, 88, 89, 123, 130, 135, 138, 140, 141, 144, 145, 159, 172, 173, 174, 180, 190, 192, 194, 195, 201, 204, 205, 206, 208, 209, 211, 213, 214, 218, 219, 232, 233, 234, 236, 237, 239, 240 et 241. Effectif total : 75,858 hommes.

3ᵉ *secteur*, dit de la Villette, [du bastion 24 (route de Pantin) au bastion 33 inclus (route de Saint-Denis). Quartier général, rue Bouvet, 10; puis, place de l'Argonne, 17; enfin, au Marché-aux-Bestiaux, rue d'Allemagne];

Commandant supérieur : général de Montfort; puis, général Clément Thomas; enfin, vice-amiral Bosse;

Commandant de l'artillerie : colonel Ocher de Beaupré;

Commandant du génie : lieutenant-colonel Karth.

37 bataillons de la garde nationale : nᵒˢ 9, 10, 23, 24, 25, 26, 28, 29, 62, 107, 108, 109, 110, 114, 128, 137, 143, 147, 153, 157, 164, 167, 170, 175,

— 83 —

179, 186, 188, 191, 197, 203, 224, 230, 231, 238, 242 et 246. Effectif total : 51,866 hommes.

4ᵉ *secteur*, dit de Montmartre, [du bastion 33 (route de Saint-Denis) au bastion 45 inclus (route d'Argenteuil). Quartier général : rue Lagille, 14 ; puis, avenue de Saint-Ouen, 105];

Commandant supérieur : contre-amiral Cosnier ;
Commandant de l'artillerie : colonel Fèvre ;
Commandant du génie : lieutenant-colonel Motet.

36 bataillons de la garde nationale : nᵒˢ 6, 7, 11, 32, 34, 36, 61, 64, 77, 78, 79, 116, 117, 124, 125, 129, 142, 152, 154, 166, 168, 169, 189, 215, 216, 220, 225, 228, 229, 235, 245, 247, 252, 253, 256 et 258. Effectif total : 52,953 hommes.

5ᵉ *secteur*, dit des Ternes, [du bastion 45 (route d'Argenteuil) au bastion 54 inclus (avenue Uhrich). Quartier général : rue d'Escombes, 7 ; puis, avenue Mac-Mahon, 74];

Commandant supérieur : général Ambert ; puis, à partir du 18 septembre, contre-amiral du Quilio ;
Commandant de l'artillerie : colonel Roy ;
Commandant du génie : chef de bataillon Bompard.

33 bataillons de la garde nationale : nᵒˢ 2, 3, 8, 33, 35, 37, 70, 90, 91, 92, 100, 111, 112, 113, 132, 148, 149, 155, 171, 181, 196, 207, 222, 223, 227, 244, 257, 259, 260 ; bataillons de Rueil, d'Argenteuil, de Versailles et du Pecq. Effectif total : 42,563 hommes.

6ᵉ *secteur*, dit de Passy, [du bastion 54 (avenue

Uhrich) à la Basse-Seine (courtine 67-68). Quartier général : rue Molitor, à Auteuil ; puis, au château de la Muette] ;

Commandant supérieur : amiral Fleuriot de Langle ;

Commandant de l'artillerie : colonel Virgile (de l'artillerie de marine) ;

Commandant du génie : colonel Guillemaut ; puis, chef de bataillon Rapatel.

12 bataillons de la garde nationale : n°s 1, 4, 5, 12, 13, 38, 39, 69, 71, 72, 221 et 226. Effectif total : 17,922 hommes.

7° *secteur*, dit de Vaugirard, [de la courtine 67-68 (Basse-Seine) au bastion 76 inclus (route de Vanves). Quartier général : rue de Vaugirard, 395 et 397 ; puis, gare de ceinture de Vaugirard] ;

Commandant supérieur : contre-amiral de Montaignac ;

Commandant de l'artillerie : colonel Nourrisson ;

Commandant du génie : lieutenant-colonel Jahan.

15 bataillons de la garde nationale : n°s 15, 17, 41, 45, 47, 81, 82, 105, 106, 127, 131, 156, 165, 178 et 187. Effectif total : 22,169 hommes.

8° *secteur*, dit du Montparnasse, [du bastion 76 (route de Vanves) au bastion 86 inclus (entrée de la Bièvre). Quartier général : avenue d'Orléans, 93] ;

Commandant supérieur : contre-amiral Méquet ;

Commandant de l'artillerie : lieutenant-colonel de Guilhermy (de l'artillerie de marine) ;

Commandant du génie : chef de bataillon Hennebert.

20 bataillons de la garde nationale : n°ˢ 16, 18, 19, 20, 40, 43, 46, 83, 84, 85, 103, 104, 115, 136, 146, 193, 202, 217, 243 et 249. Effectif total : 26,040 hommes.

9ᵉ *secteur*, dit des Gobelins, [du bastion 86 (entrée de la Bièvre) à la Seine (courtine 94-1). Quartier général : avenue d'Italie, 75];

Commandant supérieur : contre-amiral de Challié;

Commandant de l'artillerie : colonel Hudelist (de l'artillerie de marine);

Commandant du génie : lieutenant-colonel Tézénas; puis, capitaine Ducos; enfin, chef de bataillon Mengin.

24 bataillons de la garde nationale : n°ˢ 21, 22, 42, 44, 59, 60, 97, 98, 101, 102, 118, 119, 120, 133, 134, 151, 160, 161, 163, 176, 177, 184, 185 et 248. Effectif total : 33,460 hommes.

En résumé :

Le 1ᵉʳ Secteur	Bercy	avait sous les armes	37,124	gardes nationaux.
Le 2ᵉ	—	Belleville	—	75,858	—
Le 3ᵉ	—	La Villette	—	51,866	—
Le 4ᵉ	—	Montmartre	—	52,953	—
Le 5ᵉ	—	Les Ternes	—	42,563	—
Le 6ᵉ	—	Passy	—	17,922	—
Le 7ᵉ	—	Vaugirard	—	22,169	—
Le 8ᵉ	—	Montparnasse	—	26,040	—
Le 9ᵉ	—	Les Gobelins	—	33,460	—
		Total.	359,955	gardes nationaux.

Suivant ce tableau, puisé aux documents publiés par l'Imprimerie nationale, au mois de novembre 1870, on voit que l'effectif de la garde nationale de Paris s'élevait à près de 360,000 hommes.

Cette division en secteurs, imposée par les besoins de la défense des fortifications de l'enceinte, avait, au point de vue politique, de sérieux inconvénients, en ce qu'elle répartissait par groupes inégaux une vaste agglomération de citoyens dont le bon esprit n'était pas uniforme. Belleville, qui fomentait l'émeute, mettait en ligne près de 76,000 gardes nationaux ; tandis que Passy, dévoué à l'ordre, n'en présentait que 18,000, c'est-à-dire moins du quart. Il eut été sage de procéder à une autre répartition de la population armée, sans s'astreindre à la faire coïncider avec le système divisionnaire de l'enceinte fortifiée.

Le commandant supérieur de chacun des neuf secteurs avait sous ses ordres immédiats : un chef d'état-major ; un major de place ; un commissaire de la marine, faisant fonctions d'intendant ; plusieurs officiers d'état-major de la garde nationale ; enfin, un certain nombre d'officiers de marine ou d'officiers de l'armée de terre, d'armes diverses ; et, parmi ces derniers, un ou deux sous-lieutenants élèves de l'École d'application d'état-major. Le personnel d'un conseil de guerre de la garde nationale et celui d'une prison disciplinaire étaient, en outre, attachés à l'état-major de chaque secteur.

Le secteur était subdivisé en deux portions d'égale importance, qui prenaient le nom de *demi-secteurs*. Chacune de ces subdivisions était commandée par un officier supérieur, chef de bataillon d'infanterie ou capitaine de frégate.

Le service de la garde nationale se faisait ainsi qu'il suit : Chaque jour, un certain nombre de bataillons étaient commandés. Chacun d'eux se formait au lieu de rassemblement qui lui était assigné dans l'arrondissement et arrivait, à 9 heures du matin, soit au rempart pour y monter la garde, soit au poste qu'il devait occuper et où il demeurait *en réserve* pendant vingt-quatre heures. Ainsi, en tout temps, de jour et de nuit, le commandement disposait d'une garde au rempart, d'une autre, en réserve; enfin, en cas d'alerte, il pouvait faire battre le rappel dans toute l'étendue du secteur.

A l'extérieur de l'enceinte, le Gouvernement de la défense nationale avait créé trois commandements supérieurs. Le premier, comprenant la place de Saint-Denis, avec les forts de la Briche, de la Double-Couronne et de l'Est, était confié au général Berthaut, — ultérieurement remplacé par le général Carrey de Bellemare,— ayant sous ses ordres trois brigades d'infanterie : une brigade active (colonel Lavoignet); une de réserve (colonel Martin); la troisième, dite de Saint-Denis (colonel Hanrion).

Le deuxième commandement extérieur était formé des forts de l'Est (Romainville, Noisy, Rosny), sous les ordres du vice-amiral Saisset (promu amiral le 2 décembre) ayant son quartier général à Noisy.

Le troisième commandement, à la tête duquel était

le contre-amiral Pothuau, ayant son quartier général à Bicêtre, comprenait les forts du Sud (Ivry, Bicêtre et Montrouge).

Chacun des forts formait, d'ailleurs, comme nous l'avons dit plus haut, un commandement distinct.

Fort du Mont-Valérien. — Commandant supérieur : colonel Porion; puis, colonel Noël (tous deux promus généraux); — commandant de l'artillerie : colonel Dusaert; — commandant du génie : chef de bataillon Faure; puis, chef de bataillon Hertz.

Vincennes. — Commandant supérieur : général Ribourt; — commandant de l'artillerie : colonel Morel; — commandant du génie : colonel Weynand.

Fort de la Briche. — Commandant supérieur : lieutenant-colonel (en retraite) Taphanel; — commandant de l'artillerie : chef d'escadrons Duran; — commandant du génie : capitaine Dreyssé.

Double-Couronne. — Commandant supérieur : colonel Pein; puis, chef de bataillon (en retraite) Zeler; — commandant de l'artillerie : capitaine Brinster (de l'artillerie de marine); — commandant du génie : chef de bataillon Charon.

Fort de l'Est. — Commandant supérieur : lieutenant-colonel Sentupéry (nommé colonel le 4 janvier 1871); — commandant de l'artillerie : chef d'escadrons Livache du Plan; — commandant du génie : capitaine Kienné.

Fort d'Aubervillers. — Commandant supérieur colonel (en retraite) de Trym; — commandant de l'artillerie : chef d'escadrons de Prépetit de Garennes ; — commandant du génie : chef de bataillon Glises.

Fort de Romainville. — Commandant supérieur : capitaine de vaisseau Zédé ; — commandant de l'artillerie : capitaine Bernard ; — commandant du génie : lieutenant-colonel Hamel.

Fort de Noisy. — Commandant supérieur : capitaine de vaisseau Massiou ; — commandant de l'artillerie : capitaine Bernard ; — commandant du génie : capitaine Capperon.

Fort de Rosny. — Commandant supérieur : capitaine de vaisseau Mallet (nommé contre-amiral le 2 janvier 1871) ; — commandant de l'artillerie : capitaine Bernard ; — commandant du génie : chef de bataillon (en retraite) Bénézech, ultérieurement promu lieutenant-colonel.

Fort de Nogent. — Commandant supérieur : lieutenant-colonel (en retraite) Pistouley (nommé colonel le 5 décembre 1870) ; puis, capitaine de frégate Lefort ; — commandant de l'artillerie : N... ; — commandant du génie : chef de bataillon Revin.

Fort de Charenton. — Commandant supérieur : colonel (en retraite) Le Beschu de la Bastays ; — commandant de l'artillerie : N... ; — commandant du génie : capitaine Mahieu.

Fort d'Ivry. — Commandant supérieur : capitaine de vaisseau Krantz ; — commandant de l'artillerie : N... ; — commandant du génie : chef de bataillon Fauvel.

Fort de Bicêtre. — Commandant supérieur : capitaine de frégate Fournier ; — commandant de l'artillerie : N... ; — commandant du génie : chef de bataillon Castel.

Fort de Montrouge. — Commandant supérieur : capitaine de vaisseau Amet ; — commandant de l'artillerie : capitaine Gontier ; — commandant du génie : lieutenant-colonel Lévy.

Fort de Vanves. — Commandant supérieur : lieutenant-colonel Cretin ; puis, lieutenant-colonel Brunon ; — commandant de l'artillerie : chef d'escadrons Morand ; — commandant du génie : lieutenant-colonel Brunon.

Fort d'Issy. — Commandant supérieur : colonel (en retraite) Guichard, nommé général le 11 janvier 1871 ; — commandant de l'artillerie : lieutenant-colonel Huot ; — commandant du génie : lieutenant-colonel Bovet.

On avait, d'ailleurs, créé en dehors des forts quatre petits commandements confiés à des officiers supérieurs en retraite : ceux de Montretout ; des redoutes de la Faisanderie et de Gravelle ; enfin, des ouvrages de Villejuif.

Le tableau qui précède contient quelques lacunes en ce qui concerne l'artillerie. Mais il faut observer que le service des forts détachés était réparti en quatre *arrondissements*, ceux de Vincennes, de Saint-Denis, de l'Ouest et du Sud ; que, par conséquent, le service était partout assuré ; enfin, que les bouches à feu des forts de Nogent, de Charenton, d'Ivry et de Bicêtre étaient servies par le personnel de la marine.

En ce qui concernait le service du génie, les forts de Romainville, Noisy et Rosny étaient réunis sous le commandement supérieur du colonel Devèze; les forts de l'Est, de la Double-Couronne et de la Briche, sous celui du chef de bataillon Charon. Les ouvrages de Villejuif, Moulin-Saquet et Hautes-Bruyères dépendaient du service du chef de bataillon Fauvel, commandant du génie du fort d'Ivry. Enfin, le système des redoutes de Saint-Maur était spécialement confié aux soins du capitaine de Peyronny.

La garnison des forts était diversement composée. La division des marins avait pourvu aux besoins des forts de Romainville, Noisy, Rosny, Ivry, Bicêtre et Montrouge; elle avait, de plus, fourni des détachements au fort de Nogent et au Mont-Valérien. Les autres forts, Vanves, Issy, etc., n'avaient, pour la majeure part, que de la garde mobile de Paris.

Les troupes du génie étaient réparties comme il suit, à la date du 1er octobre 1870 : la 17e compagnie de sapeurs du 2e régiment se partageait entre les forts de la Briche, de la Double-Couronne, de l'Est et d'Aubervillers. La 2e compagnie de mineurs du 3e régiment faisait le service aux forts de Romainville, Noisy, Rosny; la 18e du 2e, à ceux de Nogent, Charenton, Vincennes et aux redoutes de Saint-Maur. La 17e du 3e régiment était chargée des forts d'Ivry et de Bicêtre; et la 18e du même corps, des forts de Montrouge, Vanves et Issy. Enfin, le Mont-Valérien disposait d'un fort détachement de la 16ᵉ compagnie de sapeurs du 3ᵉ régiment.

Cette répartition ne fut pas sans subir quelques modifications pendant le cours du siége et, au 1ᵉʳ janvier 1871, on voit le 2ᵉ régiment détacher sa 18ᵉ compagnie aux forts de Vincennes, Charenton, Ivry ; sa 18ᵉ *bis* aux forts de l'Est, d'Aubervilliers, de la Double-Couronne et du Mont-Valérien. Quant au 3ᵉ régiment, il a sa 2ᵉ compagnie de mineurs partagée, à cette date, entre les forts de Romainville, Noisy, Rosny et aussi le Mont-Valérien ; sa 18ᵉ de sapeurs, entre les forts de Bicêtre, Montrouge, Vanves et Issy.

Nous avons dit plus haut que, bien avant l'investissement, la garde mobile avait été destinée à servir de réserve à la garde nationale sédentaire. Elle fut d'abord, à cet effet, répartie en quatre *groupes* ou divisions, conformément aux dispositions d'un arrêté du gouverneur de Paris, du 11 septembre 1870. En voici le tableau :

Premier groupe. — Quartier général à l'Élysée. — Général de Liniers, commandant en chef ; — colonel de Chamberet, commandant en second ; — commandant de Morlaincourt, chef d'état-major. — Bataillons logés dans le VIIIᵉ arrondissement, le IXᵉ (partie à l'ouest de la rue Laffitte), le XVIᵉ et le XVIIᵉ arrondissements.

Deuxième groupe. — Quartier général au Palais-Royal. — Général de Beaufort d'Hautpoul, commandant en chef ; — Commandant Lecoq, chef d'état-major. — Bataillons logés dans le Iᵉʳ arrondissement, le IIe, le IXe (partie située à l'est de la rue Laffitte) et le XVIIIe arrondissement.

Troisième groupe. — Quartier général au Conservatoire des Arts-et-Métiers. — Général Berthaut, commandant en chef; — commandant Regnier, chef d'état-major. — Bataillons logés dans les IIIe, IVe, X^e, XIe, XIIe, XIXe et XXe arrondissements.

Quatrième groupe. — Quartier général au Luxembourg. — Général Corréard, commandant en chef; — général Dargentolle, commandant en second; — commandant Vial, chef d'état-major. — Bataillons logés dans les Ve, VIe, VIIe, XIIIe, XIVe et XVe arrondissements de Paris.

Il faut observer, d'ailleurs, que les bataillons de mobiles furent *enrégimentés* trois par trois. Les six premiers de ces nouveaux régiments furent formés, le 18 juillet 1870, des 18 bataillons de la Seine. Les trois bataillons du Tarn composèrent le régiment n° 7. Et ainsi de suite.

L'armée proprement dite était d'abord, comme on sait, répartie en deux corps, le 13e et le 14e, placés tous deux sous les ordres du général Ducrot, par suite d'une décision du Gouverneur en date du 16 septembre. Le quartier général du commandant en chef des deux corps se trouvait à la Porte-Maillot.

Cet état de choses dura jusqu'au 6 novembre. A cette date, un décret, inséré au *Journal officiel*, arrêta les bases de la formation de trois armées distinctes destinées à la défense de Paris.

La 1re armée (commandant en chef : général Clément Thomas ; — chef d'état-major général : colonel Montagut) était formée des 266 bataillons de la garde nationale (infanterie) ; de la légion de cavalerie (colonel Quiclet) et de la légion d'artillerie (colonel Schœlcher).

La 2e armée était commandée en chef par le général Ducrot, ayant le général Appert pour chef d'état-major. Le général Frébault y commandait l'artillerie ; le général Tripier, le génie ; l'intendant général Wolff y dirigeait les services administratifs.

Cette 2e armée, sur laquelle reposait tout le système de la défense active, affecta successivement deux organisations distinctes dont il convient d'exposer le mécanisme. Tout d'abord, au 6 novembre, elle fut constituée à 3 corps d'armée d'infanterie (Blanchard, Renault, d'Exéa) et une division de cavalerie (de Champéron).

Le 1er corps (commandant en chef : général Blanchard ;— commandant de l'artillerie : général d'Ubexi ; —commandant du génie : général Dupouët) comprenait les divisions de Malroy, de Maudhuy et Faron. La division de Malroy (brigades Martenot et Paturel) était appuyée de deux batteries de 4 et d'une batterie à balles commandées par le chef d'escadrons Briens, de l'artillerie de marine, et stationnées *à Vitry*. La division de Maudhuy (brigades Valentin et Blaise et groupe de mobiles) était également soutenue par trois batteries de même calibre, placées *aux Hautes-*

Bruyères, sous les ordres du chef d'escadrons Berthaut. Trois autres batteries, deux de 4 et une à balles, commandées par le chef d'escadrons Magdelaine, se tenaient, *à Issy*, à la disposition du général Faron commandant la 3e division (brigades Comte et de la Mariouse et groupe de mobiles). La réserve d'artillerie du 1er corps, sous les ordres du colonel Hennet, occupait le village de *Montrouge* et se composait d'une batterie de 4 et de six batteries de 12.

Le 2e corps (commandant en chef : général Renault; — commandant de l'artillerie : général Boissonnet; — commandant du génie : colonel Corbin) était formé des divisions Susbielle, Berthaut et de Maussion. A la division Susbielle (brigades Bonnet et Lecomte) étaient attachées deux batteries de 4 et une batterie à balles, commandées par le chef d'escadrons Mathieu. Les divisions Berthaut (brigades Bocher et Boutier) et de Maussion (brigades Courty et Avril de l'Enclos) étaient également chacune appuyées de deux batteries de 4, et d'une batterie à balles, respectivement commandées par les chefs d'escadrons Ladvocat et de Grandchamp. La réserve d'artillerie du 2e corps était placée, *à Courbevoie et à Neuilly*, sous les ordres du lieutenant-colonel Minot et se composait de huit batteries, dont cinq du calibre de 12.

Le 3e corps (commandant en chef : général d'Exéa; — commandant de l'artillerie : général Princeteau; — commandant du génie : colonel Ragon) n'était formé qu'à deux divisions. La première (de Bellemarc) comprenait les brigades Fournès et Colonieu. Elle disposait de deux batteries de 4 et d'une batterie à balles en station *à Vincennes* et commandées par le chef d'escadrons Tardif de Moidrey. La 2ᵉ division (Mattat) se composait des brigades Faron et Daudel et d'un groupe de mobiles. Elle était également appuyée de trois batteries : l'une, du calibre de 4, placée à *Nogent*; une autre, du même calibre, à *Charenton*; la troisième, à balles, à *Joinville-le-Pont*; toutes trois sous les ordres du chef d'escadrons Lefrançois.

La réserve d'artillerie du 3ᵉ corps, commandée par le lieutenant-colonel Delcros, était en station à *Vincennes*; elle se composait d'une batterie de 4 et de cinq batteries de 12.

Enfin, la réserve générale d'artillerie de la 2ᵉ armée était placée sous les ordres du lieutenant-colonel Lucet; elle comprenait quatre batteries de 8 et sept batteries de 12.

Après les batailles de Champigny-Villiers, l'organisation de la 2ᵉ armée dut subir des modifications notables; elle ne se composa plus, à dater du 5 décembre, que de deux corps d'armée (de Maussion et d'Exéa), d'un corps de réserve (Faron) et d'une division de cavalerie (de Champéron).

Le 1ᵉʳ corps (général de Maussion, commandant en chef; — général Ferri-Pisani, chef d'état-major; — général d'Ubexi, commandant l'artillerie; — colonel Corbin, commandant le génie) était formé des trois divisions Susbielle, Berthaut et Courty.

La 1re division (Susbielle) se composait des brigades Ragon (115e et 116e d'infanterie) et Lecomte (117e et 118e); elle était appuyée de deux batteries de 4, d'une batterie de 7 et d'une batterie à balles sous les ordres du commandant Mathieu.

La 2e division (Berthaut) réunissait les brigades Bocher (119e et 120e d'infanterie) et de Miribel (3 bataillons de mobiles du Loiret et 3 de la Seine-Inférieure); elle était également soutenue par quatre batteries : deux de 4, une de 12 et une à balles, commandées par le lieutenant-colonel Ladvocat.

La 3e division (Courty) était également à deux brigades : l'une (123e et 124e d'infanterie), commandée par le général Avril de l'Enclos; l'autre (125e et 126e), par le colonel Pistouley. Elle était accompagnée de trois batteries de 4 et d'une batterie à balles réunies sous les ordres du chef d'escadrons de Grandchamp.

La réserve d'artillerie du 1er corps, commandée par le lieutenant-colonel Minot, se composait de deux batteries de 4, deux batteries de 7 et quatre batteries de 12.

Quant au génie, il était représenté au 1er corps par la 16e compagnie de sapeurs du 2e régiment et la 16e du 3e.

Le 2e corps (général d'Exéa, commandant en chef; — général de Belgaric, chef d'état-major; — général Princeteau, commandant l'artillerie; — colonel Teissier, commandant le génie) comprenait les deux divisions de Bellemare et Mattat.

La 1re division (de Bellemare) était formée des brigades Fournès (4e zouaves et régiment de mobiles de Seine-et-Marne) et Colonieu (136e d'infanterie et régiment de mobiles du Morbihan). Elle disposait de deux batteries de 4, d'une batterie de 12 et d'une batterie à balles, commandant Tardif de Moidrey.

La 2e division (Mattat) était à trois brigades : l'une (Bonnet), composée des 105e et 106e d'infanterie ; l'autre (Daudel), des 107e et 108e ; la troisième (Reille), de 4 bataillons de mobiles, Tarn et Seine-Inférieure. Elle était suivie de trois batteries de 4 et d'une batterie à balles commandées par le chef d'escadrons Lefrançois.

La réserve d'artillerie du 2e corps comptait cinq batteries de 12 sous les ordres du lieutenant-colonel Delcros.

Le service du génie y était fait par les 1re et 2e compagnies de sapeurs du 2e régiment.

Le corps de réserve (commandant en chef : général Faron ; — chef d'état-major : colonel Boudet ; — commandant de l'artillerie : colonel Lucet ; — commandant du génie : général Dupouet) était formé des trois brigades Comte (113e et 114e d'infanterie) ; — de la Mariouse (35e et 42e), et Lespiau (121e et 122e). Il comprenait, en outre, un groupe de 3 bataillons de mobiles de Seine-et-Oise.

Son artillerie se composait de deux batteries de 4, d'une batterie de 12 et d'une batterie à balles sous les ordres du chef d'escadrons Briens. Sa réserve d'artillerie était formée de quatre batteries de 12, réunies sous le commandement du lieutenant-colonel David.

La réserve générale d'artillerie de la 2⁰ armée était commandée par le colonel Hennet et comprenait deux batteries de 7, trois batteries de 8, cinq batteries de 12 et une batterie à balles.

Quant à la division de cavalerie de la *deuxième armée* (général de Champéron, commandant ; — chef d'escadron de Rosmorduc, chef d'état-major), elle se composait des brigades de Gerbrois (1ᵉʳ et 2ᵉ dragons de marche) et Cousin (1ᵉʳ et 9ᵉ chasseurs), auxquelles s'adjoignait le 1ᵉʳ régiment de gendarmerie à cheval (colonel Allaveine), non embrigadé.

La 3ᵉ armée eut aussi à subir, dans son organisation, des modifications successives imposées par les circonstances. Le gouverneur de Paris s'en était d'abord réservé le commandement spécial ; mais, suivant une décision du 8 novembre, cette armée passa sous les ordres du général Vinoy. Le décret du 6 novembre l'avait constituée à sept divisions d'infanterie ; la décision du 8 lui enleva le corps de troupes réuni à Saint-Denis et, dès lors, elle ne compta plus que six divisions d'infanterie et une de cavalerie, savoir :

1ʳᵉ division (Soumain); brigades : Dargentolle et de la Charrière.

2ᵉ division (de Liniers); brigades : Filhol de Camas et de Chamberet.

3ᵉ division (de Beaufort); brigades : Dumoulin et d'André.

4ᵉ division (Corréard); brigades : Champion et Porion.

5ᵉ division (d'Hugues); brigades : de Bray et Bro.

6ᵉ division (Pothuau); brigades : Le Mains et Salmon.

Division de cavalerie (Bertin); brigades : de Bernis et Blondel.

A partir du 5 décembre *la troisième armée* (commandant en chef : général Vinoy ; — chef d'état-major : général de Valdan ; — commandant de l'artillerie : général Favé ; — commandant du génie : général Javain) se composa de deux corps d'armée, dits de *la Rive gauche* et de *la Rive droite*.

Le corps d'armée de *la Rive gauche* (commandant en chef : général Blanchard ; chef d'état-major : colonel Filippi) était formé des trois divisions Corréard, de Maud'huy et Pothuau.

La 1ʳᵉ (Corréard) était formée des brigades Champion (3 bataillons de mobiles de la Loire-Inférieure, sous les ordres du lieutenant-colonel Baschon ; 1 bataillon de l'Indre, 1 de l'Aisne, 1 du Puy-de-Dôme, commandés par le lieutenant-colonel d'Auvergne) et Porion (3 bataillons des mobiles de la Somme, commandés par le lieutenant-colonel Boucher ; 2 autres bataillons de la Somme et 1 bataillon de la Marne, commandés par le lieutenant-colonel d'Auzel).

La 2ᵉ division (de Maud'huy) comprenait les brigades Valentin et Paturel.

La 3ᵉ division (Pothuau) avait aussi deux brigades : la 1ʳᵉ (Le Mains) ne se composait que du 128ᵉ régiment d'infanterie ; mais la 2ᵉ brigade (capitaine de vaisseau Salmon) comptait 5,000 marins.

Le corps d'armée de *la Rive droite* se composait des quatre divisions de Malroy, de Liniers, de Beaufort-d'Hautpoul et d'Hugues.

La 1ʳᵉ division (de Malroy) était formée des brigades Dargentolle (garde républicaine à pied ; — régiment de gendarmerie à pied ;—1ʳᵉ légion de gendarmerie de l'Est) et Bouttier (Forestiers, Douaniers, dépôts des 29ᵉ et 59ᵉ d'infanterie).

La 2ᵉ division (de Liniers) comprenait la brigade Filhol de Camas (5 bataillons de mobiles des Côtes-du-Nord, commandés par le colonel Cholet, et 3 bataillons de l'Hérault, réunis sous les ordres du colonel Fabre de Montvaillant) — et la brigade de Chamberet (3 bataillons de mobiles de Seine-et-Oise, sous les ordres du lieutenant-colonel Richeval, et 3 autres du même département, commandés par le lieutenant-colonel Abraham).

La 3ᵉ division (de Beaufort-d'Hautpoul) se composait de la brigade du Moulin (3 bataillons de l'Aube, reconnaissant pour chef le lieutenant-colonel Favreaux, et 3 bataillons de Saône-et-Loire, réunis sous le commandement du lieutenant-colonel Denol) et d'une seconde brigade, sous les ordres du capitaine de frégate d'André, formée de 3 bataillons de mobiles de l'Ain (lieutenant-colonel Dortu) et de 3 bataillons de la Vienne (lieutenant-colonel Mahieu).

La 4ᵉ division (d'Hugues) avait aussi deux brigades. La première (colonel Valette) était formée de 5 bataillons de mobiles d'Ille-et-Vilaine et, d'autre part, des 6ᵉ, 7ᵉ et 8ᵉ bataillons de la Seine. La seconde (capitaine de frégate de Bray) comprenait le 137ᵉ régiment d'infanterie, le 4ᵉ bataillon de mobiles de la Vendée et le 1ᵉʳ du Finistère.

Le service du génie était fait, à la troisième armée, par la 15ᵉ compagnie de sapeurs du 2ᵉ régiment et par la 15ᵉ du 3ᵉ.

Indépendant des divisions composant la troisième armée, et dont nous venons de donner la nomenclature, le corps d'armée de Saint-Denis demeura constitué comme il l'était auparavant, avec cette seule différence qu'il perdit un régiment, le 128ᵉ d'infanterie. Toujours commandé par le vice-amiral de la Roncière le Noury, il resta formé de la brigade Lavoignet (134ᵉ régiment d'infanterie, 13ᵉ, 14ᵉ, 15ᵉ, 17ᵉ et 18ᵉ bataillons de garde mobile de la Seine); de la brigade Hanrion (135ᵉ d'infanterie ; — 1ᵉʳ, 2ᵉ, 3ᵉ, 10ᵉ et 11ᵉ bataillons) ; enfin, d'une petite brigade réduite aux 12ᵉ et 16ᵉ bataillons de mobiles de la Seine, sous les ordres du capitaine de frégate Lamothe-Tenet.

Du 6 novembre au 5 décembre, les quartiers généraux occupèrent les positions suivantes : La 2ᵉ armée (Ducrot) eut son quartier général à la Porte Maillot; le 1ᵉʳ corps (Blanchard) eut le sien à la gare de Montparnasse; — le 2ᵉ corps (Renault), à Sablonville; — le 3ᵉ corps (d'Exéa), à Fontenay-sous-Bois; — la division de cavalerie (de Champéron), à l'Ecole militaire.

Le quartier général de la 3ᵉ armée (Vinoy) fut installé à l'Ecole militaire, ainsi que celui de sa division de cavalerie (Bertin). Quant aux quartiers généraux des six divisions d'infanterie, ils furent répartis entre l'Elysée, le Palais-Royal, le Luxembourg et l'hospice de Bicêtre. Du 5 décembre 1870 au 28 janvier 1871, les quartiers généraux n'ont plus d'emplacements fixes. Ils sont, au contraire, essentiellement mobiles et se transportent, suivant les circonstances, en des points divers de la zone comprise entre l'enceinte et les forts détachés.

Tel est, assez exactement, quoique très-rapidement esquissé, le tableau des forces vives appelées à concourir à la défense de la place assiégée.

CHAPITRE II.

LES AUXILIAIRES.

Toute la politique militaire du siége de Paris, telle que l'avait conçue le Gouverneur, reposait sur cette parole de M. de Bismarck à Ferrières : « *Si, dans*
« *quelques jours, nous n'avons pas pris Paris, vous serez*
« *emportés par un mouvement populaire.* Pour empêcher

« les mouvements populaires de se produire, il y a
« deux moyens, dit le général Trochu : la force, quand
« on l'a ; ou les effets moraux produits par une atti-
« tude qui impose.

« Or, nous étions à Paris sans armée, au point de
« vue de l'organisation et de l'esprit militaire qui
« créent la force dans les luttes de la guerre civile ; il
« fallut bien avoir recours à l'unique emploi des
« moyens moraux. »

Pour empêcher l'existence de la garnison d'être absorbée dans celle de la population, on eut l'idée de faire de celle-ci la garnison même et d'inspirer à chacun des habitants le devoir d'une héroïque résistance. C'est pour ces raisons qu'on arma sans distinction tous les bras. — « L'ennemi était aux portes, écrit
« M. Jules Favre en sa circulaire du 6 juin 1871, et
« sans cette *témérité nécessaire*, il les aurait franchies
« dès le premier choc. »

Il était, d'ailleurs, indispensable de distraire Paris, et de lui créer une vie artificielle. — « Paris, dit
« encore le général Trochu, privé tout à coup, en
« vingt-quatre heures, de la vie extérieure, c'est-à-
« dire de l'immense rayonnement qu'il avait sur la
« France, sur l'Europe, sur le monde entier ; Paris
« privé, en même temps, dans les mêmes vingt-quatre
« heures, de la vie intérieure, c'était la mort,....
« c'était, à bref délai, cette explosion populaire que
« souhaitait et qu'activait M. de Bismarck. Je jugeai
« qu'en laissant à Paris sa vie intérieure, il se forme-

« rait des courants et des contre-courants qui se neu-
« traliseraient et créeraient ce calme relatif au milieu
« duquel nous avons vécu quatre mois. L'équilibre,
« assurément, était instable; il était précaire, il a été
« trois fois dérangé; mais, enfin, il nous a réussi; il
« nous a permis de conduire le siége, comme je vous
« l'ai dit, jusqu'à notre dernier morceau de pain.
« Nous n'avons pas eu d'explosion populaire, c'est-à-
« dire de bataille, après laquelle, perdue ou gagnée,
« l'ennemi entrait dans Paris. »

Il fallait enfin nourrir tous ceux qui manquaient de travail, et le nombre en dépassait six cent mille.

En résumé, c'est pour donner à la population parisienne du cœur, des distractions, de l'ouvrage, que le gouvernement eut alors la *témérité* de laisser prendre à la garde nationale une extension inouïe. Le sinistre avénement de la Commune nous l'a, plus tard, fait payer cher.

C'est aussi d'après ce principe que le gouvernement crut devoir encourager la formation d'une foule d'associations civiles qui offraient leur concours à la défense. Elles en furent les auxiliaires précieux. Il y eut bien, çà et là, des organisations inutiles ou bizarres qui rappelaient celle des ateliers nationaux de 1848; mais la majeure partie des œuvres entreprises était sérieuse. Le Gouvernement eut l'art d'insuffler à toutes les âmes l'activité patriotique dont il était dévoré, et, dès lors, l'ardeur de la population civile ne connut plus de limites. Chacun voulut tenir son bout de cordage dans la grande manœuvre et coopérer aux travaux de la défense. Tous les moyens auxiliaires furent étudiés, proposés ou expérimentés.

On peut classer sous plusieurs chefs distincts les groupes qui se constituèrent alors pour venir en aide aux défenseurs. Il y eut les comités chargés de l'administration des choses nécessaires à la vie ; — les associations formées en vue des travaux à entreprendre ; — les divers auxiliaires de l'artillerie ; — les services civils opérant sous les ordres du département de la guerre auquel ils prêtaient leur concours ; — les commissions d'études.

§ 1. — *Subsistances, hygiène, service hospitalier, habillement.*

Parmi les comités chargés de l'administration des choses nécessaires à la vie, il convient de placer, au premier rang, la *Commission des subsistances* créée, le 27 septembre, par le Gouvernement de la défense nationale. Présidée par M. Jules Simon, elle avait pour membres MM. J. Ferry, Gambetta, Picard, Etienne Arago, Magnin, Cernuschi, Sauvage et Littré. Sans analyser les services que cette commission a pu rendre, on doit dire qu'elle stimulait surtout le zèle des diverses administrations. C'est ainsi que, tout d'abord, elle sut provoquer la construction des barrages destinés à maintenir le niveau de l'eau dans la ville et à permettre le fonctionnement de la pompe de Chaillot. Préoccupée, avant tout, de la question du service des eaux pendant le siége, elle fit pourvoir, par les grands réservoirs de Belleville et de Ménilmontant, les hauts quartiers que l'aqueduc de la Dhuys, coupé par l'ennemi, avait cessé d'alimenter. La zone moyenne fut desservie par des machines établies dans l'intérieur de la ville. Enfin, les régions basses durent leur consommation quotidienne aux locomobiles installées sur la Seine, au puits artésien de Passy et à celui de l'usine de M. Say.

C'est également à son initiative qu'on dut l'apparition des *compagnies de pourvoyeurs*, lesquelles, il faut bien le dire, ne rendirent jamais que des services négatifs. Voici le texte de l'arrêté en date du 15 octobre, portant création de cette corporation étrange :

« Le Ministre de l'intérieur,

« Considérant qu'il importe non-seulement de ramener dans l'enceinte les approvisionnements déjà amassés aux environs de Paris, mais qu'il est d'un intérêt urgent de mettre à l'abri des entreprises de l'ennemi les récoltes qui n'ont pu être encore effectuées,

« ARRÊTE :

« Il est créé des compagnies de pourvoyeurs, qui seront chargées de procéder à la récolte des fruits et légumes dans les environs de Paris.

« Tout citoyen qui désirera faire partie de ces compagnies devra se faire inscrire à l'Hôtel de Ville (galerie de la comptabilité, n° 11).

« Il sera alloué à chacun d'eux une indemnité de 1 franc par jour ou de 75 centimes. A cette dernière indemnité sera jointe celle des vivres de campagne.

« Le Ministre de l'intérieur, d'accord avec l'autorité militaire, fera protéger ces compagnies pendant la durée de leur travail.

« Le commandant de Pindray est chargé de la direction des ouvriers. »

Une autre commission, non moins utile que celle des subsistances, fut instituée, le 10 septembre, à l'effet de centraliser les différents services d'hygiène et de salubrité de la ville de Paris. Elle prit, en conséquence, le titre de *Commission centrale d'hygiène et de salubrité.* Présidée par M. Jules Ferry, les membres dont elle se composait étaient MM. Brisson, Sainte-Claire-Deville, Bouchardat, Chauveau-Lagarde, de Montmahon, Labbé, Behier, Verneuil, docteur Sée et docteur Ominus.

Cette commission publiait, dès le 14 septembre, le document qui suit :

« La commission centrale d'hygiène et de salubrité publique, qui se réunit tous les jours à l'Hôtel de Ville, sous la présidence de M. Jules Ferry, comprend tout l'intérêt que le public doit attacher aux importantes et multiples questions qu'elle traite et traitera. Elle a, en conséquence, résolu d'entrer en communication avec la presse, en lui fournissant tous les renseignements de nature à l'éclairer utilement sur la marche de ses travaux.

« Ces renseignements seront adressés à chaque journal chaque fois qu'il y aura lieu.

« Des plaintes nombreuses se sont produites relativement au retard apporté, depuis quelques jours, à l'enlèvement des immondices sur la voie publique.

« Ce service était fait précédemment par des maraîchers qui, empêchés par la circonstance, ont dû être remplacés à l'improviste.

« Des mesures sont prises pour que, tous les jours, ce service soit dorénavant terminé à midi, au plus tard.

« La commission s'est préoccupée également de la question de l'arrosement. La suspension actuelle est tout à fait momentanée et motivée par des travaux exceptionnels de défense. Des locomobiles vont d'ailleurs être installées sur le bord de la Seine, et l'arrosage au tonneau suppléera, autant que faire se pourra, à l'arrosage à la lance, s'il venait à se trouver interrompu de nouveau.

. . . .

« Des approvisionnements immenses de substances désinfectantes viennent d'être introduits dans Paris. On est ainsi en mesure de prévenir énergiquement toute émanation dangereuse pour la salubrité publique. »

Parallèlement à la commission centrale d'hygiène et de salubrité, fonctionnait un *Comité médical*, chargé d'étudier toutes les questions spéciales à la défense. Créé dès les premiers jours de septembre, ce comité avait pour président M. le docteur Sée.

Ce sujet nous amène naturellement à parler des sociétés d'ambulances, et de la *Commission supérieure d'inspection du service des blessés*.

De tous les services organisés à Paris durant le siége, c'est celui des blessés qui fonctionna le mieux. Dès le 26 août, les hôpitaux de la ville disposaient, à cet effet, de 500 lits; le seul hospice de Bicêtre en offrait 1700. La Société internationale en avait préparé 10,000, et le premier étage du palais de l'Industrie en renfermait 1200; enfin, les ambulances particulières offraient ensemble 311 places d'officiers et 5,843 places de soldats. C'était donc un total de 19,554 lits, sans compter ceux des hôpitaux militaires.

Nous ne saurions mieux faire que de suivre l'ordre chronologique dans l'examen des dispositions diverses adoptées à l'égard du service hospitalier pendant le siége.

On sait que toutes les ambulances jouissaient du bénéfice des clauses de la fameuse convention de Genève, signée le 22 août 1864 et ratifiée diplomatiquement par toutes les puissances européennes. Dès le 16 septembre, un ordre du général Trochu portait organisation des *Ambulances de rempart* destinées à donner les premiers soins aux blessés des forts et de l'enceinte; et, en même temps, la commission centrale d'hygiène et de salubrité invitait le public à adresser directement aux maires tous les dons en nature, linges, médicaments, etc.

Le Gouvernement de la défense autorise, à la même époque, la création des *ambulances municipales* et des compagnies de *brancardiers municipaux*. Ces compagnies, qui rendirent d'assez bons services, ne furent dissoutes que le 31 janvier 1871, par arrêté de M. Jules Ferry.

On voit aussi, alors, se constituer la *Société française de secours aux blessés* laquelle ne tarde pas, malheureusement, à être l'objet des attaques les plus vives de la part de certain public. On lui reprochait d'être un nid d'espions prussiens et d'abriter sous sa croix rouge nombre de gens, honnêtes d'ailleurs, mais valides, dont la place eût été dans le rang des défenseurs. L'expérience n'a pas prononcé, en dernier ressort, sur la nature des conséquences qu'entraîne l'ensemble des dispositions de la convention de Genève. La croix rouge peut, en effet, couvrir l'espionnage, et il est bien avéré qu'elle a servi à protéger les convois de poudre et de munitions des Prussiens; mais il convient de déclarer aussi que la Société française n'était composée que de gens honnêtes, surtout de gens qui rendaient ainsi plus de services réels que la plupart des gardes nationaux et des volontaires des corps francs. Le gouverneur de Paris leur rendit, d'ailleurs, pleine justice en cette proclamation du 3 octobre :

« Des attaques regrettables ont été dirigées contre les membres de la Société française de secours aux blessés ; ils ont été dénoncés au dédain et même au mépris public. Pour combattre quelques abus dont la Société elle-même cherche à faire justice, on n'a pas pris garde qu'on enveloppait dans une sorte de réprobation générale une institution qui a rendu et qui rend chaque jour des services signalés. Les fonctions hospitalières qu'accomplissent les membres de la Société ne les dispensent pas des devoirs imposés à tout autre citoyen. Quelques-uns d'entre eux même sont étrangers et ne peuvent témoigner que par leur dévouement à l'œuvre des blessés de leur sympathie pour la France.

« La mission à laquelle ils se sont tous volontairement assujettis est souvent périlleuse. Il serait injuste qu'ils ne trouvassent pas au milieu de nous le respect et la protection que la convention de Genève leur assure auprès de nos ennemis.

« Ce traité ne réserve la neutralité aux habitations qu'autant qu'elles renferment des blessés ; les drapeaux protecteurs ne peuvent être arborés que dans ce cas.

« Les brassards et autres insignes ne peuvent être portés que par ceux qui en sont régulièrement munis par l'autorité militaire ou ses délégués. Ils ne peuvent être portés que dans le service ; ils sont nominatifs, appuyés d'une carte personnelle ; revêtus, ainsi que les drapeaux, de l'estampille de l'intendance et de la Société déléguée.

« Les chefs de service et les membres du personnel des ambulances volantes, qui sont appelés chaque jours à se trouver en présence de l'ennemi, sont seuls autorisés à porter l'uniforme.

En dehors de ces conditions, toute apposition de drapeaux, tout port d'insignes constitue un délit et une usurpation qui seront poursuivis conformément aux lois. L'autorité militaire et la Société se réservent de provoquer les poursuites.

« Un délai de vingt-quatre heures est accordé aux contrevenants pour rentrer dans la légalité. »

Les deux sociétés hospitalières les plus remarquées étaient, avec la *Société française,* celles de l'*Internationale* et des *Ambulances de la presse.*

La Société internationale, présidée par M. le comte de Flavigny, s'était surtout recrutée chez les notabilités les plus honorables. Elle comptait, parmi ses membres, le marquis de Béthisy, le comte Serrurier, etc.

Le comité des *Ambulances de la presse* avait pour secrétaire général M. de la Grangerie; pour secrétaire, M. Armand Gouzien; pour aumônier en chef, Monseigneur Bauer, protonotaire apostolique; pour chirurgiens, MM. Ricord, Wœlker, Barlemont, Lejeault, Lauras, Vermesch, Urba, Le Danois; pour brancardiers, ces frères des écoles chrétiennes dont l'admirable dévouement mérita tant de louanges. Ses services signalés lui valurent la faveur d'être annexé, sur sa demande, aux ambulances de l'armée, ainsi que le lui fit connaître cette lettre adressée, le 7 octobre, à son président, par le ministre de la guerre :

« Monsieur le président, j'ai l'honneur, de vous informer que, d'après la communication que vous m'avez faite touchant la situation des diverses ambulances centrales ou mobiles de la presse française, j'accueille ces ambulances comme annexes des services militaires.

« J'ai, en conséquence, écrit dans ce sens, dès le 4 de ce mois, à M. l'intendant général de l'armée de la défense de Paris, qui est invité à faciliter, en ce qui le concerne, le fonctionnement de ces ambulances.

« J'écris aujourd'hui à M. l'intendant militaire de la 1re division de tenir compte aussi des ressources que vous voulez bien mettre à la disposition de l'administration de la guerre.

« Permettez-moi d'ajouter, en terminant, qu'il m'est agréable de vous transmettre l'expression de ma gratitude pour tout ce qu'ont produit, sous votre direction, les efforts intelligents de M. l'aumônier et des membres du comité des ambulances. »

Les premiers jours du mois d'octobre virent se constituer un nombre assez grand d'ambulances publiques et privées, et, parmi celles-ci, quelques-unes composées d'étrangers : Anglais, Belges, Suisses, Américains. Nous citerons, entre autres, le *Comité évangélique de secours pour les soldats blessés ou malades*, qui avait pour brancardiers des pasteurs protestants, et pourvoyait à l'entretien de plus de huit cents lits.

La souscription publique, ouverte par ses soins et en son nom, avait produit au 22 janvier, la somme de 210,216 fr. 90 (1). Le gouverneur de Paris pensa, dès lors, devoir en réglementer le fonctionnement par cet arrêté du 20 octobre, portant institution d'une *Commission supérieure d'inspection :*

« Considérant qu'il importe d'assujettir à une surveillance et à des règles communes les différentes ambulances, publiques ou privées, organisées pour le service des blessés ; afin de fortifier, par une sage concentration, les moyens de toute nature que le zèle administratif et le patriotisme des citoyens ont mis à la disposition des défenseurs de Paris,

« ARRÊTE :

« Art. 1er. Il est institué une commission supérieure d'inspection du service des blessés, civils et militaires, de l'armée de Paris.

« Art. 2. Cette commission est ainsi composée :
MM. Jules Ferry, membre du Gouvernement de la défense nationale, *président ;*
Wolff, intendant général de l'armée ;
Larrey, médecin en chef de l'armée, président du conseil de santé ;
Champouillon, médecin en chef de la garde nationale mobile ;

---

(1) Le *Comité évangélique* était, d'ailleurs, tout particulièrement subventionné par M. Richard Wallace. Cet homme de bien, dont on connaît l'inépuisable bienfaisance, fonda lui-même, rue d'Aguesseau, une *ambulance anglaise* de cinquante lits.

Chenu, médecin de la Société internationale ;
Guyon, chirurgien des hôpitaux ;
Labbé, chirurgien des hôpitaux, membre de la commission centrale d'hygiène ;
Béhier, médecin de l'Hôtel-Dieu, professeur à la Faculté de médecine ;
Broca, professeur à la Faculté de médecine, vice-président du conseil général des hospices ;
Le docteur Jules Worms, *secrétaire*. »

Un autre arrêté, portant également la date du 20 octobre, réglementait la marche des voitures ambulancières et le mode d'enlèvement des blessés. Nous le reproduisons *in extenso* :

« Le président du Gouvernement, gouverneur de Paris,

« Considérant qu'il est indispensable de maintenir un ordre absolu dans l'enlèvement des blessés et dans leur répartition dans les ambulances ;

« En conformité des ordonnances sur le service en campagne, et de la convention internationale de Genève ;

« Considérant qu'aux armées le service des sociétés de secours, pour être efficace, ne doit pas s'exercer en dehors des services militaires organisés,

« ARRÊTE :

« Art. 1ᵉʳ. Les instructions pour la réunion et la mise en route des voitures destinées à l'enlèvement des blessés seront transmises aux directeurs des diverses sociétés de secours autorisées, sur l'ordre du gouverneur de Paris, par l'intendant général de l'armée de la défense.

« Art. 2. En arrivant sur la partie de l'enceinte faisant face au lieu du combat, ces voitures se rangeront sur la chaussée à la gauche des voitures d'ambulances militaires, et dans l'ordre assigné par le fonctionnaire de l'intendance ou l'officier d'état-major désigné à cet effet.

« Art. 3. D'après les besoins signalés par l'intendant général de l'armée, ou par l'intendant militaire des troupes engagées, les fonctionnaires de l'intendance, ou officiers de l'état-major de service aux portes, autoriseront la sortie du nombre de voitures reconnu suffisant, en leur indiquant le lieu où elles devront se rendre, sans se détourner de leur route.

« Art. 4. Arrivé au point de réunion, le chef de chaque société ou groupe de voitures prendra les ordres du fonctionnaire de l'intendance, qui lui indiquera la portion de terrain qu'il aura mission d'explorer.

« Art. 5. Pendant l'enlèvement des blessés, les membres des sociétés de secours défèreront aux instructions des fonctionnaires de l'intendance, qui auront pris eux-mêmes les ordres du commandement. Le chargement fait, ils devront se rendre exactement du point de départ à l'hôpital ou à l'ambulance qui leur aura été assigné, soit sur place, soit lorsqu'ils passeront les portes de l'enceinte.

« Art. 6. Les voitures qui chercheraient à sortir sans ordre, ou avant leur tour, et celles qui ne se rendraient pas exactement au point indiqué, et qui, en un mot, contreviendraient d'une manière quelconque aux ordres donnés, seraient exclues du service de l'évacuation des blessés, et seraient privées du droit de porter le drapeau de neutralité.

« Art. 7. Les prescriptions des articles 2, 3, 4, 5 et 6 ci-dessus s'appliquent aux voitures particulières, autorisées à aller relever les blessés.

« Toutes disposition contraires à celles du présent arrêté sont annulées.

« Fait à Paris, le 20 octobre 1870.

« Général TROCHU. »

Pour compléter l'historique exact des ambulances, nous devons maintenant reproduire ce règlement arrêté, le 19 novembre, par la Commission supérieure d'inspection relativement à la répartition des blessés et des malades, à l'alimentation et à l'inspection des ambulances :

« Art. 1er. Il est choisi, dans chaque secteur, à l'effet de répartir les blessés et les malades entre les diverses ambulances, un hôpital, dit *hôpital répartiteur*.

« Ces hôpitaux sont les suivants :

1er secteur. — Hôpital Saint-Antoine.
2e   —   Hôpital Saint-Louis.
3e   —   Hôpital Saint-Martin.

4e secteur. — Hôpital Lariboisière.
5e — Hôpital Beaujon.
6e — Hôpital du Gros-Caillou.
7e — Hôpital Necker.
8e — Hôpital du Val-de-Grâce.
9e — Hôpital de la Pitié.

« Art. 2. Les conducteurs des voitures destinées à l'enlèvement des blessés, après s'être conformés aux prescriptions de l'arrêté de M. le Gouverneur de Paris (arrêté du 20 octobre 1870, dont le libellé est annexé au présent règlement), sont tenus de conduire aux hôpitaux répartiteurs, qui leur auront été désignés, tous les blessés qu'ils relèveront, soit le jour du combat, soit même les jours suivants.

« Art. 3. Les chirurgiens des hôpitaux répartiteurs sont chargés de décider, selon la nature ou la gravité des blessures, quels sont les blessés qui devront rester à l'hôpital, et quels sont ceux qui devront être conduits dans les ambulances diverses qui ont été annexées audit hôpital, conformément au tableau dressé à cet effet.

« Art. 4. Tout malade ou tout blessé envoyé dans une ambulance sera muni d'une pièce administrative délivrée par l'hôpital répartiteur ; mention exacte de cette pièce sera faite sur le registre de l'ambulance.

« Si les nécessités du moment amenaient dans une ambulance un malade ou un blessé qui n'aurait pu présenter cette pièce, le médecin directeur, ou le propriétaire de l'ambulance devra faire, à l'hôpital auquel l'ambulance est annexée, la déclaration de l'entrée des malades ou des blessés admis d'urgence.

« Art. 5. Pour permettre, entre les diverses ambulances, la répartition des malades et des blessés, et pour assurer à ces derniers les soins les plus rapidement efficaces, les directeurs de toutes les ambulances seront tenus de faire parvenir chaque jour au directeur de l'hôpital auquel l'ambulance est annexée un bulletin constatant la situation de l'ambulance, la veille au soir, et indiquant exactement le nombre des entrées, le nombre des sorties, celui des décès de la journée, comme aussi le nombre des malades blessés présents dans l'ambulance.

« Des instructions spéciales fixeront la forme de ces bulletins, ainsi que leur mode d'expédition.

« Art. 6. Cet état certifié par le médecin ou par le chirurgien de l'ambulance servira, sous leur responsabilité spéciale, à établir le chiffre des rations alimentaires qui, pour assurer le bien-être des malades ou des blessés, seront délivrées à chaque ambulance, soit contre espèces, soit gratuitement, par l'économe de l'hôpital auquel l'ambulance est annexée.

« Chaque directeur d'ambulance est tenu de faire lui-même diligence pour recevoir ces rations alimentaires, selon les indications particulières que donnera l'économe de l'hôpital.

« Art. 7. Les diverses ambulances, de quelque provenance qu'elles soient, sont inspectées :

1º Par les membres de la commission supérieure ;

2º Par les intendants militaires ou par leurs délégués ;

3º Par les médecins militaires de chaque secteur.

« Ces derniers sont autorisés, selon les circonstances, à provoquer auprès du médecin en chef de l'armée soit le retour dans l'hôpital, soit la sortie définitive du malade ou du blessé. A cet effet, ils donnent aux directeurs des ambulances les indications nécessaires et veillent à ce que le directeur de l'hôpital, auquel l'ambulance est annexée, soit régulièrement informé des décisions intervenues à ce sujet.

« Art. 8. Conformément à la convention internationale de Genève, il est interdit à toute ambulance d'arborer les insignes internationaux, tant qu'il n'y a ni malades ni blessés dans l'ambulance.

« Il est également interdit d'arborer les mêmes insignes sur des voitures qui ne servent pas, dans le moment, au transport des malades ou des blessés. »

Le 3 décembre, après l'ouverture des grandes opérations, il fut fait appel à la population de Paris.

« La lutte héroïque engagée sous nos murs, disait
« M. Jules Ferry, impose à la population civile de
« grands devoirs.

« Le premier, le plus facile et le plus touchant à la
« fois, c'est le soin des blessés.

« Les administrations hospitalières, civiles et mili-
« taires, ont déjà fait d'immenses efforts ; les particu-
« liers et les associations ont développé des ressources
« considérables ; les municipalités ont établi ou en-

« couragé un grand nombre d'ambulances : il faut
« faire plus encore. Pour que les moyens d'assistance
« soient au niveau des nécessités qui grandissent de
« jour en jour, il faut que toutes les maisons s'ouvrent;
« que toutes les familles trouvent un lit à offrir à ceux
« qui nous ont donné leur sang.

« La population de Paris, qui a su loger, il y a trois
« mois, cent mille mobiles, recueillera aujourd'hui,
« avec un empressement au moins égal, les blessés de
« nos batailles.

« Les hôpitaux, les ambulances organisées doivent
« être réservés aux blessures graves ; les blessés dont
« l'état n'exige pas l'intervention constante de la chi-
« rurgie, les convalescents, surtout, pourront être
« traités avec avantage chez les particuliers. Un bu-
« reau d'inscription est ouvert, dès à présent, à l'ad-
« ministration des hospices de la Seine, avenue Vic-
« toria, 3.

« Les citoyens sont priés d'y faire connaître le
« nombre de lits qu'ils peuvent mettre à la disposi-
« tion des blessés convalescents ou atteints de bles-
« sures légères.

« L'administration pourvoira à l'alimentation. Le
« Gouvernement fait, pour cet objet, un pressant appel
« à cet esprit de solidarité qui est, dans toutes les
« conditions sociales, une des vertus favorites de la
« population parisienne. »

La charité, la bienfaisance sont vertus communes
à Paris. Les particuliers ouvrirent gracieusement leur

porte aux convalescents, sans que ces dispositions diminuassent le nombre de lits réservés aux blessés et aux malades, ainsi qu'il appert de cette note insérée, le 12 décembre, au *Journal officiel* :

« La *commission supérieure des ambulances* vient de procéder à un nouveau recensement des ambulances privées qui renferment plus de six lits. Elle n'a admis que les ambulances qui offrent une garantie absolue aux malades et aux blessés, et cependant la liste définitive comprend 25,826 lits, qui ont été groupés autour des hôpitaux de répartition.

« Ce chiffre énorme donne la mesure de l'esprit de solidarité qui règne dans la cité, et l'on doit noter, à l'honneur de la ville de Paris, que ce bilan de la charité ne comprend pas les lits offerts aux convalescents à la suite de l'appel fait il y a quelques jours à la population par M. Jules Ferry, et auquel il a été si chaleureusement répondu. »

L'histoire des ambulances pendant le siége de Paris sera terminée quand nous aurons transcrit cet avis du ministère de la guerre, du 18 janvier 1871 :

« Des avis insérés au *Journal officiel*, et reproduits par la plupart des autres journaux, ont fait connaître que tous les asiles ouverts aux blessés et malades militaires avaient été divisés en deux catégories, destinées à recevoir, d'une part, les blessures graves et, d'autre part, les hommes atteints de blessures légères ou de maladies internes et les convalescents.

« Il a semblé que, pour tirer le meilleur parti possible

de ces ambulances, qui sont extrêmement nombreuses et qui diffèrent essentiellement les unes des autres, soit par leur importance, soit par leur mode d'organisation, il fallait les constituer en un certain nombre de *groupes* rattachés chacun à un *hôpital répartiteur* auquel seraient annexées, en même temps, des maisons de secours chargées des distributions de vivres.

« Le nombre de ces groupes est, quant à présent, de dix, qui sont :

1° Le groupe de Saint-Antoine ;
2°　　— 　　de Saint-Louis ;
3°　　— 　　de Saint-Martin ;
4°　　— 　　de Lariboisière ;
5°　　— 　　de Beaujon ;
6°　　— 　　du Gros-Caillou ;
7°　　— 　　de Necker ;
8°　　— 　　du Val-de-Grâce ;
9°　　— 　　de la Pitié ;
10°　　— 　　du Centre (Hôtel-Dieu).

« Les blessés et malades auxquels des soins sont nécessaires doivent d'abord, et avant tout, être dirigés sur les hôpitaux répartiteurs.

« Ces hôpitaux ont la mission de veiller au plus prompt placement des malades qu'ils ne conservent pas dans leurs salles, et des instructions ont été données pour qu'ils puissent connaître constamment, et jour par jour, la situation de toutes les ambulances de leur groupe, à l'effet d'y diriger tels ou tels malades dont l'état est en rapport avec les ressources qu'on sait réunies sur tel ou tel point.

« C'est donc de l'entente régulière et continue des hôpitaux répartiteurs avec les ambulances de leur groupe, que découlent des résultats satisfaisants en ce qui concerne la bonne installation des blessés et malades ; et s'il arrive que ces malades voient parfois s'écouler des heures et se succéder plusieurs tentatives avant leur installation, c'est que certaines ambulances ne se conforment pas ponctuellement aux instructions qui leur sont données. »

Il s'organisa, vers la fin du siége, plusieurs sociétés de bienfaisance, auxiliaires du service de l'Habillement. Nous citerons d'abord, celle qui présidait à la *souscription ouverte par la garde nationale pour achat de vêtements de laine destinés à l'armée de Paris*. Elle avait déjà donné 1,660 chemises de laine, à la date du 12 janvier, et se disposait alors à en distribuer encore 4,000. Les souscriptions étaient reçues à la Recette centrale de la rue Louis-le-Grand ; dans toutes les mairies, au bureau du payeur de la garde nationale ; et à tous les bureaux des contributions. Nous mentionnerons, en second lieu, la *Société de prévoyance* dont la *Commission sanitaire* avait formé une sous-commission chargée de fournir des vêtements chauds à nos soldats. Son *Comité central* comptait parmi ses membres MM. Barthélemy Saint-Hilaire, membre de l'Institut ; — S. Carraby, avocat ; — amiral de Chabannes ; — Raynald de Choiseul ; — Henry Dunant, promoteur de la convention de Genève, fondateur de l'œuvre pour les blessés; — Dupuy de Lôme; — J. Dutilh de la Tuque; — Froment-Meurice; — Guillaume, membre de l'Institut, directeur de l'École des beaux arts; — Ernest Hendlé, chef du cabinet des ministre des affaires étrangères; — Legouvé, de l'Académie française; — Albert Liouville, chef du cabinet du ministre des finances; — Eugène Manuel; — marquis de Plœuc, sous-gouverneur de la Banque de France.

La Société adressa, elle-même, cet appel au public, à la date du 2 janvier 1871 :

« Le comité de la Société de prévoyance en faveur des citoyens sous les armes, s'est réuni le 31 décembre, en séance extraordinaire, et a décidé qu'un appel immédiat serait adressé à la presse pour une souscription patriotique destinée à fournir à notre armée des effets d'habillement complémentaires.

« Désireux de seconder, autant que possible, l'administration militaire et, éclairé par l'expérience de médecins distingués, membres du comité consultatif d'hygiène nommé par le Gouvernement, le comité a cru devoir classer de la façon suivante les diverses catégories d'objets qui seront le plus utiles aux soldats :

1º Chaussettes et bas de laine, chaussons de tricot et de feutre, semelles de paille, de feutre, de flanelle, de cuir, de caoutchouc; genouillères et caleçons de tricot ou de flanelle;

2º Gants, moufles ou mitaines fourrés, doublés ou tricotés;

3° Gilets, plastrons, punchos de laine ou de flanelle; ceintures de flanelle ou demi-chemises de flanelle ou de coton; peaux de moutons et couvertures;

4° Mentonnières, passe-montagnes et cache-nez de laine, de flanelle ou de tricot.

« La Société de Prévoyance en faveur des citoyens sous les armes rappelle qu'elle reçoit, rue de Rivoli, 192, vis-à-vis des Tuileries, les dons en espèces et les dons en nature déjà désignés; et, de plus, les draps, les tissus de laine, de coton, de flanelle, de toute nuance et de toute grandeur, même les plus petits coupons. »

Destinée à fournir aux défenseurs de Paris des effets complémentaires de nature à les garantir du froid et de l'humidité, cette souscription eut le plus grand succès. Les dons en argent et en nature affluèrent au siége de la Société. Le frère Philippe, supérieur des frères des Écoles chrétiennes, envoya 1,000 francs; madame Trochu, 500 francs; M. Legouvé, 600 francs. Madame Reboul donna 400 chemises de flanelle; un anonyme, 2,000 paires de chaussettes; M. Naudet (de l'Institut), bon nombre de peaux de moutons. Grâce à cet empressement généreux, la Société de prévoyance put distribuer, pendant le mois de janvier, plus de 25,000 effets d'habillement.

§ 2. — *Travaux.*

Dès l'ouverture des hostilités et les premières menaces d'un investissement, le Gouverneur de Paris eut la bonne chance d'avoir à sa disposition tout le personnel du service des ponts et chaussées, composé de 2 inspecteurs généraux, 4 ingénieurs en chef, 16 ingénieurs ordinaires, 80 conducteurs et 160 piqueurs. Tels furent les auxiliaires actifs du génie militaire. C'est à eux qu'on doit les immenses travaux de la fermeture des portes, de la mise en état des fossés et des glacis, et du déblayement de la zone des servitudes. On leur doit aussi d'avoir réuni les bois de toute espèce indispensables à l'organisation de la défense, et il leur fallait souvent aller chercher ces matériaux jusqu'à trente lieues de Paris, dans les forêts domaniales. Ils ont exécuté d'importants ouvrages le long du canal de Saint-Denis et amené les eaux du canal de l'Ourcq dans les fossés de la place. Leur zèle nous a valu la construction des redoutes de la plaine de Gennevilliers, de celles de Charlebourg, d'Asnières et du pont de Clichy; deux barrages sur la Seine, à Suresnes et au nord de l'île de la Grande-Jatte; une estacade au Point-du-Jour; un pont de bateaux; deux estacades incombustibles au pont Napoléon. Ils mirent enfin les égouts et aqueducs en état de défense, tant au moyen de travaux intérieurs que par l'organisation d'une surveillance constante confiée aux égoutiers armés.

Il y avait, par secteur de l'enceinte, un ingénieur relevant de M. Rozat de Mandres et, par suite, de M. Alphand, mais recevant ses instructions du service du génie. C'étaient MM. Foulard (1er secteur); — de Labry (2e secteur); — Loche (3e secteur); —

Bernard (4ᵉ secteur); — Cirodde (5ᵉ secteur); — Darcel (6ᵉ secteur); — Allard (7ᵉ secteur); — Couche; puis, Rousseau (8ᵉ secteur); et Grégoire (9ᵉ secteur).

La défense fut aussi admirablement secondée par les ingénieurs des mines chargés du service des carrières, MM. Jacquot, Descos et Zeller. Ils explorèrent, en tous sens, ces catacombes qui se développent sur les fronts sud de l'enceinte, et dont le dédale agissait alors si fortement sur l'imagination des Parisiens. Grâce aux dispositions les plus sages, appuyées d'une surveillance très-vigilante, ils les eurent promptement mises à l'abri de toute tentative de l'ennemi. Les puits jugés dangereux furent aveuglés; les galeries, traversées et murées; les ouvertures voisines des glacis, soigneusement bouchées; les carrières à ciel ouvert, rendues impraticables. Mais il faut surtout mentionner les travaux si remarquables de M. l'ingénieur Descos, auquel on dut deux communications souterraines conduisant : l'une, du bastion 80 de l'enceinte au fort de Montrouge; l'autre, de la fosse Dardan et Michau au fort de Vanves. La première nous a rendu d'excellents services pendant le siège; durant toute la période du bombardement, elle a permis de faire passer à Montrouge des rechanges et des approvisionnements de toute nature, tels que gabions, fascines, piquets, sacs de plâtre et de ciment; enfin, sacs à terre *pleins*, à raison de soixante-quinze à l'heure. Tout l'honneur de l'exploitation revient de droit à MM. Henri de l'Espée, Yver, Aimé Girard et Groslous, tous attachés, comme auxiliaires, au service du génie du 8ᵉ secteur. M. Descos ébauchait encore le tracé de deux autres galeries, destinées à relier l'enceinte aux forts d'Issy et d'Ivry, lorsque l'armistice du 28 janvier mit fin à ses études.

Nous avons à rappeler maintenant les travaux exécutés par d'autres ingénieurs des ponts-et-chaussées, ceux du service dit *de la deuxième enceinte*. Dès le 29 août, le maréchal Vaillant proposait de transformer en retranchement intérieur le grand viaduc du Point-du-Jour. C'est, vraisemblablement, cette proposition qui donna à l'autorité civile l'idée d'exécuter un vaste système de retranchements continus ayant pour base le chemin de fer de ceinture. Saisi de ce projet, le comité de défense émit, le 18 septembre, l'avis que les dispositions proposées pouvaient être utiles; que, par suite, il n'y avait pas lieu, de sa part, à s'opposer à l'exécution du projet, à la condition que les nouveaux travaux n'altéreraient en rien les formes de la fortification permanente et n'en gêneraient point les communications.

M. Dorian, ministre des travaux publics, fit aussitôt les fonds nécessaires, et les terrassements commencèrent sous la haute direction de M. Léon Lalanne, inspecteur général des ponts-et-chaussées, secondé par M. l'ingénieur en chef Beaulieu. Il y avait aussi, par secteur de l'enceinte, un ingénieur ordinaire chargé de l'exécution. C'étaient MM. Demondésir et Cézanne (1ᵉʳ secteur); — Marchand et Humblot (2ᵉ secteur);

— Buffet, Lesguiller et Huet (3ᵉ secteur); — Duverger, Durand-Claye, Barabant, Mille, Demouy et Picard (4ᵉ secteur); — Rousselle, Lemoine et Rousseau (5ᵉ secteur); — Grissot de Passy (6ᵉ secteur); — Saint-Yves (7ᵉ secteur); — Armand Bellom (8ᵉ secteur); — Joseph Bellom (9ᵉ secteur).

Entrepris dès les premiers jours d'octobre, les travaux de retranchements intérieurs le long du chemin de fer de ceinture se poursuivirent sans interruption, et furent à peu près terminés vers le milieu du mois de novembre. Les terrassements affectaient partout un excellent profil; le parapet présentait généralement quatre mètres d'épaisseur, et atteignait six mètres en quelques points, là où, dès le début, on avait pensé pouvoir établir ultérieurement des batteries. Pendant la guerre des communeux, les épaulements de la deuxième enceinte furent utilisés, dans le 8ᵉ secteur, par le général de Cissey qui y mit en batterie une vingtaine de bouches à feu prenant à revers les glacis du fort de Bicêtre et balayant directement la Butte-aux-Cailles, ainsi que la place d'Italie.

Une autre construction s'exécutait, en même temps, au pourtour intérieur de l'enceinte fortifiée, sous la direction de M. Léon Lalanne et par les soins de M. Villiers du Terrage, ingénieur des ponts-et-chaussées. Nous voulons parler du chemin de fer américain tracé le long de la rue du rempart, et dont le principe avait été, dès le 28 août, admis par le comité de défense, sur la proposition de M. Béhic. Cette voie ferrée, présentant un développement de 40 kilomètres, s'organisa en moins de vingt jours, et quelques locomotives y circulèrent aussitôt; mais elle ne fut jamais appelée à rendre d'importants services, par cela même qu'elle ne fut terminée qu'après l'achèvement des grands travaux de l'enceinte. On vit donc naître, à l'état de lettre morte, ce règlement en date du 12 octobre :

« Le président du Gouvernement de la défense nationale, sur la proposition du ministre des travaux publics,

« ARRÊTE :

« Art. 1er. Le chemin de fer établi sur la rue militaire par ordre du Gouvernement de la défense nationale est ouvert à l'exploitation. Il sera exclusivement affecté aux transports qui intéressent la défense de Paris.

« Art. 2. Les autorités militaires qui voudront se servir de ce chemin de fer devront s'adresser à l'ingénieur en chef de l'exploitation, dont les bureaux sont établis à la gare de l'Est, pavillon n° 6.

« Art. 3. Il est interdit à toute personne étrangère au service du chemin de fer :

1° De circuler ou de stationner sur la voie;

2° D'y jeter ou d'y placer aucuns matériaux ou objets quelconques;

3° D'établir aucune construction; de faire aucun dépôt à une distance de moins d'un mètre des bords extérieurs des rails.

« Art. 4. Les prescriptions de la loi du 15 juillet

1845, pour la conservation des travaux et la sûreté de la circulation, sont applicables au chemin de fer de la rue militaire, sous réserve des attributions des pouvoirs civils, attributions qui, par suite de l'état de siége, sont dévolues à l'autorité militaire.

« Art. 5. Les autorités civiles et militaires sont invitées à prêter, au besoin, aide et assistance à M. Lalanne, inspecteur général des ponts et chaussées, chargé de la direction du service; à M. Gérardin, ingénieur en chef de l'exploitation; et aux agents placés sous ses ordres.

« Art. 5. Les généraux et amiraux commandants des secteurs prendront les mesures nécessaires pour assurer, chacun en ce qui le concerne, l'exécution du présent arrêté. »

Tels sont les travaux sérieux dus au zèle des ingénieurs de l'État.

Pour terminer l'étude des entreprises qui s'organisaient alors sur tous les points de Paris, nous n'avons plus qu'à faire une analyse rapide des créations fantaisistes émanées *du sein* de la *Commission des barricades*, et du cru des ingénieurs commissionnés par le général commandant supérieur des gardes nationales.

L'organisation de la fameuse Commission des barricades remontait aux premiers jours qui suivirent l'investissement. — « Il a été décidé, lisait-on au *Journal officiel* du 19 septembre, il a été décidé dans les « conseils du Gouvernement qu'un système complet de « barricades formerait autour de Paris une enceinte

« inexpugnable. — Les études et les plans sont déjà
« exécutés par les soins du ministre des travaux
« publics. »

Le vaudevilliste Rochefort avait été, le même jour, 19 septembre, nommé président de cette commission, qui fut définitivement constituée quelque temps après, c'est-à-dire le 23. Elle se composait, à cette date, de MM. Dorian, Flourens, J. Bastide, Martin Bernard, Floquet et Dréo. Le 27 du même mois, les citoyens Albert et Cournet en devenaient aussi membres très-sérieux et, le 4 octobre suivant, le même honneur était dévolu au colonel Schœlcher. La commission des barricades siégeait au ministère des travaux publics et se subdivisait, d'ordinaire, en trois sections ayant respectivement pour secrétaires les citoyens Ulbach, Ernest Blum et Emile Raspail. Pour l'exécution des travaux, ces messieurs avaient naturellement adopté la division en secteurs et, à la tête du personnel de chaque secteur, se trouvait placé un chef d'atelier qui, le plus gravement du monde, prenait le titre d'*ingénieur* des barricades. Les dépêches officielles de ce personnage portaient l'empreinte d'un timbre humide frappant cette inscription : « *Commission des barricades, — tel secteur.* » Quant aux travaux eux-mêmes, voici ce qu'en disait le rapport officiel du 17 octobre : — « On doit,
« au concours des ingénieurs civils de la commission
« des barricades le plan d'une *troisième* enceinte dont
« l'exécution est avancée sur plusieurs points, et qui
« permettrait de rendre, si cela était nécessaire, l'in-

« térieur de la ville inexpugnable. Tous les accidents
« de terrain, tous les hasards des constructions ont
« été utilisés, et la variété même des dispositions
« prises ne permet pas, on le comprend, d'en faire ici
« l'analyse. »

Il serait, en effet, difficile d'analyser les hautes fantaisies de ces barricadiers dont le ministre des travaux publics n'avait jamais pris la peine d'examiner ni d'approuver les projets. La vérité, c'est qu'ils n'avaient pas de plan arrêté, et que le pur caprice républicain présidait seul au tracé si bizarrement tourmenté de leurs prétendues défenses. Le meilleur exemple que nous en puissions citer, c'est l'œuvre d'un sieur Gennerat, qui se disait *ingénieur du 8e secteur*, et dont les élucubrations, traduites en coûteux remuements de terre, tatouèrent si singulièrement le plateau de Montsouris, à la grande désolation de l'amiral Méquet.

La commission des barricades était une usine ténébreuse dont les travailleurs embrigadés se tenaient prêts à servir, au premier signal, les intérêts sacrés de la Commune de Paris. Sa *troisième enceinte* faite, elle n'eut garde de se dissoudre et donna, de temps à autre, signe de vie, en attendant les événements d'où devaient jaillir l'affranchissement et le bonheur du *peuple*. C'est ainsi que, le 1er janvier 1871, elle crut devoir publier ce factum :

« Citoyens,

« Dès que l'ennemi s'est présenté sous les murs de Paris, et pour faire face à toutes les éventualités du siége, une commission des barricades a été officiellement constituée.

« Cette commission s'est aussitôt mise à l'œuvre ; elle a fortifié les abords intérieurs de Paris, et déterminé les points sur lesquels les barricades devaient être élevées, en cas d'attaque de vive force.

« A ces opérations devait se limiter le rôle de la Commission des barricades tant que les Prussiens se bornaient à investir Paris.

« Aujourd'hui, que l'ennemi semble vouloir se prononcer pour l'offensive, la prévoyance de la Commission des barricades est tenue à d'autres devoirs. Si improbable que soit le succès d'une tentative sur nos remparts, il importe d'éviter toute surprise, et de prendre à l'avance toute précaution utile. Il importe que tout le monde le sache : derrière les forts, protégés par le courage de l'armée et de la garde nationale mobilisée ; derrière les murs gardés par la constance de la garde nationale sédentaire, les Prussiens rencontreraient encore l'indomptable résistance des barricades parisiennes.

« En conséquence, il a paru utile à la Commission des barricades de faire appel au patriotisme de tous, et d'inviter chaque ménage à préparer, dès maintenant, comme mesure de prévoyance, deux sacs à terre qui seraient livrés au premier avis de la commission, et serviraient, concurremment avec les pavés, à couvrir, en quelques heures, Paris de barricades, ou à réparer les brèches.

« Tout sac à terre doit avoir 70 centimètres de longueur sur 35 de largeur, de façon à être facilement transportable. La toile peut en être grossière, et le prix en serait minime, 65 centimes au plus, pour les citoyens qui n'aimeraient pas mieux les fabriquer eux-mêmes.

« Dans les circonstances présentes, il est de notre devoir de nous tenir prêts à tout événement et de nous assurer contre l'inconnu.

« Le peuple sait bien qu'il a, dans les membres de la Commission des barricades, des hommes décidés à défendre Paris pied à pied, à ne jamais rendre à l'ennemi de notre patrie cette citadelle du droit et de la liberté républicaine ! »

Voici maintenant venir une autre légion de constructeurs imposant gracieusement leur concours aux services réguliers préposés à la défense. On voit que la tradition des ateliers nationaux de 48 était loin de se perdre. A la vue des abris blindés que le génie militaire disposait sous les terre-pleins des bastions, un sieur Deroide eut l'idée d'organiser un corps d'*ingénieurs* chargés de faire des abris analogues, mais conformes à divers types de son invention. Il réunit, en conséquence, un personnel nombreux dont il se fit le chef ou, plus exactement, le colonel, car la création d'un corps d'ingénieurs *militaires* ne pouvait manquer de cachet. Se pliant à la division en secteurs, alors à la mode, il installa, par secteur, un ingénieur en chef, portant les insignes de chef de bataillon, afin de diriger très-militairement plusieurs capitaines et lieutenants. Une fois commissionné par le général Clément Thomas, le *colonel* Deroide obtint du ministre de l'intérieur un crédit relativement considérable, et des considérations politiques empêchèrent le comité de défense de s'opposer à la création du système d'*abris casematés de la garde nationale* dont le besoin ne se faisait aucunement sentir. Un ordre du commandant supérieur du génie de l'armée de Paris, en date du 3 octobre 1870, prescrivit aux commandants du génie des secteurs de l'enceinte de se mettre en rapport avec les ingénieurs *civils* de la garde nationale, à l'effet de déterminer l'emplacement des blindages qui devaient s'établir, soit en arrière de la rue du rempart, soit sous le terreplein des courtines.

Malgré tant d'encouragements et d'appuis, les ingénieurs Deroide furent loin de faire merveille. Ils dépensèrent beaucoup d'argent et construisirent fort peu d'abris, si bien que, vers le 20 décembre, le Gouvernement de la défense estima qu'il convenait de mettre enfin un terme à cette longue plaisanterie. Les travaux desdits ingénieurs furent définitivement arrêtés, et remise en fut faite au service du génie militaire, pour achèvement ou suppression.

§ 3. — *Auxiliaires de l'artillerie.*

Il convient maintenant de passer en revue quelques services auxiliaires de l'artillerie, et aussi quelques intrépides parodistes des artilleurs.

Un décret du 9 septembre 1870 instituait une *commission d'armement* chargée de centraliser l'achat des armes; de soumettre à un examen sérieux toutes les offres faites au Gouvernement par l'industrie privée; de présider, à Paris, à toutes les opérations ayant pour objet la transformation, la réparation ou la fabrication des armes à feu. Cette commission siégeait au ministère des travaux publics. Elle se composait de MM. Jules Lecesne et Gévelot, anciens députés; René, colonel d'artillerie; Ferdinand Claudin, fabricant d'armes, et Barignand, mécanicien. Un sixième membre, M. Marqfoy, ingénieur des ponts et chaussées, était adjoint, le lendemain 10 septembre, à la commission pour les besoins de laquelle un décret, en date du 13, ouvrait au ministre des travaux publics un crédit de dix millions de francs.

Voici d'ailleurs en quels termes le rapport officiel du 17 octobre apprécia ses travaux :

« Quinze ateliers de réparations gratuites ont pu être ouverts, grâce au concours tout spontané des compagnies de chemins de fer et des industriels. L'atelier central du Louvre a réparé, jusqu'à ce jour, plus de 20,000 fusils de différents modèles.

« La transformation des fusils à percussion en fusils à tabatière se poursuit avec rapidité dans les ateliers de MM. Mignon et Rouart et dans ceux de M. Godwing. Elle fournit régulièrement 800 fusils par jour de travail.

« Mais le résultat le plus important à signaler, c'est la solution d'un problème qui paraissait insoluble : la fabrication des fusils Chassepot à Paris. Après de laborieuses recherches, on est parvenu à vaincre les énormes difficultés que présentait la question. Les petits armuriers de Paris seront admis à fabriquer les pièces dont l'arme se compose, et l'administration des travaux publics en fera le montage dans un atelier spécial.

« Une commission de pyrotechnie, annexée à la commission d'armement, a eu à étudier plus de deux cents propositions présentées par autant d'inventeurs. Elle a fait elle-même un nombre considérable d'expériences et, entre autres, elle a mis en train la fabrication de la dynamite. »

C'est ici le lieu de mentionner les efforts de cette étrange association du *génie civil* qui a tant fait parler d'elle pendant les derniers temps du siége. C'était une commission créée par une décision, du 13 septembre, du ministre des travaux publics à l'effet de répartir dans toutes les directions les services des ingénieurs civils, et de centraliser leurs offres de concours. Elle siégeait au Conservatoire des Arts-et-Métiers et se composait de MM. Tresca, sous-directeur du Conservatoire, président; Laurens, président de l'association des anciens élèves de l'école centrale ; Martelet, ingénieur des mines ; Martin, président de la société des élèves des Arts-et-Métiers ; Vuillemin, président de la société des ingénieurs civils. Tous ces messieurs avaient adopté pour uniforme une casquette *sui generis* qui eut assez de succès.

Un décret du 18 septembre commença par ouvrir au *génie civil* un crédit de 600,000 francs pour la construction d'un certain nombre de mitrailleuses de types déterminés. Le *génie civil* se mit à l'œuvre et entreprit toute sorte de travaux dont il fut, ainsi qu'il suit, rendu compte dans le rapport officiel du 17 octobre :

« La commission du *génie civil*, dit ce rapport, avait reçu du ministre la mission de centraliser les offres de concours adressées par le *génie civil*, par les industriels et par les particuliers. Elle veille à l'exécution des commandes de matériel et de munitions, émanées du ministère des travaux publics, et dont voici les principales :

« 102 mitrailleuses de divers modèles, commandées dans dix établissements différents, pour être livrées du 13 au 27 octobre ;

« 115 mitrailleuses des systèmes Gatling et Cristophe, à livrer à partir du 27 octobre ;

« 312,600 cartouches pour mitrailleuses, livrées ;

« 50 mortiers et leurs accessoires, avec 50 affûts, livrés ;

« 400 affûts de siége dont la livraison est commencée ;

« 500,000 obus de différents calibres, commandés aux différentes fonderies de Paris, qui les livrent tous les jours ;

« 5,000 bombes ;

« Plusieurs grosses pièces de marine à longue portée dont la livraison est prochaine ;

« Enfin, 300 canons de 7 centimètres, rayés, se chargeant par la culasse, portant à 8,000 mètres, et dont la livraison commencera le 25 octobre. Cette commande, reçue par les principaux fabricants de la capitale, pourra être portée à 600 pièces.

« On doit encore à la commission du *génie civil* l'organisation d'un service spécial d'inspection des secours à prendre contre l'incendie et, dans le voisinage des musées et des établissements publics, l'établissement des appareils les plus propres à dominer, à l'origine, tous les sinistres. »

C'est ainsi que le *génie civil* fatiguait de ses réclames les échos de Paris assiégé.

Il n'est, malheureusement, si belle médaille qui n'ait son revers. A la séance du 15 novembre, le général Frébault exposait au comité de défense que les projectiles de 30 ($0^m,16$ de la marine), fabriqués par l'industrie privée, laissaient beaucoup à désirer ; que cela venait sans doute de ce que, ne disposant point de fontes de deuxième fusion, cette industrie faisait usage de fontes de toute nature, de composition très-variable, et n'offrant aucune espèce de garanties. Cependant, le 27 novembre, une première batterie de 7 venait d'être livrée par le *génie civil* et, le surlendemain, 29, le général Frébault exposait encore au comité que, attendu la mauvaise qualité du bronze, il était fort dangereux de se servir de ces pièces de 7, avant de les avoir expérimentées. Déjà, le 17 de ce même mois de novembre, le gouverneur avait blâmé vivement l'ardeur inconsidérée qui poussait ainsi l'industrie parisienne à vouloir fabriquer des bouches à feu, en dehors du concours de l'artillerie. Le général Trochu disait que c'était une faute, une irrégularité fâcheuse, conséquence de cette situation particulière à la défense de Paris « *où il est impossible*, ajoutait-il, « *d'éliminer l'influence politique des nécessités mili-* « *taires* ».

Nous n'avons plus qu'un mot à dire d'une *commission* dite *de centralisation des commandes d'armes* dont les attributions étaient illusoires ; et les fonctions, à peu près nulles. Le décret ci-dessous, du 29 octobre, fait suffisamment connaître l'objet et les rouages de ce nouveau mécanisme.

« Le Gouvernement de la défense nationale,

« Sur la proposition des ministres des travaux publics et de la guerre,

« Considérant que le ministère des travaux publics a fait d'importantes commandes d'armes, de matériel de guerre et de munitions à l'industrie privée ; que de nombreuses souscriptions publiques ont été ouvertes dans le but de concourir à la défense nationale par l'offre de canons ou d'armes de toute espèce ;

« Considérant que, pour que les résultats obtenus soient en rapport avec les efforts qui les produisent, il est indispensable de venir en aide à l'initiative privée ; qu'il est nécessaire, dans ce but, de créer une commission spéciale chargée de centraliser les renseignements, de prendre la haute surveillance des commandes, de donner les avis et les ordres ou réquisitions utiles pour les compléter,

« DÉCRÈTE :

« Art. 1er. Il est institué une commission chargée de prendre toutes les mesures nécessaires pour assurer la bonne exécution et la complète utilisation des commandes d'armes, de munitions et de matériel de guerre faites, soit par le ministère des travaux publics, soit à la suite de souscriptions dues à l'initiative privée.

« Cette commission, présidée par le ministre des travaux publics, sera composée :

du président de la commission d'armement,

du président de la commission du génie civil ;

de MM. :

Eugène Flachat, président honoraire de la Société des ingénieurs civils ;

Léonce Vée, ingénieur civil, chargé des fonctions de chef du cabinet du ministre des travaux publics ;

Le colonel Olry, directeur de l'atelier de précision de Saint-Thomas d'Aquin ;

Le commandant Cary, adjoint au dépôt central de l'artillerie pour les questions relatives à la fonderie ;

Le capitaine Gréset, sous-inspecteur adjoint aux forges de l'Ouest ;

Le capitaine Bauvais, adjoint au dépôt central de l'artillerie (ateliers de construction du matériel).

M. Léonce Vée remplira près de cette commission les fonctions de secrétaire.

« Art. 2. Le ministre des travaux publics et le ministre de la guerre sont chargés, chacun en ce qui le concerne, de l'exécution du présent décret. »

Cette commission de centralisation fit à l'industrie privée des commandes assez considérables, parmi lesquelles celles de 300 canons de 7 ; 100 mitrailleuses Gatling ; 100 Montigny ; 20 autres de modèles divers ; 50 mortiers de $0^m,15$ et un grand nombre d'affûts. Il faut bien dire que les quantités produites demeurèrent respectivement fort au-dessous de ces chiffres.

En résumé, les commissions d'*armement*, du *génie civil* et de *centralisation des commandes* ont rendu des services d'une utilité contestable. Manifestation d'un antagonisme qu'on cherche à perpétuer entre deux écoles, ces trois commissions ont moins fait de besogne que de bruit dans les journaux. Leur plus grand mérite est d'avoir provoqué l'intéressante brochure du général Susane.

§ 4. — *Services divers.*

Nous comprendrons sous le titre de *Services divers* ceux des observatoires, de la télégraphie, des ballons, de l'éclairage électrique et des torpilles.

Dès le 4 septembre, le comité de défense avait fait établir, sur divers points, des postes de guetteurs chargés de signaler les commencements d'incendie.

Après l'investissement, on créa des observatoires qui durent suivre tous les mouvements de l'ennemi pour en faire part, sans délai, au gouverneur et aux commandants supérieurs de l'artillerie et du génie. Sans parler des ballons captifs auxquels on ne tarda pas à renoncer, les observatoires militaires étaient établis : à l'Observatoire national ; — à Montmartre, rue Lepic, 100 ; — au phare du Trocadéro ; — à Passy, rue de la Muette ; — au donjon de Vincennes ; — au fort de Romainville ; — au fort de Bicêtre et à Villejuif ; — au Panthéon ; — au Mont-Valérien ; — au fort de Nogent ; — à la porte Maillot ; — au fort de Montrouge. Ces douze postes d'observation étaient placés sous la direction du colonel du génie Laussedat.

On remarquait, en outre, à la Tour Solférino, un observatoire indépendant qui adressait directement ses renseignements à l'autorité militaire. Il fonctionnait sous la direction de quatre ingénieurs hydrographes, MM. Mannheim, Guiœs, Hanus et Bouquet de La Grie.

Le service télégraphique eut recours, pendant le siége, à des modes de transmission divers, suivant les circonstances et les besoins. On constate, d'abord, l'emploi du fil ordinairement en usage, et, dès le 26 août, apparaît un réseau complet rattachant les casernes et les forts au quartier général du gouverneur. A cette époque, le comité de défense demande qu'on immerge, dans la Seine, un câble destiné à mettre Paris en communication avec deux points du territoire, l'un en amont, l'autre en aval; Joigny et Rouen, par exemple. Mais, le 17 septembre, veille de l'investissement, il apprend que l'opération a complétement échoué en amont de Paris; qu'elle est, d'ailleurs, en voie d'achèvement vers l'aval. De ce côté, non plus, malheureusement, la pose ne devait pas réussir.

Pour les correspondances rapides à l'intérieur de la place, on avait, concurremment avec le fil, organisé divers postes sémaphoriques, tels que ceux du ministère de la Marine, de la Tour Saint-Sulpice, de la Tour Saint-Jacques, de l'Arc-de-Triomphe et du Panthéon. Ce dernier fut enlevé, le 21 septembre, quand on établit un dépôt de poudres sous les caves voûtées de l'édifice. Tous les forts occupés par la Marine avaient aussi chacun leur sémaphore qui les mettait en relation directe avec l'enceinte.

Les essais de *télégraphie optique* donnèrent, pendant le siége de Paris, d'excellents résultats.

Une commission, composée de MM. Laussedat, Maurat, Lissajoux, Brion, Cornu, Hioux et Malot, expérimenta les différentes sources de lumière artificielle, et parvint à faire fonctionner des appareils de transmission d'une extrême simplicité et d'une efficacité certaine.

Les signaux optiques essayés à Paris donnèrent de tels résultats que la commission envoya l'un de ses membres en province pour y organiser le nouveau système télégraphique. Par le télégraphe optique il est facile de transmettre des ordres à de très-grandes distances, aussi loin que le permet la convexité de la terre, et presque aussi vite qu'au moyen du télégraphe électrique. Les expériences faites par la commission, entre le fort de Nogent et le Mont-Valérien, ne laissent subsister aucun doute à cet égard.

Vers la fin du siége, il fut aussi fait des essais de correspondance pyrotechnique. Cette méthode de signaux, connue de toute antiquité (1), fut étudiée de nouveau par le commandant du génie Curie, et mise en harmonie avec les progrès réalisés par les artificiers modernes. On fit partir un ballon qui portait au général Chanzy les nouvelles fusées et le dictionnaire; mais il était trop tard déjà pour que le général pût recevoir ces appareils en temps utile.

---

(1) Les Grecs l'appelaient πυρσεία. Voyez Polybe [X, XLIII et XLVII]. — Les Assyriens, les Chaldéens, les Mèdes, les Phéniciens connaissaient, dès l'aurore des temps historiques, les poudres *fusantes* et ces compositions inflammables qui reçurent ultérieurement le nom générique de *feux grégeois* (μηδικον πῦρ). C'étaient tout simplement des bitumes et des naphtes animés par quelques excitateurs à combustion vive. Les artifices employés pour signaux étaient alors à base de feux grégeois et de poudres fusantes à flammes diversement colorées.

Un autre procédé, également en usage chez les anciens (1), est celui des pigeons voyageurs, qui nous a rendu tant de services pendant le siége. Un certain nombre d'éleveurs, parmi lesquels M. Ed. Cassiers, président de la société de l'*Espérance*, avaient, avant l'investissement, installé des colombiers à Paris. Les pigeons messagers étaient emportés par les ballons de la poste et nous rapportaient des nouvelles. Mais, soit rigueur de la saison, vents contraires, ou chasse heureuse des grands rapaces dressés par les Prussiens, ces voyages de retour étaient loin d'avoir un succès constant. Sur 200 pigeons emportés par les ballons, 73 seulement revinrent au colombier ; et encore, sur ce nombre, 5 n'avaient point de dépêches ; 3 apportaient les fameuses grosses plaisanteries des Prussiens ; et 10 donnaient simplement des nouvelles de la descente des ballons qui les avaient emportés.

Le service inverse a aussi fonctionné quatre mois. Quelques jours avant l'investissement, le préfet du Nord et le président de la chambre de commerce de Lille avaient eu l'heureuse inspiration d'expédier à Paris neuf cents pigeons appartenant aux sociétés colombophiles de Tourcoing et de Roubaix. Ces pigeons étaient ordinairement mis en liberté au Jardin-des-Plantes et retournaient, en deux ou trois heures, à leurs colombiers du Nord.

Mais la meilleure part de soulagement moral apporté

---

(1) Voyez Pline, *Hist. nat.* [X, LIII].

aux assiégés est due au système *mixte* de correspondances par le télégraphe, la photo-microscopie et les pigeons. Ce système consistait à centraliser à Tours tous les télégrammes envoyés de la province, sans en rien changer quant à la forme ; à les condenser une première fois, en les typographiant, de façon à en former comme les colonnes d'un grand journal ; à les photographier ensuite, en en réduisant, autant que possible, la surface ; et, enfin, à envoyer par pigeons ces photographies à l'administration centrale de Paris, chargée d'en réexpédier télégraphiquement le contenu aux destinataires de l'intérieur de la ville, comme cela se pratique en temps ordinaire. Paris reçut, le 14 novembre, le premier numéro de cette espèce de journal télégraphique photographié, imprimé en caractères très-nets, et dont la lecture n'exigeait que l'emploi d'une forte loupe.

Ce premier numéro, d'une surface de 12 centimètres carrés, contenait 226 dépêches privées, venant de toutes les régions de la France et de l'étranger. Le 19 novembre, l'administration reçut encore 900 dépêches. Il lui parvint ainsi, dans l'espace de dix jours, 26 numéros du journal télégraphique, contenant plus de 3,500 dépêches privées. Dès lors, le service devint régulier, suivant l'espoir du Gouvernement qui, d'avance, l'avait réglementé par ce décret daté du 10 novembre 1870 :

« Le Gouvernement de la défense nationale,

« Considérant la nécessité de rétablir, dans une

certaine mesure, les communications postales entre les départements et Paris, pendant la durée du siége,

« Décrète :

« Art. 1ᵉʳ. L'administration des postes est autorisée à faire reproduire, par la photographie microscopique, et à expédier, par les pigeons voyageurs, ou par toute autre voie, des dépêches que les habitants des départements adresseront à Paris et dans l'enceinte fortifiée.

« Art. 2. Ces dépêches pourront consister en quatre réponses, par OUI ou par NON, écrites sur cartes spéciales envoyées par le correspondant de Paris.

Les habitants des départements auront, en outre, la faculté d'expédier, sous forme de lettres, des dépêches composées de quarante mots au maximum, adresse comprise.

« Art. 3. L'administration des postes mettra en vente, dans les bureaux de Paris, au prix de 5 cent., des cartes que les habitants de Paris inséreront dans les lettres adressées par eux aux personnes dont ils désirent des réponses.

« Art. 4. Le prix de la *dépêche-réponse*, par OUI ou par NON, est fixée à un franc, en dehors des 5 cent., montant du prix de la carte.

Le prix des *dépêches-lettres* sera de 50 cent. par mot.

Dans les deux cas, l'affranchissement est obligatoire. Le prix en sera perçu, dans les départements, aux guichets des bureaux de poste.

« Art. 5. Des mandats de poste, jusqu'à 300 fr., inclusivement, pourront être délivrés à destination de Paris et de l'enceinte fortifiée, moyennant le paiement des droits ordinaires et d'une taxe de 3 fr. en sus.

« Art. 6. Les dépêches-réponses, les dépêches-lettres et les mandats à destination de Paris seront adressés, par les soins des receveurs des postes, au délégué du directeur général à Clermont-Ferrand (Puy-de-Dôme).

« Art. 7. Les dépêches photo-microscopiques seront, à leur arrivée à Paris, transcrites par les soins de l'administration des postes et distribuées à domicile.

« Art. 8. Le ministre des finances est chargé de l'exécution du présent décret. »

Les correspondances postales de Paris avec la province s'effectuèrent, comme on sait, au moyen de ballons libres et de ballons montés. On renonça bien vite à l'emploi des ballons libres. Quant aux ballons montés, l'administration en fit partir, pendant le siége, *cinquante-quatre* qui emportèrent environ 2,500,000 lettres, représentant un poids total de 10,000 kilogrammes.

Voici la liste de ces ballons :

Le *Neptune,* parti le 23 septembre.
La *Città di Firenze,* parti le 25 septembre.
Les *États-Unis,* parti le 29 septembre.
Le *Céleste,* parti le 30 septembre (celui-ci est le seul qui ait été chargé de cartes-poste).
L'*Armand Barbès,* parti le 7 octobre (a emporté M. Gambetta et les premiers pigeons).
Le *Washington,* parti le 12 octobre.
Le *Louis Blanc,* parti le 12 octobre.

Le *Godefroy Cavaignac*, parti le 14 octobre (départ de M. de Kératry).

Le *Guillaume-Tell*, parti le 14 octobre (départ de M. Ranc).

Le *Jules Favre*, parti le 16 octobre.

Le *Jean-Bart*, parti le 16 octobre.

Le *Victor Hugo*, parti le 18 octobre.

Le *Lafayette*, parti le 19 octobre.

Le *Garibaldi*, parti le 22 octobre.

Le *Montgolfier*, parti le 25 octobre.

Le *Vauban*, parti le 27 octobre (tombé, près de Verdun, dans les lignes prussiennes).

Le *Colonel Charras*, parti le 29 octobre.

Le *Fulton*, parti le 2 novembre.

Le *Ferdinand Flocon*, parti le 4 novembre.

Le *Galilée*, parti le 4 novembre (capturé).

La *Ville-de-Châteaudun*, parti le 6 novembre.

La *Gironde*, parti le 8 novembre.

Le *Daguerre*, parti le 12 novembre (capturé).

Le *Niepce*, parti le 12 novembre.

Le *Général Uhrich*, parti le 18 novembre.

L'*Archimède*, parti le 24 novembre (a atterri en Hollande).

La *Ville-d'Orléans*, parti le 24 novembre (a atterri en Norwége).

Le *Jacquard*, parti le 28 novembre.

Le *Jules Favre* (second du même nom), parti le 30 novembre (paraît s'être perdu en mer).

Le *Franklin*, parti le 5 décembre.

Le *Denis Papin*, parti le 7 décembre.

Le *Général Renault*, parti le 11 décembre.

La *Ville-de-Paris*, parti le 15 décembre (tombé dans le duché de Nassau.

Le *Parmentier*, parti le 17 décembre.

Le *Gutenberg*, parti le 17 décembre.

Le *Davy*, parti le 18 décembre.

Le *Général Chanzy*, parti le 20 décembre.

Le *Lavoisier*, parti le 22 décembre.

La *Délivrance*, parti le 23 décembre.

Le *Tourville*, parti le 27 décembre.

Le *Bayard*, parti le 29 décembre.

L'*Armée de la Loire*, parti le 31 décembre.

Le *Newton*, parti le 4 janvier 1871.

Le *Duquesne*, parti le 9 janvier 1871.

Le *Gambetta*, parti le 10 janvier 1871.

Le *Kepler*, parti le 11 janvier 1871.
Le *Général Faidherbe*, parti le 13 janvier 1871.
Le *Vaucanson*, parti le 15 janvier 1871.
La *Poste de Paris*, parti le 18 janvier 1871.
Le *Général Bourbaki*, parti le 20 janvier 1871.
Le *Général Daumesnil*, parti le 22 janvier 1871.
Le *Torricelli*, parti le 24 janvier 1871.
Le *Richard Wallace*, parti le 27 janvier 1871.
Le *Général Cambronne*, parti le 28 janvier 1871.

26 ballons partirent de la gare d'Orléans ;

16, de la gare du Nord ;

3, de la gare de l'Est ;

3, de la place Saint-Pierre, à Montmartre ;

2, du jardin des Tuileries ;

2, du boulevard d'Italie ;

1, de Vaugirard ;

1, de la Villette.

Nous devons faire mention de quelques ballons qui, n'ayant pas été chargés d'une mission postale, ne figurent pas dans ce tableau, savoir :

Le *George Sand*, parti le même jour que l'*Armand Barbès* (7 octobre).

La *Liberté*, de M. Wilfrid de Fonvielle, enlevé par le vent, le 17 octobre, avant d'avoir été monté.

L'*Égalité*, parti le 25 novembre.

La *Bataille de Paris*, parti le 30 novembre.

Le *Volta*, parti le 1er décembre, emportant M. Jansen, chargé d'une mission scientifique.

Le service des ballons montés était dirigé par M. Hervé-Mangon, ingénieur en chef des ponts-et-chaussées.

On reprit, en outre, à cette époque, l'étude de la direction des aérostats. Un décret du Gouvernement, du 28 octobre, ouvrit, à cet effet, un crédit de 40,000 francs au ministère de l'instruction publique. M. Dupuy de Lôme était chargé de l'exécution et de la direction des travaux de construction des ballons dirigeables ; mais le siége se termina sans que le problème eût reçu de solution satisfaisante.

Citons, enfin, pour mémoire, une société dite des *Nouvelles Montgolfières* qui se proposait d'organiser un service de navigation aérienne, mais qui ne parvint pas à faire admettre le principe de ses appareils par la commission mixte des postes et des télégraphes.

Une décision du comité de défense, en date du 18 septembre, portait que les forts détachés seraient pourvus d'appareils d'éclairage et d'un personnel spécial chargé d'assurer le service de la lumière électrique. Ultérieurement, la même mesure fut prise à l'égard de l'enceinte et, dès lors, chaque secteur fut muni de deux postes d'éclairage composés chacun d'un chef de poste, de trois électriciens et de deux préparateurs. La direction générale du service fut confiée aux soins du colonel du génie Delagrèverie, que secondèrent activement MM. Demondésir et Civiale.

Il n'est pas hors de propos d'analyser ici le mode de fonctionnement de ce service, et nous prendrons pour exemple un poste de l'enceinte, celui du bastion 79. Voici, à ce sujet, l'extrait d'un rapport qui porte la date du 8 décembre :

« Le personnel du bastion 79 se compose de MM. Méquer, chef de poste; — Lecourt, Ditte, Maillad, électriciens; — Forest et Berton, préparateurs. Un électricien, aidé d'un préparateur, est constamment de service sur les lieux.

« La pile est installée dans une cuisine du rez-de-chaussée de la caserne du bastion 79. Elle se compose de 50 éléments Bunsen, *en pleine fonction;* de 10 éléments *d'attente;* et de 10, de *rechange.* Sa puissance pourrait donc être, à un moment donné, portée à **70** éléments. La préparation se fait tous les soirs; c'est-à-dire que les zincs sont alors amalgamés; les pinces et les contacts, nettoyés; et qu'il ne reste plus qu'à faire mordre les acides. Cette dernière opération ne demande qu'un temps très-court; en vingt minutes, la pile est en pleine activité.

« La communication entre la pile et le projecteur est assurée au moyen d'un double fil, de quarante mètres de longueur, placé dans un conduit souterrain. A leur débouché sur la banquette, les rhéophores sont reçus dans une boîte en bois, hermétiquement fermée.

« L'appareil placé sur la banquette se compose de trois parties distinctes, savoir : le support, la boîte et la lampe. — Le *support* peut se hausser ou s'abaisser à volonté par le moyen d'une crémaillère; il peut, d'ailleurs, recevoir un mouvement de translation le long d'un cours de planches. — La *boîte,* munie de son réflecteur, roule sur des galets et peut décrire un cercle complet dans le plan horizontal. Une crémaillère permet aussi d'élever ou d'abaisser le cylindre lumineux, de sorte qu'il est possible d'éclairer la région sise en avant, depuis la crête du chemin couvert jusqu'au dessus de l'horizon. Les mouvements horizontal et vertical combinés permettent de fouiller le terrain en tous sens, sans en négliger un seul point. — Quant à la *lampe,* elle est du modèle Serrin, lequel ne laisse rien à désirer.

« Le service de l'éclairage électrique a prévu le cas où il conviendrait de transporter rapidement ses appareils sur un point quelconque du secteur et il a pris, à cet égard, d'excellentes mesures de mobilisation. »

Ces précautions furent loin d'être inutiles; plus d'une fois, la boîte de campagne du bastion 79 porta secours au service de l'éclairage du fort d'Issy.

Fulton appelait *torpedo* le fourneau submergé dont il est l'inventeur, et le service de la Marine a conservé ce nom de *torpille* à toute charge de poudre destinée à agir sous l'eau contre les œuvres vives d'un navire. Avant l'investissement, M. Dupuy de Lôme avait expédié des ports et fait entrer dans Paris un certain nombre de torpilles, ou, plus exactement, de boîtes en fonte, de forme particulière, pouvant servir de chambres aux poudres à immerger. Chacun a pu voir ces appareils en dépôt au Palais de l'Industrie, à coté des pièces et des projectiles de la Marine.

On sut bientôt se convaincre que, pour des raisons diverses, ces torpilles ne pouvaient rendre aucun service dans les eaux de la Seine, et l'on imagina de les utiliser sous terre, en guise de fourneaux de mine ou plutôt de fougasses. Mais il fallut encore renoncer à ce projet, eu égard au poids considérable d'un engin qui, dans ces conditions, n'eût plus été qu'une bombe d'un énorme calibre.

Cependant, ces mécomptes suggérèrent l'idée de répartir des fougasses ordinaires sur le pourtour de l'enceinte et des forts. Suivant une décision prise, le 11 septembre, par le Comité de défense, le capitaine de frégate Trèves fût chargé des travaux spéciaux afférents aux forts occupés par les troupes de la marine. M. Dupuy de Lôme dut procéder à des travaux de même genre pour l'enceinte (rive gauche) et les forts de Vanves, d'Issy et du Mont-Valérien. M. Jacquot, ingénieur en chef des mines, fut appelé à diriger le torpillage de l'enceinte (rive droite). Enfin, le colonel du génie Delagrèverie reçut mission d'organiser le système de fourneaux à disposer aux abords des forts de la rive droite, ceux de la marine exceptés.

Cette répartition subit ultérieurement quelques modifications. Le colonel Delagrèverie fut chargé de diriger l'ensemble du service. Quant aux travaux de l'enceinte, ils se poursuivirent, pour les six secteurs de la rive droite, sous les ordres de M. Jacquot. Les trois secteurs de la rive gauche furent confiés aux soins de M. de Fréminville, directeur de l'école du génie maritime, délégué de M. Dupuy de Lôme. M. de Fréminville était secondé par M. Aimé Girard, professeur de chimie à l'École polytechnique.

Le service des torpilles fut réglé par une instruction du général de Chabaud-La-Tour, du 24 octobre, et, pour donner une idée des dispositions adoptées, nous examinerons un cas particulier, celui du 8ᵉ secteur, par exemple.

Le personnel attaché spécialement au 8ᵉ secteur se composait d'un inspecteur et de deux chefs de poste. L'un des postes était installé à la porte d'Orléans; l'autre, à la porte de Châtillon. A cet effet, on avait organisé dans l'une des petites cours d'octroi, préablement blindées, une baraque fermée dans laquelle se trouvaient fixées, d'une manière invariable, et sur des tables spéciales, les piles au bichrômate destinées à déterminer l'inflammation des poudres. Ces piles n'étaient point chargées et ne devaient l'être que sur l'ordre de l'amiral commandant supérieur du secteur. Les liquides étaient à demeure dans des récipients placés sous la table des piles. Le plan des fourneaux dépendant de chaque poste était affiché à l'intérieur de la baraque. Le poste de la porte d'Orléans commandait cinq fourneaux; celui de la porte de Châtillon, trois. En outre, et conformément aux ordres du commandant supérieur du génie, du 1ᵉʳ octobre, on avait préparé un certain nombre d'explosions dans les fossés des courtines, aux points où se profilaient des angles morts résultant d'un passage de route ou de chemin de fer.

A ne point parler des fourneaux qui jouèrent sur le plateau de Châtillon le 19 septembre, ni de l'accident de la porte de Sablonville, survenu le 4 octobre, on peut dire qu'il ne fut point question, pendant le siége, du service des torpilles. Tout était préparé partout, mais on n'eut à faire aucun usage de ces défenses accessoires. Un ordre du commandant supérieur du génie, du 30 janvier 1871, fit détruire toutes les fougasses établies en avant des portes de la place et des passages de voies ferrées.

§ 5. — *Commissions d'études.*

Le fait de l'investissement de Paris eut pour premier effet de susciter la création d'un certain nombre de commissions, qui s'instituèrent en vue de l'étude et de l'application des moyens de défense. Nous citerons, en premier ligne, la *Commission d'études*, dont le rapport officiel du 17 octobre parle en ces termes :

«Cette commission, présidée par M. Reynaud, directeur de l'École des ponts-et-chaussées, a examiné un grand nombre de projets émanés de l'initiative des citoyens; elle a résolu, avec le concours des divers services civils et militaires, des problèmes d'un grand intérêt, tels que l'emploi de la lumière électrique pour entraver les travaux de nuit des assiégeants, l'éclairage au magnésium, la fabrication du coton-poudre comprimé, l'emploi des matières inflammables les plus récemment étudiées par la science comme moyen d'arrêter l'ennemi sur la brèche, l'inflammation des mines à distance. Elle a réalisé un système de boîtes explosibles, ou torpilles terrestres, qui se cachent facilement à la surface du sol et qui éclatent sous la pression du pied; les abords des forts ont été semés de ces redoutables engins (??).

« La commission d'études a examiné, depuis le 4 septembre, plus de 120 propositions diverses ; elle a toujours répondu à leurs auteurs dans l'espace de quelques jours. »

Malgré les termes pompeux du rapport, nous ne sachions pas que la commission d'études ait rien produit de neuf, ni introduit dans l'art de la défense des places aucun perfectionnement qui mérite une mention honorable.

Parallèlement à cette commission d'études, on voyait fonctionner un comité dit *Commission scientifique de la défense nationale*, dont le *Journal officiel* avait, ainsi qu'il suit, signalé l'apparition :

« M. le ministre de l'instruction publique vient d'instituer un comité de savants chargés de se concerter avec l'autorité militaire pour appliquer à la défense de Paris les derniers résultats des sciences physiques et chimiques. M. Berthelot, professeur de chimie organique au Collége de France, est le président de ce comité; deux députés, MM. Dorian et Gévelot, y représentent le Corps législatif.

« La première réunion du comité scientifique, pour la défense de Paris, aura lieu samedi, 3 septembre, au ministère de l'instruction publique.

« Les personnes qui auraient des communications à faire, des projets à soumettre au comité sont priés de vouloir bien s'adresser à M. Berthelot, professeur au Collége de France. »

Un décret du 10 septembre mit à la disposition de la commission scientifique une somme de 40,000 fr. ; mais cette allocation fut sans effet utile, et les savants qui se réunissaient au ministère de l'instruction publique eurent rarement l'occasion de prêter leur concours à la défense.

A côté de la commission scientifique officielle, apparaissait le *Comité de défense de la société chimique,* qui siégeait rue Bonaparte, 44. Il était ordinairement présidé par M. Friedel ; M. Gautier en était le secrétaire. Ce comité devait se signaler par force apposition d'affiches invitant les Parisiens à souscrire pour des canons de 7, se chargeant par la culasse ; mais il ne se fit connaître, au début du siége, que par quelques expériences anodines, parmi lesquelles nous citerons celle du 3 octobre, relative à l'emploi de diverses matières incendiaires.

Les travaux de la société chimique étaient de nature à pousser bien des gens à l'étude des moyens de destruction les plus violents. C'est ainsi que deux ingénieurs de l'État, MM. Brame et Dubois, cherchèrent à tirer le meilleur parti possible des propriétés du pétrole projeté, tout enflammé, par une pompe à incendie ou par un appareil à air comprimé. Ils firent, à ce sujet, plusieurs expériences publiques, parmi lesquelles nous citerons celles des 24 et 27 septembre, au parc de la Muette, et du 23 janvier 1871, à la gare de l'Ouest

(rive droite). La conclusion fut que la fortification pouvait disposer, pour la défense des brèches, d'un jet de flamme continu d'une portée de 30 à 35 mètres. Mais, ces expériences, qui coûtèrent à l'État plus de 20,000 francs, n'étaient pas de nature à aboutir. Un obstacle d'ordre moral s'opposait à l'adoption des propositions de MM. Brame et Dubois ; et, d'ailleurs, l'autorité militaire pensait que la défense devait se garder de faire, *la première*, usage du pétrole. « Ce serait, disait le comité
« de défense, en sa séance du 28 septembre, ce serait
« autoriser l'attaque à s'en servir, et les dommages
« qui en résulteraient pour la ville et la population
« seraient autrement graves que ceux qu'on ferait
« éprouver à l'attaque. Il convient donc de s'arrêter
« dans cette voie, et surtout de ne pas ébruiter le ré-
« sultat des expériences. » C'est à la suite de cet avis que parut, le 14 octobre suivant, cet ordre émané du commandant supérieur du génie de l'armée de Paris :
« Certains magasins à pétrole existant sur le dévelop-
« pement de la fortification portent des inscriptions
« indicatives de leur destination. Toute inscription
« de ce genre devra immédiatement disparaître. »

Après ces essais de l'emploi du pétrole, il convient de citer ceux d'une foule de *feux grégeois, fenians* et *lorrains* (1).

---

(1) On se rappelle ces grandes affiches jaune de chrôme qui exaltaient, à grand orchestre, la puissance du feu grégeois dont le secret, disait-on, venait d'être retrouvé. Il est bon de dire que ce prétendu secret n'en est pas un, et que, par conséquent, il n'a jamais été perdu.

— 164 —

Il ne se passait pas de jour que le gouverneur ne reçut la visite de quelque inventeur qui, pour sauver la patrie, se faisait fort de détruire l'armée prussienne au moyen d'une nouvelle composition incendiaire.

Mentionnons aussi une quantité considérable de mémoires, lettres et documents adressés au gouverneur de Paris ou au ministre de la guerre ou, directement, au comité de défense, et traitant de sujets très-divers. Ces élucubrations arrivaient toujours, en définitive, au comité qui les examinait et les classait sous cette rubrique : « *Propositions, inventions et ren-*
« *seignements divers adressés au comité de défense, avant*
« *et pendant le siége de Paris, en* 1870-71. »

On compte ainsi plus de 550 mémoires (!) ou propositions dont les auteurs sont des officiers, des ingé-

---

La mixture dont se servaient les Grecs du Bas-Empire se composait de pétrole, ou naphte brut, de soufre, de résine et de salpêtre. On en attribue la découverte au syrien Callinique, lequel en aurait apporté la recette à l'empereur Constantin-Pogonat, l'an 668 de notre ère. Les chroniques du moyen âge mentionnent de nombreuses variétés de feu grégeois ; voici la formule d'Albert le Grand : « *Ignem græ-*
« *cum sic facias : Recipe sulphur vivum, tartarum, sarcocolam, pic-*
« *colam, sol coctum, petroleum et oleum commune. Fac bulire bene*
« *et, si quid imponitur in eo, accendunt sive lignum, sive ferrum,*
« *et non extinguitur nisi urino, aceto, vel arena.* »

Le *feu fenian* n'est autre chose que du phosphore dissous dans le sulfure de carbone. Si l'on ajoute à cette solution un peu de chlorure de soufre, on obtient le *feu lorrain*. Si l'on remplace ce chlorure par du bromure de soufre, on a le *nouveau feu lorrain*, lequel jouit de propriétés fort énergiques.

En résumé, toutes ces préparations redoutables ne sont que des curiosités scientifiques. Au point de vue militaire, ce ne sont que des puérilités.

nieurs, des savants, des commissions scientifiques, des sociétés savantes, des médecins, des ouvriers, de simples particuliers de professions diverses. Ainsi se recrutait la légion des possesseurs de la recette des poudres blanche, jaune ou verte qui font crever les armes; des inventeurs de cuirasses qui garantissent le fantassin du feu de l'ennemi, attendu qu'elles le mettent hors d'état de s'en approcher; de pareballes; de parapets mobiles que les bataillons poussent devant eux comme des brouettes; de projectiles et d'engins terribles, capables d'anéantir une armée en cinq minutes, si celle-ci veut bien y mettre un peu de complaisance. En somme, la plupart des projets présentés étaient naïfs, insensés ou grotesques (1). Quelques-uns exprimaient des *desiderata* en voie d'accomplissement... et les inventions sérieuses étaient en nombre assez minime (2).

---

(1) Un sieur Gérard, médecin à Lyon, proposait, par exemple, d'introduire un bras de la Seine dans les égouts et dans les catacombes, afin d'y engloutir l'ennemi qu'on aurait eu, préalablement, le soin d'y attirer par un appât irrésistible. Dans cet ordre d'idées, le roi de Prusse lui-même était menacé du sort de Pharaon. — L'inexorable inventeur demandait, de plus, qu'on tendît aux obusiers prussiens des piéges semblables à ceux dont on se sert pour prendre les éléphants, etc., etc.

(2) Nous citerons, comme exemple, un ingénieux moyen de correspondance entre la province et Paris, dû à MM. Vonoven, Delort et Robert. En voici la description succincte : une sphère métallique creuse, armée de palettes sur son pourtour, et renfermant environ 800 dépêches, était jetée dans la Seine ou dans la Marne, en amont de la place assiégée. L'appareil, entraîné par le courant, roulait sur le lit même de la rivière, en franchissait facilement les rugosités, et descendait ainsi jusqu'au Port-à-l'Anglais où il était arrêté par un filet

CHAPITRE III.

LES MOYENS DE DÉFENSE.

§ 1ᵉʳ. — *Baraquement.*

En fait d'organisation matérielle, il importait, avant tout, de pourvoir au logement de la totalité des défenseurs de la place. Les gardes nationaux, les volontaires des corps francs avaient chacun leur domicile; mais il fallait abriter aussi les hommes des 13ᵉ et 14ᵉ corps, et les 100,000 mobiles qu'on attendait de la province. Or, le casernement normal de Paris et des forts détachés n'est que de 46,000 hommes, chiffre qui, en temps de siége, peut, il est vrai, être porté à 63,000. On disposait, en outre, de 20,000 places supplémentaires, et l'on comptait en trouver 40,000 autres dans les écoles communales et les lycées. L'ensemble des

---

récepteur. Après des expériences décisives, faites sur la Bièvre et sur la Seine, les inventeurs partirent en ballon, à l'effet d'organiser le nouveau service en province. Les lettres étaient réunies à Moulins, enfermées dans les sphères de zinc et mises à l'eau, tantôt à Thomery, tantôt au pont de Sannois. Du 27 décembre au 1ᵉʳ février, il fut ainsi lancé 55 sphères contenant ensemble plus de 40,000 lettres. Malheureusement, le filet du Port-à-l'Anglais avait été emporté par les glaces, et les dépêches descendirent la Seine jusqu'à la mer. On a repêché dans le fleuve un certain nombre de sphères, et le flux en ramène encore aujourd'hui sur la plage.

places d'hommes disponibles pouvait donc s'évaluer à 123,000. Ces considérations permirent au comité de défense de réduire à une contenance de 30,000 hommes le baraquement que le Gouverneur demandait pour 60,000.

On organisa néanmoins un supplément de baraques pour 10,000 hommes sur le plateau de Romainville; et le camp de Saint-Maur se couvrit de nombreuses constructions en planches. La ville de Paris, jalouse de venir en aide au Gouvernement, mit à sa disposition les boutiques foraines du *Jour de l'An* qui s'installèrent sur l'esplanade des Invalides. Toutes les grandes voies de communication furent utilisées. Sur la rive droite, de longs cours de rez-de-chaussée en planches et toile occupèrent les boulevards extérieurs, du rond-point de l'Arc-de-Triomphe à la place Daumesnil (ancienne barrière de Charenton). Des logements analogues furent disposés, sur la rive gauche, boulevards de Vaugirard, de Port-Royal, de Saint-Marcel et de l'Hôpital, depuis la place d'Italie jusqu'à la place Walhubert.

§ 2. — *Fortifications.*

Il n'était pas moins urgent de mettre les fortifications en état de rendre d'utiles services sous la main des défenseurs. Aussi les travaux indispensables furent-ils entrepris dès le 7 août, tant sur l'enceinte que dans les forts. Sur l'enceinte, il importait de faire disparaître une perméabilité des plus dangereuses. L'escarpe se trouvait, en effet, percée à jour par le fait du passage d'un grand nombre de chemins de fer, de routes et d'avenues, dont quelques-unes avaient jusqu'à 80 mètres de largeur. Il fallait organiser tout un système de fermetures, déblayer des fossés, confectionner des ponts-levis et des portes, ou boucher de grandes baies en *soixante-neuf* points différents. Il fallait, en outre, élever de petits ouvrages en terre, destinés à couvrir les entrées que l'on voulait conserver. Ces travaux, qui nécessitèrent l'emploi de près de 12,000 ouvriers d'art, étaient terminés dès les premiers jours du mois de septembre.

Restait à prévenir tout danger de surprise à l'entrée et à la sortie des eaux. Sur la Seine, le comité de défense ordonna d'établir : en aval de Paris, une estacade en bois rendus incombustibles ; en amont, deux autres estacades formées de pontons en fer lestés de fonte et recouverts d'un blindage en chiffons, également incombustible. Ces ouvrages flottants durent être maintenus en place au moyen de pieux fortement battus dans le sol, et protégés par deux canonnières de la flottille. Quant à la Bièvre, elle fut coupée par un barrage à son entrée dans la place, et l'on put ainsi tendre une inondation qui s'avança graduellement jusqu'aux premières maisons de Gentilly.

Pour rendre au mur d'enceinte une partie de sa valeur défensive, il convenait de procéder, au plus tôt, à la démolition des bâtiments qui encombraient les premières zones des servitudes militaires, c'est-à-dire une ceinture d'environ 250 mètres de largeur. Cette mise à nu indispensable fut réclamée par le gouverneur dès le 23 août, et admise en principe par le comité de défense, en sa séance du 25. Le lendemain, 26, le comité décida que les démolitions seraient entreprises sans le moindre retard ; que, dans le même ordre d'idées, les bois de Boulogne et de Vincennes seraient rasés sur une assez vaste étendue. Ces travaux furent parachevés dans la première quinzaine de septembre.

Il n'entre point dans le cadre de ce récit d'exposer au lecteur le système des fortifications de Paris, ni d'en décrire les ouvrages ; encore moins, d'en dévoiler les défectuosités. Ces défenses tant critiquées jouissent de propriétés qui ont pu, jusqu'à ce jour encore, échapper aux vues de l'espionnage, et, cela étant, un silence absolu nous semble de rigueur. Quant aux défenses accessoires réclamées au comité (séance du 24 août), point n'est besoin d'en parler longuement. Chacun a vu les abatis, les chevaux de frise, les trous-de-loup, les entre-lacs de fil de fer, et la profusion des planches à clous, et ces mosaïques en tessons de bouteilles si bien dessinées par d'ardents patriotes. Les puérilités ont toujours fait le bonheur des Parisiens, et celles-ci faisaient sourire les Prussiens qui, eux, n'ont jamais osé tenter l'assaut d'une place.

En fait de travaux sérieux, le service du génie entreprit la création de magasins voûtés destinés à recevoir les poudres et le matériel de la défense. Il en dissémina soixante-dix sur le pourtour de la rue du rempart et, dès les premiers jours de septembre, l'œuvre était accomplie. Les voûtes de ces constructions avaient l'épaisseur dite *à l'épreuve de la bombe*; mais, ultérieurement, lors de l'imminence du bombardement des forts et des 5e, 6e, 7e et 8e secteurs, on crut devoir se donner encore d'autres garanties de sécurité. Une décision du général de Chabaud-la-Tour, du 6 novembre, fit, dans cette partie des défenses, porter à 3 mètres l'épaisseur de la couche de terre qui recouvrait les voûtes. On dut, en même temps, étançonner les murs de tête, afin de parer aux inconvénients inhérents à l'état de quelques maçonneries encore fraîches. Enfin, une dépêche du lendemain, 7 novembre, prescrivit de renforcer en sacs à terre l'épaisseur du mur de masque extérieur des casemates des forts, affectées au logement des poudres et des munitions.

Lors de l'ouverture des hostilités, la fortification de l'enceinte et des forts était complétement dépourvue de traverses. Immédiatement, l'artillerie se mit à en masser un grand nombre, qu'elle fit *pleines*. Une note du commandant supérieur du génie, du 24 septembre, prescrivit, en outre, l'établissement de *traverses-abris creuses* à construire en charpente, aux dimensions de la *demi-galerie* de mines, ou même en rondins recouverts de branchages et d'une épaisseur de terre suffisante. On en éleva, en conséquence, aux angles d'épaule des bastions, pour protéger les pièces des flancs contre les coups d'enfilade et de revers; puis, sur les faces de ces bastions; enfin, sur les courtines des fronts des 5e, 6e, 7e et 8e secteurs, où elles se succédèrent à 50 ou 60 mètres d'intervalle. Un ordre du 6 novembre en fit relever le sommet et accroître l'épaississement du côté du tir de l'ennemi.

Le Gouvernement de la défense nationale eut, d'ailleurs, l'idée de préparer des abris blindés destinés aux gardes nationaux, et ce, à raison de quatre par front : deux sur chaque courtine, et autant sur chacun des bastions. Ce minimum, prescrit le 24 septembre, fut notablement dépassé lors de l'exécution. Les abris étaient organisés, dans les talus de la rue du rempart, en pièces de charpente ou en corps d'arbres; les ciels se composaient de rondins ou de rails, soulagés par des étais sous le milieu de leur portée. Pour les soustraire à l'infiltration des eaux pluviales, il fut prescrit, le 5 octobre, d'interposer une feuille de zinc entre les rails ou les bois de blindage, formant ciel, et la couche de terre qui les recouvrait.

Ces blindages confortablement aménagés devaient servir de *postes* aux gardes nationaux de service; mais il était également nécessaire de prendre certaines mesures destinées à mettre les factionnaires de la banquette à l'abri des projectiles creux. Il fut prescrit, à cet effet, d'établir des *pare-éclats* sur les terre-pleins hauts, à raison de trois par face de bastion et de quatre par courtine. On en mit aussi sur les terre-pleins bas, dans la proportion de 5 ou 7 par bastion. Chacun de ces abris du moment se composait de deux rangées de gabions, paniers ou tonneaux, surmontées d'une troisième rangée, le tout rempli de terre, sur 3 ou 4 mètres de longueur. Le système affectait, en plan, la forme d'un T.

Pendant qu'on prenait ces dispositions, on recoupait les talus intérieurs ; on couronnait les crêtes de sacs à terre ; les créneaux se dessinaient ; on palissadait les chemins couverts ; on procédait, en un mot, à tous les travaux nécessités par le besoin d'une mise en état de défense. On jugera de l'importance de ces travaux au simple énoncé des approvisionnements faits, à cette occasion, par le service du génie militaire. La direction des fortifications fit planter en terre 61 kilomètres courants de palissades, et mettre en service 50,000 outils (pelles et pioches), sans compter le matériel du *grand parc* de Satory. Elle fit confectionner 4 millions de sacs à terre et acheter plus de 12,000 futailles, destinés à faire office de gabions. Il avait été, d'ailleurs, établi des ateliers de gabionnage à Versailles, à Paris, à Vincennes, au bois de Boulogne, etc. L'atelier de Versailles put confectionner, à lui seul, plus de 4,000 gabions et de 6,000 fascines ; celui de l'avenue d'Orléans, à Paris, produisit 6,000 gabions, 15,000 fascines, 1200 claies et 9,000 piquets de toute grandeur.

Le total des dépenses faites par le service du génie peut s'évaluer à une quarantaine de millions.

Pour appuyer l'enceinte et les forts détachés il avait été ordonné, avant l'investissement, de procéder d'urgence à la construction d'un certain nombre d'ouvrages extérieurs. On put, en temps utile, en terminer quelques-uns, tels que la redoute du Petit Parc, la batterie du Port-à-l'Anglais, le Moulin-Saquet et les Hautes-Bruyères. D'autres ne reçurent qu'un commencement d'exécution; nous citerons l'ouvrage du Petit Nanterre, celui de Colombes, le fort de Gennevilliers et la lunette de Villeneuve-la-Garenne; on n'eut le temps d'organiser, dans cette région, que la défense de la digue de la presqu'île de Gennevilliers et la batterie de Saint-Ouen. Enfin, le Gouvernement de la défense nationale abandonna, dès le premier jour de l'investissement, les redoutes de Châtillon et de Meudon, le Moulin de Pierre, la Capsulerie, Brimborion, la Brosse, Montretout et la batterie construite en arrière de cette dernière redoute.

Tel est, rapidement esquissé, le tableau des travaux entrepris, pour la défense de Paris, par le service du génie militaire, et dont le Gouverneur lui-même a cru devoir résumer, comme il suit, l'importance : — « Il « s'agissait, dit le général Trochu, de lutter contre « un véritable anachronisme, l'anachronisme des for- « tifications... Celles que nous avions à utiliser avaient « été très-bien conçues, assurément, et très-bien exé- « cutées par des hommes du plus haut mérite; mais « pour un temps où la portée *maxima* de l'artillerie « de siége était de 1,600 mètres; la portée *maxima* « des canons de campagne, de 800 mètres; la portée « *maxima* de la mousqueterie, de 3 à 400 mètres.

« Nous allions être aux prises avec une artillerie de
« siége qui portait à 7,000 mètres, des hauteurs de
« Châtillon jusqu'à l'île Saint-Louis; avec des canons
« de campagne qui portaient jusqu'à 3,600 mètres;
« avec une mousqueterie qui portait à 1,000 et
« 1,200 mètres. Tout était donc à refaire, et com-
« ment le refaire? Paris, sur presque toute son éten-
« due, était entouré de hauteurs qui le dominaient...
« Celles de Villejuif, de Châtillon, de Meudon, de
« Bellevue, de Saint-Cloud, de Montretout, d'Ormes-
« son, de Pinson, d'Avron. Pour être en sécurité dans
« Paris, il aurait fallu occuper ces hauteurs; pour les
« occuper, il aurait fallu 100,000 hommes de troupes
« régulières de plus, et six mois de travaux au lieu de
« six semaines. Et il faut considérer que la population
« n'ayant réellement cru au siége qu'à partir du dé-
« sastre de Sedan, c'est-à-dire à partir du 4 sep-
« tembre, et que l'ennemi nous ayant investis le 17,
« il en est résulté que le grand effort de l'esprit public
« dans le sens de ces travaux — cet effort a été admi-
« rable — n'a pu durer que treize jours !

« Ces travaux font le plus grand honneur aux
« hommes dévoués qui les ont conduits et exécutés,
« non pas à moi qui était tout entier aux soins géné-
« raux de la défense. Cet honneur appartient au gé-
« néral Chabaud-la-Tour et à ses dignes collabora-
« teurs. Depuis, comme il arrive toujours, on a
« critiqué les procédés; on a critiqué les résultats.
« Mais il demeure acquis que ces travaux, réalisés par

« cent mille bras, sous la direction du génie, au milieu
« du trouble et des à-coup des circonstances, ont été
« presque surhumains ! »

§ 3. — *Artillerie.*

Parallèlement au service du génie, l'artillerie travaillait activement sur l'immense développement des parapets de l'enceinte et des forts. Elle sut parachever en un clin-d'œil, et sur tous les points, les travaux préparatoires de l'armement, c'est-à-dire les embrasures, les plates-formes, les traverses, les magasins. Puis, l'armement lui-même s'opéra avec une merveilleuse rapidité d'exécution, grâce aux soins de trois officiers supérieurs aussi zélés qu'intelligents. Le colonel Morel était chargé d'une section de la rive droite de l'enceinte et des forts de l'Est; le chef d'escadrons Livache du Plan, de l'autre section et des forts du Nord; le chef d'escadrons Huot avait reçu mission d'armer la rive gauche et les cinq forts du Sud.

On n'ignore pas qu'il est, pour chaque place de guerre, un armement *de sûreté* et un armement *de défense* déterminés. L'armement de sûreté de l'enceinte de Paris était fixé, conformément à l'avis de la commission de révision de 1868, à 190 bouches à feu pour la rive gauche, et 468 pour la rive droite, ensemble 658 pièces. L'armement de défense comprenait cet armement de sûreté, plus 650 pièces de position, de siége ou de place, et 192 pièces mobiles ou de campagne ; ensemble, pour l'enceinte, 1500 bouches à feu.

En vertu d'un principe auquel il n'était jamais dérogé, l'armement de sûreté de la place de Paris se trouvait toujours *au complet* et emmagasiné dans les forts avec tout le matériel accessoire ; c'est-à-dire que, outre son propre armement de sûreté, chaque fort renfermait celui d'une section correspondante de l'enceinte. Le brusque début des hostilités ne pouvait donc nous prendre au dépourvu.

Quant à l'armement de défense, une partie seulement se trouvait alors dans les forts, et le reste dut être tiré des arsenaux extérieurs. C'est ainsi qu'on fit venir à Paris 200 canons de 24 et autres pièces de gros calibre. Le comité de défense puisa aussi très-largement dans les arsenaux de la marine. Le 22 août, par exemple, il recevait 100 pièces de 30 ($0^m,16$ de diamètre) ; le 29, 40 ; et, au jour de l'investissement, il en possédait près de 200. Il disposait, à la même époque, d'une trentaine de pièces de 50 ($0^m,19$ de diamètre). Au fur et à mesure des arrivages, et en attendant l'heure de la mise en batterie, ces bouches à feu étaient réunies dans divers parcs improvisés. On se rappelle la physionomie particulière que prirent alors l'école de dressage de Montrouge, le jardin des Tuileries et le palais de l'Industrie des Champs-Elysées. Grâce au dévouement et à l'activité du commandant Bey, ce dernier parc rendit d'immenses services à la défense.

En résumé, le jour où les Prussiens avaient investi

Paris, cette place possédait 2,627 bouches à feu de place et de siége, chiffre supérieur à celui de l'armement réglementaire des forts et de l'enceinte.

Quant à la défense mobile, elle était alors représentée par 92 batteries de campagne et 4 batteries de montagne, ensemble 576 pièces. Mais les ateliers de Meudon, réinstallés dans Paris, se mirent bientôt à fonctionner et livrèrent 8 batteries de canons à balles et 4 batteries de canons se chargeant par la culasse, soit 72 bouches à feu. D'autre part, l'industrie particulière, stimulée par le *génie civil*, fondit 110 canons de 7 et 50 mortiers de $0^m,15$, c'est-à-dire 160 pièces; d'où il suit que, vers la fin du siége, la défense mobile put disposer d'un total de 808 bouches à feu.

Si l'on rapproche ce chiffre de celui des pièces de position, on en conclura que les défenseurs de Paris étaient appuyés de 3,435 bouches à feu de tout calibre.

« — Voilà, dit le général Trochu, l'effort immense
« que l'artillerie, qui, elle aussi, a été souvent criti-
« quée et raillée, a su réaliser! L'artillerie du siége,
« comme le génie, a bien mérité du pays! »

Au 20 janvier 1871, le matériel de l'artillerie était réparti de la manière suivante :

1er secteur de l'enceinte : 78 bouches à feu.
2e — 90 —
3e — 71 —
4e — 109 —
5e — 75 —
6e — 157 —
7e — 134 —
8e — 114 —
9e — 77 —

Soit, ensemble, 805 pièces, dont 198 de gros calibre, c'est-à-dire : 10 pièces de $0^m,19$, de la marine ; 44 de $0^m,16$; et 144 canons de 24, rayés, de place.

Quant au détail, nous citerons, comme exemple, l'armement d'un secteur, le 8e. Ce secteur avait en batterie, au 20 janvier 1871 : un canon de $0^m,19$, de la marine ; — 5 canons de $0^m,16$; — 8 canons de 24, rayés, de place ; — 7 de 12, rayés, de place ; — 21 de 12, rayés, de siége ; — 26 canons de 7 ; — 42 obusiers de $0^m,15$; — 2 mortiers de $0^m,22$; et 2 mortiers de $0^m,15$.

Au 28 janvier 1871, dernier jour du siége, l'armement des forts était ainsi réglé :

Fort de Charenton..............	84 pièces.
— Vincennes..............	102 —
Redoute de la Faisanderie.........	16 —
— de Gravelle.............	12 —
— de Saint-Maur et annexes......	29 —
Fort de Nogent...............	75 —
— de Rosny.....	74 —
— de Noisy...........	83 —
— de Romainville...........	58 —
— d'Aubervilliers...........	79 —
— de l'Est..............	59 —
— de la Double-Couronne.......	69 —
— de la Briche...........	82 —
Redoute de Saint-Ouen...........	13 —
Fort du Mont-Valérien...........	106 —
— d'Issy..............	90 —
— de Vanves.............	84 —
— de Montrouge...........	52 —
— de Bicêtre............	80 —
— d'Ivry..............	88 —
Redoute des Hautes-Bruyères........	44 —
Entre Rosny et la Boissière........	5 —
A Charlebourg...............	3 —
A Folie-Nanterre.............	2 —

Ensemble : 1389 bouches à feu, dont voici le tableau par calibres : 1 canon de $0^m,24$ rayé, de la marine; — 17 canons de $0^m,19$; — 132 de $0^m,16$; — 125 canons de 24, rayés, de place; — 16 de 24, rayés, de siége; — 109 canons de 12, rayés, de place; — 102 de 12, rayés, de siége; — 147 canons-obusiers de 12; — 161 canons de 16; — 18 de 12; — 32 de 8; — — 57 obusiers de $0^m,22$, de siége; — 3 obusiers de $0^m,22$, de côte; — 100 obusiers de $0^m,16$; —5 mortiers de $0^m,32$; —53 de $0^m,27$; —89 mortiers de $0^m,22$; et 114 de $0^m,15$.

Les grosses bouches à feu de la marine, dont il a été tant parlé, étaient réparties de la manière suivante : la pièce de $0^m,24$ se trouvait au Mont-Valérien. Quant aux pièces de $0^m,19$, il y en avait 2 au fort de Charenton; — 3 à Nogent; — 2 à Noisy; — 2 à Aubervilliers; — 1 au fort de l'Est; — 1 à la Briche; — 2 à Saint-Ouen; — 2 au Mont-Valérien; — 2 entre Rosny et la Boissière.

En ce qui concerne l'armement particulier d'un fort considéré isolément, nous exposerons, comme exemple, celui du fort de Vanves, qui se composait, au 28 janvier 1871, de : 3 canons de $0^m,16$, de la marine; — 9 canons de 24, de place; —5 de 12, de place; —5 de 12, de siége; — 4 canons de 4, de campagne; — 2 canons de 4, de montagne; — 4 canons de 7; — 1 mitrailleuse; — 11 canons de 16, à âme lisse; — 5 canons-obusiers de 12; — 4 canons de 8, lisses; — 4 obusiers de $0^m,22$, de siége; — 4 obusiers de $0^m,16$;

— 5 mortiers de 0^m,32 ; — 7 mortiers de 0^m,27 ; — 4 de 0^m,22 ; et 6 de 0^m,15.

Ainsi qu'on vient de le voir, l'armement de l'enceinte se composait de 805 pièces de position ; et celui des forts, de 1389. Outre ces 2,194 bouches à feu, formant ensemble le système de la défense fixe, quelques centaines de pièces de gros calibre avaient été mises par l'artillerie à la disposition du commandement, pour être employées par lui sur les points qu'il jugeait devoir être momentanément armés ou renforcés. C'est ainsi que, sur la proposition du général de Chabaud-la-Tour, le comité de défense admit, le 5 septembre, qu'on armerait de 3 pièces, au lieu de deux, tous les flancs de l'enceinte ayant vue sur les passages de portes et sur tous les points d'attaque probables, notamment sur le *Point-du-Jour*. Toujours partisan des effets moraux, le gouverneur demanda, de plus, des mitrailleuses sur toutes les parties menacées de l'enceinte.

C'est ainsi encore que, le 22 septembre, le général Ducrot demande et obtient 5 pièces de 0^m,16, de la marine, pour armer des batteries à établir au pont de Neuilly et à Clichy.

De même, enfin, le 1er novembre, le comité de défense décide qu'on peut désarmer les buttes Chaumont et la batterie de droite de la butte Montmartre, établie sur la proposition du général Guiod.

On voit par là que, outre l'armement prévu par la commission de 1868, le commandement mettait en batterie des bouches à feu de gros calibre partout où besoin était, et mobilisait, pour ainsi dire, la défense fixe. Suivant le même principe, et sur la proposition du commandant Bey, le comité de défense adoptait, le 12 octobre, le canon de 24 court comme pièce de campagne. A cette époque, le général Guiod déclarait qu'il avait plus de 460 attelages et que, par conséquent, on pouvait faire mouvoir tout le gros matériel.

L'armement du plateau d'Avron est un exemple remarquable de la mobilisation des pièces de position. Mais, pour citer des faits moins connus, nous donnerons l'analyse de l'armement de la rive gauche, à la fin du siége. On voyait alors à *Villejuif* : 3 canons de $0^m,16$, de la marine ; — 12 canons de 24, de siége ; — 18 canons de 12, de siége ; — 2 canons de 4, de campagne ; — 2 pièces de 7 ; — 2 mitrailleuses ; — 9 obusiers de côte, de $0^m,22$; — aux *Hautes-Bruyères* : 3 canons de 16, rayés ; — 6 canons de 24, rayés, de siége ; — 2 canons de 7 ; — 2 mortiers de $0^m,27$; — à l'*Aqueduc d'Arcueil* : 2 canons de 24, rayés, de siége ; — à *la tranchée située à droite des Hautes-Bruyères* : 3 canons de 12, rayés, de siége ; — à *la tranchée de gauche* : 3 autres canons de même calibre ; — *aux tranchées de Villejuif* : 6 canons de 12, rayés, de siége ; — à *la barricade sud de Villejuif* : un canon de 24, rayé, de côte, et 2 mitrailleuses ; — au *Moulin-Saquet* : 4 canons de 24, rayés, de siége ; et 6 canons de 12, rayés, aussi de siége ; — *à la batterie de la Pépinière* : 6 obusiers de $0^m,22$, de la marine ; — à la *batterie du chemin de fer d'Orléans* : 3 obusiers de même calibre. On comptait enfin dans les *batteries extérieures aux forts du Sud* : 26 canons de 24, de place; — 2 canons de 24, de siége; et 6 mortiers de 0^m,32; — ensemble : 121 bouches à feu.

Tel est, dessiné à grands traits, le tableau des ressources de la défense fixe. Quant à la défense mobile, elle se composait, comme on l'a vu plus haut, de 108 batteries, soit de 648 bouches à feu, approvisionnées chacune à 400 coups, avec une réserve de poudre en barils s'élevant à 2,600,000 kilogrammes.

Mais, outre le matériel de campagne usité d'ordinaire, la défense disposait d'appareils mobiles particuliers dont il convient d'exposer le mode d'action. Nous voulons parler des *wagons blindés* et de la *flottille de la Seine*.

Deux ingénieurs de la compagnie d'Orléans avaient offert, dès les premiers jours du mois d'octobre, d'utiliser les portions de voies ferrées demeurant libres en avant de l'enceinte, et proposé, à cet effet, l'adoption d'un système de deux rangs de wagons accouplés : le premier wagon, bourré de terre et protégé par un bouclier à l'épreuve de la balle; le second, muni d'une plate-forme chargée d'une pièce à longue portée. Le comité de défense, saisi de la question, pensa que le système devait être réduit au seul couple portant la pièce. Il adjoignit M. Dupuy de Lôme à la commission d'études créée *ad hoc* et arrêta définitivement, le 21 octobre, les dispositions suivantes : « Les wagons « blindés à construire devront pouvoir passer sous « tous les ponts. Ceux qui chemineront sur deux voies

« pourront se croiser, en laissant entre eux un inter-
« valle minimum de $0^m,10$. Le blindage aura $1^m,40$ de
« hauteur au-dessus de la plate-forme et se composera
« d'une muraille en bois de $0^m,30$ d'épaisseur, recou-
« verte de plaques en fer forgé, de $0^m,055$. Les projec-
« tiles seront renfermés dans des caisses de tôle placées
« sous la plate-forme, entre les essieux, et la conte-
« nance de ces caisses devra s'élever au total de 72
« coups. Chaque pièce aura un champ de tir de 33
« degrés de chaque côté de l'axe du wagon. Enfin, le
« wagon, avec son canon et ses munitions, ne devra
« pas peser plus de 33 tonnes. » C'est suivant ces
données que furent construits les wagons blindés dont
les deux premiers étaient prêts dès le 3 novembre.
A cette date, M. Dupuy de Lôme soumit au comité de
défense le dessin d'un nouveau wagon de guerre dans
lequel la partie supérieure de la plate-forme pivotait
sur la partie inférieure, autour d'un axe vertical, en
entraînant avec elle le cuirassement et la bouche à feu.
Dans ces conditions, la pièce, tout en tirant à embra-
sure, obtenait un champ de tir indéfini, et le comité
s'empressa d'adopter le projet. Les deux premiers
wagons blindés *à plate-forme tournante* furent mis à la
disposition du gouverneur vers les derniers jours du
mois de novembre.

Pour la mise en mouvement, on avait d'abord pensé
pouvoir se borner à l'emploi des chevaux ; mais on ne
tarda pas à s'apercevoir que ce mode de traction était
insuffisant et présentait des inconvénients graves. Sur

les instances du général Trochu, le comité de défense autorisa, le 28 octobre, la construction de quelques locomotives blindées, locomobiles spéciales installées sur châssis de locomotive ordinaire ; et ces appareils, essayés le 25 novembre à la gare d'Orléans, furent prêts à fonctionner quelques jours après.

Dès le 15 août, le département de la marine avait exposé au Gouvernement qu'il pouvait mettre à la disposition de la défense une batterie flottante blindée portant 2 canons rayés de $0^m,14$; 8 canonnières non blindées, armées chacune d'un canon de $0^m,16$, rayé ; 6 embarcations à vapeur armées d'un canon de $0^m,12$; enfin, 5 petites canonnières blindées, à faible tirant d'eau. Saisi de cette proposition, le comité de défense décidait, le 22 août, qu'on organiserait sur la Seine deux divisions de canonnières destinées à opérer : l'une, à l'amont ; l'autre, à l'aval de Paris. Un mois plus tard, le 22 septembre, il estimait que l'on ne devait conserver que les cinq batteries flottantes d'aval et seulement 2 canonnières d'amont pour protéger les estacades. Mais d'autres considérations d'ordres divers lui firent modifier cet avis, et la *flottille de la Seine* fut définitivement organisée de la manière suivante.

Elle comprit :

5 batteries flottantes blindées, armées de 2 canons rayés de $0^m,14$ et de 1 canon de 12, de montagne ; — 8 canonnières démontables, armées d'un canon de $0^m,16$; — la *canonnière Farcy*, armée d'un canon de

0ᵐ,24 ; 6 chaloupes-vedettes armées d'un canon de 12 ; en tout, 20 bâtiments.

Le numéro du 17 octobre du *Journal officiel* a fait connaître au public l'état de pénurie où se trouvait, en fait de projectiles, le service de l'artillerie de la place de Paris, au commencement du siége. Le 31 août, le général Guiod exposait au comité de défense que les pièces de 24 n'étaient approvisionnées qu'à 300 coups et il demandait 500 coups pour le Mont-Valérien ; 400 coups pour les autres forts, sauf à ne laisser que 200 coups à chacune des bouches à feu de l'enceinte. Le comité approuvait, mais faisait, en même temps, appel à l'industrie privée pour arriver au chiffre de 500 coups par pièce en batterie. Vers le 19 septembre, l'enceinte se trouvait approvisionnée à 200 coups par pièce. Le 26 du même mois, on savait que la fabrication des obus était en pleine activité ; qu'on en possédait déjà 2,000 du calibre de 12 ; et 1000, de 4. Le 2 octobre, la production quotidienne atteignait le chiffre de 400 obus de 24 ; et de 50, de 12. En somme, les ateliers de M. De Jean firent fondre 205,000 obus de divers calibres. Le génie civil en fournit, de son côté, 25,000 ; soit ensemble 230,000 projectiles. L'artillerie fit, en outre, confectionner 368,000 fusées à projectiles creux, et 97,000 boîtes à mitraille.

Le comité de défense avait décidé, le 20 août, que Paris serait approvisionné à 3 millions de kilogrammes de poudre, et, en conséquence, les poudreries de province commencèrent aussitôt leurs expéditions ; le 24 août, la place était déjà munie de 900,000 kilogrammes. Au fur et à mesure des arrivages, cette poudre fut répartie en différents locaux, tels que les caves des postes-casernes de l'enceinte et de divers grands édifices publics, parmi lesquelles celles du Panthéon (1), qui ne mesurent pas moins de 427 mètres carrés. On réquisitionna enfin tous les locaux voûtés pouvant s'employer à destination de dépôts.

Pour porter rapidement l'approvisionnement des poudres de guerre au chiffre fixé par le comité, le service de l'artillerie organisa, boulevard Philippe-Auguste, une poudrerie qui, dès le milieu du mois de novembre, donnait déjà d'excellents produits à raison de 2,000, 4,000 et, ultérieurement, de 5,000 kilogrammes par jour. Du reste, le *Journal officiel* du 17 octobre exposait que l'approvisionnement de 3,000,000 de kilogrammes était atteint; que le siége de Sébastopol n'en avait consommé que 1,500,000; que, d'ailleurs, la fabrication continuait avec la plus grande activité.

Au début du siége, le 26 septembre, les ateliers des chemins de fer, des omnibus et des petites voitures offrirent au Gouvernement de la défense de construire des affûts. Aussitôt, c'est-à-dire vers le 2 octobre, il fut commandé 100 affûts de siége pour canons de 24; 100 affûts de siége pour canons de 16; 100, pour canons de 12, de siége; 100, pour canons de 12 légers; et 50

---

(1) Les caves du Panthéon furent évacuées le 15 novembre, sur les observations du général Riffault, commandant l'École polytechnique.

affûts de mortier. On observa, d'ailleurs, que les pièces de 0^m,19, de la marine, ne pouvaient tirer, sur leurs affûts ordinaires, que sous un angle de 23 degrés, ce qui en limitait la portée à 5,100 mètres. Il fut aussitôt (14 octobre) procédé à l'exécution d'un certain nombre d'affûts permettant le tir sous un angle de 30 degrés et donnant ainsi une portée de 7,500 mètres.

En résumé, le service de l'artillerie construisit ou fit construire sous sa direction 425 affûts et 152 voitures diverses ; et, de son côté, le génie civil produisit 200 caissons.

Au moment de l'investissement, il y avait dans Paris 540,000 armes à feu portatives, parmi lesquelles près de 200,000 chassepots. Le reste se composait de fusils ou carabines du modèle 1867, dit *à tabatière*; d'armes à percussion rayées; d'armes à percussion lisses, et de quelques milliers de fusils de fabrication étrangère, Snyders et Remington.

Il était nécessaire de pourvoir régulièrement à la consommation de toutes les armes mises en service. Or, aux premiers jours de septembre, la place de Paris possédait 30 millions de cartouches Chassepot ; elle s'en faisait expédier de Bourges 3 autres millions, et elle en confectionnait 85 mille par jour, en deux ateliers installés : l'un, avenue Rapp ; l'autre, rue de Lacondamine (?). Un troisième atelier, organisé rue de Vanves, permit bientôt à la fabrication de prendre les plus larges développements. La production quotidienne des cartoucheries parisiennes était, vers le

4 septembre, de 130 mille cartouches Chassepot; elle fut, au 21 septembre, de 250 à 300 mille. Elle atteignit, enfin, au 25 octobre, le nombre de 2,300,000 par semaine, chiffre très-supérieur aux besoins de la consommation la plus étendue.

A la fin du mois d'août, Paris disposait de 32 millions de cartouches pour fusils à tabatière, modèle 1867, et ses ateliers lui permirent d'en fabriquer 100 mille par jour. Il n'avait enfin que 8 millions de cartouches pour fusil à percussion, modèle 1863, et ses cartoucheries parvinrent à une production quotidienne de 225 mille.

Le service de l'artillerie n'oublia pas les amorces. Il installa dans Paris la capsulerie de Montreuil, et, jusqu'au 18 septembre, il reçut des aiguilles de chassepot pour rechanges, à raison de 6 mille par jour.

§ 4. — *Subsistances.*

La recherche des moyens propres à assurer l'alimentation obsidionale d'une population de deux millions d'âmes apparaissait, au début de la guerre, comme un problème tellement ardu que personne n'osait alors en aborder la solution. Le malheur s'est chargé de nous instruire, et l'expérience a prononcé. Si, ce qu'à Dieu ne plaise! l'imminence d'un nouveau siége venait inopinément à se produire, on saurait que Paris peut facilement être approvisionné pour une période de temps très-longue. Paris, lui-même, saurait prendre des mesures qui lui permettraient de défier la famine et d'opposer aux rigueurs du blocus une résistance presque indéfinie (1).

Les conditions du problème à résoudre ne se posaient même pas nettement, au mois de septembre 1870. On ne croyait pas que les forts détachés pussent tenir plus de quinze jours, et l'on n'attribuait guère à l'enceinte continue une valeur défensive plus considérable. — « On disait : jamais une ville comme « Paris, avec son immense périmètre, ne pourra être « effectivement investie, effectivement assiégée. As-« siégée, il est impossible qu'elle tienne plus de « quinze jours. Les plus osés allaient jusqu'à trente « jours; et moi-même, ajoute le général Trochu, il « faut que je le confesse, je n'étendais pas mes espé-« rances au delà de soixante jours (2). » Il est avéré que, en prophétisant à la place une défense moyenne d'un mois et demi, d'excellents esprits pensaient atteindre à l'extrême limite du possible.

C'est à l'heure où se manifestaient ces étranges écarts de l'opinion qu'il fallut bien songer à faire des approvisionnements de subsistances.

---

(1) On doit regretter, par exemple, de n'avoir pas, en septembre 1870, couvert de wagons de marchandises les portions de voies comprises entre les gares de chemins de fer et les forts détachés ; les compagnies eussent ainsi sauvegardé une bonne partie de leur matériel, et la population eût trouvé dans ces entrepôts provisoires des vivres pour un temps incalculable. Mais on craignait alors que le feu de l'ennemi n'atteignît les gares elles-mêmes, et l'on n'osa pas prendre cette excellente mesure.

(2) *Une page d'histoire contemporaine.* — Paris, Dumaine, 1871.

Il y avait longtemps que le service de la marine était paré. Ses commissaires avaient bourré de vivres les forts de Romainville, de Rosny, d'Ivry, de Bicêtre et de Montrouge. Ils en avaient, en outre, amassé des réserves considérables dans les bâtiments du ministère de la place de la Concorde et dans ceux de l'école du génie maritime de la rue de Lille. De vastes hangars, organisés à la hâte dans la cour de ce dernier établissement, étaient bondés de sacs et de caisses de toute dimension, ainsi que les soutes d'un navire. Les marins étaient donc tranquilles ; ils attendaient venir le siége. Quelques-uns souriaient à la vue des innocents préparatifs auxquels se livrait alors l'administration civile de la ville de Paris, et un amiral nous disait un jour, avec une conviction profonde : — « Vraiment! si, suivant cette méthode, nous nous « disposions à faire un grand voyage... eh bien! vous « pouvez m'en croire, nous ne reviendrions jamais. »

Le département de la guerre était aussi, depuis longtemps, prêt à tout événement. Au lendemain même de nos désastres de Forbach et de Frœschwiller, le ministre avait convoqué le conseil institué par l'ordonnance du 17 septembre 1863, et les intendants Danlion et Delaperrière avaient clairement démontré aux membres de ce conseil que les réserves alors en magasin permettaient de pourvoir, pendant plusieurs mois, à la subsistance d'une garnison de 200,000 hommes.

Et, en effet, du mois de septembre 1870 jusqu'à la

fin de février 1871, c'est-à-dire pendant plus de cinq mois, les magasins de la guerre surent distribuer aux parties prenantes : 44,000,000 rations de pain ; — 6,500,000 rations de biscuit ; — 5,000,000 rations de conserves de viande ; — 2,500,000 rations de viande salée ; — 8,000,000 rations de lard salé ; — 240,000 rations de morue ; — 110,000 rations de sardines ; — 500,000 rations de fromage ; — 11,000,000 rations de légumes secs ; — 250,000 rations de conserves de légumes ; — 38,000,000 rations de vin ; — 42,000,000 rations d'eau-de-vie ; — 45,000,000 rations de café torréfié ; — 45,000,000 rations de sucre ; — 45,000,000 rations de sel ; — 34,000,000 rations de riz ; — 36,000,000 rations de viande fraîche (bœuf, mouton, cheval). Ces distributions diverses forment un total de 363,100,000 rations de toute nature qui représentent : 33,000,000 kilogrammes de pain ; 3,575,000 kilogrammes de biscuit ; — 625,000 kilogrammes de conserves de viande ; — 625,000 kilogrammes de viande salée ; — 1,600,000 kilogrammes de lard salé ; — 495,000 kilogrammes de légumes secs ; — 95,000 hectolitres de vin ; — 26,250 hectolitres d'eau-de-vie ; — 720,000 kilogrammes de café torréfié ; — 945,000 kilogrammes de sucre ; — 749,700 kilogrammes de sel ; — 1,530,000 kilogrammes de riz ; — 900,000 kilogrammes de viande fraîche.

L'administration civile n'était malheureusement pas aussi sûre de son fait que le département de la guerre. Elle ne dissimulait même point l'embarras que lui causait la perspective d'une rude nécessité, celle d'avoir à satisfaire, pendant de longs jours, à tous les besoins d'une population immense. Jamais, au grand jamais, elle n'avait songé à l'éventualité d'un siége, imbue qu'elle était des idées qui se propagent si cruellement en France depuis une quarantaine d'années, à savoir : que la guerre est un mode de relations internationales aussi absurde que barbare ; que, loin de songer à se battre, les peuples désirent ardemment vivre dans des sentiments réciproques de douce confraternité ; que les progrès de l'industrie et l'extension du commerce veulent impérieusement l'abolition de toutes les frontières de terre et de mer ; que les armées permanentes ont décidément fait leur temps ; que l'ancien et le nouveau monde ne demandent plus qu'une chose, mais qu'ils la demandent à cor et à cri : la paix ! la paix !... Ainsi raisonnaient à Carthage, il y a deux mille ans, les aveugles qui ne voulaient pas voir les armements de Rome ; les sourds qui refusaient d'entendre le bruit des fers qu'elle leur forgeait.

L'administration civile s'était donc endormie, bercée par de doux rêves. Son réveil fut un peu dur, le 7 août 1870, mais elle eut, dans sa détresse, une bonne inspiration : elle implora les conseils et l'aide de l'autorité militaire.

Des gens très-convaincus, continuant l'agitation contre l'armée de leur pays, imputent à cette armée les malheurs de la dernière guerre. Ils accusent surtout les armes de l'artillerie et du génie et vouent aux gémonies tout le personnel de l'intendance... Soit. La réponse était facile, et, depuis longtemps, on s'est chargé de la faire, en partie du moins. M. Fernand Giraudeau démontre très-simplement (1) que nos désastres n'ont d'autre origine que l'erreur profonde dans laquelle le pays tout entier entendait se maintenir engourdi. Le général Susane venge très-spirituellement l'artillerie des attaques imméritées dont elle est l'objet (2). Le général Frossard donne aux détracteurs du génie militaire une leçon de fortification des plus limpides (3). Personne que nous sachions n'a, jusqu'à présent, innocenté les services administratifs. Nous n'avons point mission de présenter leur défense aux débats du procès que leur fait l'opinion, et nous ne songeons guère à briguer un rôle d'avocat d'office. Mais nous écrivons une page d'histoire, et les faits vont parler haut.

Préoccupée de la situation que lui créait l'imminence d'un siége, l'administration civile, avons-nous dit, s'était adressée, le 7 août, au département de la guerre. Dès le 8, le général Dejean, alors ministre, invitait le sous-intendant Perrier, chargé du service des subsistances militaires de la place, à se mettre à la disposition de M. Louvet, ministre de l'agriculture

---

(1) *La vérité sur la campagne de* 1870. — Examen raisonné des causes de la guerre et de nos revers. — Marseille, 1871.
(2) *L'artillerie avant et depuis la guerre.* — Paris, Hetzel, 1871.
(3) *Rapport sur les opérations du* 2e *corps de l'armée du Rhin.*— Paris, Dumaine, 1871.

et du commerce. Ce même jour, 8 août, l'intendant Perrier était prié par le préfet de la Seine d'entrer, avec voix délibérative, dans une commission présidée par M. Dumas, sénateur, et qui avait pour membres MM. Chevreau, aussi sénateur, et Darblay, député au Corps législatif. Convoquée d'urgence, à l'effet de déterminer la nature et les quantités des approvisionnements à réaliser, cette commission exprima le vœu qu'il fût procédé sans retard à l'acquisition de : 7,500,000 kilogrammes de blé (1); — 7,500,000 kilogrammes de farine (2); — 9,000,000 kilogrammes de viande salée; — 500,000 kilogrammes de poissons salés; — 4,500,000 kilogrammes de riz; — 1,800,000 kilogrammes de sel.

Le lendemain, 9 août, M. Perrier recevait de M. Louvet l'ordre d'acheter les quantités ainsi déterminées... et, aussitôt, commencèrent les opérations de l'intelligent et zélé fonctionnaire. *Suum cuique!* Nous devons nous empresser de mentionner, avec tous les éloges qui leur sont dus, les noms des dignes collaborateurs dont le dévouement ne lui fit jamais défaut, noms que la gratitude publique ne doit pas oublier; soit dit sans attenter à leur modestie. Nommons donc

---

(1-2) Ces quantités de farine et de blé ne représentaient qu'un approvisionnement de 25 jours, au lieu de 45, — chiffre alors jugé nécessaire et suffisant, — mais on comptait, pour le surplus, sur 200,000 sacs de farine réunis dans les entrepôts de la ville, et aussi sur les approvisionnements courants des boulangers, qu'on pensait devoir suffire aux besoins d'une quinzaine de jours.

MM. Meunier et Courtot, adjoints de première classe; Gley, Gigaud et Vacca, officiers d'administration (1).

Au moment où l'intendant Perrier exécutait les premiers ordres d'achat du ministre de l'agriculture et du commerce, le conseil municipal de la ville de Paris commençait à s'émouvoir. Il instituait, lui aussi, le 12 août, une commission qui, appelée à connaître des actes de la commission Dumas, nommée d'urgence par le préfet de la Seine, ne crut pas pouvoir en sanctionner uniformément toutes les résolutions. Elle jugea qu'il était souverainement imprudent de compter sur les approvisionnements des boulangers et, plus généralement, sur des ressources n'existant pas en réalité dans les magasins de la ville. La fabrication du pain, observa-t-elle, exige, par jour, l'emploi de 6,000 quintaux de farine (2); si donc l'on veut former un

---

(1) M. Gley, comptable principal, dirigeait la Manutention du quai de Billy et apportait dans l'accomplissement de sa mission une activité et une habileté qui seraient difficilement égalées par celles d'un autre praticien. Les approvisionnements dont on verra bientôt l'importance avaient été tous reçus par M. Gley, et répartis par lui en divers entrepôts. Il avait à assurer la surveillance de ces magasins épars dans Paris; à conduire les opérations de Billy; à faire des distributions quotidiennes à une armée de 275,000 rationnaires!

Telle fut, pendant cinq mois, la tâche de M. Gley, n'ayant pour auxiliaires qu'un petit nombre d'officiers d'administration. Cet honorable comptable a été l'objet d'une récompense exceptionnelle: il a reçu la croix de commandeur de la Légion d'honneur. — M. Gigaud était spécialement chargé du service des fourrages.—Enfin, M. Vacca, officier d'administration des bureaux de l'intendance, a su admirablement diriger, avec un personnel très-restreint, l'énorme comptabilité résultant de la passation de plus de *deux mille* marchés.

(2) Cette quantité ne doit être considérée que comme un *minimum*.

approvisionnement de 45 jours, il est indispensable de se prémunir de 270,000 quintaux. En conséquence, il faut réunir dans les entrepôts 210,000 quintaux de farine et 75,000 quintaux de blé (devant produire 60,000 quintaux de farine). Sur ces conclusions, la commission municipale pria le ministre de la guerre de lui céder à titre onéreux :

En denrées de première nécessité : 7,500,000 kilogrammes de blé ; — 21,000,000 kilogrammes de farine ; — 8,000,000 kilogrammes de riz (1) ; — 8,000,000 kilogrammes de sel ; — 7,500,000 kilogrammes de viande conservée (2) ;

En denrées accessoires : 500,000 kilogrammes de café ;— 400,000 kilogrammes de beurre ; — 2,500,000 kilogrammes de foin ; — 100,000 kilogrammes de fromage ; — 600,000 kilogrammes d'huile ; — 2,400,000 kilogrammes de légumes secs ; — 500,000 œufs (pour mémoire) ; — 3,000,000 kilogrammes d'orge ;—200,000 kilogrammes d'oseille;—2,000,000

Paris, en temps ordinaire, consomme, par jour, de 7 à 8,000 quintaux de farine. Son alimentation régulière eût exigé un arrivage *quotidien* de *quinze cent mille kilogrammes* de denrées diverses (biscuits, farines, riz, légumes secs, cafés, sucres, conserves de viande et de poisson, huiles, beurres, fruits secs, etc.).—Voyez au *Journal officiel* du 15 juin 1871 un *Extrait des instructions données par le Gouverneur à l'ingénieur Cézanne*, le 29 octobre 1870.

(1) C'était un maximum qu'on savait ne pouvoir atteindre.

(2) C'était encore un maximum qu'on ne pouvait atteindre, si l'on voulait se borner à faire acquisition de denrées de bonne qualité. La formation de cet approvisionnement était d'autant plus difficile à réaliser que les salaisons se font, en général, au mois de septembre.

kilogrammes de paille ; — 1,200,000 kilogrammes de poissons salés ; — 100,000 kilogrammes de poivre ; — 6,000,000 kilogrammes de pommes de terre ; — 3,000 hectolitres de vinaigre.

C'est le 12 août que M. Perrier reçut de la commission municipale ces nouveaux ordres d'achat... le 7 septembre, l'œuvre de l'habile intendant se trouvait parachevée (1). L'approvisionnement demandé était

---

(1) Elle était loin d'être facile à accomplir la tâche que s'était imposée M. Perrier, à lui et à ses deux adjoints, MM. Meunier et Courtot. Il ne s'agissait pas, en effet, de faire des acquisitions dans Paris, ce qui eût constitué un système d'opérations illusoires, mais de tirer du dehors les denrées dont on avait besoin. Mais, là encore, on se heurtait à mille difficultés. Il était bon de ne pas dégarnir les régions voisines dont on pouvait toujours, au dernier moment, attirer à soi les approvisionnements, et par régions voisines il fallait entendre celles qui s'étendent à l'entour de la place dans un rayon de 50 kilomètres. Dans cette situation, on crut devoir opérer à l'étranger. Il y avait en Angleterre, on le savait, d'immenses approvisionnements de vivres que marchandait alors l'administration prussienne. L'intendance en fit la demande par l'entremise d'une légion de commissionnaires dépêchés sur le sol britannique.

Cependant, la question n'était pas encore résolue, car on ne pouvait grossir le stock alimentaire de la France qu'à la condition de payer comptant. Nos désastres militaires avaient, hélas ! déjà ruiné notre crédit... et le marché anglais, assez défiant de sa nature, refusait d'accepter des mandats sur le Trésor public de notre malheureux pays. C'est alors que M. Fould se chargea de faire ouvrir à nos commissionnaires un crédit de 20 millions dans une maison de banque de Londres. A partir de ce moment, les acquisitions s'opérèrent avec une rapidité merveilleuse. Cette manière de procéder, si simple et si sage, sortait un peu des règles de l'administration militaire, et, en homme esclave des principes, M. Perrier hésitait à la suivre. Ses honorables scrupules ne furent dissipés que par l'énergique intervention de M. l'intendant général Guillot, qui réclama loyalement sa part de responsabilité. Les opérations de l'intendance eurent assez de succès pour être ultérieurement honorées des plus amères critiques

réuni à Paris, et une bonne partie déjà dans les magasins de la ville. Du 12 août jusqu'au 19 septembre, jour de l'investissement, Paris reçut des mains des agents de la guerre : 77,180 quintaux de blé ; — 210,077 quintaux de farine ; — 320 quintaux de viande conservée ; — 4,273 quintaux de viande salée ; — 47,939 quintaux de sel (1) ; — 17,995 quintaux de riz ; — 31,823 quintaux de pommes de terre ; — 1,983 quintaux de légumes secs (haricots, lentilles, pois cassés) ; — 5,000 quintaux de café vert ; — 443 quintaux d'oseille ; — 1,052 quintaux de beurre salé ; — 906 quintaux de poivre ; — 208 quintaux de saindoux ; — 130 quintaux de fromage ; — 4,704 quintaux d'huile d'olive ; — 240 quintaux de poissons salés ; — 3,331 quintaux de harengs blancs ; — 1,082 quintaux et 50 tonnes de morue ; — 30 quintaux de thon mariné ; — 5 quintaux et 39,900 boîtes de sardines ; — 524 barils, 187 fûts et 600 boîtes de harengs salés ; — 27 demi-barils et 40 quintaux de maquereaux salés ; — 31 quintaux de conserves ; — 1,001

---

de M. Ernest Picard, notre ancien ministre des finances. Pauvre armée française ! Battue par les Prussiens, il lui faut encore subir les plats outrages des avocats.

(1) Au mois d'août, le sel manquait absolument, et Paris, menacé d'un siége, craignait d'avoir à souffrir autant que la place de Metz. Faute de mieux, M. Sainte-Claire-Deville proposait d'y faire arriver d'urgence une masse de sel gemme, lequel est, comme on sait, comestible. Mais M. Perrier eut le temps de traiter avec des maisons importantes et, bien avant le commencement du blocus, Paris put être ravitaillé de sel marin.

hectolitres de vinaigre ; — et 130 quintaux d'oignons, aulx, carottes, etc.

Quant à la cession de fourrages, elle fut de : 13,837 quintaux de foin ; — 21,707 quintaux de luzerne ; — 28,317 quintaux de paille et 3,126 quintaux d'orge.

Les opérations qui aboutissaient à des résultats si heureux pour la ville de Paris avaient été autorisées et commencées alors que le général Dejean était ministre de la guerre ; et M. Louvet, ministre de l'agriculture et du commerce. L'administration du général de Palikao et de M. Clément Duvernois, qui fonctionna à partir du 9 août, continua de leur imprimer l'impulsion la plus vigoureuse. Ce ministère de vingt-quatre jours sut véritablement *préparer* la défense : le général, en accordant aux fonctionnaires de l'intendance toute confiance et toute latitude; M. Duvernois, en insistant sur la nécessité d'opérer des achats dans les proportions les plus larges.

C'est à M. Duvernois qu'on doit la formation d'un parc de 30,000 bœufs et de 200,000 moutons. Avec cette masse de bestiaux il fit entrer en ville des quantités considérables de fourrages; et il improvisa, sur les boulevards extérieurs, des étables qui furent parfaitement aménagées par les soins de MM. de Sainte-Marie, directeur de l'agriculture, et Raynal, vétérinaire de l'école d'Alfort. Excellent appoint des conserves de viandes qu'on avait en magasin, cette viande sur pied fut très-appréciée de la population et lui créa, sans mouvements brusques, une heureuse transition entre sa situation normale et l'état de blocus dont elle avait à connaître les rigueurs.

Telles sont les deux premières périodes de formation des approvisionnements. La troisième période s'ouvre et se clôt au 4 septembre, journée de sinistre mémoire. Les avocats qui firent ce coup de septembre ont-ils compris alors tout l'odieux de leur attentat, ou n'étaient-ils que d'inconscients instruments de la Prusse? Peut-on les prendre simplement pour des naïfs que M. de Bismarck dirigeait dans ses voies et faisait mouvoir à son gré? On aimerait à penser que ces révolutionnaires, bouleversant leur pays déjà ruiné par l'envahisseur, n'ont fait que céder aux instigations latentes d'un homme politique éminemment habile et dangereux (1). Ce qu'il importe d'observer, c'est que, l'attentat une fois consommé par ces *patriotes*, les difficultés de l'administration des subsistances n'en vinrent jamais à troubler la placidité de leurs âmes républicaines. Ils avaient encore quinze jours à utiliser avant l'époque probable de l'investissement; ils pouvaient opérer de nouveaux achats; faire affluer dans Paris bien des denrées qui lui manquaient encore. Quinze jours bien employés pouvaient ajouter d'immenses ressources au stock de la place assiégée (2).

---

(1) Le général de Palikao n'est pas éloigné de croire que les agents prussiens et les délégués du *peuple* qui envahirent, au 4 septembre, le Corps législatif avaient des compères dans la salle des séances. — Voyez *un Ministère de vingt-quatre jours*. Paris, Plon, 1871.

(2) L'impéritie des hommes du 4 septembre empêcha d'entrer dans

— 201 —

Mais les hommes qui venaient de surprendre le pouvoir avaient des préoccupations bien autrement graves. Au lendemain de leur avénement, ils ne songeaient qu'à coller aux murs le vieux cliché de la devise : *Liberté, Égalité, Fraternité...* et cet immortel hiéroglyphe devait suffire à conjurer la disette!... et ces trois mots sacramentels pouvaient seuls assurer le salut de la France !

Fort heureusement, à l'heure où ces tristes héros en étaient au prologue de leur odyssée, l'intendance militaire avait terminé ses importantes opérations. Paris était à l'abri de la famine et n'avait plus qu'à emmagasiner les denrées qu'on lui expédiait de toutes parts. C'est ce qu'il fit avec ardeur du 4 au 19 septembre.

M. l'intendant Perrier avait largement satisfait aux demandes exprimées par la commission municipale; mais là ne s'étaient pas bornés ses efforts. Il ne s'en était pas tenu à la lettre des ordres qui lui étaient donnés, lesquels ne visaient qu'un approvisionnement de quarante-cinq jours pour les forts détachés. Il avait accru dans de vastes proportions les approvisionnements de la guerre et fait une dépense totale de plus de *cent cinquante millions*. Cette sage précaution lui permit, après l'investissement de la place, de mettre encore d'autres denrées à la disposition de l'administration

---

Paris bien des denrées achetées par l'intendance militaire,— lesquelles durent rétrograder sur les ports de l'Océan ou les villes du midi de la France.

civile. Que de fois, pendant le cours du siége, celle-ci eut-elle à se demander où elle pourrait trouver, pour le lendemain, les 6,000 quintaux de farine qui lui étaient indispensables! Que de fois eut-elle à se heurter à des impossibilités absolues, et s'attendit-elle à voir descendre dans la rue l'émeute qui lui demandait du pain! Alors, elle venait frapper à la porte de la guerre, qui ne refusait jamais de venir à son aide.—
« Paris, dit le général Susane (1), quand il sera re-
« mis des violentes émotions qui l'agitent, quand sera
« venue l'heure de la justice et de la vérité, Paris se
« souviendra que l'armée a fraternellement partagé
« son pain avec lui et l'a nourri pendant soixante-dix
« jours, sur les cent trente-cinq qu'a duré sa glorieuse
« résistance. »

Voici quelles furent les denrées cédées par la guerre à la ville de Paris après l'investissement : 3,500 quintaux de blé; — 55,596 quintaux de farine; — 115 quintaux de viande salée; — 16,000 quintaux de sel; — 25,000 quintaux de riz; — et 916 quintaux de fromage. L'intendance lui céda, en outre, 35,000 quintaux d'avoine.

En somme, la guerre a procuré à la ville, tant avant qu'après l'investissement : 80,680 quintaux de blé; 265,674 quintaux de farine ; — 320 quintaux de viande conservée ; — 4,388 quintaux de viande salée; — 63,939 quintaux de sel ; — 42,995 quintaux de

---

(1) *L'artillerie avant et depuis la guerre.* — Paris, Hetzel, 1871.

riz; — 31,823 quintaux de pommes de terre; — 1,983 quintaux de légumes secs; — 5,000 quintaux de café vert; — 443 quintaux d'oseille; — 1,052 quintaux de beurre salé; — 906 quintaux de poivre; — 208 quintaux de saindoux; — 1,046 quintaux de fromage; — 4,704 quintaux d'huile d'olive; — 240 quintaux de poissons salés; — 3,331 quintaux de harengs blancs; — 1,082 quintaux et 50 tonnes de morue; — 30 quintaux de thon mariné; — 5 quintaux et 39,900 boîtes de sardines; — 524 barils, 187 fûts et 600 boîtes de harengs salés; — 27 demi-barils et 40 quintaux de maquereaux salés; — 31 quintaux de conserves; — 1,001 hectolitres de vinaigre; — 130 quintaux d'oignons, aulx et carottes.

Et en fourrages : 13,837 quintaux de foin; — 21,707 quintaux de luzerne; — 28,317 quintaux de paille; — 3,126 quintaux d'orge et 35,000 quintaux d'avoine.

En additionnant les quantités de blé, de farine, de riz et d'avoine qui ont été employées à la fabrication du pain, on obtient un total de 424,349 quintaux, lesquels, à raison de 6,000 quintaux par jour, représentent la nourriture de la population parisienne pendant près de 71 jours. Si l'on ajoute à ces chiffres les approvisionnements des boulangers qui sont généralement faits pour une quinzaine, on peut se convaincre que l'administration civile n'a su pourvoir directement aux besoins de la population que pour 49 jours, c'est-à-dire seulement pour un peu plus du tiers de la période obsidionale. Et l'administration civile, par ses organes les plus autorisés, demande maintenant, à cor et à cri, qu'il soit procédé sans retard à la réforme des services administratifs de l'armée française!... Il est vraiment regrettable que M. le général Trochu ait cru devoir passer ces faits sous silence aux séances de l'Assemblée nationale des 30 mai, 2, 13, 14 et 15 juin 1871.

Telle est l'histoire succincte de la formation des approvisionnements réalisés en prévision du siége de Paris. Il ne nous reste plus qu'à exposer le tableau des phases diverses qu'a subies le régime alimentaire, et à esquisser la physionomie de la vie parisienne durant un rigoureux blocus de 135 jours.

Au début du siége, l'intendant-général Wolff suppliait le gouvernement de la défense nationale de concentrer en une seule main la direction de tous les approvisionnements et la mission de résoudre toutes les questions relatives aux subsistances. Mais il répugnait à l'administration civile de se soumettre, dans la pratique, à l'autorité de l'administration militaire; elle déclinait, d'autre part, le soin de subvenir aux besoins des rationnaires de l'armée. Ces résolutions ne pouvaient que produire des effets regrettables. Deux administrations opérant parallèlement, et se faisant une mutuelle concurrence, devaient avoir à souffrir et souffrirent, en effet, de tiraillements en sens divers et de conflits qu'apaisaient à grand'peine MM. Ozenne et de Sainte-Marie. Ces deux honorables directeurs du ministère de l'agriculture et du commerce avaient heureusement assez d'influence pour peser, dans le sens du juste et du vrai, sur les décisions de MM. Magnin et Jules Ferry.

La marine, nous l'avons dit, sut faire admirablement fonctionner son service.

Il en fut de même de la guerre. Les parties prenantes recevaient régulièrement leurs rations de pain à la manutention du quai de Billy, ou en touchaient la valeur représentative au grand magasin du Nouvel-Opéra. Quant à la viande et aux autres denrées, il avait été établi suivant les ordres de la place, en date des 30 septembre et 5 octobre, des magasins de distribution situés :

Aux Magasins-Réunis, près la caserne du Prince-Eugène, pour les troupes casernées dans les Xe, XIe, XIIe, XIXe, et XXe arrondissements ;

Rue du Jour, 13, près la pointe Sainte-Eustache, pour les troupes des Ier, IIe et IIIe arrondissements ;

Boulevard du Palais, 7, à la caserne de la ville de Paris, pour celles des IVe, V^e, VIe et XIIIe arrondissements ;

Boulevard Saint-Germain, 146, à l'angle de la rue Solférino, pour les corps des VIIe et XIVe arrondissements, à l'exception de ceux qui se trouvaient casernés à l'École militaire et au Champ-de-Mars ;

Avenue Rapp, 15, pour les XVe et XVIe arrondissements, y compris le Champ-de-Mars et l'École-Militaire ;

Boulevard Haussmann, 80, pour les parties prenantes des VIIIe et IXe arrondissements ;

Rue de Courcelles, 161, pour les troupes en station dans les XVIIe et XVIIIe.

Un huitième magasin fut, en outre, installé *place Sainte-Clotilde*, par ordre en date du 11 octobre. Les étaux des diverses boucheries militaires étaient ordinairement ouverts trois fois par semaine, les mardi, jeudi et samedi, de midi à six heures du soir.

L'alimentation de la population civile fut loin d'être assurée d'une façon aussi régulière; mais il faut déclarer, tout d'abord, que l'un des plus importants services, celui des eaux, ne laissa jamais rien à désirer. Les Prussiens avaient coupé les canaux de l'Ourcq et de la Dhuys; mais le zèle de M. l'ingénieur Belgrand sut combler le déficit, et son activité lui fait le plus grand honneur. Nous citerons, entre autres faits, celui de l'usine de Saint-Maur, placée entre les forts et les lignes prussiennes, et qui marchait encore et toujours, alors que la population avait abandonné le pays pour échapper aux effets du bombardement.

Quant au pain, il n'en fut pas de même, et la boulangerie fut soumise, pendant le siége, à des perturbations singulières. Tout alla bien d'abord, tant qu'on eut des farines. Mais le ministère du commerce n'avait fait, à cet égard, que des approvisionnements insuffisants. Il avait constaté, par voie de réquisition, chez les particuliers, un total de 130 mille quintaux, représentant une nourriture de 16 à 18 jours; lorsqu'il vint à en exiger la livraison, il ne lui fut remis que 70 mille quintaux, quantité afférente, au plus, à la consommation de 8 à 10 journées.

C'était un mécompte qui, malheureusement, ne devait pas être le dernier. L'administration civile ignorait absolument ce qu'elle avait en magasin, et il lui fut toujours impossible de chiffrer les quantités dont elle pouvait disposer pour la consommation.

Quand les farines furent épuisées, il fallut bien avoir recours aux approvisionnements de blé. Non content de ce qu'il avait amassé directement, le département du commerce employa toute espèce de moyens pour concentrer entre ses mains les ressources des magasins particuliers. Mais les déclarations, les réquisitions et les *perquisitions* ne lui procurèrent environ que 30,000 quintaux de grains de toute espèce.

La réquisition est une opération régulière consacrée par divers décrets, notamment, par ceux des 19 brumaire an III; 15 décembre 1813; 29 septembre et 1er octobre 1870. Le Gouvernement de la défense venait d'user de ce moyen autorisé par la loi en réquisitionnant, le 7 octobre, toutes les denrées alimentaires et les fourrages restés en souffrance dans les gares.

D'autre part, la perquisition constitue dans le mécanisme administratif un ressort assez rarement mis en jeu. C'est à ce titre qu'il convient d'exposer les considérants qui préludèrent à l'expression du besoin qu'on crut avoir d'y recourir pendant la période aiguë du siége.

« Considérant, affichait M. Ferry, le 18 janvier 1871, considérant qu'il existe à Paris, au domicile des personnes absentes, des combustibles et des subsistances de diverse nature qu'il importe de mettre en réquisition dans l'intérêt de la défense nationale ;

« Considérant que les locaux délaissés par les absents peuvent, d'ailleurs, être utilement employés soit au placement des blessés et des malades, soit au logement des réfugiés des arrondissements atteints par le bombardement ;

« ARRÊTE :

« Art. 1er. Des perquisitions seront faites à Paris et dans le département de la Seine, au domicile de toutes les personnes absentes, à l'effet de rechercher les combustibles, comestibles, denrées et liquides de toute nature qui peuvent s'y trouver.

« Art. 2. Ces perquisitions seront effectuées par le maire de chaque arrondissement ou par un délégué spécial du maire, avec l'assistance, s'il y a lieu, du commissaire de police.

« Le commissaire de police pourra recevoir lui-même la délégation du maire.

« Art. 3. Le maire ou son délégué dressera procès-verbal de ses opérations.

« Ce procès-verbal énoncera sommairement la nature, le poids et la quantité des objets trouvés.

« Cette formalité accomplie, le maire ou son délégué pourra faire procéder à l'enlèvement immédiat des denrées et combustibles.

« S'il laisse momentanément ces objets au domicile de l'absent, son procès-verbal devra être dressé en double; l'original restera aux mains du fonctionnaire et la copie sera laissée au concierge ou gardien préposé, lequel, après y avoir apposé sa signature, sera responsable des objets commis à sa garde, sous les peines portées par la loi.

« Il sera tenu compte au propriétaire absent de la valeur des objets enlevés, sur les évaluations faites par un ou plusieurs experts désignés par le maire de l'arrondissement.

« Art. 4. Réquisition est faite, au nom de la ville de Paris, des logements des personnes absentes. Ces locaux sont mis à la disposition de la mairie centrale et de la mairie d'arrondissement. »

Et le lendemain, 19 janvier, en vue d'apaiser l'émoi que de telles mesures avaient fait naître, M. Jules Favre, alors ministre intérimaire de l'intérieur, écrivait au maire de Paris :

« L'arrêté par lequel ont été ordonnées des perquisitions et des réquisitions dans les logements des personnes absentes pourrait donner lieu à de graves abus s'il n'était, dans son exécution, entouré de toutes les précautions nécessaires à la garantie des droits de ceux qui ne peuvent se défendre. MM. les maires comprendront combien il importe de ne rien négliger à cet égard. Je voudrais que leur action se combinât non-seulement avec celle des commissaires de police, mais encore avec celle des juges de paix ou de leurs suppléants, et que chacune des opérations fût constatée par un procès-verbal régulier.

« Les perquisitions ont pour but de mettre à la disposition de la municipalité le combustible et les comestibles. Elles ne peuvent, sous aucun prétexte, s'étendre à des objets qui ne sont pas de consommation courante. MM. les maires s'appliqueront à éviter tout ce qui, dans une mesure exceptionnelle, pourrait ressembler à une vexation. Quant aux réquisitions des logements vides, il est encore plus essentiel de concilier, autant que possible, les devoirs de l'humanité avec le droit de propriété et la sauvegarde du domicile. Les logements inoccupés seront d'abord choisis. Parmi ceux qui sont occupés, on préférera ceux qui sont assez vastes pour qu'on puisse commodément mettre à part le mobilier, en ayant le soin de le placer à l'abri de toute atteinte. Sans doute, il est pénible d'être forcé de recourir à de pareilles extrémités, mais il faut, avant tout, donner asile aux familles bombardées et les placer dans les locaux inhabités. C'est deviner, j'en suis sûr, les dispositions patriotiques des personnes absentes qui s'empresseraient d'offrir leurs demeures, si elles pouvaient communiquer avec nous. Dans la crise suprême que nous traversons, l'esprit de solidarité seul peut nous sauver, et c'est à lui que tout doit être sacrifié. »

On voit que la perquisition ne s'appliquait pas seulement aux grains, mais à toute espèce de denrées, au combustible et aux logements.

En même temps, s'inaugurait une ère d'opérations assez étranges : le matin du 17 janvier, Paris voyait, non sans surprise, placarder cet avis de M. Magnin, ministre de l'agriculture et du commerce :

« AVIS.

« BLÉS, ORGES ET SEIGLES CACHÉS.

« Toute personne qui découvrira du blé, de l'orge et du seigle soustraits aux réquisitions, et qui en fera connaître l'existence, recevra, après vérification, une récompense de vingt-cinq francs pour chaque quintal métrique, soit en grains soit en farines.

« Les renseignements seront reçus au ministère de l'agriculture et du commerce, 60, rue Saint-Dominique-Saint-Germain (bureau des subsistances), de dix heures du matin à cinq heures du soir. »

Les deux journées pendant lesquelles fonctionna le système de délation, ainsi encouragé par le ministre, ne donnèrent que 3 ou 4,000 quintaux de grains. Il est donc un Dieu juste qui ne permet pas qu'on viole les principes de la morale éternelle !

Ce n'était pas tout que d'avoir des grains. Il était indispensable d'aviser à l'organisation des moyens de mouture, et les conditions du problème à résoudre étaient assez délicates. Dès le 21 août, le comité de défense avait décidé en principe le montage de 300 paires de meules, et l'on sait les services rendus par l'industrie privée, notamment par l'usine Cail et les ateliers du chemin de fer du Nord. On remarquait dans la gare aux marchandises de cette compagnie un moulin à 28 paires de meules, dont l'installation n'avait demandé qu'une vingtaine de jours. Deux puissantes locomotives, fixées au sol, y faisaient fonction de moteurs. Toutes les compagnies de chemins de fer suivirent l'exemple donné par le Nord. Partout, l'industrie parisienne fit des efforts immenses... mais, hélas! au moment où toutes les usines commençaient à fonctionner d'une façon régulière, on s'aperçut que la houille allait manquer. Il fallut se résoudre à brûler des huiles lourdes et procéder, par suite, à la transformation des foyers. Puis, vint le bombardement qui menaçait de destruction instantanée la plupart des moulins dont la création avait coûté tant de peine. — « Il eût suffi de quelques obus tombant « sur l'usine Cail, dit le rapport officiel du 28 jan- « vier 1871, pour mettre instantanément en danger « l'alimentation de toute la ville. » Cette précieuse usine reçut cependant, pour sa part, sept projectiles dont l'un atteignit ses machines..... Peu s'en fallut que Paris ne fût affamé tout d'un coup (1).

Il se produisit, on le voit, dans le service de la mouture des retards assez difficiles à conjurer. On eut aussi des mécomptes, car, malgré le zèle des in-

---

(1) Certaines batteries prussiennes avaient pour objectif nos établissements des subsistances. Il tomba 8 projectiles sur les bâtiments de la boulangerie centrale ; 9, sur l'abattoir de Grenelle ; 21, sur le grenier aux fourrages.

dustriels et des ingénieurs qui savaient trouver remède à tous les accidents, on n'arriva jamais à produire, en 24 heures, plus de 5,000 quintaux de farine, quantité notablement insuffisante aux besoins de la consommation, comme le déplorait le gouverneur en la séance du Comité de défense du 22 novembre.

On résolut alors d'économiser la farine et de poursuivre les abus partout où il pouvait s'en commettre. L'une des plus vives douleurs de l'administration était de voir nourrir des chevaux avec du pain, déplorable ressource qui devait imposer ultérieurement l'obligation de nourrir les habitants avec de la farine d'avoine. M. J. Ferry rappela les contrevenants à l'ordre par cette dépêche adressée, le 26 novembre, aux maires des vingt arrondissements :

« Le ministre du commerce signale à mon attention un abus dont l'opinion s'inquiète depuis quelques jours : l'usage du pain pour la nourriture des chevaux. Il y a là une dilapidation coupable des subsistances de la place, une atteinte grave à la défense. Je vous prie de faire à cet égard une enquête sérieuse, et de me transmettre immédiatement les informations que vous aurez recueillies. La spéculation détestable qui inspire ce gaspillage ne mérite aucun ménagement, et le Gouvernement prendra, pour y mettre un terme, toutes les mesures que vous jugerez nécessaires. »

Jusqu'au commencement de décembre, la population parisienne eut du *pain*, c'est-à-dire un aliment auquel la critique ne pouvait reprocher que des procédés de blutage peu sévères. Mais, vers le 10 du mois, il se manifesta des symptômes non équivoques d'inquiétude... on vit apparaître un malaise qui semblait être le précurseur de ces alarmes que nos ennemis les Prussiens tenaient tant à faire naître dans la ville assiégée. La panique se déclara brusquement sur cet arrêté de M. J. Ferry, du 11 décembre, portant réquisition des farines de froment et de seigle :

« Le membre du Gouvernement, délégué à la mairie de Paris, arrête :

« Art. 1er. La vente de la farine est interdite à partir de ce jour, 11 décembre. En conséquence, défense est faite aux boulangers de vendre de la farine et de l'employer à tout autre usage qu'à la fabrication du pain.

« Art. 2. Tout boulanger contrevenant sera poursuivi conformément aux règlements, sans préjudice des mesures que l'administration se réserve de prendre pour la fermeture de sa boutique.

« Art. 3. Le présent arrêté sera publié et affiché conformément à la loi.

« Art. 4. Ampliation du présent arrêté sera adressée à M. le préfet de police, chargé d'en assurer l'exécution. »

Cette affiche officielle provoqua, dans plus d'un quartier, du tumulte et des rassemblements, si bien que, dès le lendemain, 12 décembre, le Gouvernement crut devoir s'empresser de rassurer les habitants de Paris sur le sort qui leur était réservé.

« Hier, dit-il, des bruits inquiétants répandus dans la population ont fait affluer les consommateurs dans certaines boulangeries. (!!)

« On craignait le rationnement du pain.

« Cette crainte est absolument dénuée de fondement.

« La consommation du pain ne sera pas rationnée. (!!)

« Le Gouvernement a le devoir de veiller à la subsistance de la population ; c'est un devoir qu'il remplit avec la plus grande vigilance. Nous sommes encore fort éloignés du terme où les approvisionnements deviendraient insuffisants.

« La plupart des siéges ont été troublés par des paniques. La population de Paris est trop intelligente pour que ce fléau ne nous soit pas épargné. »

Deux jours après, il fallut cependant bien annoncer aux Parisiens qu'ils avaient fini de *manger leur pain blanc* et qu'il ne leur serait plus désormais délivré que du *pain bis*.

« L'avis publié il y a deux jours, dit le Gouvernement, paraît avoir dissipé les inquiétudes de la population relativement au pain. Il importe qu'il n'en reste aucune trace.

« Il est clair que s'il y a quatre pains pour quatre consommateurs, et que l'un d'eux en achète trois, il condamne tous les autres à se contenter d'un tiers de ration. Voilà les effets de la peur.

« Nous répétons qu'il n'y a aucun sujet de préoccupation et que le pain ne sera pas rationné. (!!!...)

« Assurément, s'il fallait se résigner à des privations dans un moment comme celui-ci, Paris n'hésiterait pas. Il n'est aucun sacrifice qu'il ne soit prêt à faire pour l'honneur et pour la patrie. Mais les approvisionnements existants permettent de lui épargner cette nécessité. La quantité de pain vendue quotidiennement n'a pas varié depuis le commencement du siége, et rien ne fait prévoir qu'elle doive être diminuée. Il n'y aura de différence que pour la qualité.

« Le plus grand intérêt de la défense étant de prolonger autant que possible la résistance de Paris, le Gouvernement, sûr de répondre en cela à la volonté de tous les citoyens, a résolu qu'aussitôt après le délai nécessaire pour écouler les quantités existantes, il ne serait plus vendu ni distribué dans la ville que du pain bis. Ce pain est nourrissant, agréable au goût et sans aucun inconvénient pour la santé. Nos paysans n'en mangent pas d'autre, même dans les départements les plus favorisés. Il va sans dire que le pain sera de qualité uniforme pour tous les consommateurs, et qu'aucune exception ne sera tolérée.

. . . .

« ... La situation est donc satisfaisante. On peut dire qu'elle est inespérée, après trois mois de siége.

« Ces résultats sont dus, en majeure partie, à la sagesse et au patriotisme de la population, aussi résignée devant les privations qu'elle est héroïque devant le péril. Nous avons tous juré que rien ne nous coûterait pour sauver notre pays, et nous y parviendrons à force de calme, de vigilance et de courage. »

Cependant le pain bis n'était pas du goût de tout le monde, et quelques boulangeries continuaient à fabriquer du pain dit *de luxe*. M. Ferry les rappela sévèrement à l'ordre par cet arrêté du 12 janvier :

« Le membre du Gouvernement, maire de Paris,

« Considérant que certains boulangers continuent à trier, au moyen de bluteries qui leur appartiennent, les farines qui leur sont livrées par la caisse de la boulangerie ;

« Que cette pratique, qui leur permet de fabriquer du pain de luxe, a pour effet de diminuer la quantité de farine qui entre dans l'alimentation publique,

« ARRÊTE :

« Art. 1er. Il est interdit aux boulangers de fabriquer ou de mettre en vente du pain dit *pain de luxe*.

« Art. 2. Il leur est interdit de bluter ou trier, par un procédé quelconque, les farines qui leur sont livrées par la caisse de la boulangerie.

« Art. 3. Les boulangers contrevenants seront passibles des peines édictées par les lois ; leurs boulangeries pourront être fermées par mesure administrative. »

Enfin, le 18 janvier, le Gouvernement, à bout d'expédients et de ressources, se vit forcé de faire connaître à ses administrés qu'il était dans la nécessité de leur imposer le rationnement!!!!... C'est encore M. Ferry qui se chargea du soin de faire part au public de cette fâcheuse nouvelle, en contradiction si étrange avec les assurances données par les proclamations des 12 et 14 décembre.

« Le membre du Gouvernement, maire de Paris, considérant, dit-il avec fermeté, qu'il est indispensable de régulariser la distribution du pain dans l'intérêt de la défense nationale ;

« Après avoir pris l'avis de l'assemblée des maires, qui ont reconnu à l'unanimité la nécessité du rationnement ;

« ARRÊTE :

« Art. 1er. A partir du jeudi 19 janvier, les boulangers ne distribueront du pain qu'aux porteurs d'une carte d'alimentation de boucherie ou de boulangerie, et dans la mesure indiquée par l'article suivant.

« Art. 2. La ration de pain est fixée à 300 grammes pour les adultes et à 150 grammes pour les enfants au-dessous de cinq ans.

« Art. 3. Le prix de la ration de 300 grammes sera de 10 centimes; celui de la ration de 150 grammes sera de 5 centimes.

« Art. 4. Les bons de pain de 500 grammes actuellement en circulation donneront droit à une ration de 300 grammes; ceux de 250, à une ration de 150 grammes. Les porteurs de ces bons qui n'auraient pas encore de carte d'alimentation se présenteront aux bureaux des réclamations, dont il est question à l'article 9, où la carte de boulangerie leur sera délivrée.

« Art. 5. Les personnes, appartenant au département de la Seine ou à d'autres départements, réfugiées dans Paris, devront également être munies d'une carte qui leur sera délivrée par le maire de l'arrondissement où elles habitent.

« Art. 6. La clientèle de chaque boulanger sera déterminée par un tableau officiel. Une affiche, apposée dans chaque quartier, indiquera la répartition des habitants, par maisons, entre les diverses boulangeries du quartier. Du jour de l'apposition des affiches, les habitants ne pourront se fournir à d'autres boulangeries qu'à celles qui leur seront assignées par le tableau.

« Art. 7. Les boulangeries ouvriront à sept heures du matin. Il y aura dans chaque boulangerie deux gardes nationaux et deux délégués de la mairie de l'arrondissement.

« Art. 8. Un des délégués détachera le coupon de la carte de boulangerie ; si la carte ne porte pas de coupon, elle sera timbrée ou poinçonnée ; l'adresse et les noms inscrits sur la carte seront copiés sur une feuille spéciale, et un timbre sera apposé à la suite de chaque nom sur une colonne correspondant au jour de la livraison.

« Art. 9. Il sera ouvert, dans chaque quartier, des bureaux destinés à recevoir les réclamations auxquelles le service de la distribution du pain pourra donner lieu.

« Ces bureaux seront composés de cinq membres au moins, délégués par la mairie de l'arrondissement. Ils délivreront des cartes de boulangerie aux personnes qui n'en seraient pas munies. Une affiche, apposée par les soins des maires, indiquera le lieu des bureaux de réclamations.

« Art. 10. Les compagnies de garde nationale de service aux remparts et les bataillons de guerre casernés dans Paris auront le choix de prendre leurs rations dans les boulangeries spéciales désignées à l'avance par les maires d'arrondissement.

« Art. 11. Les délégués des maires chargés d'assister à la distribution du pain feront, chaque jour, au plus tard avant quatre heures, un rapport à la mairie centrale sur la quantité de pain délivrée, le montant des farines reçues et à recevoir, et sur l'excédant ou le déficit qui se sera produit.

« Art. 12. Le colportage du pain à domicile est absolument interdit.

« Art. 13. Toute fraude dans les déclarations, tout usage de cartes d'alimentation, de boucherie ou de boulangerie, obtenues à l'aide de déclarations frauduleuses sont passibles des peines édictées par les art. 160 et 161 du Code pénal. »

Nous avons dit plus haut que, jusqu'au commencement de décembre, le public eut réellement du pain ; mais, vers le 20 du mois, le stock de la matière première avait considérablement baissé. On avait même déjà dévoré les blés de semence et, dès lors, des altérations notables s'introduisirent dans le mode de panification. On mélangea à la farine du son, de la paille hachée, du riz, du seigle, de l'avoine, de l'orge, même l'orge germée destinée à la fabrication de la bière. Il n'entra plus dans le pétrin que de 60 à 40 pour cent de farine de blé. Un peu plus tard, vers le commencement de janvier, la proportion n'était plus que de 30 à 25 pour cent. Elle tomba, pendant les quinze derniers jours du siège, à 20 pour cent; et même, il faut le dire, la veille de la signature de l'armistice, on ne mettait plus dans la pâte que 10 pour cent de farine. De plus, au lieu des 7 ou 8 mille quintaux de farine nécessaires à la consommation, le mélange qu'on boulangeait ne présenta plus que 6,000, 5,000, et, vers la fin, 4,000 quintaux. On ne disposait donc plus que de quantités insuffisantes d'un aliment qui ne méritait plus le nom de *pain*.

Les ressources en viande sur pied étaient assez considérables au commencement du siège ; le 21 août, c'est-à-dire un mois avant l'investissement, il y avait dans Paris 22 mille bœufs, 120 mille moutons et 12 mille porcs. Ces approvisionnements s'accrurent encore, grâce à l'activité du ministre Clément Duvernois, qui nous laissait, au 6 septembre, un stock de 40 mille bœufs et 250 mille moutons. Par suite de l'encombrement des lignes de chemins de fer et de la difficulté des arrivages, ou pour toute autre cause restée jusqu'à présent obscure, ces chiffres eurent à subir une diminution assez sensible, jusqu'au jour de l'investissement, époque à laquelle le ministre du commerce ne comptait plus dans ses parcs que 30 mille bœufs, 180 mille moutons et 6,000 porcs.

Dès le 1er octobre, les approvisionnements particuliers des bouchers étaient épuisés à fond, et il fallait entamer ceux de l'administration. Du 1er octobre au 20 novembre, celle-ci livra à la consommation publique 500 bœufs et 4,000 moutons par jour. Elle donnait, de plus, deux porcs par semaine à chacun des charcutiers de Paris. Ce n'est pas sans de grands efforts et des soins de toute nature qu'on obtint de tels résultats. Vers le 10 octobre, en effet, on s'aperçut que les bestiaux dépérissaient faute de pâturage et d'exercice, et l'on dut prendre le parti de les mener paître dans les bois de Boulogne et de Vincennes. C'est aussi à cette époque (10 octobre) que la viande de cheval acquit une certaine valeur, et que la *boucherie libre* prit le parti d'en garnir ses étaux. Elle abattit, à partir de ce moment, de 4 à 5 cents chevaux par jour, de sorte que, du 10 octobre au 20 novembre, on peut dire que la consommation quotidienne absorba 500 bœufs, 4,000 moutons, et de 4 à 5 cents chevaux.

Il était urgent de réglementer le mode de vente des chevaux de boucherie et de fixer le tarif de la viande à débiter. Le ministre de l'agriculture et du commerce prit ce sage arrêté qui porte la date du 7 octobre :

« Art. 1er. Les chevaux destinés à l'alimentation

devront être vendus les lundi, mercredi et vendredi de chaque semaine, de huit heures à onze heures du matin, au Marché aux chevaux.

« Art. 2. Pourront seuls être vendus, pour la consommation, les chevaux dont le bon état sanitaire aura été reconnu et constaté par le service vétérinaire d'inspection du marché. Les chevaux ne pourront être abattus que dans les abattoirs.

« Art. 3. Les chevaux achetés par l'État seront pesés vivants sur la bascule du marché, et payés comptant au prix maximum de 40 centimes le kilogramme.

« Art. 4. Dans les étaux autorisés à vendre la viande de cheval, le prix de vente de ladite viande est fixé ainsi qu'il suit :

« Aloyau, tende de tranche, culotte, gîte à la noix, tranche grasse, 1 fr. 40 c. le kilogramme.

« Tous autres morceaux, 0 fr. 40 c. le kilogramme.

« Art. 5. Le présent arrêté aura une durée de sept jours, à partir de lundi matin 10 courant.

« Art. 6. Toute infraction aux dispositions du présent arrêté sera punie des peines portées par les art. 479 et 480 du Code pénal, ainsi conçus :

« Art. 479. *Seront punis d'une amende de onze à quinze francs les bouchers qui vendront la viande au delà du prix fixé par la taxe légalement faite et publiée.*

« Art. 480. *Pourra, selon les circonstances, être prononcée la peine d'emprisonnement pendant cinq jours au plus.* »

Trois jours après, c'est-à-dire le 10 octobre, un autre arrêté du ministre réglait ainsi qu'il suit la répartition de la viande entre les vingt arrondissements de Paris :

« L'État, représenté par le ministère du commerce, fera abattre dans les trois abattoirs de Paris, la quantité de viande qui peut être mise chaque jour à la disposition de la population de Paris, soit la viande de 450 à 500 bœufs et de 3 à 4,000 moutons.

« Cette viande sera divisée dans les abattoirs en 20 lots : un pour chaque arrondissement. L'importance de chaque lot sera proportionnelle à la population et aux circonstances particulières de chaque arrondissement.

« Livraison de la viande ainsi répartie sera faite contre reçu aux lieux indiqués par les maires. Le paiement sera effectué, dans la caisse de chaque abattoir, sous la responsabilité des maires, à 20 centimes au-dessous de la taxe.

« Dans chaque arrondissement, la distribution de la viande sera faite, par les soins des maires, entre les boucheries municipales qu'ils sont chargés d'organiser sous le contrôle de la mairie centrale.

« Les maires désigneront les lieux de la vente et les personnes qui y seront préposées.

« La vente aux consommateurs aura lieu au prix de la taxe.

« Chaque mairie peut appliquer, dès à présent, un système de rationnement.

« Les systèmes de rationnement employés par les maires ne le seront qu'à titre d'essai, jusqu'à ce que la commission ait adopté un système général et définitif. »

On ne tarda pas à s'apercevoir que le nombre de chevaux livrés à la boucherie accusait une prodigalité excessive, et le ministre de l'agriculture et du commerce fut amené à prendre, le 20 octobre, un arrêté aux termes duquel les bêtes destinées à l'alimentation ne devaient se vendre qu'au Marché aux Chevaux les lundi, mercredi, vendredi, et seulement de huit heures à onze heures du matin. Un autre arrêté, en date du 29, spécifia, en outre, qu'il ne pourrait être vendu que 600 chevaux de boucherie en chacun des marchés de la semaine.

Au 20 novembre, la scène change brusquement d'aspect. Le mouton a complétement disparu, et, quant aux bœufs, l'administration n'en compte plus dans ses parcs que 5 ou 6 centaines, qu'elle garde pour le service des hôpitaux, avec deux milliers de vaches laitières, sa dernière ressource. On en est, dès lors, réduit à la viande de cheval.

La transition n'était pas facile. Il y avait à Paris 100 mille chevaux, ainsi que le démontra le recensement, et l'on comptait en livrer la moitié à la boucherie ; mais il fallait procéder méthodiquement aux acquisitions, aux réquisitions.... et l'organisation de ce nouveau service ne demanda pas moins de quinze jours.

Ce n'est qu'au 5 décembre qu'il fonctionna d'une façon à peu près régulière.

Le Gouvernement dut commencer par prescrire le recensement des chevaux, ânes et mulets, suivant les formes énoncées en ce décret du 25 novembre :

« Le Gouvernement de la défense nationale décrète :

« Art. 1er. Il sera fait, dans la journée du 29 novembre, un recensement de tous les chevaux, ânes et mulets existant à Paris et dans la banlieue.

« Art. 2. Le recensement sera fait au moyen de déclarations signées par les propriétaires des animaux.

« Art. 3. Les déclarations seront reçues :

« Pour Paris, dans les vingt mairies d'arrondissement ;

« Pour la banlieue, dans les mairies des communes suburbaines.

« Art. 4. Les déclarations seront conformes au modèle distribué par les mairies ; elles mentionneront l'usage spécial auquel les animaux sont affectés.

« Ces déclarations seront faites à la mairie qui correspond aux lieux où les animaux sont logés, sans avoir égard au domicile du propriétaire.

« Art. 5. A partir du 1er décembre, il ne pourra être vendu ni cheval, ni âne, ni mulet, sans que le vendeur en ait fait, au préalable, notification à la mairie dans laquelle l'animal a été recensé.

« Art. 6. Tout animal non déclaré deviendra la propriété de l'État.

« Art. 7. Le ministre du commerce et le membre du Gouvernement délégué à l'administration du département de la Seine et à la mairie de Paris sont chargés de l'exécution du présent décret. »

Cela fait, comme le manque de viande se faisait déjà cruellement sentir, le ministre de l'agriculture et du commerce s'empressa de réquisitionner toutes les bêtes à cornes et à laine, par cet arrêté du 28 novembre :

« Art. 1er. Réquisition est faite, au nom du Gouvernement, de toutes les bêtes à cornes et à laine existant dans l'enceinte de Paris.

« Art. 2. Les vaches laitières sont comprises dans la présente réquisition. Cependant, les propriétaires de ces vaches qui prouveront qu'ils possèdent les moyens de les nourrir, pendant le délai de au moins un mois, seront libres de les conserver, à charge par eux de déclarer leur intention.

« Art. 3. Par le fait de cette réquisition et de la publication du présent arrêté, les propriétaires d'animaux requis ne pourront plus en disposer.

« Art. 4. Les propriétaires ou détenteurs d'animaux devront en faire la déclaration avant samedi 3 décembre, cinq heures du soir, au ministère de l'agriculture et du commerce, rue Saint-Dominique, 60 (1er bureau de la direction de l'agriculture).

« Art. 5. Conformément aux dispositions de la loi

du 19 brumaire an III, applicables en matière de réquisition, la peine de la confiscation des aliments requis sera prononcée contre les propriétaires ou détenteurs qui n'en auront pas fait la déclaration dans le délai fixé.

« Art. 6. Les animaux dont il est fait réquisition, à l'exception des vaches laitières dont la conservation aura été autorisée, devront, dans les délais indiqués au moment de la déclaration, être conduits, par les soins des propriétaires ou détenteurs, à l'abattoir de la Villette, de Villejuif ou de Grenelle.

« La qualité en sera appréciée par l'inspecteur de l'abattoir, contradictoirement avec le propriétaire ou son représentant.

« En cas de désaccord entre l'inspecteur de l'abattoir et le propriétaire, ou son représentant, ils choisiront immédiatement, comme tiers arbitre, un des bouchers de l'abattoir.

« Les animaux seront pesés vivants à l'entrée de l'abattoir; ils seront payés au prix de 65 centimes, 85 centimes ou de 1 franc le kilogramme, poids vivant, selon la catégorie dans laquelle ils auront été classés par les arbitres. »

Le lendemain, 29 novembre, la réquisition de toutes les charcuteries fut prononcée par ce décret du Gouvernement :

« Art. 1er. Réquisition est faite, au nom du Gouvernement, des viandes de porc salé et denrées de charcuterie de toute nature, telles que jambons, lard, saucissons, etc., etc., existant chez les charcutiers et marchands de comestibles. Cette réquisition ne s'étend pas aux provisions de ménage.

« Art. 2. Les détenteurs des marchandises frappées de réquisition seront tenus de faire la déclaration des quantités qu'ils possèdent, soit au bureau des subsistances du ministère du commerce, soit à la mairie de leur domicile, dans les vingt-quatre heures de la promulgation du présent décret, sous les peines portées par la loi.

« Art. 3. Les prix seront fixés par deux arbitres : l'un, désigné par le ministère du commerce ; l'autre, par le syndicat des charcutiers et, au besoin, par un tiers arbitre désigné par le président du tribunal. »

L'ensemble de ces mesures, auxquelles on ne pouvait reprocher que le tort d'être prises un peu tard, permit à la population parisienne d'attendre patiemment que le service du débit de la viande de cheval pût fonctionner d'une manière satisfaisante. C'est vers le 5 décembre, avons-nous dit, que les choses commencèrent à marcher d'une façon passable.

« La viande ne nous manque pas, disait le Gouver-
« vernement, en sa proclamation du 14 décembre. Il
« en sera distribué tous les jours dans les boucheries
« municipales, sans réduction d'aucune sorte sur les
« quantités distribuées. On a eu d'abord quelques
« difficultés pour organiser le service. Maintenant,
« tout est en ordre. »

Le lendemain, 15 décembre, M. Jules Simon, ministre de l'instruction publique, était nommé président de la *Commission de réquisition des chevaux*, et le Gouvernement faisait afficher ces deux décrets :

« Le Gouvernement de la défense nationale,

« Vu la loi du 19 brumaire an III ;

« Vu le décret du 1er octobre 1870 ;

« DÉCRÈTE :

« Art. 1er. Réquisition est faite, au nom du Gouvernement de la défense nationale, de tous les chevaux, ânes et mulets existant à Paris et dans le territoire en deçà de la ligne d'investissement.

« Art. 2. Par l'effet de cette réquisition, tous les détenteurs deviennent de simples gardiens, tenus de représenter les animaux à eux confiés.

« Ils n'ont pas le droit de les vendre, de les échanger, de les faire abattre, ni même de les transférer dans un local autre que celui indiqué par la déclaration de recensement.

« Art. 3. Sur les injonctions qui seront adressées à chaque détenteur par le ministre de la guerre, conjointement avec le ministre de l'agriculture et du commerce, les animaux désignés devront être immédiatement conduits aux lieux qui seront indiqués.

« Art. 4. Les animaux seront pesés vivants et payés comptant.

« Art. 5. Pour les chevaux amenés après injonction, et qui seront en bon état, le prix sera de :

« 1 fr. 75 le kilogramme au maximum ;

« Et de 1 fr. 25 par kilogramme au minimum.

« Les animaux inférieurs seront payés au prix qui sera fixé.

« Art. 6. Tout propriétaire de cheval, âne ou mulet, qui voudra devancer l'injonction de livrer, a la faculté de faire conduire tous les jours ces animaux au Marché aux chevaux, boulevard d'Enfer, n° 6.

« Les prix de faveur suivants seront appliqués aux animaux spontanément amenés :

« 2 fr. le kilogramme au maximum ;

« 1 fr. 50 le kilogramme au minimum.

« En outre, il sera alloué une commission d'amenage de 10 fr. par tête.

« Ces avantages ne pourront être accordés aux animaux inférieurs.

« Art. 7. Par suite de la réquisition générale de tous les chevaux, ânes et mulets, tous propriétaires de ces animaux qui ne se seraient pas conformés au décret du 25 novembre 1870, sont tenus de faire, dans les quarante-huit heures, c'est-à-dire d'ici à samedi 17 décembre inclusivement, les déclarations prescrites par ledit décret.

« Art. 8. Tout animal non déclaré sera confisqué au profit de l'État, sans aucune indemnité.

« Art. 9. Tout animal non représenté, ou dont la cession régulière à l'État ne serait pas justifiée, donnera lieu à une amende égale à la valeur de l'animal détourné et qui, dans aucun cas, ne sera inférieure à mille francs par tête. »

« Le Gouvernement de la défense nationale,

« DÉCRÈTE :

« Art. 1er. L'abatage des chevaux, ânes et mulets est absolument interdit aussi bien dans le territoire compris en deçà de la ligne d'investissement et Paris, que dans Paris même.

« Art. 2. Toute infraction à cette prohibition donnera lieu à la saisie et à la confiscation de la viande, sans préjudice de l'application des lois et règlements contre les auteurs et complices de l'abatage irrégulier. »

Le service de la viande de boucherie ne fonctionna régulièrement, nous l'avons répété, qu'à partir du 5 décembre. Du 20 novembre jusqu'à cette dernière date, l'administration dut recourir à divers expédients. Il fallait faire vivre Paris pendant quinze jours! On abattit d'abord 1200 vaches laitières, qui donnèrent la subsistance de trois jours. Quatre autres jours se passèrent, pendant lesquels on vécut de salaisons et de viandes conservées. Il y avait, fort heureusement, aux Halles centrales, un stock assez considérable de boîtes de conserves de viandes, notamment de bœuf d'Australie acheté en Angleterre. Et, en outre, l'administration avait fait tuer à temps, et saler, tous les bœufs et moutons qui dépérissaient dans les parcs. Cette seule fabrique de salaisons, dirigée par M. Demongeot, ingénieur du service des tabacs, avait produit plus de 500 mille kilogrammes de viande. Pendant les sept ou huit derniers jours, les bouchers distribuèrent, en remplacement de viande, de la morue, des harengs salés, du lard, du riz, des haricots, — genre de distribution auquel il fallut bien recourir chaque fois qu'il se produisit quelque accident dans la marche du service durant la période suivante.

A partir du 5 décembre et jusqu'à la fin du siége, l'administration fit régulièrement abattre 500 chevaux par jour. Quand, par hasard, elle se trouvait dans l'embarras, elle reprenait ses distributions de viandes ou de poissons salés. Il fut ainsi délivré à la population parisienne 104,000 kilogrammes de salaisons.

En résumé, l'historique des vivres-viande pendant le siége présente quatre périodes distinctes. Du 18 *septembre au 1ᵉʳ octobre*, les boucheries libres fonctionnent seules, comme en temps normal. Du *1ᵉʳ octobre au 20 novembre*, l'administration livre à la consommation quotidienne 500 bœufs et 4,000 moutons; et, de plus, à partir du 10 octobre, la boucherie libre de cheval abat 4 ou 500 chevaux. Du 20 *novembre au 5 décembre*, on vit de salaisons et de légumes secs. Du *5 décembre au 28 janvier*, on en est réduit à 500 chevaux par jour. C'est en passant par ces différentes phases que le ministère du commerce parvint à servir par jour, à la population civile, un total de 2,199,000 rations.

Notons, en terminant, que, pendant les trois derniers mois du siége, la population de Paris et l'armée consommèrent ensemble 50 mille chevaux. Est-ce à l'abus de cette nourriture hippique qu'il faut, suivant l'avis de l'émir Abd-el-Kader, attribuer une partie des méfaits des gens de la Commune de Paris? — « La « chair du cheval endurcit le cœur de l'homme, » dit un proverbe arabe. Certes, les héros de l'Internationale n'avaient pas besoin de cet excitant; ils sont de leur nature assez féroces, et dignes de toutes les invectives qui scintillent dans les Verrines et les Catilinaires. Mais, d'autre part, certaines qualités de l'homme sauvage leur font absolument défaut, et, suivant un autre proverbe, on eût dû songer à leur faire manger du lion, afin de leur donner un peu de cœur.

Tel ne pouvait être, cependant, l'avis de la direction du Jardin des Plantes qui veillait assidûment, pendant le siége, à la conservation des pensionnaires de sa belle collection vivante, et qui publia un jour ce document :

« Malgré les difficultés considérables, et chaque jour croissantes, que l'administration du Muséum d'histoire naturelle éprouve pour assurer le service des subsistances nécessaires à l'entretien de sa belle ménagerie, cet établissement scientifique n'a fait jusqu'ici aucune perte grave.

« Faute de légumes frais, les singes et quelques autres petits animaux des pays chauds meurent en grand nombre; quelques carnassiers, tels qu'une lionne et un jaguar, ont succombé sous l'influence du régime insalubre auquel ils sont assujettis ; car, depuis l'investissement de Paris, on ne nourrit les bêtes féroces du Jardin des Plantes qu'avec de la viande de mauvaise qualité, déclarée impropre à la consommation publique et provenant de la voirie.

« Mais les animaux les plus précieux, notamment les deux hippopotames, le rhinocéros, les deux éléphants d'Asie, l'éléphant d'Afrique et un certain nombre d'antilopes n'ont pas souffert, et, au moyen des approvisionnements spéciaux préparés avant le siége, il sera possible de pourvoir à leur nourriture pendant plusieurs mois. Les craintes exprimées par quelques journaux au sujet du sort de cette partie de nos collections nationales sont, par conséquent, sans fondement.

« Il est même à remarquer que, depuis l'investissement de Paris, la ménagerie du Muséum d'histoire naturelle a pu accroître considérablement ses richesses zoologiques, et s'est procuré, par voie d'échange, un certain nombre d'animaux précieux parmi lesquels on peut citer en première ligne : une paire de zèbres, une antilope-gnou, une paire de phascolomes à front large, et un wombat d'Australie.

« Ces échanges lui ont été d'autant plus précieux qu'ils lui ont permis de se débarrasser avantageusement de plusieurs pensionnaires d'un faible intérêt zoologique et trop coûteux à nourrir, à raison de la quantité de vivres qu'ils consommaient.

« Les animaux qui ont été débités dans plusieurs boucheries, comme viande de fantaisie, provenaient du jardin d'acclimatation. A l'approche de l'ennemi, ils avaient dû être transportés du bois de Boulogne dans l'intérieur de Paris, et ils ont été logés provisoirement au Jardin des Plantes.

« La ménagerie du Muséum d'histoire naturelle, qui est une propriété nationale, n'a rien vendu et conserve précieusement ses collections scientifiques. »

Ainsi que le rappelle fort bien le document qui précède, les pensionnaires du jardin d'acclimatation durent nécessairement être abattus, faute de vivres ; et, pendant quelques jours, la *high life* parisienne put se croire transportée sous d'autres latitudes. Elle goûta, non sans quelque plaisir, de la chair de l'antilope, du bizon, du dromadaire, de l'éléphant, du kanguroo, de l'ours et du rhinocéros, concurremment avec celle du cheval, de l'âne et du mulet.

Il y avait longtemps, d'ailleurs, que toute la population attaquait vigoureusement les animaux domestiques qui n'entrent pas, d'ordinaire, dans la consommation. Après avoir sacrifié maints chats et chiens, elle ne craignit pas de faire main basse sur les rats et les souris, et il s'ensuivit d'effroyables hécatombes. Des gens du meilleur monde voulurent savoir le goût des rongeurs, et ces bestioles furent trouvées savoureuses. Un des grands restaurants du boulevard ne tarda pas à les mettre à la mode, en les accommodant au madère et au champagne !... ce plat d'un nouveau genre eut les honneurs d'une vogue prononcée. On vit s'ouvrir des boucheries spéciales pour le débit des viandes de chien, de chat et de rat. Le marché aux rats se tenait place de l'Hôtel de Ville, aux environs du point sur lequel l'auteur de *Notre-Dame de Paris* s'est permis sur un « *Tu Ora* » certaine calembredaine d'un goût douteux. Les cages de fer des marchands étaient toujours pleines, et le gibier ne fut jamais sur le point de manquer, attendu que les sous-sol de Paris donnent asile à plus de *vingt millions* de rats. La pièce, qui se payait soixante centimes à la fin du mois de novembre, était cotée quatre francs aux derniers jours du siége. Ne nous plaignons pas de nos souffrances. Il y a 2085 ans, les défenseurs de Capua, sur le Volturno (Casilinum), connurent bien d'autres misères : là, les rats se vendaient 200 deniers, soit 164 francs de notre monnaie; c'est-à-dire 41 fois la valeur maximum qui leur fut attribuée à Paris en janvier 1871 (1).

L'administration ne négligeait rien de ce qui pouvait augmenter le stock de la viande de boucherie et de ses similaires. C'est ainsi qu'elle donna la plus vive impulsion à la fabrication de l'*osséine*, dont on tirait un potage assez nutritif et certain produit cartilagineux comestible, qui satisfaisait l'estomac d'une façon bizarre. C'est le 23 novembre que fut pris à ce sujet l'arrêté suivant :

« Le ministre de l'agriculture et du commerce,

---

(1) Voyez Pline (*Hist. nat.* VIII, LXXXII) et Strabon (V, IV, 10). — Frontin (*Stratag.* IV, V, 20) dit seulement *cent* deniers, soit 82 francs. Ce serait encore plus de vingt fois le prix payé à Paris.

« Considérant que, pendant la durée du siége, il importe qu'aucune substance reconnue propre à l'alimentation ne soit détournée de cet usage; qu'à la suite d'essais variés, dont l'Académie des sciences vient de constater l'utilité et le succès, il paraît établi que les os peuvent fournir la matière de préparations alimentaires douées de qualités nutritives; que, néanmoins, les os, achetés au prix maximum de 2 francs les 100 kilogrammes, sont généralement traités pour extraction de graisses communes; puis, détruits par les acides et rejetés dans les égouts;

« ARRÊTE :

« Art. 1er. Réquisition est faite, au nom du Gouvernement de la défense nationale, tant dans les boucheries municipales que dans les boucheries libres de cheval, et dans les fourneaux économiques, de la totalité des os qui ne sont point vendus au public avec la viande, ou qui ne sont plus employés à la préparation du bouillon.

« Art. 2. Le prix de 2 fr. 50 les 100 kilogrammes est offert aux établissements détenteurs de ces os.

« Art. 3. Ampliation du présent arrêté sera envoyée aux mairies des vingt arrondissements de Paris, ainsi qu'aux boucheries de cheval autorisées. »

Mais cet arrêté de réquisition ne tarda pas à être rapporté par le ministre, et le libre commerce des os frais de boucherie, rétabli par cette considération que, grâce à l'impulsion donnée par l'Académie des sciences et à l'initiative de l'administration, dont l'exemple avait été promptement suivi, l'industrie privée avait pourvu au traitement régulier des os pour préparations alimentaires; que, par suite, il convenait de ne pas entraver ses efforts.

Une foule d'industriels se livraient alors, en effet, à la fabrication de l'osséine, et des affiches multicolores conviaient le public à des festins d'un goût nouveau. On n'en faisait pas seulement avec des os frais, mais encore avec les issues de toutes les industries dans lesquelles entrent, comme matière première, les os d'animaux nettoyés, desséchés et blanchis. Le bouillon qu'on parvint à extraire de ces derniers fut aussitôt baptisé par d'intrépides parisiens du nom de *soupe aux boutons de guêtre*. Des chimistes féroces menaçaient même les consommateurs de tous les ossements enfermés dans les catacombes.... et la venue de l'armistice put seule les empêcher de commettre ce sacrilége. Ils eurent du moins la consolation de leur faire manger force aliments ingénieux, parmi lesquels du saucisson de bœuf et de cheval et certain boudin appétissant, fait du sang de ces animaux. Étrange époque en vérité ! Les professeurs du Collége de France faisaient du boudin ; les bouchers débitaient des harengs ou des lentilles; les officiers de marine étaient à cheval !...

Nous avons dit que l'administration civile ne laissait rien perdre en fait de matières alimentaires. Elle eut l'heureuse idée de réquisitionner le poisson par cet arrêté du 28 octobre :

« Le ministre de l'agriculture et du commerce,

« Considérant qu'il importe, dans l'intérêt de l'alimentation de Paris, qu'on puisse disposer du poisson qui existe dans la Marne, la Seine, le canal Saint-Martin et les lacs du bois de Vincennes et du bois de Boulogne,

« ARRÊTE :

« Art. 1er. Réquisition est faite du poisson qui existe dans les parties de la Marne et de la Seine encore accessibles et dans le canal Saint-Martin, ainsi que dans les lacs du bois de Vincennes et du bois de Boulogne.

« Art. 2. Le ministre des travaux publics prendra les mesures nécessaires pour résilier les baux qui pourraient gêner la pêche qu'il s'agit de faire. »

Toutes les autres denrées, riz, cafés, liquides, se trouvaient en abondance dans la place assiégée.

Étant données toutes ces matières comestibles, l'art culinaire parisien eut des inspirations fantastiques et obtint parfois, dans la voie du romantisme, des effets inattendus que sanctionna le succès. Sur les renseignements de MM. Dumas et Wilson, il prépara de la bouillie et des gâteaux d'avoine ; sur ceux de M. Aubert, de la bouillie de farine de blé. Il préconisa la graisse de cheval en remplacement de beurre frais ; les beignets de *polenta*, les crêpes, le riz au chocolat et les *migas* espagnoles, destinées, selon son dire, à faire oublier le goût des huîtres et des volailles truffées. Les champignons, dont la production, un instant négligée, ne fut jamais interrompue, furent servis sous mille formes ingénieuses. On fit des soupes au vin, des potages à l'ail et des *turlutines* au café. Et, à propos du génie des cuisinières bourgeoises, nous ne saurions mieux faire que de donner ici le menu d'un de ces dîners obsidionaux où chaque convive apportait son pain noir; où il était de bon goût d'offrir à la maîtresse de la maison soit un morceau de pain blanc de contrebande, soit quelques pommes de terre, soigneusement enveloppées de papier de soie, comme des oranges. Voici le texte exact d'une carte de festin, bien digne de traverser les âges et d'être, à l'occasion, appréciée de nos arrière-neveux :

« Consommé de cheval au millet.

« Relevés.
« Brochettes de foie de chien à la maître d'hôtel.
« Emincés de râble de chat sauce mayonnaise.

« Entrées.
« Épaule et filet de chien braisé sauce tomate.
« Civet de chat aux champignons.
« Côtelettes de chien aux petits pois.
« Salmis de rats à la Robert.

« Rôts.
« Gigot de chien flanqué de ratons.
« Salade d'escarolles.

« Légumes.

« Bégonia au jus.

« Plum-pudding au jus et à la moelle de cheval.

« Dessert et vins. »

Il n'est pas nécessaire d'expliquer comment et pourquoi la valeur des substances alimentaires s'était considérablement accrue pendant le siége. Au 15 novembre, tous les prix étaient déjà plus que quintuplés. Le commerce de détail ne connut plus, dès lors, d'autre mélopée que celle de la gamme ascendante et, vers la fin de janvier, la cote des comestibles atteignit à des hauteurs vertigineuses. Nous donnons ici quelques chiffres qui feront frémir le lecteur :

La viande de cheval, d'âne ou de mulet est assez dédaignée à Paris, en temps ordinaire, et les boucheries hippophagiques la débitent à raison de 1 fr. 25 le kilogramme. L'âne et le mulet montèrent vite à 6 fr. et, le 25 janvier, le filet de cheval se vendait 16 fr. La paire de lapins, cotée d'habitude de 6 à 7 francs, avant l'investissement, en valut 35 ; puis, 70. Il en fut de même de la volaille. Une oie de moyenne grosseur alla de 6 à 25 francs ; puis, de 30 à 120. Une dinde, qui vaut 10 ou 12 francs, en temps normal, se vendit 50, 100, 150, et jusqu'à 200 francs. Suivant la même progression, la paire de poulets fut successivement payée 9, 20, 30, 50 et 100 francs. Un seul pigeon valait 15 francs aux derniers jours du siége.

Le poisson de la Seine ou de la Marne n'était pas

moins cher. Une carpe, qui eût été cotée 2 fr. 50 en temps ordinaire, sauta brusquement à 20 francs; de là, à 30 francs; enfin, à 50 francs. La simple *friture de goujons* suivit vivement ces traces; elle alla de 1 franc 25 à 4, 6, 8 et 10 francs. A la veille de l'armistice, UN SEUL goujon coûtait cinquante centimes, juste le prix d'*une* sardine extraite de sa boîte de fer-blanc.

La valeur de quelques légumes prit, avec le temps, des proportions tout aussi fabuleuses. Le boisseau de pommes de terre, qu'on achète d'ordinaire un franc, valait 6 francs au 15 novembre et monta, fin janvier, jusqu'à 32 francs. Les mêmes chiffres peuvent s'appliquer exactement à la douzaine d'œufs. Un litre de haricots blancs de 60 centimes se paya 3 francs vers le milieu du siége, et 8 francs vers la fin. On n'en mangeait guère, *au prix où était le beurre*.... car le beurre frais valait alors soixante-dix francs le kilogramme!...

En terminant ce tableau de nos misères du siége, nous devons remarquer, encore une fois, que l'administration civile se donna beaucoup de peine et de mouvements en sens divers pour résoudre le problème de l'alimentation publique. Elle fit les plus louables efforts, et l'on ne saurait lui reprocher que quelques naïvetés, comme celle de l'organisation des compagnies de *Pourvoyeurs*. Elle créa force *Cantines municipales* dès le début du siége; et, le 3 décembre, il lui était encore ouvert un crédit de 500 mille francs pour l'établissement de nouveaux fourneaux économiques. On la vit, au 1ᵉʳ janvier, donner à la population parisienne des *étrennes* composées de :

« 104,000 kilogrammes de très-bonne viande de bœuf conservée, au lieu de viande de cheval ; — 52,000 kilogrammes de haricots secs ; — 52,000 kilogrammes d'huile d'olive ; — 52,000 kilogrammes de café vert en grains ; — 52,000 kilogrammes de chocolat. »

Mais les cantines, toujours abondamment pourvues, nourrissaient largement le *pauvre peuple*, et laissaient les classes moyennes mourir littéralement de faim. La partialité républicaine était là flagrante. Mais les étrennes ne dispensaient pas les malheureuses ménagères de faire, aux portes des boulangers et des bouchers, ces interminables *queues* qu'il eût été si facile de leur épargner. L'impéritie administrative était là plus qu'odieuse, n'en déplaise à M. Clamageran et à tout l'état-major de M. J. Ferry. Quant à la population, c'est à ces séances de *queue* qu'on lui imposait par le vent, par la pluie, par la neige, c'est là qu'elle révéla sa patience et son courage et son patriotisme. Son héroïsme fut supérieur à la maladresse de l'administration.

Celle-ci rendit ainsi ses comptes au public, à l'heure où il fallut enfin capituler, après 135 jours de souffrances et d'angoisses :

« Le Gouvernement, dit le *Journal officiel* du 28 janvier 1871, a annoncé qu'il donnerait la preuve irréfragable que Paris a poussé la résistance jusqu'aux extrêmes limites du possible. Hier encore, il y avait inconvénient grave à publier des informations de ce genre. Aujourd'hui, que la convention relative à l'armistice est signée, le Gouvernement peut remplir sa promesse.

« Il faut d'abord se remettre en mémoire ce que trop de personnes semblent avoir oublié : c'est qu'au début de l'investissement, les plus optimistes n'osaient pas croire à un siége de plus de six ou sept semaines.

« Lorsque, le 8 septembre, le *Journal officiel* répétant une déclaration affichée sur les murailles par M. Magnin, ministre du commerce, affirmait « que les approvisionnements en viandes, liquides et objets alimentaires de toute espèce, seraient largement suffisants pour assurer l'alimentation d'une population de deux millions d'âmes pendant deux mois, » cette assertion était généralement accueillie par un sourire d'incrédulité. Or, quatre mois et vingt jours se sont écoulés depuis le 8 septembre.

« Au milieu des plus dures privations, devenues, pendant ces dernières semaines, de cruelles souffrances, Paris a résisté aussi longtemps qu'il a pu raisonnablement espérer le secours des armées extérieures ; aussi longtemps qu'un morceau de pain lui est resté pour nourrir ses habitants et ses défenseurs. Il ne s'est arrêté que lorsque les nouvelles venues de province lui ont arraché tout espoir ; en même temps que l'état de ses subsistances lui montrait la famine imminente et inévitable.

« Le 27 janvier, — c'est-à-dire huit jours après la

dernière bataille livrée sous nos murs, et presque au moment où nous apprenions les insuccès de Chanzy et de Faidherbe, — il restait en magasin 42,000 quintaux métriques de blé, orge, seigle, riz et avoine, ce qui, réduit en farine, représente, à cause du faible rendement de l'avoine, 35,000 quintaux métriques de farine panifiable. Dans cette quantité sont compris 11,000 quintaux de blé et 6,000 quintaux de riz, cédés par l'administration de la guerre, laquelle ne possède plus que dix jours de vivres pour les troupes, si on les traite comme des troupes en campagne, savoir : 12,000 quintaux de riz, blé et farine, et 20,000 quintaux d'avoine. Telle était la situation de nos approvisionnements en céréales, à l'heure de l'ouverture des négociations.

« En temps ordinaire, Paris emploie à sa subsistance 8,000 quintaux de farine par jour, c'est-à-dire 2,000,000 de livres de pain; mais, du 22 septembre au 18 janvier, sa consommation a été réduite à une moyenne de 6,360 quintaux de farine par jour, et, depuis le 18 janvier, c'est-à-dire depuis le rationnement, cette consommation est descendue à 5,300 quintaux, soit un sixième de moins environ que la quantité habituelle, nous pourrions dire nécessaire.

« En partant de ce chiffre de 5,300 quintaux, le total de nos approvisionnements représente une durée de sept jours.

« A ces sept jours, on peut ajouter *un* jour d'alimentation fournie par la farine actuellement distribuée aux boulangers; *trois* ou *quatre* jours auxquels subviendront les quantités de blé enlevées aux détenteurs par tous les moyens qu'il a été possible d'imaginer, et l'on arrive ainsi à reconnaître que nous avons du pain pour huit jours au moins, pour douze jours au plus.

« Il n'est pas inutile de dire que, depuis trois semaines, il n'existe plus de provision en farine. Nos moulins ne fournissent chaque jour que la farine nécessaire au lendemain. Il eût suffi de quelques obus, tombant sur l'usine Cail, pour mettre instantanément en danger l'alimentation de toute la ville.

« En ce qui concerne la viande, la situation peut se caractériser par un seul mot : depuis l'épuisement de nos réserves de boucherie, nous avons vécu en mangeant du cheval. Il y avait 100,000 chevaux à Paris. Il n'en reste plus que 33,000, en comprenant dans ce chiffre les chevaux de la guerre.

« Ces 33,000 chevaux, d'ailleurs, ne sauraient être tous abattus sans les plus graves inconvénients. Plusieurs services, indispensables à la vie, seraient suspendus : ambulances, transport des grains, des farines et des combustibles; services de l'éclairage et des vidanges, pompes funèbres, etc. Il nous faudra, d'autre part, beaucoup de chevaux pour le camionnage, quand le ravitaillement commencera. En réalité, une fois ces diverses nécessités satisfaites, le nombre des animaux disponibles pour la boucherie ne dépassera pas 22,000 environ.

« En ce moment, nous consommons, avec l'armée, 650 chevaux par jour, soit 25 à 30 grammes par habitant, après le prélèvement des hôpitaux, des ambulances et des fourneaux. *Vingt-cinq* grammes de viande de cheval, *trois cents* grammes de pain, voilà la nourriture dont Paris se contente à l'heure qu'il est. Dans dix jours, quand nous n'aurons plus de pain, nous aurons consommé 6,500 chevaux de plus, et il ne nous en restera que 26,500. Nous pouvons, il est vrai, y joindre 3,000 vaches réservées pour le dernier moment, parce qu'elles fournissent du lait aux malades et aux nouveau-nés. Mais, alors, comme il faudra remplacer le pain absent, la ration de viande devra être quadruplée, et nous serons obligés de tuer 3,000 chevaux par jour. Nous vivrions ainsi pendant une semaine environ.

« Mais nous n'en viendrons pas à cette extrémité, précisément parce que le Gouvernement de la défense nationale s'est décidé à négocier. On dira peut-être : « Pourquoi avoir tant tardé? Pourquoi n'avoir pas révélé plus tôt ces vérités terribles? » A cette question il y a à répondre que le devoir était de prolonger la résistance jusqu'aux dernières limites, et que la révélation de semblables détails eût été la fin de toute résistance.

« Mais le ravitaillement marchera assez vite pour que nous ne restions pas un seul jour sans pain. Toutes les mesures que la prudence pouvait suggérer ont été prises, et, pourvu que chacun comprenne son devoir, pourvu que les agitations intérieures ne viennent pas troubler la reprise de l'activité industrielle et commerciale, de nouveaux approvisionnements nous arriveront juste au moment où nous aurons épuisé ceux qui nous restent.

« Nous avons le ferme espoir, nous avons la certitude que la famine sera épargnée à deux millions d'hommes, de femmes, de vieillards et d'enfants. Le devoir sacré de pousser la résistance aussi loin que les forces humaines le comportent, nous a obligés de tenir tant que nous avons eu un reste de pain. Nous avons cédé, non pas à l'avant-dernière heure, mais à la dernière. »

§ 5. — *Services divers.*

Nous avons compris sous cette rubrique l'historique succinct des opérations de l'habillement et du campement, et celui des efforts faits par l'administration civile pour donner à la population des moyens d'éclairage et de chauffage.

Bien avant l'investissement de Paris, le grand magasin central du quai d'Orsay se trouvait littéralement encombré d'effets d'habillement et d'équipement, ainsi que d'objets de campement de toute espèce. Cet établissement fut donc toujours en mesure de satisfaire amplement aux besoins des défenseurs. Aussi, plus les agents de l'administration militaire opéraient de distributions, plus leurs docks paraissaient-ils abondamment pourvus d'effets. La source en était intarissable.

C'est que, en temps utile, l'intendance avait eu le soin de passer avec l'industrie privée nombre de marchés qui ne cessèrent jamais de sortir leur plein effet. Jamais elle ne laissa chômer les fabriques de Paris, parmi lesquelles il faut citer la maison Godillot, rue Rochechouart (1).

La confection était si activement conduite que les immenses locaux du quai d'Orsay devinrent, par moments, insuffisants et qu'il fallut organiser, çà et là, dans Paris, divers entrepôts secondaires. C'est ainsi que la gare de l'Ouest (rive droite) abritait sous ses vitrines des montagnes de souliers.

On jugera de la puissance du magasin central par ce seul fait que, dans l'espace de cinq mois et demi, et en dehors des distributions régulières faites à l'armée, il a pu distribuer plus de DEUX MILLIONS d'effets de toute nature, parmi lesquels on compte 344,000 effets d'habillement en drap; — 100,000 ceintures de flanelle; — 457,000 effets de grand équipement; — 58,000 havre-sacs; — 177,000 paires de souliers; — 136,000 paires de guêtres; — 111,000 chemises; — 166,000 effets de campement; — 2,375 grandes tentes; — 160,000 tentes-abris; — 145,000 couvertures.

Ces objets avaient été délivrés non à l'armée, ainsi

---

(1) On se souvient que l'industrie parisienne semblait alors s'être transformée et se jetait tout entière, et à corps perdu, dans la confection des effets militaires. On ne rencontrait partout que marchands d'uniformes, fabricants d'objets d'équipement, de guêtres, de bottes fortes, de bidons et d'accessoires de toute espèce.

que nous venons de le dire, mais aux diverses parties prenantes dont l'entretien incombait aux soins de l'administration civile. Dans ce chiffre de plus de deux millions d'effets sortis du magasin central, du 1ᵉʳ juillet au 15 novembre 1870, la ville de Paris figure pour 50,000; — la garde nationale, pour 150,000; — les corps francs, pour 125,000; — la garde mobile, pour 1,292,000; — enfin, le ministère de l'intérieur, pour 400,000.

Il n'est pas hors de propos d'expliquer pourquoi le ministère de l'intérieur se trouve inscrit sur cette liste. La raison en est que ce département fut, un instant, chargé de pourvoir à l'habillement et à l'équipement de la garde nationale mobile. Vers le milieu du mois d'août, M. Chevreau, alors ministre, avait cru devoir se mettre à la disposition du général de Palikao, en vue de l'organisation des forces de nos provinces. Il donna, par suite, à ses préfets, l'ordre d'habiller les jeunes mobiles et leur ouvrit, dans ce but, un crédit de 25 millions. Il sollicita, de plus, et obtint de la guerre un stock de 400,000 effets, destinés à amorcer le début des opérations, en attendant la mise en train des diverses industries locales.

Ce concours du ministère de l'intérieur, loin de nous être inutile, hâta singulièrement la mise en mouvement des cent mille jeunes gens qu'on allait appeler à la défense de Paris. Voici, par exemple, comment les choses se sont passées pour les bataillons du Tarn, l'un des premiers départements où la mobile ait été organisée par le général de Palikao.

« L'habillement et le premier équipement, dit
« M. Fuzier-Herman (1), sont dus exclusivement à
« l'industrie locale. Les vareuses en molleton, notre
« premier uniforme, sortaient des grandes manufac-
« tures de Mazamet et de Castres ; les képis étaient
« fournis par des maisons d'Albi et de Gaillac ; les
« blouses à pattes rouges qui, dans le principe, don-
« naient à la mobile de province un aspect si pitto-
« resque, étaient confectionnées dans tous les ateliers
« et dans tous les ouvroirs. En peu de temps, bien
« avant le départ (8 septembre), un véritable tour de
« force avait été accompli : après quelques jours de
« formation, le régiment des mobiles du Tarn réu-
« nissait les conditions matérielles indispensables pour
« la mise en route. Ce résultat, il convient de le rap-
« peler ici, est dû, en grande partie, au concours de
« l'administration départementale, chargée de secon-
« der l'autorité militaire, et représentée alors par un
« préfet aussi estimé que sympathique, M. Locré. »

Tous les départements n'étaient, malheureusement, pas aussi bien partagés que le département du Tarn. Il advint de là que nombre de bataillons arrivèrent à Paris sans aucun simulacre d'uniforme ; sans linge, ni chaussure, ni *butin*. Il fallut les équiper, les chausser, les vêtir. De là les 1,292,000 effets qui leur furent

---

(1) *La province au siége de Paris.* — Paris, Dumaine, 1871.

immédiatement distribués par les soins de ce magasin central dont, nous le répétons, on ne saurait trop louer l'activité féconde.

Outre le soin de pourvoir à la conservation et à la répartition des subsistances approvisionnées, l'administration civile ne manquait pas de préoccupations. Elle avait à songer, par exemple, aux moyens d'assurer au public l'éclairage indispensable en toute saison et, principalement, durant l'hiver.

Au 22 août, les usines à gaz se trouvaient approvisionnées à 78 jours ; mais, dès le commencement du siége, on s'aperçut que ce stock serait insuffisant. On constata, de plus, que le service des ballons de la poste pesait beaucoup sur les ressources gazométriques et, dès lors, il fallut bien réglementer la consommation afférente aux besoins de l'éclairage courant. Le 26 octobre, le maire de Paris prenait cet arrêté :

« Art. 1er. A compter du 1er novembre prochain, les consommateurs de gaz d'éclairage, ayant plusieurs brûleurs dans une même pièce, devront en réduire l'allumage dans la proportion *d'un bec sur deux.*

« Art. 2. A dater de la même époque, dans toutes les habitations particulières, et dans tous les bâtiments affectés à un service public, la consommation du gaz, réglée au compteur et à l'heure, sera réduite de moitié au moyen de l'abaissement de hauteur des flammes.

« L'extinction de tous les becs devra être effectuée à dix heures et demie du soir, au plus tard.

« Art. 3. Les contraventions aux dispositions qui précèdent seront constatées par des procès-verbaux et poursuivies devant les tribunaux compétents.

« Les contrevenants pourront, en outre, être privés, par mesure administrative, de l'usage de gaz.

« Art. 4. Le directeur de la voie publique et des promenades est chargé de l'exécution du présent arrêté, qui sera publié et affiché. »

Ces dispositions semblèrent bientôt devoir être en partie inefficaces, eu égard au but qu'on se proposait, et, le 16 novembre, le préfet de police réglementait à nouveau le rationnement du gaz par un arrêté ainsi conçu :

« A partir de sept heures du soir, les cafés, les restaurants, les liquoristes et autres établissements de même nature, cesseront d'être éclairés au gaz.

« Néanmoins, il leur sera loisible de rester ouverts jusqu'à minuit, s'il leur convient d'employer tout autre mode d'éclairage. »

Dès le lendemain, 17, un grand nombre de cafés des boulevards inauguraient divers systèmes dont la bougie, l'huile et le pétrole faisaient tous les frais; et, bientôt, la grande ville prit, le soir, une physionomie étrange.

Le Gouvernement ne s'en tint pas là. Craignant d'en être réduit à laisser dans les ténèbres les rouages les plus importants de son mécanisme urbain (1), il fit

---

(1) Pendant la période du bombardement, les batteries prussiennes

intervenir, à la date du 25 novembre, ce décret portant réquisition des pétroles :

« Le Gouvernement de la défense nationale,

« Considérant qu'il est indispensable de mettre les huiles de pétrole épurées existant à Paris à la disposition des services publics,

« DÉCRÈTE :

« Art. 1er. Réquisition est faite de toutes les huiles de pétrole épurées existant dans les magasins publics et privés de Paris et de la banlieue, que ces huiles aient été ou n'aient pas été l'objet de déclarations antérieures.

« Art. 2. Les huiles acquises par la Ville ne pourront être payées à un prix inférieur à la mercuriale des quinze premiers jours de septembre.

« Art. 3. Le membre du Gouvernement délégué à la mairie de Paris et à l'administration du département de la Seine, est chargé de l'exécution du présent décret. »

Grâce à ces dispositions, Paris, la ville des lumières, demeura toujours éclairée.

Cependant, l'hiver était venu et le froid sévissait. « La rigueur de la saison, disait le *Journal officiel* du 24 décembre, en accélérant tout à coup la consomma-

---

prenaient aussi pour objectifs nos usines à gaz. Celle de Grenelle reçu sept projectiles; celle de la Villette fut atteinte, dans la nuit du 25 au 26 janvier, de deux obus qui provoquèrent l'explosion d'un régulateur.

tion du bois dans Paris, a fait subir une diminution rapide au stock de bois sec qui existe actuellement dans les chantiers. L'approvisionnement de la ville de Paris, au commencement de la saison d'hiver, était d'ailleurs inférieur aux quantités habituelles, à raison de deux circonstances combinées : la sécheresse de l'été dernier, qui avait empêché les arrivages par les voies fluviales, et l'investissement de Paris, dès le 18 septembre. Il n'est donc pas surprenant que les magasins commencent à s'épuiser. Fort heureusement, le remède est à notre portée. La capitale possède, en dehors de ses approvisionnements réguliers, d'immenses réserves de bois sur pied.

« Ces réserves consistent dans les mille hectares de plantations dont se composent les bois de Boulogne et de Vincennes, et dans les arbres qui bordent les boulevards de la Ville et les routes de la banlieue ; cette dernière ressource, à elle seule, représente des quantités considérables.

« L'administration de la Ville s'est occupée de réaliser, dans le plus court délai, ces moyens de chauffage. Le maire de Paris a ordonné de larges coupes dans les bois de Vincennes (1) et de Boulogne, et l'administration des ponts et chaussées fait abattre, sur la plus grande échelle, toutes les bordures des routes nationales et départementales.

---

(1) Le bois de Vincennes avait été déjà abattu en partie, au temps de Charles VI, en vue de pourvoir, comme en 1870, aux besoins de chauffage des habitants de Paris.

« Le syndicat du commerce de bois prête un concours aussi précieux que désintéressé à cette vaste exploitation ; il adjoint son personnel à celui de la Ville ; il offre ses chantiers comme lieux de dépôt et de distribution.

« Ces mesures doivent rassurer complétement la population parisienne. Non-seulement elles auront pour effet d'augmenter, pour ainsi dire à volonté, les ressources de la consommation générale, mais elles rendent au libre commerce, au fur et à mesure des abatages : d'une part, les bois requis pour la boulangerie, et que les bois blancs existant aux environs de Paris pourront suppléer dans une mesure importante ; et, d'autre part, les bois requis par l'administration de la guerre pour les besoins des troupes.

« On peut être assuré, d'ailleurs, que ces abatages, conduits avec résolution et discernement, concilieront, autant que faire se pourra, les nécessités de la crise présente avec la conservation de cette couronne de verdure qui est l'orgueil de notre chère cité, mais que nous ne devons pas hésiter à sacrifier pour la défense de la République et de la patrie. »

Cependant la population, qui souffrait cruellement, commettait, ainsi qu'il arrive toujours en pareilles circonstances, des excès constatés comme il suit par le *Journal officiel* du 28 décembre :

« Des désordres infiniment regrettables ont éclaté sur divers points des arrondissements excentriques de Paris. Des bandes d'individus, la plupart étrangers au quartier, ont dévasté les clôtures en planches qui entourent les terrains non bâtis. Quelques-uns même ont essayé de piller les chantiers; d'autres ont envahi des jardins où ils ont commencé à couper des arbres. Il a suffi de la présence de patrouilles de la garde nationale pour mettre en fuite ces maraudeurs. Plusieurs arrestations ont été faites. Les auteurs de ces délits seront traduits devant les conseils de guerre, et des mesures sévères seront prises pour empêcher le retour d'actes qui jettent dans la population un trouble dangereux.

« Au moment où l'ennemi prononce contre nous une attaque que la cité est décidée à repousser avec énergie, il est du devoir du Gouvernement de veiller avec fermeté au maintien de l'ordre et à l'exécution des lois. Le maire de Paris a donné, depuis plusieurs jours, l'ordre d'abattre, dans les bois qui environnent Paris, ce qui sera nécessaire pour augmenter les ressources du chauffage.

« Les rigueurs cruelles de la saison imposent à tous les citoyens l'obligation de pourvoir, par tous les moyens possibles, aux souffrances des nécessiteux. Mais ce n'est pas leur intérêt que servent les dévastateurs de clôtures et de chantiers. C'est à une pensée de spéculation et de cupidité qu'ils obéissent, et tous les honnêtes gens approuveront la répression sévère à laquelle le Gouvernement est résolu. »

Et le même jour, 28 décembre, M. Ferry adressait cet appel aux Parisiens :

« La rigueur extraordinaire et persistante de la saison d'hiver nous impose, depuis huit jours, de grandes souffrances.

« Le froid est, à cette heure, notre plus cruel ennemi.

« La population, dans son ensemble, oppose à cette nouvelle épreuve la persistance de l'esprit public et l'effort infatigable de cette discipline volontaire qui, depuis bientôt quatre mois, honore le peuple de Paris devant la France et devant l'histoire.

« L'administration a fait, de son côté, tout ce que la situation commande, c'est-à-dire tout le possible.

« Dès l'invasion du froid, le maire de Paris a ordonné de vastes abatages dans les bois de la ville; le bois de Boulogne et le bois de Vincennes ont été mis en coupe réglée.

« Les plantations qui bordent les routes nationales et départementales sont sacrifiées sans distinction; les gros arbres de nos boulevards sont coupés et débités.

« Ce travail, qui met à notre disposition des réserves immenses, s'accomplit avec toute la célérité que comportent une œuvre pareille et les charrois considérables qui en sont la conséquence.

« En même temps, tous les chantiers qui renferment des bois de démolition ont été mis en réquisition, et, malgré l'énorme dépense, nous n'hésitons pas à livrer à la consommation les bois de sciage et de charpente réservés d'habitude à la construction.

« Autour de la mairie de Paris, tout le monde est à l'œuvre : tous les syndicats, toutes les administrations, toutes les corporations qui nous apportent, avec le zèle le plus louable, un concours aussi précieux que désintéressé.

« Chacun fait donc son devoir, et, grâce à tant d'efforts réunis, nous viendrons à bout de ce terrible hiver.

« Mais il faut que, de son côté, la population nous vienne en aide; il faut qu'elle supplée par sa bonne volonté, par son honnêteté, par son concours volontaire, aux moyens de surveillance qui nous font défaut. Si les chantiers où nous déposons les bois destinés aux distributions municipales sont, comme cela s'est vu, envahis et mis au pillage ; si nos coupes de Vincennes et de Boulogne sont enlevées nuitamment par des bandes de malfaiteurs qui, sans l'assistance de la garde nationale et des honnêtes gens, demeureraient insaisissables; si la propriété privée et la propriété publique ne sont pas respectées, il n'y a plus ni approvisionnement possible, ni équitable répartition.

« Nous dénonçons à la garde nationale et à la population les maraudeurs et les pillards : ils sont, en ce moment, les complices de l'ennemi du dehors, et l'administration est résolue à les poursuivre avec la plus grande énergie. »

L'éloquence de M. Jules Ferry ne pouvait pas, malheureusement, produire grand effet sur les braves républicains de la capitale investie. Les déprédations continuèrent, et l'on vit des gardes nationaux de service se mettre sans vergogne à la tête des ravageurs. Tous les ouvrages en bois, exécutés, à si grand'peine, sur les remparts, étaient soumis à des coupes sombres ou tombaient anéantis sous la hache du *peuple*; tous les approvisionnements de l'artillerie et du génie étaient pillés d'une manière indécente. Rien ne pouvait résister à la violence de ce brigandage, et l'on vit, par exemple, aux derniers jours du siége, les *patriotes* de Montrouge enlever, en une heure, tout le matériel des ateliers de gabionnage de l'avenue d'Orléans. Comme circonstance atténuante, il faut dire que les classes indigentes souffraient alors cruellement. Le bois à brûler se payait 180 francs les mille kilogrammes; un kilogramme de charbon de bois coûtait cinquante centimes. Les perquisitions, ordonnées par l'arrêté de M. J. Ferry, du 18 janvier, n'avaient point fait découvrir de combustibles, et le froid, un froid rigoureux était, plus encore que le bombardement, l'impitoyable auxiliaire du roi Guillaume.

TITRE III.

LES OPÉRATIONS.

CHAPITRE PREMIER.

L'INVESTISSEMENT.

Une fois sous les murs de Paris, les Prussiens se mirent en mesure d'en préparer l'investissement, mais ils devaient rencontrer plus d'un obstacle durant l'accomplissement de cette tâche.

Dès le 15 septembre, nos ballons captifs interrogeaient l'horizon en tous sens, et leurs observations nous fournissaient des indications précises sur la marche de l'ennemi. On en profita pour inquiéter ses premières opérations. Dans la nuit du 15 au 16, le 90ᵉ régiment d'infanterie, envoyé en reconnaissance au delà de Joinville-le-Pont, découvrit une avant-garde prussienne qu'il reçut à coups de fusil, et à laquelle il fit quelques prisonniers. En même temps, un peloton de 40 cavaliers du 9ᵉ chasseurs, détachés de Montreuil, rencontrait, en avant des forts de Nogent et de Rosny, 150 cavaliers ennemis avec lesquels ils échangèrent des coups de feu, et qu'ils repoussèrent jusque dans les bois.

La journée du 16 septembre fut témoin d'actions plus sérieuses, engagées entre Seine et Marne. Vers le matin, la division d'Exéa, du 13e corps, était sortie de ses lignes en avant de Vincennes, pour faire une reconnaissance entre Bonneuil et Choisy-le-Roi, où l'ennemi avait jeté un pont. Le général Vinoy commandait en personne. Il tomba sur un corps de 3 à 4 mille Prussiens, formant l'arrière-garde du général Vogel de Falkenstein, lequel venait de franchir la Seine ; et, malgré le feu des batteries de Montmesly, il lui mit 400 hommes hors de combat, dont 58 tués. Nos pertes furent de 6 tués et 36 blessés.

Aux abords du pont de Choisy-le-Roi, nos francs-tireurs tuèrent, en outre, quatre uhlans et firent deux prisonniers.

L'ennemi passait aussi la Seine au gué d'Athis. Là aussi, vers quatre heures et demie du soir, il fut harcelé par nos éclaireurs, embusqués derrière les haies du village de Mons. De six à sept heures du soir, une violente canonnade des forts de Charenton et d'Ivry apprit aux éclaireurs prussiens que Paris entendait faire une défense vigoureuse.

La journée du 17 septembre ne fut signalée que par quelques affaires de peu d'importance, auxquelles prirent part les 20e et 21e régiments d'infanterie, dans les environs du bois de Vincennes.

Celle du 18 devait être plus fertile en événements.

Dès le matin, un détachement de la 3ᵉ compagnie du 8ᵉ bataillon de mobiles de la Seine, embusqué au pont de Choisy, mettait en déroute un escadron de dragons bavarois. Mais ces chicanes d'éclaireurs n'empêchaient pas le gros des colonnes ennemies de marcher sur Versailles. Nos avant-postes de la Belle-Épine et de la Croix de Berni furent contraints de se replier, et l'on apprit bientôt que les Prussiens inondaient les bois de Meudon. Il y eut un moment de surprise; on ne les savait pas si près.

Cependant, comme le fit remarquer, le soir même, une dépêche du général Ducrot, la présence des Prussiens à Meudon était facile à expliquer. « Une de leurs
« colonnes, disait le général, marche sur Versailles
« par Bièvre, en tournant ainsi les bois de Verrières.
« Pour couvrir ce mouvement principal, ils ont dé-
« taché une petite colonne, cavalerie et infanterie,
« qui est remontée de Bièvre sur Petit-Bicêtre, la
« pointe de Verrières et la capsulerie de Meudon. »

Sur tous les points où il se présenta, l'ennemi fut accueilli par un feu bien nourri; il y eut même un engagement assez vif entre les éclaireurs prussiens et la reconnaissance envoyée par le général Ducrot en avant de la redoute de Châtillon, entre le Plessis-Picquet et la ferme de Trévaux. — « Nous avons eu, dit la dé-
« pêche précitée du général, un petit engagement entre
« les zouaves qui étaient dans la ferme de Trévaux et
« les fantassins prussiens qui étaient dans une autre
« petite ferme, dite *Pointe de Trévaux*. Je les ai fait

« chasser par quelques coups de canon, et les zouaves
« ont pris leur position. » Cette affaire a reçu, l'on ne sait pourquoi, le nom de *combat de Vélizy*.

Le général Ducrot devait bientôt, comme on le verra, tirer parti des renseignements que lui avaient fournis ses reconnaissances. Rentré, le 18 au soir, à son quartier général de Vanves, il donna des ordres précis pour les opérations du lendemain. Pendant ce temps, c'est-à-dire vers dix heures, l'ennemi s'avançait aussi par le nord de la place. On entendait une vive fusillade, et, par intervalles, des feux de peloton dans la direction du Bourget. C'était la grand'garde du fort de l'Est qui contrariait, de son côté, l'investissement prussien.

Malgré nos efforts combinés, cette opération devait, malheureusement, se parachever dans la journée du lundi 19 septembre.

Au nord, on signalait, vers midi, un convoi considérable de troupes marchant vers l'ouest, à grande distance, dans la direction de Gonesse, et pointant sur Saint-Denis ; mais ces troupes furent maintenues en respect par la fusillade et le canon de nos avant-postes.

A l'est, l'ennemi prononçait aussi son mouvement à distance respectueuse. — « Tant que le jour a
« duré, télégraphiait le soir l'amiral Saisset, l'armée
« ennemie a continué son mouvement sur la droite
« du fort de Noisy vers Avron, à 2,000 mètres de
« distance du fort, en occupant successivement le

« village de Bondy et les bouquets de bois qui limitent
« la plaine.

« Des groupes de cavaliers, s'enhardissant de plus
« en plus, suivis de pelotons d'infanterie, sont venus,
« vers six heures, jusqu'au pont du chemin de fer, à
« 1600 mètres de la redoute de la Boissière...— J'ai
« dû les arrêter en ouvrant, dans chaque fort, le feu
« de deux pièces de 0^m16, de la marine. Aux premiers
« coups, la cavalerie s'est repliée rapidement sur la
« lisière du bois, à 3,000 mètres de distance; l'infan-
« terie a rétrogradé, en prononçant son mouvement
« vers la droite du fort de Noisy. »

A huit heures du soir, l'amiral Saisset envoyait, de Noisy, quelques bombes à 2,800 mètres, et, vers neuf heures, le fort de Nogent lançait des obus sur le pont que l'ennemi établissait à Brie-sur-Marne. Campées au bord du plateau du parc du Raincy, et à 4,000 mètres des forts, les batteries prussiennes ne répondaient pas.

Elles appréciaient la valeur de la résistance qu'elles rencontraient dans le quadrant nord-est des ouvrages extérieurs de la place. Les forts de Romainville, de Noisy, de Rosny, de Nogent étaient, en effet, bien armés, et défendus par des garnisons solides. En avant des forts, étaient échelonnés des détachements d'infanterie et de francs-tireurs. Ceux-ci eurent, comme il advint toujours depuis, les honneurs de la journée, et l'on donna le nom de *combat de Noisy-le-Sec* aux tirailleries exécutées contre les premières maisons de

Bondy par la 2ᵉ compagnie des éclaireurs Lafon.

Mais c'est surtout au sud de la place que l'action fut vivement engagée durant la journée du 19 septembre. Vers le matin, l'ennemi se présentait sur plusieurs points à la fois, tels que Vitry, Chevilly, Bourg-la-Reine, Châtillon, Clamart et Meudon. Dès la veille, heureusement, nos dispositions étaient prises : la division de Maud'huy occupait le plateau de Villejuif, et la brigade Blaise, de cette division, était détachée au Moulin-Saquet. Le village de Villejuif avait, en outre, été mis en état de défense, et confié à la garde de deux compagnies de marche et du 8ᵉ bataillon de mobiles de la Seine, commandant de Mirandol.

A six heures du matin, une colonne de 4 à 500 Prussiens, sortie du village de Thiais, gravit résolûment les pentes du plateau dont la base s'enracine au village, et qui se prononce, de là, dans la direction nord-est, jusqu'à la redoute du Moulin-Saquet. Une seconde colonne, à peu près de même force que la première, déboucha du moulin d'Argent-Blanc et de la Plâtrière ; une batterie d'artillerie de six pièces prit, en même temps, position sur le plateau.

A la subite apparition de ces forces combinées, les postes que nous avions établis en avant de Saquet se replièrent précipitamment dans la redoute, et celle-ci commença le feu. Abrités derrière quelques tas de fumier et des massifs de pépinières, les tirailleurs de l'ennemi fusillaient nos défenseurs ; son artillerie lançait des obus dans l'ouvrage.

Cette brusque attaque ne fut cependant suivie d'aucun effet, grâce au canon du fort d'Ivry, qui dispersa les Prussiens sous les éclats de ses projectiles. La batterie du plateau dut se retirer, après avoir tiré quinze ou vingt coups au plus, et, vers huit heures du matin, tout était terminé. Nos pertes furent minimes ; on n'eut, au Moulin-Saquet, que deux tués et trois blessés.

Durant l'engagement, nous avions aperçu, sur la route d'Antibes, une assez forte réserve, infanterie et cavalerie, qui était restée immobile, hors de la portée des feux de mousqueterie de la grande barricade de Villejuif. Les défenseurs du village, dépourvus d'artillerie, n'avaient pu l'inquiéter.

L'engagement dont nous venons de retracer les particularités les plus saillantes n'était lui-même qu'un épisode de la grande affaire du 19 septembre, qui a reçu le nom de *combat de Châtillon*.

Quelques détails rétrospectifs sont ici nécessaires :

Dès le 12 septembre, le gouverneur de Paris songeait à faire occuper, en avant des forts du sud, divers ouvrages dont la construction n'avait pu s'achever conformément aux projets adoptés. Ce n'étaient donc que de simples ouvrages de campagne, et non des défenses affectant, comme les forts détachés, le caractère de la permanence. Les troupes qu'on pouvait placer dans ces positions fortifiées, échelonnées de Villejuif à Clamart, étaient peu nombreuses et d'une solidité discutable ; le général Trochu craignait de les exposer aussi loin de la place, disposition qui, en cas de retraite, pouvait provoquer une déroute partielle et démoraliser la garnison de l'enceinte. Ces réflexions accusaient une bonne intuition des événements qui devaient se produire.

Il fut néanmoins décidé, le 13 septembre, que, en vue de pourvoir aux besoins de la défense extérieure, l'importante hauteur de Châtillon serait occupée par un corps de troupes ; et, à cet effet, le surlendemain, 15, ordre fut donné de procéder au prompt achèvement des redoutes; de border d'un épaulement la crête du plateau ; d'élever un petit ouvrage à l'éperon de Bagneux ; enfin, d'armer au plus tôt les Hautes-Bruyères et le Moulin-Saquet. Ces prescriptions diverses reçurent immédiatement un commencement d'exécution, si bien que, le 19, jour de l'action dont le récit va suivre, on achevait le parapet de l'angle d'épaule gauche de la redoute de Châtillon. On continuait, en même temps, les terrassements de la batterie située au-dessus du ravin de Plessis-Picquet.

Donc, le 12 septembre, les 13e et 14e corps étaient sortis de la place pour prendre position et s'étendre de Villejuif à Saint-Denis, par Meudon et le Mont-Valérien. Le général Ducrot occupait les hauteurs de Châtillon avec trois divisions d'infanterie et une brigade de cavalerie du 14e corps, d'un effectif total de 28,000 hommes. Le 18, ainsi qu'on l'a vu plus haut, il avait reconnu le mouvement des Prussiens sur Versailles, et, en leur envoyant quelques obus, à la pointe de Trévaux, il avait conçu le projet de donner dans le flanc des colonnes ennemies qui défilaient ainsi de l'est à l'ouest et, s'il était possible, de les couper.

A cet effet, le général installa solidement dans le parc du château de Plessis-Picquet le 15ᵉ régiment de marche, de sa division de droite, commandé par un officier des plus énergiques, le colonel Bonnet. Il laissa dans la redoute de Châtillon une compagnie du génie, un bataillon d'infanterie, 8 pièces de 12 et 2 mitrailleuses en batterie sur des plates-formes préparées à l'avance. Deux pièces de 4 furent placées en réserve au-dessus du ravin de Plessis-Picquet.

Ces dispositions prises, et l'axe du mouvement d'ensemble ainsi déterminé, le général Ducrot put mettre en marche ses trois divisions d'infanterie, éclairées par sa brigade de cavalerie. Donc, le 19 septembre, à quatre heures et demie du matin, ces forces réunies se portèrent en avant en bataille pour attaquer l'ennemi qu'on savait aux environs du Petit-Bicêtre, disposant d'une artillerie redoutable et dissimulant de grandes masses dans les bois, dans les fermes et les maisons isolées.

L'action s'engagea sans retard et devint, en un instant, très-vive. Nos bouches à feu, parfaitement servies, firent beaucoup de mal aux Prussiens, dont elles éteignirent les batteries à deux reprises différentes ; mais cette supériorité n'était malheureusement pas de nature à nous assurer, seule, le succès définitif. Ainsi que le craignait le gouverneur, les jeunes troupes qu'on mettait en ligne étaient loin d'avoir le calme et la solidité nécessaires. On apprit, vers huit heures, que la division de droite avait lâché pied dès le commencement de l'affaire ; que les régiments dont elle était formée, parmi lesquels le régiment de zouaves provisoire, s'étaient laissé disloquer par une incroyable panique ; que, malgré le dévouement et l'effort des officiers, une foule de malheureux, indignes de porter l'uniforme, s'étaient pris à courir, affolés, vers Paris. Il se manifesta aussitôt un flottement dans le reste de la ligne de bataille. Les deux autres divisions et la cavalerie se retirèrent assez vivement devant l'artillerie ennemie : la deuxième division, défilant par Plessis-Picquet, vint se reformer en bataille en arrière de la redoute de Châtillon, au-dessus de Fontenay-aux-Roses ; la troisième division se porta sur Bagneux, pour couvrir l'aile gauche de la ligne. Il était environ neuf heures lorsque ce double mouvement s'exécuta.

Cependant l'ennemi gagnait du terrain. Son artillerie s'avançait résolûment sur le plateau et menaçait de tourner notre position de Bagneux. C'est alors, vers neuf heures, que les 8 pièces de 12 et les 2 mitrailleuses de la redoute ouvrirent leur feu, soutenues par les 2 canons de 4, de réserve. Les efforts combinés des pièces de la défense fixe ne parurent pas opérer grand effet sur l'ennemi, qui n'en continua pas moins son mouvement tournant. A tout prix, il fallait l'arrêter... en conséquence, plusieurs batteries divisionnaires et batteries de mitrailleuses vinrent se placer sur le contre-fort de Châtillon, en arrière des pièces de réserve. L'artillerie de la 3ᵉ division couvrait, en même temps, de ses projectiles le terrain en avant de Bagneux ; et le 15ᵉ régiment de marche, retranché dans le parc de Plessis-Picquet, faisait par ses créneaux une fusillade des mieux nourries.

Cette fois, le but fut atteint, et l'ennemi dut se retirer. Il était une heure de l'après-midi quand le feu cessa complétement.

Mais le combat de Châtillon devait avoir un second acte. Vers deux heures, les défenseurs de la redoute virent déboucher, en deçà de Plessis-Picquet, une colonne de Bavarois qui se mit en bataille sur le plateau, à 2,000 mètres environ de leurs parapets. Après un moment d'hésitation, car on craignait d'avoir affaire au 15ᵉ régiment de marche opérant sa retraite, le général Ducrot ouvrit le feu de ses mitrailleuses, auxquelles l'artillerie ennemie répondit aussitôt en ricochant la face principale de la redoute. Ce fut le prélude d'un nouveau combat d'artillerie.

Malheureusement, la fortune était loin de nous sourire en cette journée. Dès le matin, notre ligne de bataille avait perdu son aile droite, et elle venait encore d'être dénudée de son aile gauche. Par suite d'un ordre mal compris ou mal donné, la 3ᵉ division d'infanterie s'était retirée, vers une heure et demie, abandonnant complétement la position de Bagneux ; et le général Ducrot, craignant alors d'être tourné sur sa gauche, avait fait diriger sur Paris tous ses caissons de munitions.

Il advint de là que le second combat d'artillerie ne put, de notre part, se soutenir longtemps. Le général fit d'abord retirer les pièces de 4 et les mitrailleuses; puis, il donna l'ordre d'enclouer les pièces de 12. Cette dernière opération produisit une impression fâcheuse sur nos jeunes troupes, qui se débandèrent en partie. On leur donna cependant l'ordre de tirer sur les Bavarois, qui n'étaient plus qu'à 1000 ou 1200 mètres; mais on avait affaire à des soldats inexpérimentés, peu faits au tir à grande distance, et leur feu ne produisit aucun effet appréciable.

Quelques défenseurs, résolus à se maintenir dans la redoute, demandaient qu'on cessât le feu, afin de le reprendre alors que l'ennemi s'en serait quelque peu rapproché; le commandement se méprit hélas! sur ces dispositions et, à trois heures et demie, le général Ducrot donna l'ordre de battre en retraite. Le colonel Bonnet évacua le Plessis-Picquet à la même heure. A quatre heures de l'après-midi, nous ne tenions plus aucune position en avant de la ligne des forts.

Après le départ de nos troupes, l'ennemi prit possession des ouvrages de Châtillon déserts..... Vers quatre heures et demie, au moment où les officiers prussiens, montés sur le parapet, faisaient, armés de jumelles, un premier tour d'horizon, quelques hommes de notre arrière-garde mirent le feu aux fourneaux de mine préparés au pourtour de la redoute. Cette explosion, probablement inoffensive, corrobora, pour toute la durée du siége, la sainte terreur que professe pour les torpilles l'état-major d'une armée chez laquelle le courage individuel est loin d'être la vertu dominante.

Tel est, rapidement esquissé, ce combat de Châtillon, bien conçu, bien conduit, mais dont les épisodes regrettables vinrent jeter, un instant, la consternation dans Paris.

A l'heure même où se terminait cette affaire, dont l'issue permettait à l'ennemi de clore ses opérations d'investissement, un combat d'un autre genre, une lutte diplomatique s'ouvrait, à Ferrières, entre notre ministre des affaires étrangères et le chancelier de la confédération du Nord.

Sorti de Paris par la porte de Charenton, le 18 septembre, à six heures du matin, M. J. Favre s'était fait conduire à Villeneuve Saint-Georges et avait, de là, fait demander au comte de Bismarck une entrevue que les bons offices de lord Lyons avaient su faire admettre en principe par les parties belligérantes. Le ministre français et l'habile homme d'État prussien se rencontrèrent, dans l'après-midi du 19 septembre, au château de la Haute-Maison, propriété du comte de Rillac, et eurent, ultérieurement, deux entretiens au château de Ferrières : l'un, dès le soir même, de neuf heures et demie à minuit; l'autre, le lendemain, 20 septembre, à midi moins un quart.

On sait l'issue de ces pourpalers. Au point où en étaient les choses, des négociations ne pouvaient aboutir. Les populations d'outre-Rhin, dominées par la passion, nous avaient, depuis plusieurs siècles, depuis soixante ans surtout, voué une haine ardente... et la Prusse, exploitant un détestable esprit de convoitise, avait conçu contre nous le projet d'une deuxième guerre punique. Ses affaires étant en bonne voie..., elle entendait profiter de toutes les conséquences de ses premiers succès.

On peut critiquer les illusions de M. Jules Favre, mais l'on ne saurait lui faire un crime du sentiment qui lui inspira l'idée de cette démarche inutile. Sa conduite, en cette occasion, fut celle d'un citoyen fort sage. Quant à M. de Bismarck, il fut, alors, incontestablement, très-inférieur à lui-même, à sa haute réputation politique. Qu'il eût laissé entrevoir à M. Favre seulement une lueur d'espérance ; qu'il se fût montré conciliant... et, sur-le-champ, la guerre civile faisait explosion dans Paris. Il voulut être dur, insolent, intraitable, et Paris lui dut la force de résister cent trente-cinq jours.

Le soir du 19 septembre, la grande ville était décidément investie sur son immense pourtour. Sa population de deux millions d'âmes se trouvait bloquée, séparée du reste du monde.... et par des forces relativement peu considérables.

L'effectif et la composition de l'armée de siége varièrent nécessairement durant cette longue période d'opérations. Au 17 janvier, dix jours avant la capitulation, les Prussiens n'avaient à nous opposer, au plus, que de 160 à 190,000 hommes répartis en deux armées : la IIIe, au sud, comprenant les 5e, 6e et 11e corps ; le 2e corps bavarois, une division wurtembergeoise et une division de landwehr de la garde ; la IVe, au nord, formée des 4e et 12e corps de la garde royale.

Telles sont les forces restreintes qui surent réduire la capitale de la France, défendue par quelques braves soldats, mais paralysée par sa vaine garde nationale et que rongeait au cœur une vile démagogie.

CHAPITRE II.

LES COMBATS.

On a vu précédemment qu'un incident fâcheux avai compromis, dès le début, le succès de notre combat de Châtillon. Une inqualifiable panique, que n'avaient pu arrêter les efforts d'un brave colonel et de ses officiers, s'était subitement emparée du régiment de zouaves provisoire placé à la droite de notre ligne de bataille. Dès le commencement de l'action, la plupart des soldats avaient lâché pied et s'étaient sauvés vers l'enceinte, entraînant dans leur fuite d'autres soldats de divers régiments d'infanterie, aussi indisciplinés et démoralisés qu'eux.

Ces lâches et ces indignes étaient partis au pas de course.... ils arrivèrent essoufflés aux portes de Châtillon et d'Orléans, semant sur leur passage le trouble et l'inquiétude. Là, seulement, ils reprirent haleine....

puis, ils se répandirent doucement dans tous les quartiers de Paris, disant à qui voulait entendre qu'on les avait menés à une perte certaine ; qu'ils avaient manqué de cartouches ; qu'ils avaient été trahis par leurs chefs ; qu'il n'y avait plus d'armée ; que la défense était, par conséquent, impossible.

En réalité, ces zouaves éhontés déshonoraient le glorieux uniforme qu'on avait eu l'imprudence de jeter sur leurs épaules. La preuve en est que leur effectif était intact ; qu'ils n'avaient pas une blessure ; que leurs cartouchières étaient encore bondées de munitions, et que leurs officiers n'avaient pu leur faire brûler une seule amorce. Tel est, trop souvent, le danger de l'emploi des corps de troupes qu'on n'a pas eu le temps de former. Revêtir un homme du costume militaire, ce n'est pas, nécessairement, en faire un soldat.

Les Parisiens ont généralement l'esprit rebelle à cet axiome. Ils aiment, d'ailleurs, en confabulations, les histoires malsaines, les récits d'événements fantastiques, les perspectives de scènes émouvantes. Plus d'un passant prêta, par conséquent, une oreille complaisante aux discours des fuyards de Châtillon. On commença par les plaindre ; on maugréa contre les généraux incapables ; puis, suivant l'usage, les *patriotes* crièrent à la trahison d'un gouvernement qui, à l'exclusion de l'armée, n'aurait dû mener au feu que des phalanges de gardes nationaux. En somme, Paris était agité et laissait percer des signes d'alarme et de consternation. Son émotion ne connut plus de bornes quand il lut, sur le soir, une proclamation de M. Gambetta commençant par ces mots étrangement sonores : — « Citoyens, le canon tonne. Le moment « suprême est arrivé ! » La plupart des habitants se figurèrent aussitôt que les Prussiens allaient, dès la nuit même, forcer l'enceinte de la place et porter jusque sur les boulevards la terreur et la mort. D'excellents esprits, très-convaincus, démontraient au public que, avec un peu d'audace et en consentant à sacrifier une vingtaine de mille hommes, l'ennemi pouvait très-bien réussir un coup de main ; que nous n'avions pas de résistance sérieuse à lui opposer ; que la partie était décidément perdue....

On s'attendait donc à une attaque pour la nuit du 19 au 20, et des angoisses d'un genre nouveau empêchèrent bien des gens de dormir. Mais leur étonnement fut profond, car, durant toute la nuit, ils n'entendirent que le silence... et ce n'est pas sans stupéfaction qu'ils apprirent le lendemain le néant des événements militaires. — « *Les portes sont fermées. La nuit est tran-* « *quille.* » avait télégraphié l'amiral Méquet, à une heure et demie du matin. — « *Tout est tranquille ce matin* », disait, vers midi, le général de Bellemare.—« *A Saint-* « *Denis, tout est tranquille*, répétait-il à trois heures ; *il* « *n'y a, en ce moment, aucune attaque dans tout le rayon* « *des forts.* » Bon gré mal gré, les Parisiens durent se tranquilliser et imposer à leur impatience une petite remise du *moment suprême.*

Les observations faites par les commandants des forts et les aéronautes des ballons captifs ne firent connaître aucun important mouvement de l'ennemi, pendant la journée du 20 septembre. Au nord, on n'apercevait que quelques vedettes parcourant les hauteurs et les environs de Pierrefitte; à l'ouest, du côté du Mont-Valérien, de Saint-Cloud, de Sèvres et de Meudon, on ne voyait absolument rien. A l'est, en avant des forts d'Aubervilliers, de Romainville, de Rosny, de Nogent, les avant-postes prussiens étaient signalés à la distance de 3,000 mètres. Du fort de Noisy, l'amiral Saisset voyait très-distinctement s'opérer l'occupation de Bondy; il informait, de plus, le Gouverneur que l'ennemi s'établissait en force aux abords du plateau de l'ancien parc du Raincy, à 4,000 mètres du fort, et qu'il y commençait des batteries. Au sud, enfin, les Prussiens occupaient les villages de Châtillon et de Bagneux, mais ils se tenaient à distance respectueuse des forts de Montrouge, de Bicêtre et d'Ivry.

Le lendemain, M. Gambetta apprit à ses concitoyens qu'ils voyaient luire le 21 septembre, soixante-dix-huitième anniversaire de la fondation de la République par leurs pères, en face de l'étranger qui souillait le sol sacré de la patrie. — « Honorons aujourd'hui nos « pères, disait la proclamation, et demain, sachons « comme eux forcer la victoire en affrontant la mort. » Sur les conclusions de ce mouvement oratoire, quelques honnêtes gens tressaillirent d'aise, sans songer qu'il annonçait *andante* les premières houles de la marée démagogique qui menaçait de les engloutir. Précurseur des 5, 8 et 31 octobre 1870, des 22 janvier et 18 mars 1871, ce 21 septembre ne rappelait le souvenir éteint de la République de 92 que pour mieux entraîner et lancer à l'assaut du vieux monde les hordes faméliques des Socialistes-Unis, lesquels portaient alors, en signe de ralliement, certaine médaille de laiton appendue à un ruban de laine rouge. Ce fut le premier embryon distinct de ces agitations de la rue, savamment organisées par nos ennemis, et qui devaient tant de fois troubler et compromettre la défense. Pour cette fois, le pèlerinage en armes à la statue de Strasbourg, commandé par nos coryphées républicains, ne fut qu'une manifestation *patriotique* parfaitement inutile. Dombrowski rengaîna son sabre ; Vermorel en fut pour ses frais d'éloquence... et le *peuple* dut attendre une autre occasion de marcher sur les traces de ses pères.

Pendant que la place de la Concorde et les abords de l'Hôtel de Ville étaient ainsi troublés par les grondements de la sotte multitude, un calme profond régnait à l'extérieur de l'enceinte. Les Prussiens n'étaient signalés qu'à Dugny et en un point situé entre la Courneuve et le Bourget, où ils commençaient un ouvrage. Partout ailleurs, ils se tenaient à grande distance et n'omettaient pas de se défiler. Cependant, vers trois heures et demie, le fort d'Ivry eut l'occasion de tirer quelques obus qui dispersèrent un groupe d'officiers en observation près du Port-à-l'Anglais. Dans la soirée, l'amiral Saisset envoya brûler, à l'extrémité du parc du Raincy, une maison qui servait d'observatoire à l'ennemi, et il en délogea une cinquantaine de uhlans. A la même heure, le commandant en chef de la flottille de la Seine lançait un obus sur une maison du Bas-Meudon, également signalée comme observatoire, et notre poste de garde au pont de Sèvres échangeait une vive fusillade avec le poste prussien de Brimborion.

On apprit, le lendemain, que l'ennemi commençait des batteries à la butte Pinson et en avant de Montmorency ; qu'il établissait deux observatoires : l'un, entre Dugny et Stains ; l'autre, derrière la forêt de Bondy ; qu'il occupait, au sud, les villages de l'Hay et de Chevilly, avec grand'gardes à Cachan ; qu'il dirigeait de gros détachements, ainsi que du matériel, de Choisy-le-Roi sur Bourg-la-Reine et Sceaux. Pour s'assurer de ce dernier fait, une reconnaissance, forte d'une compagnie du 21e d'infanterie, était sortie du fort de Charenton ; elle avait fouillé Créteil et poussé jusqu'au carrefour Pompadour, quand elle se vit attaquer par des tirailleurs prussiens que soutenaient les postes de Mesly et de Montmesly. Elle battit en retraite sous le canon du fort, et celui-ci fit payer cher à l'ennemi la mise hors de combat de quelques-uns des nôtres. Dans la soirée du même jour, 120 mobiles du 4e bataillon de la Seine partirent également du fort d'Issy, pour aller enlever des outils restés à la redoute du Moulin-de-Pierre ; au retour, ils eurent maille à partir avec un détachement ennemi auquel ils tuèrent ou blessèrent une douzaine d'hommes.

Ces escarmouches quotidiennes n'étaient, d'ailleurs, qu'un prélude d'une série d'affaires plus importantes.

Dans la nuit du 19 au 20 septembre, alors qu'on pouvait redouter une attaque de vive force de la place, les défenseurs s'étaient retirés en deçà de la ligne des forts, c'est-à-dire dans le camp retranché dont l'enceinte continue forme le réduit. Mais cette situation ne dura que trois jours, juste le temps de calmer la première émotion des troupes. Dès qu'on sut l'adversaire hésitant, ou paraissant tel, on eut hâte de reprendre une vigoureuse offensive. Voici quelles furent les dispositions alors adoptées par le Gouverneur pour la défense extérieure de Paris :

Le général Ducrot, avons-nous dit, avait été, par décision du 16 septembre, appelé au commandement en chef des 13e et 14e corps ; et son quartier général, ainsi que celui de chaque corps, se trouvait à la porte Maillot. Il avait ainsi toutes facilités pour opérer avec telles forces qu'il lui convenait d'employer en chaque point. Le 22 septembre, le général, avec le 14e corps renforcé de quelques bataillons de mobiles, occupait, sur la rive droite de la Seine, les positions qui s'échelonnent de Billancourt à Saint-Ouen. Il installait ses avant-postes à Suresnes, Puteaux, Neuilly, Asnières, où s'organisaient de nombreux ouvrages de campagne. Deux divisions du 13e corps, avec quelques mobiles, campaient sur la rive gauche, entre l'enceinte et les forts; et la troisième division, aussi appuyée de quelques mobiles et d'une batterie de 12, était à Vincennes, prête à se porter partout où son concours pouvait être utile. Sur la gauche de cette division, Montreuil était occupé par trois bataillons d'infanterie et un bataillon de mobiles. Au nord, enfin, le commandant supérieur des forts de Saint-Denis et d'Aubervilliers disposait d'un corps de 25,000 hommes. Dans cette situation, pensait le Gouverneur, les troupes actives pourront harceler l'ennemi, l'inquiéter dans ses travaux, lui faire une importante guerre de chicanes.

Dès le soir du 22 septembre, s'engage cette lutte qui va devenir incessante, et, pour en mieux suivre les péripéties, il n'est pas inutile de jalonner, dès à présent, la route que doit parcourir l'historiographe. Or, d'une lettre du général Trochu, du 19 février 1871, et de son discours à l'Assemblée nationale du 13 juin suivant, il appert que, pendant les quatre mois et demi qu'a duré le siége, il s'est livré sous Paris « *huit combats et quatre batailles* » (1). Tel est le compte du Gouverneur, et c'est la donnée qu'il convient d'avoir présente à l'esprit, si l'on veut établir une nomenclature rationnelle des actions de guerre dignes, au moins, du nom de combats. C'est sur ces bases que nous avons dressé le tableau qui suit :

---

(1) Voyez, page 76, *Une page d'histoire contemporaine devant l'Assemblée nationale*. — Paris, Dumaine, 1871.

1. — 19 septembre. — Combat de Châtillon (1).
2. — 23 septembre. — Id. de Villejuif.
3. — 30 septembre. — Id. de Chevilly.
4. — 8 octobre. — Id. de la Malmaison.
5. — 13 octobre. — Id. de Bagneux.
6. — 21 octobre. — Id. de Buzenval.
7. — 28 octobre. — 1er combat du Bourget.
8. — 30 octobre. — 2e combat du Bourget.

Après ces huit combats, dont trois furent livrés dans la seconde quinzaine de septembre, et les cinq autres, en octobre, il y eut une sorte d'accalmie qui dura tout le mois de novembre. C'est alors que s'ouvrit la période des batailles dont on peut donner, ainsi qu'il suit, une nomenclature conforme à l'ordre chronologique :

1. — 30 novembre. — Bataille de Villiers.
2. — 2 décembre. — Id. de Champigny.
3. — 21 décembre. — Id. du Bourget.
4. — 19 janvier. — Id. de Buzenval.

Tels sont les douze points de repère qui vont guider notre analyse des événements.

Combat de Villejuif.

Ainsi que toutes les positions en avant des forts, les hauteurs de Villejuif, les redoutes des Hautes-Bruyères et du Moulin-Saquet avaient été évacuées par ordre dans la nuit du 19 au 20 septembre L'ennemi était

---

(1) Pour mémoire. — Voyez le récit du combat de Châtillon au Titre III, Chapitre 1er : *l'Investissement*.

venu, les jours suivants, y faire quelques reconnaissances, mais sans oser en occuper les ouvrages. Il fut, en conséquence, décidé que les défenseurs en reprendraient possession, et le 13e corps reçut l'ordre d'avancer du côté de Bicêtre et d'Ivry. Le 22 septembre, à neuf heures du soir, la division de Maud'huy s'emparait du plateau de Villejuif. La brigade Blaise occupa, durant la nuit, la redoute du Moulin-Saquet, sans que l'ennemi parût s'en apercevoir. Au jour, elle n'eut à échanger que quelques coups de fusil avec les avant-postes prussiens, qui se retirèrent assez précipitamment. Vers quatre heures du matin, du reste, les forts de Bicêtre et de Montrouge s'étaient mis à couvrir de feux les hauteurs de Villejuif, afin de protéger le mouvement du reste de la division de Maud'huy. Celle-ci réoccupa, presque sans coup férir, ledit village de Villejuif et la redoute des Hautes-Bruyères. A partir de ce moment, l'ennemi se retrancha fortement dans les villages de l'Hay, Chevilly, Thiais, Choisy-le-Roi. Il n'entretint plus que quelques avant-postes dans le petit Vitry, d'où il finit par être chassé.

Tel est l'ensemble des opérations exécutées dans la soirée du 22 septembre et la matinée du 23, et qui porte le nom de *combat de Villejuif*.

La journée du 23 fut, d'ailleurs, signalée par les importantes reconnaissances de Drancy et de Pierrefitte, faites par l'amiral Saisset et le général de Bellemare. Parti avec deux cents fusiliers brevetés de la marine, 400 hommes de l'infanterie de marine et 8 compagnies des éclaireurs de la Seine, l'amiral fouilla le village de Bobigny, chassa les Prussiens de Drancy, leur brûla toutes leurs meules de fourrages, et rompit doucement en arrière. Quant au général, il avait mené au feu le 28ᵉ régiment de marche qui, protégé par l'artillerie de la Double-Couronne et de la Briche, avait fait merveille à l'attaque du village de Pierrefitte, et su conquérir, sous les yeux mêmes de l'ennemi, la réputation d'une troupe éprouvée. Ces braves gens avaient eu 3 officiers blessés, 11 hommes tués et 86 blessés.

Combat de Chevilly.

Les journées des 24, 25 et 26 septembre se passèrent dans le plus grand calme. L'ennemi ne dessinait ses attaques sur aucun point déterminé, et se bornait toujours à occuper les hauteurs à grande distance. Il opérait, d'ailleurs, hors de la portée du canon de nos forts, de grands mouvements de concentration : d'une part, entre Choisy-le-Roi et Versailles ; de l'autre, entre Versailles et Triel. Ces mouvements, très-nettement accusés, firent craindre au Gouverneur une attaque des positions occupées par le général Ducrot et, l'hypothèse admise, celui-ci s'empressa de reporter sa ligne de défense sur la rive gauche. On installa, en même temps, au rond-point de Courbevoie, 3 pièces de $0^m,16$ de la marine ; et l'armement du Point-du-Jour dut s'accroître de 36 bouches à feu, dont 10 seulement furent mises immédiatement en batterie. Le 27, le Gouverneur reçut des renseignements plus précis, suivant lesquels les Prussiens devaient se concentrer en trois points, *Bondy, Sannois, Versailles*, et se proposaient trois attaques simulées sur *Bicêtre, Aubervilliers* et le *Point-du-Jour*. Le gros des forces ennemies devait alors, par une marche rapide, venir passer la Seine à Argenteuil, Bezons et Chatou. Dans cet ordre d'idées, les trois colonnes se réunissaient à Asnières, pour y passer de nouveau la Seine, et, de là, se jeter en grandes masses sur la porte de Courcelles, à la faveur des couverts qu'offre le village de Levallois. Sans attacher à ces renseignements plus d'importance qu'ils n'en méritaient, on s'empressa de renforcer l'armement de la partie menacée de l'enceinte. On plaça quelques canons supplémentaires sur les bastions 48, 49 et 50; et 15 mortiers, sur les courtines adjacentes.

Les journées des 27, 28 et 29 septembre furent consacrées à diverses reconnaissances au pourtour de la place. Sortie du fort de Charenton, une compagnie du 14e d'infanterie se porta, le 27, sur Maisons-Alfort et Créteil et, de là, sur la ferme des Mèches où elle eut un engagement très-vif avec un poste prussien. Le 28, le 9e chasseurs à cheval surprit un autre poste d'infanterie à Neuilly-sur-Marne, sabra une demi-douzaine d'éclaireurs au parc de la Maison-Blanche et fouilla tous les abords du plateau d'Avron. Un peu plus tard, une seconde reconnaissance, composée d'infanterie et de spahis, visita les mêmes points et constata que l'ennemi se massait à Nogent. Pendant ce temps, le général Blanchard, à la tête d'un bataillon du 13ᵉ de marche, suivait la route de Clamart jusqu'au parc de Fleury, et arrivait sans encombre à 700 mètres du château de Meudon. Un autre détachement procédait d'après ses ordres au déboisement de l'île de Billancourt, sous la protection d'une batterie flottante et de deux chaloupes canonnières de la flottille de la Seine, commandée par M. Thomasset. Le 29, enfin, pendant que le canon des forts inquiétait, çà et là, les travaux et les convois prussiens, nos francs-tireurs poussaient aussi leurs petites reconnaissances sur Neuilly et Drancy.

C'était alors une rage que le besoin de faire des reconnaissances militaires. Les lauriers des francs-tireurs empêchaient les gardes nationaux de dormir, et les plus ardents d'entre ceux-ci demandaient des sorties *en masse*. M. Emmanuel Arago se chargea d'être leur interprète auprès du Comité de défense, mais le Gouverneur s'empressa de répondre que des sorties de ce genre ne pouvaient qu'être désastreuses. « La garde
« nationale, dit-il, n'a que des fusils à percussion, à
« courte portée. Ce n'est plus en rase campagne, d'ail-
« leurs, que doivent se faire les sorties, mais bien
« contre des positions retranchées. Les Prussiens
« prennent, sur tous les points, une attitude défensive ;
« partout ils se couvrent d'épaulements et se fortifient
« dans les villages. » Les événements du lendemain, 30 septembre, allaient donner raison au général Trochu.

Après l'occupation par la division de Maud'huy des

importantes positions de Villejuif, l'ennemi était resté maître des villages de l'Hay, Chevilly, Thiais et Choisy-le-Roi, lesquels protégaient ses communications sur Versailles. Depuis quelques jours, on lui voyait faire sur cette ligne de grands travaux de fortification de campagne. Instruit de ces faits, le Gouverneur décida qu'il serait tenté, sur les deux rives de la Seine, une reconnaissance offensive, à l'effet d'apprécier la valeur des positions ennemies et l'importance des forces qui venaient de s'y établir. Les troupes du 13e corps reçurent, en conséquence, l'ordre de se tenir prêtes à marcher. Le général Vinoy, commandant en personne la colonne du centre, devait aborder directement les ouvrages à reconnaître, pendant que, sur sa gauche, le général d'Exéa opérerait entre Seine-et-Marne ; et que, sur sa droite, le général Blanchard inquiéterait la basse Seine.

Suivant les instructions du Gouverneur, le général Vinoy se mit en mouvement dans la nuit du 29 au 30 septembre. Les brigades Blaise et Dumoulin, de la division de Maud'huy, et la brigade Guilhem, de la division Blanchard, réunies sous ses ordres immédiats, vinrent se masser sous le canon des forts d'Ivry, de Bicêtre et de Montrouge, en arrière de nos postes avancés. Au jour, elles se portèrent en avant, afin de pousser sur les positions prussiennes que les forts venaient de couvrir de feux.

La brigade Guilhem (35e et 42e régiments d'infanterie) s'élança avec entrain sur le village de Chevilly dont elle s'empara après un engagement des plus vifs, et où elle sut se maintenir. La brigade Dumoulin se fractionna : l'un de ses régiments aborda de front le village de l'Hay, pendant que le second régiment le tournait par la gauche. Au même moment, la tête de colonne de la brigade Blaise pénétrait dans le village de Thiais et s'emparait d'une batterie de position qu'on ne put malheureusement emmener, faute d'attelages.

La lutte durait depuis trois heures, quand l'ennemi appela à lui des masses, concentrées à sa portée, et qui ne s'élevaient pas à moins de 20,000 hommes. Pensant avec raison que l'entreprise ne devait pas être menée plus loin, le général Vinoy ordonna la retraite qui s'effectua, sous le feu, dans un ordre parfait. Le but de la reconnaissance était atteint. On avait la certitude que l'ennemi venait de rendre ses positions extrêmement défensives ; que tous ses postes étaient barricadés, crénelés, garnis d'abatis reliés par des fils de fer, et munis d'une artillerie puissante ; on en pouvait conclure qu'il fallait désormais apporter dans l'attaque la plus grande circonspection.

Nous avions fait des pertes sensibles dans la matinée du 30, témoin de ces engagements auxquels est resté le nom générique de combat de Chevilly. Deux régiments, que le général Trochu lui-même a, plus tard, qualifiés d'*illustres* (*séance de l'Assemblée nationale du 14 juin* 1871), deux braves régiments, les 35e et 42e, avaient été surtout fort éprouvés. C'est à leur tête qu'avait été mortellement frappé le général Guilhem de regrettable mémoire, éminent soldat dont les Prussiens ne purent s'empêcher d'honorer le courage : ils couvrirent son cercueil de branchages et de fleurs. Ainsi faisait pour les consuls de Rome, tués les armes à la main, le carthaginois Annibal dont nos ennemis semblent avoir étudié très-attentivement et médité la manière militaire.

De son coté, le général d'Exéa avait, pendant la nuit du 29 au 30, massé, sous le fort de Charenton, cinq bataillons d'infanterie, deux batteries d'artillerie et la cavalerie des généraux de Bernis et Cousin (moins le 9e chasseurs). Le 30, vers six heures du matin, ces forces se portèrent sur Créteil dont elles chassèrent l'ennemi, et elles enlevèrent, après une vive canonnade, la ferme de Notre-Dame-des-Mèches. Contenues par l'artillerie prussienne, il leur fut quelque temps impossible de pousser plus avant. Mais, vers neuf heures, ce feu cessa et de nombreux détachements ennemis, sortis en désordre de Choisy-le-Roi, se mirent à défiler vivement sur la route de Boissy-Saint-Léger. L'occasion était belle... le général d'Exéa déploya toutes ses forces, fit avancer les mitrailleuses... et les Prussiens payèrent cher les pertes qu'avait subies, au centre de la ligne de bataille, la colonne du général Vinoy.

Vers la même heure, c'est-à-dire, à cinq heures du matin, le général Blanchard avait opéré sur la droite du général en chef et dirigé, en avant d'Issy et du bas Meudon, la brigade Susbielle appuyée, d'une part, par la flottille de la Seine et soutenue, de l'autre, par un bataillon de mobiles de la Côte-d'Or. Ces troupes avaient successivement tâté Meudon, Clamart, Châtillon, Bagneux, en échangeant des coups de fusil avec trois régiments prussiens dont elles avaient fait la rencontre.

D'autres diversions avaient encore eu lieu pendant le combat de Chevilly. Le général Ducrot avait battu l'estrade jusqu'à Bougival; le général Renault avait fouillé les environs de Rueil; enfin, les Prussiens avaient dû évacuer précipitamment le village de Bondy sous les menaces combinées de la cavalerie Pindray et des éclaireurs de la Seine.

En somme, la journée était bonne. Partout, nos soldats s'étaient vaillamment conduits; ils en furent récompensés, dès le lendemain, par cet ordre du général Trochu :

« Dans la journée d'hier, le 13e corps s'est hautement honoré devant le pays, qui lui en témoigne, par moi, toute sa gratitude, et hautement honoré devant l'ennemi qui ne dissimule pas l'impression que lui a faite la vaillance de nos troupes.

« Elles ont eu la vigueur dans l'attaque de positions préparées de longue main pour la défense; elles ont eu le calme et l'aplomb dans la retraite.

« Soldats !

« Nous sommes engagés dans une lutte suprême où vous n'êtes plus les appuis d'une politique que la France a répudiée. La Prusse avait solennellement déclaré qu'elle ne prenait les armes que pour combattre cette politique. Mais elle a depuis longtemps levé le masque. C'est l'honneur de la nation qu'elle veut humilier, et son existence même qu'elle veut détruire.

« Vous l'avez compris. La grandeur de votre mission vous apparaît. Vous venez de vous montrer, et vous vous montrerez, jusqu'au terme de nos efforts communs, dans l'esprit de dévouement et de sacrifice, les dignes soldats de la nation. »

Combat de la Malmaison.

La semaine qui suivit fut absolument calme, et l'on n'eut à signaler, dans cet intervalle, que quelques reconnaissances de partisans.

Le 1er octobre, les éclaireurs de la Seine opérèrent sur Bondy; les francs-tireurs des Lilas, sur Drancy. Le 2, le commandant du Mont-Valérien fit fouiller par ses mobiles les hauteurs de Montretout, pendant qu'un détachement du 19e de marche battait les rives de la Seine entre Argenteuil et Bezons; et que, d'autre part, des mobiles des Côtes-du-Nord, du Finistère et de la Seine, en tout sept compagnies, tâtaient la forte position de Bondy, si chère aux Prussiens. Le 4 octobre, ce fut le tour de nos spahis, dont un peloton exécuta une charge très-brillante contre les avant-postes prussiens, aux abords de Neuilly-sur-Marne. Le 5, quatre compagnies de mobiles de la Seine pénétraient en armes dans le village de Clamart et, à la même heure, une compagnie du 21ᵉ régiment d'infanterie, soutenue par quelques francs-tireurs, sortait du fort de Charenton pour inquiéter, une fois encore, Créteil. Durant ces opérations, c'est-à-dire toute la matinée du 5, nos forts du Sud, d'Ivry à Issy, et le Mont-Valérien lui-même entretenaient une canonnade violente sur les travaux de l'ennemi qui, selon sa coutume, ne bougeait pas. Le lendemain, 6 octobre, tout rentra dans le silence. Ainsi, comme nous l'avons dit plus haut, la semaine entière se passa sans qu'il survînt un incident militaire de quelque importance.

A cette date, des observations et des renseignements précis firent connaître au gouverneur que l'ennemi ne semblait préparer aucune attaque contre l'enceinte ou les forts. Troublés par une résistance imprévue, les Prussiens s'arrêtaient, immobiles, devant Paris..... et Paris allait les tenir de longs mois en échec. Cela étant, le siége entrait dans une phase nouvelle et le défenseur devait, dans certaines limites, devenir, à son tour, assaillant.

« Cette offensive de la défense, disait le général Trochu, ne saurait toutefois se manifester par de grandes entreprises tentées avec des forces considérables, comme veut le faire la garde nationale.

« Il faut se borner à de fréquentes attaques, sans chercher à s'étendre trop loin, et en faisant toujours usage de l'artillerie dont on dispose ; à des reconnaissances offensives, mais toujours soutenues par le canon des forts. Contre un ennemi qui ne se montre jamais, la tactique doit consister à le faire sortir de ses positions ; à l'attirer sous le feu par d'adroites démonstrations. Si l'armement des forts comprend un assez bon nombre de pièces à longue portée, les Prussiens seront constamment tenus en éveil et se sentiront harcelés. Contraints de rester en force autour de Paris, nous verrons leur confiance s'éteindre et leur moral s'affaiblir. »

C'est suivant ces principes que furent conduites les expéditions dont le récit va suivre. Dans la matinée du 7 octobre, le général Vinoy, protégé par le canon des forts de Montrouge et de Bicêtre, put faire occuper par ses troupes le village de Cachan. Il ne fut arrêté par aucun obstacle sérieux et mit de suite en batterie, dans le jardin de la maison Raspail, quelques canons de campagne destinés à battre le terrain en avant. Le même jour, vers midi, une reconnaissance de douze compagnies de mobiles de la Seine fouillait de nouveau Clamart où elle mettait une vingtaine de Prussiens hors de combat.

Le lendemain, 8 octobre, fut témoin de l'affaire dite de la Malmaison, dirigée par le général Martenot. La colonne expéditionnaire se composait de 600 gardes mobiles de la Seine, de l'Aisne et d'Ille-et-Vilaine; d'un détachement des tirailleurs des Ternes; d'un autre détachement de francs-tireurs de Paris et de quelques sapeurs du génie, munis de leurs outils de pétardement. Ces forces réunies prirent par Nanterre et Rueil, poussèrent jusqu'à cette Malmaison si célèbre sous le premier Empire, et s'ouvrirent une brèche dans le mur du parc. Quatre compagnies de mobiles, descendues du Mont-Valérien, pratiquaient, en même temps, une autre brèche au sud-ouest. Ces travaux combinés furent malheureusement inutiles. L'ennemi avait décampé... nos tirailleurs fouillèrent vainement les abords de Bougival et les hauteurs de la Jonchère.

Pendant que nous opérions ainsi à l'ouest du Mont-Valérien, les éclaireurs de la garde nationale s'avançaient dans la plaine de Gennevilliers, et poussaient jusqu'à la Seine, où ils engageaient une vive fusillade avec les tirailleurs prussiens embusqués sur l'autre rive, entre Argenteuil et Bezons.

L'ensemble du mouvement était soutenu par les éclaireurs volontaires de la 1re division d'infanterie du 14e corps, sous les ordres du commandant Cholleton, appuyé par quatre batteries d'artillerie et quatre escadrons de cavalerie du 2e dragons et du 1er régiment de gendarmerie à cheval.

La fin de cette journée du 8 octobre fut aussi marquée par une petite expédition organisée, au nord de la place, par l'amiral Saisset, dont l'objectif constant était le village de Bondy.

« Cette après-midi, écrivait le soir l'amiral, nous
« avons chassé l'ennemi de Bondy et occupé le village
« jusqu'à la nuit. Chacun est rentré, selon mes ordres,
« après avoir détruit, au moyen de pétards, les loca-
« lités trop rapprochées de nos travailleurs. L'en-

« nemi, à un feu très-nourri de mousqueterie partant
« de ses postes en arrière du village et de divers
« points des bois où il était couvert par des tranchées
« avec créneaux formés de sacs à terre sur épaule-
« ment, avait joint le feu de pièces attelées tirant à
« obus et celui d'une mitrailleuse.

« A deux reprises différentes, le feu de ces pièces a
« été éteint, nos obus des forts les obligeant à se dé-
« placer. L'un deux n'a permis à la mitrailleuse de
« ne tirer qu'une seule fois, et nos tirailleurs ont dé-
« logé de leurs postes les détachements ennemis et
« fait taire le feu de leur mousqueterie partant des
« bois. L'affaire a été très-bien conduite. J'ai pu
« suivre tous les mouvements de mon observatoire. »

Ces petites affaires avaient pour principal effet d'habituer au feu, de former nos jeunes troupes, et chacune des entreprises ainsi conduites était, par conséquent, pour nous, l'équivalent d'un succès. Mais, aucun succès de cette nature ne pouvait, en ce moment, effacer la pénible impression produite sur l'esprit public par une nouvelle venue de l'extérieur.... Toul et Strasbourg venaient de capituler.

Il y avait longtemps hélas ! qu'on devait s'attendre à ce malheur, car il est de principe que toute place de guerre doit succomber, dès qu'elle n'a pas à compter sur une armée de secours. Mais, ce qu'on ne pouvait prévoir, c'est qu'un faux et perfide étalage de deuil allait jeter le désordre dans notre ville assiégée. C'est ce qu'il advint pourtant.

On sait qu'il y avait à Paris nombre de bandes de sectaires obéissant à un mot d'ordre venant du dehors. Les misérables devaient tenter une odieuse entreprise après chacun de nos désastres militaires de la campagne : le 8 octobre, après la prise de Strasbourg ; le 31 octobre, après la capitulation de Metz ; le 22 janvier, après la bataille de Buzenval.

Nous étions au 8 octobre.

La proclamation de M. Gambetta, du 21 septembre, avait provoqué d'ardentes manifestations. Son affiche du 2 octobre, touchant la chute de nos places, fut comme le signal d'une ébullition nouvelle chez les *patriotes* de Belleville et de Ménilmontant. Le 4, vers onze heures du matin, des bandes sinistres, conduites par les Flourens et les Millière, étaient descendues sur la place de l'Hôtel-de-Ville, pour réclamer au gouvernement dix mille chassepots destinés à maintenir l'*indivisibilité de la République*. Le Gouvernement refusa d'acquiescer à ce désir, mais les agitateurs ne se tinrent pas pour battus. Une affiche rouge, placardée sur tous les murs et reproduite par quelques journaux, invita hardiment les gardes nationaux à se réunir au *peuple* le samedi, 8 octobre, sur la place de l'Hôtel-de-Ville, pour y demander la *proclamation immédiate de la Commune de Paris*. La réunion eut effectivement lieu le 8 ; mais les agents de M. de Bismarck et ceux de l'*Internationale* en furent pour leurs frais de manifestation, grace à l'appui que le Gouvernement trouva dans bon nombre de bataillons de la garde nationale.

Quelques jours après, le pouvoir resté debout était en butte aux plus grossiers outrages des journaux rouges. On lisait, par exemple, dans la *Patrie en danger*, la feuille de Blanqui, ces lignes sorties de la plume d'un sieur Tridon, qui fut plus tard l'un des héros du 18 mars :

« 19 vendémiaire an 79 (lundi 10 octobre 1870).

. . . .

« Séditieux ! » parce que nous sommes républicains et n'allons pas à la messe !...

« Ce pouvoir éphémère, sorti de la pourriture impériale, glissé à l'Hôtel de Ville par la longanimité publique, ce pouvoir qui a tout à se faire pardonner, paye d'audace. Il élève la voix et, d'accusé, se fait accusateur !

« Et de quelle cuisse olympienne sont donc sortis tous ces mirmidons ? Quelle nourrice blasonnée les a bercés ? quelle ampoule les a oints, pour qu'on ne puisse pas leur parler ?

. . . .

« Picard singeant Charles Ier !... et Jules Simon jouant à la Catherine de toutes les Russies !... c'est trop fort !

« Le sacre de ces tyranneaux provisoires, c'est l'élasticité de conscience qui leur a permis de prêter serment au Bonaparte, lorsque les plus purs s'arrêtaient devant ces fourches caudines.

« Il n'y a pas là motifs à grands airs, ni à gestes à la Marie-Antoinette. Trochu n'est pas encore Bouillé, et ne peut penser à nous faire avaler son sabre comme il avale ses hosties. Qui a jamais parlé des victoires et conquêtes du général Tamisier ?. . . . . .

« Il faut que des miasmes bien putrides se dégagent des bourbiers gouvernementaux, et qu'il règne en ces lieux maudits une étrange vapeur, pour que de telles ivresses montent à de tels cerveaux . . . .

« Le peuple est écœuré de tant d'insuffisance, d'insolence et de mauvaise foi. Il veut faire l'expérience d'une Commune.

« Vous n'avez pas le droit de vous y opposer. »

A ces tentatives d'insurrection; à ces sordides, mais inquiétantes, menaces le Gouvernement répondit en ordonnant l'arrestation de quelques meneurs, parmi lesquels les sieurs Sapia et Barberet.

M. Gambetta était parti, la veille de cette journée du 8 octobre, à bord du ballon l'*Armand-Barbès*.

Combat de Bagneux.

Outre la canonnade presque continue des forts, principalement du Mont-Valérien, il n'y a à mentionner, du 9 au 12 octobre, que quelques événements d'une importance secondaire : le 10, un engagement assez vif, au nord-est de la place, et l'occupation de la maison Millaud, au sud ; le 12, les reconnaissances des abords de Neuilly-sur-Marne, du plateau d'Avron et des positions occupées par l'ennemi en avant de la Malmaison. Il ne sera pas toutefois inutile de donner de ces faits une relation succincte.

Les compagnies d'infanterie formant la garnison des redoutes de la Boissière, de Montreuil et de Noisy avaient été commandées de service avec un bataillon de mobiles du Nord pour protéger les travailleurs placés en avant. Elles échangeaient, depuis quelque temps, une fusillade assez vive avec l'ennemi lorsque celui-ci, suivant une méthode récemment inaugurée, démasqua, sur la lisière des bois, deux pièces d'artillerie qui crachèrent une dizaine d'obus et de boîtes à mitraille. Mal en advint aux artilleurs prussiens, car leurs canons furent promptement démontés par le feu bien dirigé des trois forts en arrière. Les détachements d'infanterie qui les soutenaient furent vigoureusement reconduits jusqu'aux bois sous lesquels ils rentrèrent.

Cela se passait dans l'après-midi du 10 octobre. Le soir, vers huit heures, cinq coups de canon tirés par le fort de Montrouge annonçaient le début d'une autre entreprise. A ce signal convenu, le général Blanchard jetait une compagnie de mobiles de la Côte-d'Or sur la maison Millaud (située sur la route d'Orléans) qui, depuis l'investissement, servait d'avant-poste à l'ennemi. Celui-ci, brusquement débusqué par les obus du fort, n'attendit pas les mobiles qui occupèrent la maison sans coup férir et n'y trouvèrent plus que le bras d'un soldat bavarois dont le corps venait d'être précipitamment enlevé. La mise en état de défense de ce poste important fut immédiatement commencée et put heureusement se terminer avant le jour, sans qu'on eût maille à partir avec la grande barricade de Bourg-la-Reine.

Quant aux expéditions du surlendemain, 12 octobre, le rapport militaire officiel en donnait la relation qui suit :

« Ce matin, le lieutenant-colonel Reille, commandant le 7e régiment des gardes mobiles (Tarn), a exécuté une reconnaissance importante, dans le but de s'assurer de la présence des forces ennemies au bois de Neuilly et au plateau d'Avron.

« Les postes prussiens se sont repliés vivement devant les spahis, soutenus par nos tirailleurs; puis, se sont dérobés dans un bois qui s'étend entre Neuilly et Villemomble. Le village du Bois-de-Neuilly a été occupé et fouillé dans tous les sens.

« A la gauche, trois compagnies, sous les ordres du commandant de Foucaut, ont gravi les pentes d'Avron.

« Une division du 1er régiment de chasseurs a fouillé la partie dénudée et reconnu le plateau en tous sens sans voir d'ennemis, sauf du côté de Villemomble, en arrière du village.

« A l'extrémité du mouvement de terrain, l'infanterie prit à revers le bois que l'ennemi, qui s'y était retiré, n'essaya pas de défendre, bien qu'il y eût fait des abatis.

. . . .

« De son côté, le général Ducrot a poussé dans la journée une reconnaissance au delà de la Malmaison. Les éclaireurs Dumas et les éclaireurs de la ligne (commandant Lopez) s'étaient engagés résolûment à la gauche et en avant de Rueil. Les mobiles du Morbihan, après avoir essuyé des feux de peloton partant du parc de la Malmaison, se sont trouvés en présence de batteries prussiennes, à la bifurcation des routes de Bougival et de la Jonchère. Ces batteries se sont démasquées à 300 mètres... leur feu n'a pas atteint un seul des nôtres, les boîtes à mitraille ayant fait balle au lieu de s'écarter. Les mobiles se sont mis à couvert dans les fossés de la route et, de là, ont ouvert le feu sur l'ennemi qui a été contraint de se retirer. Son artillerie, réduite au silence par la nôtre, a été poursuivie dans sa retraite par les obus du Mont-Valérien jusqu'à Bougival. »

Cependant, depuis plusieurs jours on signalait, au sud, des mouvements considérables de troupes ennemies. Il s'opérait une grande concentration vers Choisy-le-Roi où nos éclaireurs déclaraient avoir vu défiler une véritable armée. Comment expliquer ces mouvements insolites ? Deux hypothèses seulement étaient possibles : Ou, préoccupés de la formation d'une armée de la Loire et de la marche de cette armée sur Paris, les Prussiens se préparaient à repousser l'offensive dont ils se sentaient menacés par la route d'Orléans; — ou bien, craignant simplement une attaque de la garnison de Paris contre Choisy-le-Roi, ils voulaient la prévenir et lui enlever, de vive force, ses positions de Villejuif. Dans cette situation, et quoiqu'il en fût des deux hypothèses, dont la seconde était de beaucoup la plus admissible, le gouverneur pensa que, tout cas échéant, il était indispensable de renforcer d'une division de réserve empruntée au 14e corps les 40,000 hommes du général Vinoy chargés d'occuper la longue ligne de défense allant de la haute à la basse Seine; du Pont-à-l'Anglais jusqu'à Billancourt. Dans cet ordre d'idées, le général Trochu fit diriger sur le Moulin-Saquet les quatre batteries de 12 formant la réserve du 14e corps; quatre autres batteries de 12, encore disponibles, furent envoyées en arrière de la redoute des Hautes-Bruyères. Le comité de défense venait de décider que tous les forts détachés seraient reliés entre eux par de bons retranchements continus. Il arrêta, pour appuyer nos défenses du Sud, le projet d'organisation d'une bonne ligne avancée. Cette tranchée, ouverte à 500 mètres en avant du Moulin-Saquet, devait rattacher nos positions de Cachan au village de Vitry et, de là, se prolonger jusqu'à la Seine. On dut s'efforcer, en même temps, de perfectionner tous les ouvrages destinés à la défense du plateau de Villejuif; une équipe de 400 ouvriers fut dirigée, à cet effet, sur la redoute des Hautes-Bruyères.

Toutes ces mesures, excellentes en elles-mêmes, ne dispensaient pas le Gouverneur de s'assurer si l'ennemi demeurait en force devant Paris, ou s'il n'y laissait qu'un rideau derrière lequel il pouvait plus aisément détruire nos armées naissant en province. Il fallait, à tout prix, savoir la vérité, c'est-à-dire tâter le terrain en avant, pour y rencontrer soit le vide, soit des masses prussiennes. Le général Trochu décida qu'il serait fait une reconnaissance offensive à l'effet d'éclairer la zone s'étendant de nos positions d'Issy à celles de Cachan. Par suite, le général Vinoy, commandant le 13e corps, reçut, dans la soirée du 12, l'ordre d'opérer le lendemain sur Bagneux et sur Châtillon.

Le général chargea spécialement de l'action sa troisième division (Blanchard) que devaient soutenir les brigades Dumoulin (de la division Maudhuy) et de la Charrière (de la division Caussade); les mobiles de l'Aube et de la Côte-d'Or; les marins du fort de Montrouge et le bataillon des gardiens de la paix. On n'a pas oublié, d'ailleurs, que la 3e division du 13e corps était formée des brigades Guilhem (35e et 42e) et Susbielle (13e et 14e de marche).

Ces troupes, réunies dans la matinée du 13, furent disposées de la manière suivante : La brigade Dumoulin prit position à la Grange-Ory; et la brigade de la Charrière, sur la route de Bourg-la-Reine, en avant, afin de couvrir notre gauche. Quant au général Blanchard, il divisa ses forces en trois colonnes d'attaque ayant respectivement pour objectif Clamart, Châtillon et Bagneux. La colonne de droite, dirigée sur Clamart, n'était formée que de deux bataillons du 13e de marche et de 500 gardiens de la paix; celle de gauche, qui devait enlever Bagneux, comprenait les mobiles de l'Aube et de la Côte-d'Or, sous la conduite du lieutenant-colonel de Grancey. La colonne du centre, la plus importante des trois, se partageait elle-même en trois détachements : l'un (35e d'infanterie et mobiles de la Côte-d'Or), sous les ordres du colonel de la Mariouse, devait aborder de front la position de Châtillon; l'autre (14e de marche, un bataillon du 13e et 500 gardiens de la paix), commandé par le général Susbielle, avait pour mission d'attaquer la droite du village. Le troisième détachement (42e d'infanterie et mobiles de l'Aube) avait été placé en réserve, en arrière de Châtillon, au lieu dit *la Baraque*.

Le général Vinoy, commandant l'ensemble des opérations, avait établi ses réserves en arrière du fort de Montrouge.

A neuf heures précises, toutes les troupes se trouvant ainsi postées, deux coups de canon tirés par le fort donnent le signal de l'action... et chaque tête de colonne se porte en avant.

La colonne de droite s'empare, sans coup férir, de Clamart, s'y maintient, mais trouve, près du plateau de Châtillon, des positions fortement occupées... elle s'arrête.

Soutenu par son artillerie de campagne et par les gros calibres des forts de Vanves et d'Issy, le général

Susbielle attaque vigoureusement Châtillon ; mais il se heurte à de solides barricades que flanquent des maisons crénelées. Il est obligé d'emporter, une à une, toutes ces maisons et de faire appel à l'énergie de ses troupes, tout en usant d'une extrême prudence pour continuer cette guerre de rues.

La colonne de gauche enlève rapidement Bagneux, non sans y rencontrer la plus vive résistance.

Pendant ce temps, le 35e et les mobiles de la Côte-d'Or tentent de se frayer un passage entre Bagneux et Châtillon ; mais ils sont arrêtés par la mousqueterie et l'artillerie ennemies; ils sont obligés, eux aussi, de faire le siége des maisons et des murs de parc, percés de créneaux et vigoureusement défendus.... ils parviennent jusqu'au cœur du village, grâce à l'appui de la brigade Dumoulin qui, de la Grange-Ory, s'est portée sur les pentes de Bagneux. Quant à la brigade de La Charrière, elle s'applique à éteindre le feu d'une batterie ennemie qui s'efforce d'inquiéter nos réserves.

Les Prussiens occupaient donc encore tous les villages et ils s'y maintenaient solidement ! Après cinq heures de lutte, on vit leurs colonnes profondes arriver de toutes parts, et leurs bataillons serrés en masse apparaître sur le plateau. Ils n'étaient point partis combattre une armée de la Loire ; ils demeuraient sous Paris. C'était ce qu'on voulait savoir.

Le général Vinoy fit sonner la retraite qui s'opéra dans le plus grand ordre, sous un feu très-vif de mousqueterie et d'artillerie ; mais l'ardeur de nos adversaires venus à la rescousse fut promptement calmée par nos batteries divisionnaires et par les pièces à longue portée des forts d'Issy, de Vanves et de Montrouge.

Si le combat de Bagneux nous avait coûté du monde, l'ennemi avait aussi fait des pertes très-sensibles. Dans le seul village de Bagneux, il comptait 300 morts... et nous lui avions fait cent prisonniers qui défilèrent, le soir, par l'avenue d'Orléans. Il demanda un armistice pour enlever ses morts et ses blessés au nombre de plus de 1200, et, par suite, le lendemain, 14, une suspension fut consentie de onze heures à cinq heures, en avant de nos forts du Sud. A ce moment, nos chefs de corps lisaient à leurs soldats cet ordre que leur adressait le gouverneur :

« Dans le combat d'hier, la division Blanchard, du 13e corps, les bataillons de la garde mobile et le corps des gardiens de la paix, qui y sont attachés, ont acquis de nouveaux droits à la reconnaissance du Gouvernement de la défense nationale et du pays. Les troupes ont montré de la vigueur, de l'aplomb, des habitudes d'ordre et de discipline dont j'ai à les féliciter.

« Le 35e régiment d'infanterie et les bataillons de la Côte-d'Or, qui déjà s'étaient brillamment conduits au combat de Villejuif; les bataillons de l'Aube, qui abordaient l'ennemi pour la première fois; les gardiens de la paix, qui ont perdu un officier et plusieurs hommes. sont hautement distingués.

« Le lieutenant-colonel de Grancey, des bataillons de

la Côte-d'Or, a énergiquement contribué, à la tête de la garde mobile, au succès de la journée. Le commandant de Dampierre, des bataillons de l'Aube, entraînant sa troupe à l'attaque de Bagneux, où il est entré le premier, a succombé glorieusement, et je donne ici à ce vaillant officier des regrets que l'armée partagera tout entière. »

Combat de Buzenval.

La reconnaissance offensive, à laquelle est resté le nom de *combat de Bagneux*, démontrait péremptoirement que l'ennemi occupait toujours en forces considérables le revers des hauteurs de Châtillon. Le succès de notre opération, dû au concours opportun des pièces à longue portée d'Issy, de Vanves et de Montrouge, prouvait que, en restant sous le canon des forts, on pouvait avantageusement lutter contre l'ennemi et effectuer de bonnes retraites. Enfin, il était acquis que les Prussiens prenaient, de plus en plus, une attitude expectante, malgré l'irritation que leur causaient nos chicanes de chaque jour.

En Allemagne, l'opinion publique était fort surexcitée ; on s'alarmait des lenteurs inattendues du siége, à ce point que l'organe officiel du Gouvernement de Berlin, le *Staatzanzeiger*, dut prendre à tâche de calmer de violentes impatiences. Il publia donc un aperçu des obstacles de toute nature que l'armée de siége avait à vaincre avant d'atteindre au but tant désiré.

« Paris, était-il dit en ce *Communiqué* sincère, est moins une forteresse qu'un champ de bataille fortifié dont tous les accès sont couverts par des forts ; au nombre de ces forts, plusieurs sont autant de citadelles ; et d'autres, comme le mont Valérien et Saint-Denis, sont, au su de tout le monde, supérieurs à beaucoup de forteresses. En arrière des forts, se trouve une enceinte d'au moins 6 milles géographiques de circonférence. Il faudrait douze heures pour visiter les forts l'un après l'autre, et plus de dix-huit heures pour parcourir la sphère de leur action efficace. »

Et le rédacteur officiel ajoutait :

« Paris étant privé de l'armée qui aurait pu utiliser ses fortifications, l'efficacité des forts et du mur d'enceinte s'est trouvée fort diminuée. Cependant, malgré ce dommage infligé à l'ennemi, les ressources morales et matérielles qui lui restent ne sont pas à mépriser ; et comme ces forces ont été mises à la disposition d'un commandant énergique, la tâche de nos armées est une des plus difficiles dont l'histoire militaire du monde ait gardé le souvenir. »

Tout le monde, hélas ! ne partageait pas cette opinion dans notre malheureux pays. Quelques jours après le combat de Bagneux, et à la veille de celui de Buzenval, des paroles imprudentes, sinon coupables, jetaient dans le cœur des officiers de l'armée de Metz le trouble et le découragement. Leurs chefs de corps leur faisaient, le 19 octobre, une communication officielle de laquelle il résultait que « *Paris investi, affamé, et sans*

« *communications extérieures, allait, sous très-peu de* « *jours, ouvrir ses portes aux Prussiens.* » Paris ouvrir ses portes en octobre !... Il avait alors pour plus de trois mois de vivres. Il allait encore tenir CENT JOURS !

Pendant que leurs efforts étaient si diversement appréciés, les défenseurs de Paris poursuivaient résolument leur tâche. Une organisation perfectionnée rendant désormais inabordables l'enceinte et les forts de la place; l'ennemi prenant, d'ailleurs, cette attitude expectante qu'on avait récemment constatée, le gouverneur déclara au comité de défense qu'il croyait venu le moment de substituer au système des petites entreprises celui de la *grande offensive*. Il exposa que cette nouvelle phase de la défense nécessitait l'organisation d'une artillerie très-puissante... et des mesures furent aussitôt prises en conséquence. La redoute de Gravelle venait de recevoir un supplément d'armement de 3 canons de $0^m,16$ de la marine, mais on s'attacha, plus spécialement, à renforcer les positions du Sud. Deux batteries flottantes remontèrent la Seine jusqu'en amont du Port-à-l'Anglais, en un point d'où elles pouvaient utilement concourir à la défense de Vitry. La batterie, construite en avant du Petit-Vitry, fut, en même temps, armée d'obusiers de $0^m,22$, de la marine. On donna aux Hautes-Bruyères 3 canons de $0^m,16$ et 5 canons de 24 court; au Moulin-Saquet, 4 canons aussi du calibre de 24 court. On envoya à Cachan une batterie de 12, destinée à battre les revers de l'Hay, et l'on pressa l'exécution des wagons blindés, armés de pièces de marine à longue portée. Enfin, pour la facilité des grandes sorties en projet, le gouverneur ordonna le rétablissement du passage, à travers l'enceinte, de la plupart des routes et des chemins de fer, supprimé lors de l'investissement.

La situation s'était bien améliorée depuis le 19 septembre. L'issue du combat de Châtillon avait été de nous refouler en deçà de la ligne des forts, tandis que, vers la mi-octobre, nous avions déjà reconquis en avant de nos ouvrages : Vitry, Villejuif, Arcueil, Cachan, Issy, Suresnes, Puteaux, Courbevoie, Asnières, Villetaneuse, une partie de Pierrefitte, Stains, La Courneuve, Fontenay-sous-Bois et Nogent-sur-Marne. Nous possédions, à l'Est, la tête de pont de Joinville et disposions, à l'Ouest, de toute la presqu'île de Gennevilliers. Enfin, Créteil, occupé, le 14 octobre, par l'une de nos reconnaissances et défendu par elle avec énergie, dans la nuit du 15 au 16, avait été définitivement évacué par les Prussiens dans la matinée du 17.

Sur tout le pourtour de la place, l'ennemi se sentait vivement harcelé. Les forts de Romainville, de Rosny et de Charenton le canonnaient vigoureusement à l'Est. La redoute de la Faisanderie battait la Fourche de Champigny; le fort de Nogent tirait sur la pépinière de la Ville de Paris; la redoute de Gravelle balayait Bonneuil, Montmesly, le carrefour Pompadour. Et, en avant de nos positions, de hardies reconnaissances étaient poussées par les mobiles de la Drôme, de la

Côte-d'Or et du Tarn qui fouillaient le parc du Raincy, Villemonble, le parc de Launay, le plateau d'Avron, Bois-de-Neuilly et Neuilly-sur-Marne.

Au Nord, les postes de la Courneuve et de Drancy prolongeaient la ligne de défense formée par la Briche, la Double-Couronne et le fort de l'Est, et tenaient en échec les assaillants pris en flagrant délit de construction de batteries et de retranchements. Notre artillerie contrariait singulièrement les travaux entrepris par l'attaque au moulin et à la station de Pierrefitte; au Moulin-Neuf; aux environs de Stains; enfin au Pont-Iblon, derrière la Morée.

A l'Ouest, le Mont-Valérien, qui avait brûlé Saint-Cloud dans la soirée du 13, ne cessait de tirer sur le palais en ruines, sur le pavillon de Breteuil, sur Garches et Montretout. Dans la nuit du 13 au 14, nos éclaireurs surprenaient dans Rueil un détachement prussien auquel ils tuaient ou blessaient 20 hommes; et, dans les journées du 16 et du 17, le général Berthaut se portait en avant de Colombes pour canonner les travaux commencés par l'ennemi au pont d'Argenteuil.

Au Sud, les forts d'Issy et de Vanves ne cessaient de couvrir de feux les hauteurs de Châtillon, et nos mobiles repoussaient victorieusement les tentatives des partisans prussiens sur Cachan et la maison Millaud.

Sur ces entrefaites, le gouverneur fut informé par des agents sûrs que l'ennemi, vivement incommodé par le feu du Mont-Valérien, se proposait d'assaillir ce fort. Le projet d'un siége en règle ne supportait pas la discussion, mais une tentative de bombardement était possible et, dans cette hypothèse, le comité de défense décida la construction d'une batterie à 600 mètres en avant du fort, dans la direction de Nanterre et à la limite du plateau. Destinée à découvrir les pentes qui échappaient aux vues du fort, cette batterie devait se relier par une espèce de caponnière à l'ouvrage du Moulin-d'Hérode.

Pour s'éclairer complétement sur les intentions des Prussiens, le général Trochu ordonna, d'ailleurs, une grande reconnaissance sur la ligne de leurs positions entre la Jonchère et le château de Buzenval... et cette sortie s'opéra, le 21 octobre, sous la direction du général Ducrot. Considérée au point de vue de l'exécution, l'expédition avait pour objet d'attirer l'ennemi et de l'écraser sous le feu de nos batteries. Nous ne devions pas dépasser le pont de Bougival, mais chercher à détruire une batterie prussienne établie sur le chemin de fer américain, à l'Ouest de la Malmaison. Cela fait, nous nous proposions de pousser jusqu'à une autre batterie qu'on supposait à la Jonchère, de la détruire également et de rentrer dans nos lignes.

Le général Ducrot disposait, pour cette entreprise, de 10,950 hommes d'infanterie, 6 escadrons de cavalerie et 94 bouches à feu. Ces forces furent réparties de la manière suivante : Le général Berthaut eut sous ses ordres 3,400 hommes d'infanterie, un escadron de cavalerie et vingt pièces; le général Noël, 1350 hommes d'infanterie et 10 pièces; le colonel Cholleton, 1600 hommes d'infanterie, un escadron de cavalerie et 18 bouches à feu. Le général commandant en chef donna, d'ailleurs, au général Martenot 2,600 hommes et 18 canons; au général Paturel, 2,000 hommes d'infanterie, quatre escadrons de cavalerie et 28 bouches à feu. Enfin, les troupes des généraux Vinoy et de Bellemare furent appelées à soutenir à distance celles du 14e corps.

Le général Berthaut devait opérer entre le chemin de fer de Saint-Germain et la partie nord du village de Rueil; le général Noël, sur le flanc sud du parc de la Malmaison et dans le ravin qui descend de l'étang de Saint-Cucufa à Bougival. Tous deux avaient la Malmaison pour objectif; leurs colonnes se trouvaient reliées et soutenues par le colonel Cholleton qui, massé en avant de l'*ancien Moulin*, devait marcher sur le château de Buzenval. Les généraux Martenot et Paturel étaient placés en arrière, en réserve; l'un, à gauche; l'autre, au centre de la ligne de bataille. Le général de Bellemare avait pris position derrière le village de Colombes, afin de couvrir l'opération. Enfin, sur la route stratégique d'Ivry à Issy, le général Vinoy déployait tout le 13e corps.

A une heure de l'après-midi, chacun étant prêt et à sa place, l'artillerie ouvrit son feu sur toute la demi-circonférence ayant pour diamètre une ligne tirée de la station de Rueil à la ferme de la Fouilleuse. Pendant trois quarts d'heure, elle couvrit de ses projectiles Buzenval, la Malmaison, la Jonchère et Bougival que canonnaient aussi l'artillerie du 13e corps, et les forts, et les canonnières embossées à Billancourt. Pendant ce temps, nos tirailleurs et nos têtes de colonne s'avançaient à grands pas.

« A un signal convenu, dit le rapport du général Ducrot, l'artillerie a brusquement cessé son feu... et nos troupes se sont élancées avec un admirable entrain sur les objectifs assignés; elles sont arrivées promptement au ravin qui descend de l'étang de Saint-Cucufa au chemin de fer américain, en contournant la Malmaison. La gauche du général Noël a dépassé ce ravin et a gravi les pentes qui montent à la Jonchère; mais elle s'est trouvée bientôt arrêtée sous un feu violent de mousqueterie partant des bois et des maisons où l'ennemi était resté embusqué, malgré le feu de notre artillerie.

« En même temps, quatre compagnies de zouaves, sous les ordres du commandant Jacquot, se trouvaient acculées dans l'angle que forme le parc de la Malmaison, au-dessous de la Jonchère, et auraient pu être très-compromises sans l'énergique intervention du bataillon de Seine-et-Marne, qui est arrivé fort à propos pour les dégager. Ce bataillon s'est porté résolûment sur les pentes qui dominent Saint-Cucufa, sa droite appuyée au parc de la Malmaison; il a ouvert un feu très-vif sur l'ennemi, qu'il a forcé de reculer, et a permis ainsi aux quatre compagnies de zouaves d'entrer dans le parc.

« Dès le commencement de l'action, quatre mitrailleuses, sous les ordres du capitaine de Grandchamp, et la batterie de 4 du capitaine Nismes, le tout sous la direction du commandant de Miribel, s'étaient portées, avec une remarquable audace, très en avant pour soutenir l'action de l'infanterie. Ses positions étaient d'ailleurs très-bien choisies et les résultats obtenus ont été très-satisfaisants.

« En même temps, les francs-tireurs de la 2ᵉ division, commandés par le capitaine Faure-Biguet (colonne Cholleton), se précipitaient sur Buzenval, y entraient et se dirigeaient, sous bois, vers le nord du ravin de Saint-Cucufa.

. . . .
. . . .

« Pendant l'opération principale, la colonne du général Martenot faisait une utile diversion à notre gauche; un bataillon s'installait à la ferme de la Fouilleuse et ses tirailleurs poussaient jusqu'aux crêtes, occupant même, pendant un instant, la redoute de Montretout et les hauteurs de Garches.

« A droite, le régiment de dragons, appuyé d'une batterie à cheval, se portait dans la direction de la Seine, entre Argenteuil et Bezons, et canonnait quelques postes ennemis; la droite de cette colonne de cavalerie se reliait avec les troupes du général de Bellemare.

. . . .

« Vers cinq heures, la nuit arrivant et le feu ayant cessé partout, j'ai prescrit aux troupes de rentrer dans leurs cantonnements. »

Tel est, rapidement esquissé, ce combat de Buzenval, du 21 octobre, l'affaire la plus sérieuse qui se fût, jusqu'alors, engagée sous Paris. Le but qu'on se proposait était atteint : nous avions enlevé les premières positions de l'ennemi; nous l'avions forcé à faire entrer en ligne des forces considérables qui, exposées, pendant toute l'action, au feu de notre artillerie, avaient dû faire de très-grandes pertes. Mais était-il possible de pousser l'affaire plus à fond? Pouvait-on espérer que les dix mille hommes du général Ducrot, jeunes soldats pour la plupart, fussent assez vigoureux pour percer les lignes ennemies et tomber, comme une avalanche, sur le quartier général de Versailles? D'excellents esprits l'ont pensé, et ce qui semblerait devoir leur donner raison, c'est le trouble et la frayeur qui s'emparèrent, ce jour-là, de l'état-major des assiégeants. En voyant notre artillerie foudroyer ses positions de la Jonchère, de Garches et de la Celle-Saint-Cloud; en renouvelant, pour la cinquième fois déjà, les détachements qui les occupaient, le roi Guillaume ne put se défendre de quelques âpres angoisses. Son émotion gagna l'armée, et l'on vit les officiers prussiens frappés d'une panique que nous, les vaincus, nous n'avons jamais appris à connaître. Ils couraient précipitamment par les rues de Versailles; ils bouclaient leurs colis de bagages, sellaient leurs chevaux, et s'apprêtaient à décamper.

Quelle que fût alors la divergence des appréciations touchant l'issue possible du combat de Buzenval, il était certain que nos jeunes soldats venaient de se bien conduire, et le gouverneur ne leur ménagea pas les encouragements. Il leur adressa le lendemain l'ordre qu'on va lire :

« Le gouverneur de Paris félicite le 14e corps de la régularité parfaite avec laquelle il a exécuté, dans la journée d'hier, ses marches préparatoires et pris ses positions de combat; de la vigueur avec laquelle il a attaqué; de l'ordre dans lequel, à la nuit close, il a rallié ses cantonnements. C'est par de telles opérations bien conduites et bien exécutées que les troupes se préparent aux grands efforts de la guerre.

« Je dois des éloges particuliers à l'artillerie, dont quelques batteries ont marché à l'ennemi avec beaucoup d'audace, trop d'audace en certains cas.

« A dater du combat d'hier, le 14e corps a conquis sa place parmi les meilleures troupes de l'armée de défense. »

Premier Combat du Bourget.

La belle conduite des troupes au combat de Buzenval avait causé au gouverneur une satisfaction qu'il ne dissimulait pas. — « Aujourd'hui, disait-il, les hommes des 13e et 14e corps ont acquis d'excellentes qualités militaires, de la discipline, de la cohésion, de l'entrain. Quant à la mobile, complétement habillée et équipée, elle donne chaque jour des preuves d'une instruction très-suffisante. Nous disposons donc de 120,000 soldats dont il est possible de tirer le meilleur parti, mais qu'il faut appuyer par une nombreuse et puissante artillerie de campagne. Il serait indispensable d'avoir, au moins, quatre bouches à feu pour mille hommes. »

Suivant ce principe, le service de l'artillerie se mit à recruter partout des artilleurs et des attelages. On trouva nombre d'hommes dans la gendarmerie, parmi les forestiers, les douaniers et les gardiens de la paix. Quant aux chevaux, ils devenaient rares ; mais on se procura néanmoins l'effectif requis, grâce à la compagnie des Omnibus, qui en offrit, à elle seule, 1400.

Le soin de pourvoir à tous les besoins de cette organisation nouvelle ne nous empêchait pas de perfectionner la défense fixe et d'en étendre les moyens d'action. Il s'élevait dans la presqu'île de Saint-Maur une batterie de 8 pièces, destinée à prendre de bonnes vues sur la presqu'île voisine, sur Chennevières et le revers de Montmesly. Au Sud, entre Issy et Vanves, on donnait l'ordre de construire de nouveaux épaulements pour la mise en batterie de seize bouches à feu de gros calibre. Ces travaux et d'autres travaux analogues étaient bien faits pour tenir constamment en éveil et immobiliser un ennemi qui ne s'était si fortement retranché devant Paris que pour se réserver la liberté de ses mouvements extérieurs. La valeur des positions défensives qu'il s'était créées lui permettait, en effet, de détacher de son armée de siége des forces considérables qui poussaient des incursions dans le pays, et souvent à d'assez grandes distances.

Nos partisans ne cessaient pas de harceler les avant-postes prussiens. Le 21 octobre, pendant le combat de Buzenval, un détachement de la garde nationale faisait une reconnaissance à Villemonble, pendant que d'autres gardes nationaux prêtaient leur concours aux mobiles de la Vienne et au 5e régiment de marche, pour refouler en arrière de Champigny des tirailleurs qui venaient d'insulter Nogent. Le soir, à dix heures, nos gardes de tranchée repoussaient victorieusement l'attaque que, pour la troisième fois, un adversaire irrité tentait sur nos lignes, entre la maison Millaud et le moulin de Cachan. Le surlendemain, 23 octobre, vers deux heures de l'après-midi, un poste prussien, établi sur la route de Neuilly-sur-Marne, lâchait pied devant une patrouille de grand'garde du fort de Nogent ; et, vers quatre heures, les obus du fort de Charenton coupaient une petite colonne ennemie, d'environ 200 hommes, qui cherchait à gagner Choisy par la route du carrefour Pompadour. La canonnade de nos forts et redoutes devenait incessante. La Faisanderie tirait sur Champigny ; le Mont-Valérien, la batterie Mortemart, les bastions 63 et 64 couvraient de feux Brimborion et l'Orangerie de Saint-Cloud ; Issy et Vanves inquiétaient sans relâche la Tour-des-Anglais et le Moulin-de-Châtillon.

Cette série continue de chicanes offensives, entremêlée de coups de canon, n'était que le prélude d'un événement de guerre important dont quelques esprits superstitieux crurent voir le sanglant présage dans les aigrettes rutilantes de l'aurore boréale du 24 octobre. Nos actions de vigueur n'avaient, jusqu'alors, eu pour théâtre que le Sud ou l'Ouest de la place investie ; le Nord allait avoir sa part. Après les journées de Châtillon, de Villejuif, de Chevilly, de la Malmaison, de Bagneux et de Buzenval, nous allions avoir, coup sur coup, les deux journées du Bourget.

Le général de Bellemare avait sous ses ordres le corps des francs-tireurs de la Presse établi à la Courneuve. Les progrès de l'inondation du Crould y rendant désormais inutile la présence de ces braves gens, le général eut à cœur de leur donner un autre service et leur suggéra, pour le moment, l'idée d'une attaque de nuit sur le Bourget, village en pointe en avant de nos lignes. Enchantés de pouvoir se rendre utiles, les francs-tireurs se mirent en marche le 28 octobre, à trois heures du matin, et, s'étant avancés sans bruit, ils abordèrent et surprirent les premiers postes prussiens qui s'enfuirent en désordre. Cela fait, ils pénétrèrent dans le village et poussèrent jusqu'à l'église, en chassant devant eux l'ennemi, de maison en maison. Mais l'église était une position solide que nos partisans ne pouvaient enlever comme le reste, et le général de Bellemare s'empressa de les faire soutenir par une portion du 34e de marche et le 14e bataillon des mobiles de la Seine. Jugeant bien que l'action devenait beaucoup plus sérieuse qu'on n'eût pu s'y attendre, le général envoya sur les lieux le colonel Lavoignet, avec ordre de prendre le commandement des troupes engagées, de s'emparer du village et de s'y établir. Lui-même s'y rendit, vers onze heures, avec une forte réserve formée du 16e bataillon de mobiles de la Seine et d'un demi-bataillon du 28e de marche. L'ensemble de ces forces d'infanterie était soutenu par deux pièces de 4 et une mitrailleuse; deux pièces de 12, en batterie en avant de la Courneuve, devaient, en outre, prendre l'ennemi en flanc.

Après une demi-heure de combat, les Prussiens, complétement débusqués du village, durent se retirer en arrière du ruisseau de la Morée, dans la direction du pont Iblon. Mais, vers midi, ils démasquèrent, derrière ce pont, deux batteries de position de pièces de gros calibre, firent avancer deux batteries de campagne sur la route de Dugny au Bourget, et appelèrent sur les lieux des forces d'infanterie considérables qu'on vit descendre de Gonesse et d'Écouen.

Celles-ci commencèrent aussitôt une fusillade violente, mais inutile. Elles n'intimidèrent point nos tirailleurs qui demeurèrent à leur poste, en avant du village, à la hauteur de la route n° 20, reliant Dugny à la grande route de Lille. Quant à l'artillerie ennemie, elle manifestait une puissance dont nous n'avions pas encore, jusqu'alors, éprouvé les effets. Nos cinq bouches à feu durent immédiatement renoncer à une lutte impossible. Elles se retirèrent, pendant que le gros des troupes, restant vaillamment dans ses positions, assistait au spectacle tout nouveau du bombardement d'un village. Sous ce feu formidable, nos hommes, défilés comme ils pouvaient l'être, ne cessaient de faire preuve d'énergie et de sang-froid.

Les trente bouches à feu se turent vers cinq heures du soir, mais ce silence subit couvrait un coup de main. A sept heures et demie, une colonne ennemie se porta sur la gauche du Bourget, qu'elle essaya d'enlever à la baïonnette. Reçue à bout portant par une compagnie du 14e mobiles de la Seine, elle se dispersa, dès la première décharge, et avec une telle précipitation qu'il lui fut impossible d'enlever ses morts.

Le Bourget était donc à nous. On s'empressa de le mettre en état de défense. Les maisons furent partout crénelées; les barricades, renforcées; les communications à travers les maisons, rétablies. Le comité de défense estima qu'il était indispensable de relier cette nouvelle position : d'une part, à Drancy (qui venait aussi d'être occupé) par une tranchée continue; de l'autre, à l'inondation du Crould par une série d'épaulements. En envoyant au général de Bellemare un renfort de deux batteries d'artillerie, le gouverneur lui prescrivit, de plus, d'occuper solidement le pont de la Molette, et d'organiser, au confluent de ce ruisseau et du Crould, une batterie destinée à prendre à revers le village de Stains.

La nouvelle de la prise du Bourget fut assez bien accueillie. Le public commença par acclamer le général de Bellemare; il applaudit surtout à ce passage de son rapport : — « Cette prise élargit le cercle de « notre occupation au delà des forts, donne de la con- « fiance à nos soldats et augmente les ressources en « légumes pour la population parisienne. » Pour le gouverneur, il ne partageait ni cet enthousiasme ni cette confiance, et semblait agité par de mauvais pressentiments.— « Si dans la défense de Paris, disait-il le soir du 28 octobre, il n'y avait à s'occuper que du siége lui-même, il y aurait intérêt à reporter les avant-postes aussi loin que possible, afin de refouler l'ennemi et de le forcer à étendre sa ligne d'investissement. Mais, dans les conditions spéciales où nous nous trouvons, l'occupation des positions extérieures doit forcément se combiner avec les mouvements ultérieurs qu'on peut avoir à faire et, par suite, il ne faut s'installer que sur des points qu'on est certain de ne pas abandonner plus tard, pour disposer de toutes ses forces en vue de quelque entreprise importante. »

Nous devions bientôt, hélas! abandonner le Bourget.

Deuxième combat du Bourget.

La nuit du 28 au 29 octobre avait été fort calme, à l'entour du village, mais les Prussiens l'avaient employée à faire venir des troupes de renfort et à perfectionner la mise en batterie de leurs 30 pièces de gros calibre. Le 29, à huit heures du matin, le feu reprit avec une violence extrême et ne s'apaisa que vers onze heures et demie; le Bourget avait reçu plus de 500 obus pendant ces trois heures. A midi, la mousqueterie s'éteignit également, et les troupes prussiennes qui venaient d'être engagées rompirent en arrière vers Gonesse, Stains et Pierrefitte, sous les projectiles des forts de l'Est et de la Double-Couronne, qui leur firent assez de mal. L'ennemi se retirait et paraissait renoncer à tout retour offensif; on crut avoir définitivement gain de cause. Le général de Bellemare écrivit au gouverneur : — « Nous tenons « la position du Bourget et nous y restons.... » Cette occupation ne devait malheureusement pas être de longue durée.

Le dimanche, 30 octobre, vers six heures du matin, une grêle d'obus et de boulets pleins se mit à fondre de nouveau sur le village, et le bombardement dura plus d'une heure. Alors, les défenseurs, sortant de leurs abris, virent arriver sur eux des masses d'infanterie évaluées à plus de 15,000 hommes. Une partie de ces troupes les abordait de front par la route de Lille, pendant que d'autres colonnes venues de Stains, de Dugny, de Blanc-Mesnil, se répandaient sur chacun de leurs flancs et se développaient, pour les tourner, sur la ligne du chemin de fer de Paris à Soissons.... Après avoir une fois surpris l'ennemi, nos troupes avaient manqué de vigilance et s'étaient, à leur tour, laissé surprendre.

Les Prussiens inauguraient, ce jour-là, une nouvelle manière; ils essayaient la formation d'attaque dont les principes venaient d'être arrêtés entre le commandant de la garde et celui du 3ᵉ corps, et qu'ils ne trouvaient pas sans analogie avec le système appliqué, en 1869, au Mont Dachlowitz, par le général-major baron Mondel. Nos prudents ennemis avaient observé que, en terrain découvert, la formation en colonnes d'attaque leur imposait inutilement des sacrifices considérables : ils estimaient, d'autre part, qu'ils ne devaient pas s'en tenir, exclusivement et dans tous les cas, à l'emploi des mouvements tournants qui sont souvent impossibles à la guerre, et, cela étant, ils tentaient leur offensive par la *méthode de l'ordre déployé soutenu par des tirailleurs*.

« Le Bourget, dit le duc de Wurtemberg (1), est un long village, clos de murs élevés disposés en ligne droite, et qui se recoupent d'équerre. Ils avaient été organisés défensivement au moyen de créneaux et de mouvements de terre assez importants. Les avenues du village étaient barricadées. L'attaque s'en opéra de trois côtés à la fois : Blanc-Mesnil, Dugny et la chaussée de la route de Lille.

« Les deux colonnes de flanc envoyèrent en avant

---

(1) *Mode d'attaque de l'infanterie prussienne* dans la campagne de 1870-1871. — Extrait du *Neüe Militär Zeitung*, août 1871.

des pelotons de tirailleurs, qui gagnèrent du terrain au pas de course... puis, se jetèrent à terre. Derrière, suivaient, également au pas de course, les réserves et soutiens, divisés en petits groupes. Lorsque ceux-ci se furent couchés pour reprendre haleine, les tirailleurs se mirent de rechef à courir, et, en même temps, appuyèrent vers les côtés extérieurs ; à bonne distance de tir, ils se recouchèrent et commencèrent le feu contre l'ennemi. Les vides formés par cette marche oblique furent remplis par des lignes de pelotons ; les ailes s'allongèrent par l'arrivée en échelons de compagnies isolées, mais toujours en ordre déployé, de sorte que l'attaque concentrique, qui serait devenue plus profonde en se rapprochant, resta toujours en mesure de déborder la ligne ennemie. Les détachements dispersés se servaient de chaque abri qui se présentait pour se réunir et se reformer. C'est ainsi que, devant le flanc nord-est, une rangée de tas de fumier restés dans les champs servit de lieu de rassemblement à toute une compagnie qui ouvrit, de là, un feu destructeur contre les sorties de l'ennemi. De l'autre côté, l'escarpement du ruisseau le Moleret offrit quelques abris qu'occupèrent aussitôt plusieurs compagnies massées, pour s'opposer à une contre-attaque venue de Drancy.

« Le mécanisme de l'attaque consistait principalement en l'art du passage rapide de l'ordre déployé à l'ordre concentré, dès que l'abri, même le plus insignifiant, permettait un rassemblement du rang ou de la compagnie du côté où étaient en mouvement, en terrain découvert, des lignes de pelotons à grands intervalles ; celles-ci présentaient alors l'aspect d'une fourmilière.

« L'aile droite était restée en arrière ; le centre ne s'était pas suffisamment déployé et s'assujétissait trop à la formation habituelle ; les pertes étaient énormes. Mais l'aile gauche, s'avançant en lignes d'attaque longues et minces, sous le lieutenant-colonel comte Waldersee, parvint à exécuter une charge en tirailleurs jusque sous les murs des jardins ; à faire cesser le feu qui en partait ; et à pénétrer, de côté et par derrière, dans le village.

« Ses défenseurs cédèrent alors. Le général Budritzki put arriver de loin et entrer, à son tour, pendant que la colonne de droite parvenait, sans de trop grandes pertes, à atteindre l'entrée de derrière. »

Débordée de toutes parts et menacée d'être cernée, la portion principale du corps qui tenait le Bourget n'avait plus qu'à tenter une retraite, et une retraite qui n'était pas sans danger. On avait à craindre d'être coupé de Saint-Denis par quelque coup de vigueur d'un adversaire entreprenant ; mais, grâce au soutien du 35e de marche et des turcos ; grâce au canon des forts, l'opération fut menée à bonne fin. Malheureusement, on avait été obligé d'abandonner un certain nombre d'hommes, francs-tireurs et mobiles, qui furent faits prisonniers dans la partie nord du village.

Le Bourget perdu, Drancy qui n'était pas encore

en état de défense, devait nécessairement tomber. On y avait bien, dès huit heures du matin, massé de gros renforts : trois bataillons d'infanterie de marine; des marins de Romainville et de Noisy; des mobiles de la Seine-Inférieure ; des francs-tireurs de la Presse. Toutes ces troupes s'apprêtaient à donner vigoureusement, mais les batteries prussiennes établies sur le chemin de fer de Soissons rendirent bientôt la position intenable, et les défenseurs de Drancy reçurent, vers deux heures, l'ordre de se replier sur Bobigny.

Le fait de la reprise du Bourget par les Prussiens devait avoir un grand retentissement dans Paris. Bien que le rapport militaire du 30 octobre exposât que ce village ne faisait point partie de notre système général de défense et que l'occupation en était d'une importance très-secondaire, l'opinion publique semblait vivement émue.

La nouvelle de cet échec présentait, d'ailleurs, une coïncidence fâcheuse avec celle de deux événements graves : la chute de Metz et l'arrivée de M. Thiers, porteur des propositions des puissances. Ces trois faits, habilement groupés et mis en œuvre par d'occultes conspirateurs, nous valurent la néfaste journée du 31 octobre.

Certes, ce fut une faute que d'aller, sans raison valable, occuper un village qu'on n'était pas sûr de pouvoir garder ; et, l'ayant occupé, ce fut un affront que de le rendre. Cet accident, toutefois, ne mettait pas en péril les intérêts de la défense.

Le désastre de Metz était profondément douloureux. C'était un des boulevards de la France qui venait de tomber; c'était Frédéric-Charles qui, libre désormais de ses mouvements, amenait une armée de renfort (1) à l'armée de siége de Paris. Mais la chute de Paris n'était pas une conséquence nécessaire et immédiate de celle de Metz.

Quant aux propositions d'armistice formulées par les puissances, et qu'apportait M. Thiers, elles n'étaient qu'un hommage rendu à la résistance de Paris et au courage de ses défenseurs.

Que la population parisienne eût eu quelque peu de bon sens et de vrai patriotisme, et nous obtenions la paix à des conditions acceptables... et trois longs mois de ruines et de désastres étaient épargnés à la France! Paris, malheureusement, toujours inconséquent et faible, n'avait pas su se débarrasser à temps des entozoaires qui le rongeaient. Or, ces agents de M. de Bismarck avaient encore, de par lui, besoin de prolonger la guerre. De là les saturnales qui déshonorèrent l'Hôtel-de-Ville jusque fort avant dans la nuit du 31 octobre au 1er novembre.

---

(1) Environ 160,000 hommes des Ier, IIe, IIIe, VIIe, VIIIe, IXe, X^e et XIIIe corps d'armée; des 1re et 3e divisions de cavalerie et de la division de réserve.

CHAPITRE III.

LES BATAILLES.

« Il est aujourd'hui de notoriété, écrivait le général
« Trochu en sa proclamation du 14 novembre, il
« est de notoriété que la Prusse avait accepté les
« conditions du Gouvernement de la défense pour
« l'armistice proposé par les puissances neutres, quand
« la fatale journée du 31 octobre est venue compro-
« mettre une situation qui était honorable et digne,
« en rendant à la politique prussienne ses espérances
« et ses exigences. »

Bien fatale, en effet, cette journée lugubre ! car elle devait nécessairement se produire. M. de Bismarck, nous ne cesserons de le répéter, avait fait du spectre rouge une réalité, une hydre vivante dont il avait discipliné les têtes hideuses, et qu'il savait diriger dans ses voies. Ce monstre qui, bientôt, se retournera sur l'Allemagne pour la dévorer, il s'empressa de le déchaîner sur nous, le jour où les puissances proposèrent l'armistice, attendu que le roi, son maître, ne voulait pas encore de paix. Il voulait entrer dans Paris et trôner un instant dans ces Tuileries... qu'on a plus tard brûlées pour lui complaire. En refusant de consentir l'armistice, il disait (ordre du jour du 28 octobre) : « Notre cause, si glorieusement conduite « jusqu'ici, nous la terminerons de même. »

Le roi Guillaume était alors enivré de succès. Il exprimait à ses soldats ses remercîments et sa reconnaissance pour le fait de la capitulation de Metz ; il leur répétait que tous leurs combats sous Paris étaient autant de victoires. Des victoires! soit. Mais ces victoires coûtaient assurément fort cher : les Prussiens avaient perdu dans la seule affaire du Bourget 449 hommes et 34 officiers. Quant à la prise de Metz, il n'y avait pas là matière à collation d'une dignité de maréchal de Prusse au général de cavalerie Frédéric-Charles, et, militairement, ce prince n'avait pas le droit de se faire des trophées de nos drapeaux, sur la pelouse du château de Corny. Metz, en effet, venait de succomber à la suite de certaines intrigues dont le temps seul saura dissiper les ténèbres ; et ces drapeaux, on ne les avait arrachés à nos soldats qu'en usant de subterfuges ; en leur promettant par écrit *qu'ils allaient être brûlés* à l'arsenal, tandis qu'on donnait au colonel de Girels, directeur de l'arsenal, l'ordre de les mettre précieusement en réserve pour les Prussiens. Quel que soit ultérieurement le jugement de l'histoire, nous pouvons dire, preuves en main, qu'on a trompé l'armée.

Cette fatale journée du 31 octobre, nous ne la raconterons pas. Les orgies du socialisme sont toujours uniformément révoltantes, et n'inspirent plus que du dégoût. Nous nous bornerons à constater que le

31 octobre sépare nettement deux périodes de la défense, celles des combats et des batailles rangées. Il marque le début d'un temps d'arrêt, d'une accalmie qui doit durer un mois.

Il ne se produit, en effet, aucun événement saillant pendant le mois de novembre. Le silence règne à l'entour de la place investie et n'est, çà ou là, rompu que par un tir intermittent des forts tenant l'ennemi en haleine et lui causant de fréquentes alertes. Le Mont-Valérien bat, tour à tour, Saint-Cloud, Montretout, Rueil et atteint les réserves prussiennes jusque dans Garches et Ville-d'Avray; il est secondé par la flottille de la Seine et par le 6ᵉ secteur. Les forts du Sud tirent toujours sur Châtillon et le village de l'Hay; le Moulin-Saquet inquiète Choisy-le-Roy, pendant que le fort de Charenton et les Hautes-Bruyères culbutent les ouvrages de Thiais. A l'Est, la redoute de Gravelle harcèle Montmesly; celle de la Faisanderie ainsi que le fort de Nogent balayent le territoire de Champigny et de Chennevières. Romainville et Noisy coupent les détachements qui s'aventurent entre Drancy et Blanc-Mesnil. Au Nord, enfin, les forts de l'Est et d'Aubervillers ne laissent s'accomplir en paix aucun mouvement de l'ennemi.

De leur côté, nos corps francs continuent leurs petites reconnaissances et réussissent des coups de main hardis. Le 12 novembre, à Saint-Cloud, sur la place de l'Hospice, les volontaires Néverlée enveloppent une patrouille prussienne; le 15, les éclaireurs débusquent l'ennemi de ses postes avancés de Drancy ; le 24, le capitaine de frégate Massiou fait une pointe très-brillante sur Bondy avec un bataillon d'éclaireurs et le 72e bataillon de la garde nationale. Enfin, nos tirailleurs ne laissent plus un instant de repos aux grand'gardes du Bourget.

De toutes parts, les armements et les travaux se poursuivent : on place au fort de Charenton deux pièces de $0^m,19$, de la marine ; on construit trois batteries nouvelles en avant de Vitry : l'une, en tête de la Pépinière ; une autre, à la gauche du chemin de fer d'Orléans ; la troisième, sur le bord de la Seine. Ces batteries, qu'on arme d'obusiers de $0^m,22$, de la marine, font partie d'une ligne continue qui doit être considérée comme la limite extrême des travaux de contre-approche à entreprendre dans cette région. Mais c'est surtout dans la presqu'île de Gennevilliers que les travaux se multiplient : c'est là qu'on voit remuer des masses de terre énormes et surgir des parapets de haut relief et d'imposante épaisseur, comme ceux des redoutes de la Folie-Nanterre, de Charlebourg, de Colombes, du Moulin-des-Gibets. On y dispose, en tous sens, un nombre considérable d'épaulements, de barricades, de batteries. Celles-ci prennent toutes des vues sur la boucle en avant que décrit le cours de la Seine par Argenteuil, Chatou, Le Pecq et Sartrouville ; toutes sont armées de pièces de 24, de siége, ou de $0^m,16$ de la marine. La Folie-Nanterre possède deux de ces bouches à feu ; Charlebourg en a trois.

Chaque jour voit s'augmenter le nombre d'hommes employés dans la presqu'île : on en compte environ 2,000 au début de siége; 10,000 au commencement d'octobre et près de 20,000 à la fin. Là ne s'arrête pas la progression, car, vers le 15 novembre, la boucle de Gennevilliers est occupée par 35,000 hommes de toutes armes. Le gouverneur semble attacher une importance extrême à l'accomplissement de la tâche entreprise, car il va fréquemment visiter et encourager les travailleurs et, chaque jour, il conçoit des projets de travaux nouveaux. C'est ainsi que, vers le 30 octobre, il exprime le désir de pouvoir inonder, à volonté, la presqu'île; mais il abandonne bientôt cette idée dont la réalisation nécessiterait la construction d'un barrage de six mètres de hauteur, œuvre de longue haleine, ardue et dispendieuse. L'ennemi qui, de ses positions, découvre tant de mouvements de terre, se demande, à bon droit, quelle en est la signification, requiert des renseignements et pousse d'infructueuses reconnaissances. Le 22 novembre, par exemple, à onze heures et demie du soir, une barque prussienne cherche à passer la Seine à la hauteur du Pont-aux-Anglais... mais les explorateurs sont fusillés presque à bout portant par nos postes avancés, et la barque ne vire que pour s'en aller à la dérive.

Ce n'est pas sans raison que l'ennemi s'inquiétait du nombre d'hommes fourmillant sur les ateliers de Gennevilliers. Les ouvrages qui se massaient sous ses yeux étaient destinés à protéger une grande sortie dont le général Ducrot avait eu l'idée dès le commencement du siége, et dont le gouverneur de Paris approuvait hautement l'exécution.

Ici, nous ne saurions mieux faire que de reproduire textuellement les paroles du général Trochu. — « Nous avions, dit-il, un plan très-simple, très-pratique, très-hardi, et j'en parle avec une liberté d'esprit d'autant plus entière que la première pensée en appartient à mon vaillant collaborateur, le général Ducrot, et qu'elle lui fait le plus grand honneur.

« C'est un principe que, lorsqu'une armée doit prononcer un effort dans une direction donnée, il faut que cet effort ait lieu dans la direction où il n'est pas attendu. Eh bien ! dans l'immense périmètre de la place de Paris, une seule direction répondait à cette condition, une seule, et c'est, j'imagine, pour cela que jusqu'ici elle n'a pas été aperçue et que personne n'en a parlé : c'est la direction de Paris au Havre, par Rouen.

« De ce côté, les deux bras de la Seine, formant la presqu'île de Gennevilliers, opposent à toute sortie des obstacles assez sérieux pour que l'ennemi se prépare moins de ce côté que de tous les autres côtés du périmètre; et, en effet, à l'époque dont je parle, l'ennemi dans cette zone qui a pour base la Seine, d'Argenteuil à Chatou, et pour sommet Cormeilles, l'ennemi, n'avait fait là aucun dispositif défensif qui parût redoutable, et il n'avait pas massé là des troupes considérables. Cette direction offrait bien d'autres avantages; sur tout son parcours, elle était flanquée à gauche et protégée par le fleuve; à droite, elle pouvait l'être par la petite armée qui s'était organisée à Lille et qui, descendant par Amiens, venait s'établir sur son flanc droit, communiquant immédiatement avec elle. En outre, l'occupation de l'ennemi ne dépassant pas alors la ligne de Pontoise à Mantes, en un jour, après un seul combat probablement, l'armée pouvait être portée en dehors de l'occupation prussienne, cheminer à marches forcées sur Rouen, grand centre de ravitaillement, et, de là, sur la mer, base d'opération universelle, puisqu'elle met l'armée en contact avec toutes les ressources du pays. Telle était la combinaison militaire autour de laquelle ont tourné, *pendant deux mois*, sans que personne le sût, tous les efforts de la défense de Paris.

« Voilà le secret de la construction, dans la presqu'île de Gennevilliers, laquelle serait difficile à expliquer sans cela, des redoutes de la Folie, de Charlebourg, de Colombes, du Moulin-des-Gibets, de l'établissement d'un nombre considérable de batteries, toutes ayant des vues de commandement sur cette zone dont j'ai parlé, toutes armées de pièces du plus gros calibre, c'est-à-dire de pièces de marine et de pièces de 24, de siége. (Voyez la Carte.)

« C'est ainsi que s'explique encore la construction de huit ponts de bateaux, dont un d'artillerie destiné à être porté immédiatement au fleuve et à servir au passage des pièces, et sept autres plus légers préparés par l'ingénieur en chef, M. Krantz, qui a rendu de si grands services à la défense; ces ponts, tout chargés sur le chemin de fer de l'Ouest, devaient arriver, en quelques minutes, jusqu'à la Seine.

« Voici quelle devait être l'exécution :

« La veille du jour marqué pour l'entreprise, cinquante mille hommes devaient traverser bruyamment Paris, se porter à la hauteur des forts de l'Est et menacer par un effort sérieux, bien qu'il ne dût pas être poussé à fond, les lignes de retraite de l'ennemi et son quartier général de Bondy. Cinquante autres mille hommes, choisis en officiers et en soldats, devaient, le lendemain dans la nuit, quand l'attention de l'armée prussienne aurait été attirée par la fausse attaque, et quand l'ennemi aurait fait dans cette direction de premières concentrations, cinquante autres mille hommes devaient se réunir dans la presqu'île de Gennevilliers, passer le fleuve à la pointe du jour, sous ce feu d'artillerie qui commandait la plus grande partie de la zone à franchir, s'élever après un seul combat jusqu'aux hauteurs de Cormeilles, traverser l'Oise, arriver à Rouen, puis à la mer.

« A ce plan de sortie de Paris s'ajoutait un plan de ravitaillement de la capitale par la basse Seine; la première opération était destinée à préparer la seconde. »

En adoptant le plan dont nous venons de reproduire l'exposé, le général Trochu s'était dit qu'il ne pouvait songer à appeler au secours de Paris ni l'armée de la Loire, ni aucune des armées de province, alors en formation, attendu que, à notre époque, des forces ainsi improvisées sont incapables de tenir la campagne en face de troupes régulières, préparées par une longue et solide instruction. La capitulation de Metz avait privé le gouverneur de son dernier appui et, l'on peut dire, de son dernier espoir. Mais il n'avait pas attendu l'événement pour entreprendre la réalisation d'un projet qui ne manquait ni d'originalité, ni de grandeur. Le général avait pensé que, n'ayant à attendre de l'extérieur aucune espèce de secours, la place assiégée devait se suffire à elle-même, c'est-à-dire concevoir et enfanter sa propre *armée de secours*, tout en gardant dans ses flancs une autre armée chargée de la défense. Celle-ci devait être formée de gardes nationaux et de mobiles; celle-là, de l'élite des 13e et 14e corps et des troupes de la marine. On créait donc ainsi cette *armée active* que M. Thiers avait réclamée avec tant d'instance avant l'investissement, armée capable de tenir la campagne; de se porter, au besoin, sur les points menacés; de maintenir les communications de Paris avec le reste de la France, et que l'éminent homme d'État estimait devoir être d'une quarantaine de mille hommes. Une fois hors des murs, cette armée allait devenir le noyau, la réserve et, pour ainsi dire, l'âme de tous les novices qui s'organisaient sur divers points de notre malheureux pays, et qui n'étaient encore capables que de faire le coup de feu derrière un épaulement ou un créneau.

Restait à opérer l'enfantement, c'est-à-dire, la sortie de cette *armée active* ou *de secours* et c'était-là sans doute la partie ardue du problème. Mais, pensait le gouverneur, « l'ennemi a sans doute de gros déta-
« chements en province. Renonçant à prendre Paris,
« il a solidement fortifié son corps d'armée autour de
« la ville et coupé toutes les voies. Je ne suis pas
« assez fort pour tenter de percer ses lignes, mais je
« les tâte souvent, et je marcherai à un moment
« donné.... »

Le jour de la mise en mouvement avait été fixé, dans l'esprit du gouverneur, du 15 au 18 novembre, juste *deux mois* après le jour de l'investissement. Nos braves soldats allaient donc partir, qu'ils pussent espérer, ou non, tendre la main à quelque gros détachement venu de l'armée de la Loire ou de celle du Nord, détachement s'appuyant sur Rouen et cheminant avec précaution sur la rive droite de la Seine. Ils allaient partir... quand un événement imprévu renversa tout à coup les projets du gouverneur et du général Ducrot. On était alors au 14 novembre.

Cet événement, c'était la nouvelle du succès de Coulmiers, obtenu, dans la journée du 9, par les troupes de l'armée de la Loire. Mais laissons encore ici la parole au général Trochu : — « Paris, dit-il, vit dans le succès de Coulmiers non pas un accident heureux, mais une marque, un présage certain de nos victoires de l'avenir. A partir de ce jour, se forma dans la population, dans la Garde nationale, dans la presse, dans les municipalités de Paris, dans le Gouvernement surtout, l'esprit que voici : « Il faut sortir « de Paris, marcher au-devant de l'armée victorieuse « et résoudre ainsi le grand problème qui pèse sur le « pays. »

« C'est vainement que j'expliquais que c'était là une théorie et des espérances auxquelles les faits ne répondaient pas. Il fallut marcher au-devant de l'armée victorieuse, laquelle, sans tenir aucun compte des efforts accumulés dans la direction de Rouen, s'annonçait venant à Paris *par la direction d'Orléans.* Ce fut là, dans l'esprit de Paris, la date d'un véritable vertige : on considéra que, pour battre l'armée prussienne, il ne s'agissait que de renouveler l'effort qui avait créé le succès de Coulmiers. On me somma avec violence, M. Gambetta surtout, de ne plus penser à autre chose qu'à sortir de Paris, en allant au-devant de l'armée de la Loire.

« Je dus transporter *de l'Ouest à l'Est* tous les efforts que j'avais faits dans la plaine de Gennevilliers. Il fallut armer toutes les rives de la Marne, depuis Charenton jusqu'à Avron inclusivement, sur une étendue de plus de deux lieues ; il fallut accumuler sur cette zone tous les canons disponibles de gros calibre que je possédais. Ce fut un travail immense que je croyais à peine possible....

. . . .

« Je doute que jamais général en chef ait rencontré, dans le cours des faits qui créent sa responsabilité, un accident plus douloureux que celui que je viens de mentionner, car j'étais bien assuré que, quand j'aurais fait, plus ou moins impuissamment, l'effort très-périlleux que j'allais tenter, je ne trouverais plus libre la direction de Rouen; et, en effet, quand j'y revins, l'ennemi occupait Rouen, et il allait jusque sous les murs du Havre.

« M. Gambetta était dans l'illusion jusqu'à annoncer officiellement que l'armée de la Loire bivouaquerait, le 6 *décembre, dans la forêt de Fontainebleau.* Elle se porta vers Orléans, et elle rencontra ses premiers échecs, qui étaient inévitables, et qui l'obligèrent à la retraite, une portion cheminant le long de la Loire par la rive droite; l'autre, la plus faible et la plus maltraitée, cheminant vers Bourges.

« Ces nouvelles arrivèrent à Paris, et le 24 novembre, j'écrivais à M. Gambetta :

« Je reçois aujourd'hui votre dépêche sans date; je
« la crois d'hier 23; elle confirme, bien péniblement
« pour moi, mes craintes au sujet de l'armée de la
« Loire, qui pouvait être tournée dans ses positions,
« comme je vous l'écrivais dans mes dépêches du 18
« et du 20.

. . . .

« Ce que vous appelez ma persistante inaction est
« l'effet invincible des efforts immenses et compli-
« qués que j'ai à faire. Il a fallu organiser 100,000
« hommes, les pourvoir d'artillerie, les enlever aux
« quinze lieues de positions qu'ils occupent, les y

« remplacer par des troupes non organisées et par des
« troupes choisies dans la Garde nationale. Et ces
« efforts presque incroyables ont dû être faits en sens
« inverse d'un premier plan déjà en cours d'exécution,
« qui consistait à sortir par l'ouest, vers Rouen. Les
« nouvelles de l'armée de la Loire m'ont naturelle-
« ment décidé à sortir par le sud et à *aller au-devant*
« *d'elle, coûte que coûte*. C'est lundi 28 que j'aurai ter-
« miné mes préparatifs, poussés de jour et de nuit.
« Mardi 29, l'armée extérieure, commandée par le
« général Ducrot, le plus énergique de tous, abordera
« les positions fortifiées de l'ennemi, et, s'il les em-
« porte, poussera vers la Loire, probablement dans la
« direction de Gien. J'estime que, si votre armée est
« décidément tournée par sa gauche, elle doit passer
« la Loire et se retirer vers Bourges par La Motte-
« Beuvron et Vierzon.

. . . .

« Tâchez de réunir à Bourges des munitions et des
« vivres pour l'armée du général Ducrot, qui tâchera
« d'y arriver. »

Ainsi, dominé par la violence de l'opinion, le gouverneur allait modifier ses projets, renverser le sens de son action et faire passer de l'ouest à l'est de la place les forces actives qu'il avait si bien préparées depuis deux grands mois. Il allait abandonner la presqu'île de Gennevilliers pour celle de la Marne, comme jadis, en 1805, Napoléon Ier avait brusquement évacué le camp de Boulogne, pour se jeter dans la vallée du

Danube. Sans établir de comparaison entre ces deux événements de guerre, on observera que l'Empereur était absolument maître de sa volonté et ne laissait point apporter d'entraves à ses moyens d'action, tandis que le gouverneur de Paris avait à jouer une partie complexe. Il était enchaîné à un ignorant qui n'écoutait pas les conseils et ne comprenait pas les invites; qui obéissait à des inspirations folles et ne tenait aucun compte de la situation de son partner. Ayant à utiliser, pour l'œuvre du salut commun, le concours de toutes les volontés, de tous les esprits, de tous les cœurs, M. Gambetta était persuadé que, pour mener à bien ce grand effort, il fallait superposer à cet effort même un parti qui devait en être le directeur. Il était, en outre, dominé par la tradition militaire de 92, qui n'est autre chose qu'un mensonge historique (1); il croyait que l'âme d'une nation embrasée des feux du patriotisme peut avantageusement combattre l'arsenal d'une nation organisée, préparée, disciplinée, consommée dans l'art de la guerre. Il ignorait que les armées modernes ne s'improvisent pas, et que, pour les former, il faut des hommes spéciaux, comme, pour les commander, des hommes d'expé-

---

(1) « Le gouverneur avait, depuis longtemps, signalé le danger « des illusions patriotiques à l'endroit des volontaires, des levées en « masse et autres légendes révolutionnaires, légendes respectables « sans doute, si l'on ne considère que l'intention, mais qui ont un « grand défaut : c'est de n'être que des légendes. » — Voyez l'*Artillerie avant et depuis la guerre*, du général Susane. — Paris, Hetzel, 1871.

rience. Ce jugement, porté par le général Trochu lui-même, nous a fait bien comprendre cette exclamation d'un officier bavarois : — « Comment les officiers de « l'armée française ont-ils pu, un seul instant, se « laisser donner des ordres par M. Gambetta? »

Batailles de Villiers et de Champigny.

Le 27 novembre, le gouverneur était prêt. Il donna au comité de défense communication des dispositions adoptées en vue du succès des opérations qu'il allait entreprendre. Dès le lendemain, 28, le public fut également initié au projet de l'expédition et les murs de Paris se couvrirent des proclamations du gouvernement, du général Trochu et du général Ducrot. Celle-ci, empreinte du cachet d'une mâle éloquence, devait faire et fit, en effet, une profonde impression. A ce titre, nous la transcrirons tout entière :

« Soldats de la 2e armée de Paris !

« Le moment est venu de rompre le cercle de fer qui nous enserre depuis trop longtemps et menace de nous étouffer dans une lente et douloureuse agonie! A vous est dévolu l'honneur de tenter cette grande entreprise : vous vous en montrerez dignes, j'en ai la certitude.

« Sans doute, nos débuts seront difficiles; nous aurons à surmonter de sérieux obstacles; il faut les envisager avec calme et résolution, sans exagération comme sans faiblesse.

« La vérité, la voici : dès nos premiers pas, touchant nos avant-postes, nous trouverons d'implacables ennemis, rendus audacieux et confiants par de trop nombreux succès. Il y aura donc là à faire un vigoureux effort, mais il n'est pas au-dessus de vos forces : pour préparer votre action, la prévoyance de celui qui nous commande en chef a accumulé plus de 400 bouches à feu, dont deux tiers au moins du plus gros calibre; aucun obstacle matériel ne saurait y résister, et, pour vous élancer dans cette trouée, vous serez plus de 150,000, tous bien armés, bien équipés, abondamment pourvus de munitions, et, j'en ai l'espoir, tous animés d'une ardeur irrésistible.

« Vainqueurs dans cette première période de la lutte, votre succès est assuré, car l'ennemi a envoyé sur les bords de la Loire ses plus nombreux et ses meilleurs soldats; les efforts héroïques et heureux de nos frères les y retiennent.

« Courage donc et confiance! Songez que, dans cette lutte suprême, nous combattons pour notre honneur, pour notre liberté, pour le salut de notre chère et malheureuse patrie, et, si ce mobile n'est pas suffisant pour enflammer vos cœurs, pensez à vos champs dévastés, à vos familles ruinées, à vos sœurs, à vos femmes, à vos mères désolées!

« Puisse cette pensée vous faire partager la soif de

vengeance, la sourde rage qui m'animent, et vous inspirer le mépris du danger.

« Pour moi, j'y suis bien résolu, j'en fais le serment devant vous, devant la nation toute entière : Je ne rentrerai dans Paris que mort ou victorieux ; vous pourrez me voir tomber, mais vous ne me verrez pas reculer. Alors, ne vous arrêtez pas, mais vengez-moi.

« En avant donc ! en avant, et que Dieu nous protége ! »

Les opérations commencèrent dès le soir du 28 novembre. A huit heures, le plateau d'Avron était occupé par les marins de l'amiral Saisset, soutenus par la 6e division de la 3e armée (brigades de Bray et Bro), et ces troupes mettaient en batterie soixante-quatorze bouches à feu de gros calibre.

Une telle accumulation de pièces à longue portée devait exercer une influence considérable sur l'action qui allait s'engager, en menaçant au loin les positions de l'ennemi et les routes suivies par ses convois à Gagny, à Chelles et à Gournay. Au point du jour, l'œuvre de l'amiral était accomplie ; les artilleurs d'Avron pouvaient commencer le feu. La bataille prochaine devait, d'ailleurs, être appuyée par la batterie située entre la redoute de la Boissière et le fort de Rosny, armée de cinq pièces, dont deux de $0^m,19$, de la marine ; par les forts de Rosny (74 pièces), de Nogent (75 pièces dont 3 de $0^m,19$) et de Charenton (84 pièces dont 2 de $0^m,19$) ; enfin, par les redoutes de Gravelle (12 pièces), de la Faisanderie (16 pièces), et les divers ouvrages de la presqu'île de Saint-Maur (29 pièces). C'était un total de 379 bouches à feu de position, dont 7 de $0^m,19$ de la marine, c'est-à-dire du plus gros calibre.

Quant à la 2e armée, il lui avait été affecté 54 batteries, soit 324 pièces de campagne. Paris allait donc entendre tonner, à la fois, 689 bouches à feu françaises.

Pendant qu'on opérait, comme il vient d'être dit, l'armement du plateau d'Avron, d'autres travaux d'attaque étaient entrepris dans la presqu'île de Gennevilliers, sous la direction du général de Liniers, commandant la 3e division de la 3e armée. Dès six heures du soir, les positions de l'ennemi étaient fortement inquiétées par nos batteries de canons, de mortiers et de fusées, établies à hauteur des ponts de Bezons et d'Argenteuil. Sous la protection de ces feux courbes, nos troupes purent armer de nouvelles batteries, se loger dans les îles de Bezons et de Marante, se retrancher au Pont-aux-Anglais et sur le chemin de fer de Rouen. Notre feu, suspendu vers neuf heures du soir, reprenait, à minuit, avec une intensité nouvelle, et allumait des incendies sur divers points de la boucle d'Argenteuil.

Cette utile diversion permit à la 2e armée d'achever le mouvement qu'elle avait commencé la veille et de se concentrer tout entière entre Vincennes et le fort de Rosny, prête à franchir la Marne dans la matinée du lendemain.

Le lendemain, 29 novembre, dès le point du jour, le canon des forts grondait tout autour de Paris. Trois diversions importantes recevaient un commencement d'exécution au Sud, à l'Ouest et au Nord, tandis que le général Ducrot, favorisé par un brouillard intense, devait jeter trois de ses divisions sur la rive gauche du fleuve. Mais un accident imprévu bouleversait alors ses projets : une crue de $1^m,50$, brusquement survenue pendant la nuit, l'avait tenu indécis jusqu'au jour, et, finalement, lui faisait rejeter loin toute idée de passage. Il allait attendre plus de vingt-quatre heures !...

L'état d'incertitude auquel il n'avait pu se soustraire eut un résultat immédiat assez fâcheux. Le gouverneur ne put décommander à temps toutes les diversions, et la plupart de ces opérations commencèrent par suivre leur cours, conformément aux instructions données.

Au Sud, l'amiral Pothuau, commandant la 7ᵉ division de la 3ᵉ armée, enleva vigoureusement la Gare-aux-Bœufs de Choisy avec ses marins fusiliers et deux bataillons de la garde nationale, les 106ᵉ et 116ᵉ, commandants Ibos et Langlois. A la même heure, c'est-à-dire à l'aube, le colonel Valentin, de la division de Maud'huy, attaquait le village de l'Hay à la tête des 109ᵉ et 110ᵉ d'infanterie unis à deux bataillons de mobiles du Finistère. Ces deux actions de vigueur étaient appuyées par les canonnières du capitaine de vaisseau Thomasset, embossées en amont du Port à l'Anglais; par les wagons blindés, armés de gros calibres, en station sur la voie du chemin de fer d'Orléans ; par les batteries organisées en avant de Vitry ; enfin, par celles du Moulin-Saquet et du fort de Charenton. L'Hay allait sans doute tomber entre nos mains comme la Gare-aux-Bœufs de Choisy ; déjà, nos troupes en avaient vaillamment enlevé les premières défenses et pénétraient dans les rues du village, quand le général Vinoy, prévenu par le gouverneur, donna subitement l'ordre de cesser le feu.

A l'Ouest, le général de Beaufort, commandant la 4e division de la 3e armée, poussa aussi, dès le matin, une forte reconnaissance sur Buzenval, la Malmaison et les hauteurs de Boispréau, en restant relié, sur sa droite, aux forces du général de Liniers, établi devant Bezons.

Quant aux forces réunies au Nord, dans la plaine d'Aubervilliers, elles ne dessinèrent point de mouvement prononcé, car le commandement avait été, de bonne heure, informé des difficultés survenues sur la Marne. Le lendemain, 30 novembre, dès qu'il apprit que le passage s'effectuait, l'amiral de la Roncière entama résolument sa diversion en lançant sur Drancy la brigade Lavoignet, à laquelle étaient adjoints des mobiles de l'Hérault et de Saône-et-Loire, soutenus par la cavalerie Bertin de Vaux. Ces troupes occupèrent Drancy et poussèrent jusqu'à la ferme de Groslay sans rencontrer d'obstacles. Concentré dans ses retranchements en arrière de la Morée, l'ennemi n'osa pas sortir de ses positions et vit ses colonnes profondes paralysées par la démonstration de nos détachements. Vers deux heures de l'après-midi, l'amiral donna à la brigade Hanrion l'ordre d'attaquer le village retranché d'Épinay. Le 135ᵉ, deux compagnies de marins fusiliers et trois bataillons de mobiles de la Seine l'enlevèrent aussitôt avec un entrain remarquable, sous la protection très-efficace du canon de la presqu'île de Gennevilliers et des pièces de la batterie flottante n° 4.

Pendant que nous obtenions ces avantages, l'opération principale s'accomplissait à l'Est, et le passage de la Marne s'effectuait au moyen de ponts de bateaux préparés à l'avance, hors des vues de l'ennemi. On en avait jeté deux en aval, et trois en amont de Joinville; deux sous Nogent; deux sous Brie-sur-Marne; enfin, deux autres à deux kilomètres en amont de ce dernier village. L'armée disposait donc de douze ponts, y compris celui de Joinville qui venait d'être réparé.

Le 1ᵉʳ et le 2ᵉ corps, moins la division Susbielle, se mirent en mouvement dès six heures du matin, sous le canon des batteries de position établies sur la rive droite, à Nogent, au Perreux, à Joinville et dans la presqu'île de Saint-Maur. Ils défilèrent rapidement, avec toute leur artillerie, par les ponts de Joinville et de Nogent; leur passage se trouvait terminé avant neuf heures (1).

---

(1) Quant à la 1ʳᵉ division du 2ᵉ corps (Susbielle), grossie d'une importante réserve des bataillons de guerre de la garde nationale, elle se porta, vers huit heures, entre Seine et Marne, afin d'opérer une diversion sur la droite de l'armée, en avant de Créteil. Soutenue

A neuf heures donc, étant bien couverts sur leurs flancs, ils entamèrent vigoureusement la lutte.

Quels adversaires allaient-ils rencontrer ?

Le 28 novembre, à l'issue du combat de Beaune-la-Rolande, qui leur avait coûté 930 hommes et 32 officiers, les Prussiens eurent connaissance du mouvement combiné qui se préparait dans Paris. Ils apprirent qu'une sortie vigoureuse menaçait principalement la division wurtembergeoise, alors établie entre la Seine et la Marne. Appuyant sa gauche à Villeneuve-Saint-Georges et sa droite à Noisy-le-Grand, cette division d'alliés occupait Valenton, Sucy, Ormesson, Chennevières, Champigny et Villiers. Elle était forte de 15 bataillons d'infanterie, d'un effectif total de 14,545 hommes, de 12 escadrons de cavalerie présentant un ensemble de 1,699 chevaux, et de 54 bouches à feu de campagne. C'était, assurément, peu de monde pour défendre un secteur aussi étendu des lignes d'investissement, et il convenait de donner plus de consistance aux points vulnérables et signalés comme tels par les renseignements les plus précis. C'est ce que firent nos adversaires : ils s'empressèrent de faire appuyer, de part et d'autre, les troupes qui encadraient les Wurtembergeois.

---

par de nouvelles sorties qu'opérait le général Vinoy sur la rive gauche de la Seine, elle réussit à prendre, et à occuper jusqu'au soir, Mesly et Montmesly. D'autre part, le 3ᵉ corps s'avança sur la gauche, le long de la rive droite de la Marne, jusqu'à Neuilly-sur-Marne et Ville-Evrard.

Toujours inquiet, mais prudent, le grand quartier général prussien expédia donc, le matin du 29 novembre, cette dépêche au prince royal de Prusse, commandant la IIIe armée stationnée au Sud de Paris, ainsi qu'au prince royal de Saxe commandant l'*armée de la Meuse*, laquelle occupait le Nord et le Nord-Ouest de la place : — « D'après les renseignements « que nous recevons de la IIe armée (Frédéric-Charles), « il faut redouter une attaque sérieuse contre la divi- « sion wurtembergeoise. La prise d'Amiens qui a eu « lieu hier rend vaine toute tentative dirigée vers le « Nord. Faites, par conséquent, soutenir immédiate- « ment la division wurtembergeoise par toutes les « forces disponibles. »

Suivant les prescriptions de ce télégramme, le prince de Prusse s'était hâté de jeter la 7e brigade de la 4e division d'infanterie du 2e corps à cheval sur les deux rives de la Seine, aux alentours de Villeneuve-Saint-Georges ; et, de son côté, le prince de Saxe avait fait passer des forces importantes sur la rive gauche de la Marne. *L'armée de la Meuse*, ainsi que nous l'avons su depuis, avait été formée vers le 20 août (après la bataille de Saint-Privat) des corps de la Ire et de la IIe armée qu'on ne jugeait pas utile de laisser devant Metz — auxquels on avait annexé les 4e et 12e corps (saxon), la Garde et les 5e et 6e divisions de cavalerie. Cette armée, forte de 68,795 hommes d'infanterie, 8,915 chevaux et 270 bouches à feu, avait reçu, en vue des éventualités imminentes, l'ordre d'occuper les positions ci-après : le 4ᵉ corps devait s'étendre de Chatou à Montmorency ; la Garde, de Montmorency à Sevran. Quant au 12ᵉ corps (saxon), il lui était prescrit d'établir solidement sa 23ᵉ division entre le canal de l'Ourcq et la Marne ; et sa 24ᵉ, entre la Marne et le village de Champigny.

L'ensemble de ces divers mouvements devait avoir pour premier effet de condenser la division wurtembergeoise entre des limites suffisamment restreintes, c'est-à-dire entre Villeneuve-Saint-Georges et Champigny. Tous ces changements devaient, suivant l'ordre du grand quartier général, être parachevés le 30 novembre à midi, au plus tard.

En commençant, comme nous l'avons dit, l'attaque à neuf heures du matin, nous surprenions l'ennemi en flagrant délit de concentration et nous pouvions espérer tirer de cette circonstance d'incontestables avantages. Toutefois, il était impossible de concevoir l'espérance d'un succès décisif, car nous nous heurtions à des forces qui, bien qu'elles fussent sous le coup de certaine émotion, étaient encore extrêmement respectables. Un document prussien (1) nous a récemment fait connaître l'importance et la composition des troupes auxquelles nous devions avoir affaire. Les Wurtembergeois avaient à nous opposer, comme on

---

(1) *Exposé des Opérations des Armées allemandes* depuis la bataille de Sedan jusqu'à la fin de la guerre, par W. Blume, major au grand état-major prussien ; traduit de l'Allemand par E. Costa de Serda, capitaine d'état-major. — Paris, Dumaine, 1872.

l'a vu plus haut, 15 bataillons d'un effectif total de 14,545 hommes, 12 escadrons formant un ensemble de 1,699 chevaux et 54 bouches à feu de campagne. Les Saxons pouvaient mettre en ligne 29 bataillons d'infanterie ou 25,413 hommes; 24 escadrons de cavalerie, soit 3,442 chevaux, et 96 pièces d'artillerie. Enfin, la 7e brigade d'infanterie de la 4e division du 2e corps amenait, pour appuyer les Wurtembergeois et les Saxons, 5,377 fantassins, 275 chevaux et 21 pièces. Nous devions aborder, en somme, de solides positions défendues par 45,000 hommes d'infanterie, 5,000 hommes de cavalerie et 171 bouches à feu. Il faut dire que, de fait, toutes ces forces ne donnèrent pas dans la journée du 30 novembre. La 46e brigade d'infanterie, appartenant à la 23e division, reçut du prince de Saxe l'ordre de rester, pendant l'action, sur la rive droite de la Marne. Mais, d'autre part, le général de Tümpling, qui commandait le 6e corps stationné sur la rive gauche de la Seine, entre l'Hay et Choisy-le-Roi, se porta, dès qu'il le put, au secours des Wurtembergeois avec 6,022 hommes d'infanterie, 290 chevaux et 21 pièces, de sorte que, en définitive, et suivant les documents prussiens, il est permis d'affirmer que, durant cette journée, les troupes françaises attaquaient en réalité 51 bataillons d'infanterie, soutenus par 20 escadrons de cavalerie et 150 bouches à feu (1).

---

(1) Voici, d'ailleurs, d'après le major Blume, la composition dé-

Il nous importait de bien établir ces chiffres, attendu qu'il a été déjà fait de la bataille du 30 novembre divers récits qui présentent de nombreuses exagérations et des erreurs singulières. Nous citerons,

---

taillée des troupes ennemies en présence desquelles nous nous sommes trouvés en cette journée du 30 novembre :

La division wurtembergeoise (lieutenant général von Obernitz) était formée de trois brigades d'infanterie et d'une brigade de cavalerie. La 1re brigade d'infanterie (général-major de Reitzenstein) comprenait le 1er régiment d'infanterie (reine Olga) sous les ordres du colonel de Berger ; le 7e régiment d'infanterie (colonel de Rampacher) et le 2e bataillon de chasseurs, commandé par le lieutenant-colonel de Knörzer. — La 2e brigade (général-major de Starkoff) se composait des 2e et 5e régiments d'infanterie et du 3e bataillon de chasseurs. — Enfin, la 3e brigade (colonel de Hügel) réunissait aux 3e et 8e régiments d'infanterie le 1er bataillon de chasseurs (lieutenant-colonel de Brandebourg). Quant à la brigade de cavalerie (général-major de Schéler), elle se composait des 1er, 3e et 4e (reine Olga) régiments Reiter. Ces forces étaient soutenues par un régiment d'artillerie de campagne formé de 9 batteries et par 2 compagnies de pionniers.

Le 12e corps (saxon), faisant partie de l'armée de la Meuse, sous le commandement du prince royal de Saxe, était formé des 23e et 24e divisions d'infanterie et de la 12e division de cavalerie.

La 23e division d'infanterie (lieutenant général prince Georges de Saxe, commandant en chef le 12e corps) se composait des 45e et 46e brigades. La 45e (général-major de Craushaar) était forte du régiment de grenadiers de la garde n° 100 ; du régiment de grenadiers (roi Guillaume de Prusse) n° 101 ; du régiment de fusiliers n° 108 ; d'un régiment de cavalerie Reiter et d'une division d'artillerie à pied du 12e régiment. Ces troupes, postées entre le canal de l'Ourcq et la Marne, passèrent cette rivière pour prendre part à la lutte ; mais il n'en fut pas de même de celles de la 46e brigade d'infanterie qui, durant l'action, demeurèrent sur la rive droite. Pour cette raison, nous n'avons pas à en exposer la composition détaillée.

La 24e division d'infanterie (général-major Nehrhoff de Holderberg) était formée des 47e et 48e brigades. La 47e (colonel de Leonardi) comprenait le régiment d'infanterie (prince Frédéric-Auguste) n° 104 ; le régiment n° 103 ; le bataillon de chasseurs (Prince-Royal)

entre autres, celui qu'a récemment publié un journal de Darmstadt, l'*Allgemeine Militär Zeitung*, et dont l'auteur est, selon toute vraisemblance, un officier wurtembergeois. Ce militaire intrépide ne s'est pas

---

n° 12; un régiment de cavalerie Reiter et une division d'artillerie à pied du 12ᵉ régiment.

Quant à la 12ᵉ division de cavalerie (général-major comte de Lippe), elle était composée de deux brigades. La 1ʳᵉ (général-major Krug de Nida) mettait en ligne le régiment Reiter de la garde et le régiment de uhlans n° 17. La 2ᵉ brigade (général-major Seufft de Pilsach) comptait dans le rang un régiment de cavalerie Reiter; le régiment de uhlans n° 18 et une batterie à cheval du 12ᵉ régiment.

L'artillerie du 12ᵉ corps était formée d'une division du 12ᵉ régiment d'artillerie, à laquelle étaient adjoints le 12ᵉ bataillon de pionniers et le 12ᵉ bataillon du train.

La 7ᵉ brigade d'infanterie de la 4ᵉ division du 2ᵉ corps d'armée, commandée par le général-major de Trossel, comprenait le régiment de grenadiers de Colberg (2ᵉ de Poméranie) n° 9; le régiment d'infanterie de Poméranie n° 49; le régiment de dragons de Poméranie n° 11; une division à pied du 2ᵉ régiment d'artillerie de Poméranie.

Enfin, la brigade mixte du 6ᵉ corps d'armée, amenée sur le terrain par le commandant du corps, général de Tümpling, était, en grande partie, formée de la 21ᵉ brigade de la 11ᵉ division de ce corps. Or, cette 21ᵉ brigade (général-major de Malachowski) comprenait le régiment de grenadiers de Silésie n° 10; le régiment d'infanterie de Posen n° 18; le bataillon de chasseurs de Silésie n° 6; le régiment de dragons de Silésie n° 8; une division du 6ᵉ régiment d'artillerie à pied de Silésie.

Pour bien suivre les opérations de toutes ces troupes sur les cases de l'échiquier du 30 novembre, il convient de se rappeler que, ce jour là, à midi, au plus tard, elles devaient occuper les positions suivantes : les Saxons, franchissant la Marne, avaient à s'étendre de la rive gauche de cette rivière jusqu'à Champigny. Les Wurtembergeois, refusant leur aile droite, alors appuyée à Noisy-le-Grand, devaient se condenser entre Champigny et Villeneuve-Saint-Georges. Les Poméraniens demeuraient à cheval sur la Seine et les Silésiens conservaient leurs cantonnements sur la rive gauche du fleuve, de l'Hay à Choisy-le-Roi.

contenté de nous vaincre, il faut encore qu'il nous écrase sous le poids de ses supputations implacables. — « Le résultat du combat, dit-il (1), auquel prirent « part, sous les ordres du général de Reitzenstein, « environ 4,500 Wurtembergeois, 2,500 Saxons et « 7 batteries, fut d'empêcher 40,000 Français et « 15 batteries, qui avaient enlevé nos avant-postes, « de se rendre maîtres de nos positions. » Le ton de ce compte rendu ne saurait nous surprendre : nos adversaires en ont l'habitude. Attribuer aux Allemands toutes les vertus ; aux Français, toutes les faiblesses, telle est la consigne de leurs écrivains. C'est ainsi qu'un autre journal (2) dit à propos de la redoute de Châtillon, que nous avons abandonnée après le combat du 19 septembre : « A la vue de cet ouvrage presque intact, il est difficile de juger si la prise en est due à *l'audace impétueuse des Bavarois* ou à la faiblesse inouïe des Français. » Comme le fait remarquer le traducteur (3), ce n'est certainement pas à la première de ces deux causes. L'évacuation *par ordre* de la redoute était un fait accompli depuis plusieurs heures quand les impétueux Bavarois en prirent possession.

---

(1) Voyez une excellente traduction du compte rendu wurtembergeois dans le *Bulletin de la Réunion des Officiers,* numéro du 30 décembre 1871.

(2) *Jahrbücher, für die deutsche Armee und Marine,* numéro de décembre 1871.

(3) Voyez le *Bulletin de la Réunion des Officiers,* numéro du 10 février 1872, et notre récit du combat de Châtillon, pages 268 et suivantes.

Mais revenons à Villiers. Là, l'ennemi, qui nous avait vus arrêtés par la crue subite du fleuve, était, depuis vingt-quatre heures, maître de notre secret et il avait mis ce temps à profit pour concentrer ses forces sur les points menacés. Sa reconnaissance au pont de Bezons, dans la nuit du 29 au 30, lui avait surabondamment démontré que nous ne faisions qu'une fausse attaque par la presqu'île de Gennevilliers, et il s'était, plus que jamais, préparé à nous recevoir sur la rive gauche de la Marne. Quelques officiers se demandaient, le 30 au matin, s'il était sage de poursuivre; s'il n'y avait pas à attendre de bons résultats d'un brusque renversement du sens des opérations. Mais, comme l'a dit le général Trochu, la situation était telle qu'on ne pouvait plus reculer devant les difficultés.

Nos troupes marchèrent donc en avant. Le 1er corps (Blanchard) se dirigea sur Champigny qu'il enleva très-vivement, et, gravissant les pentes qui se dessinent au nord du village, il débusqua vigoureusement l'ennemi de ses retranchements. Aussitôt, notre artillerie se mit en batterie sur la crête que suit le chemin dit des *Fours à chaux* et, de là, couvrit de feux Cœuilly et les pentes du plateau de Villiers. Le 2e corps (Renault) se jeta dans le bois du Plant dont il emporta les barricades et où il plaça sa réserve. Puis il se développa, d'une part, sur la route de Brie-sur-Marne: de l'autre, dans la petite vallée de la Lande, que suit le chemin de fer de Mulhouse, de manière à enserrer dans un demi-cercle les hauteurs de Villiers.

C'est alors que le général Ducrot ordonne l'assaut de la position par le flanc sud. On franchit le chemin de fer, on gravit les premiers échelons du plateau, on couronne la crête des croupes qui descendent à la Marne, et l'artillerie s'installe pour contrebattre avantageusement les ouvrages de l'ennemi. Il est onze heures (1).

Cependant les Prussiens, appuyés de nouvelles batteries d'artillerie, prononcent un vigoureux effort en avant et nous font subir des pertes sérieuses. Devant Champigny, leurs bouches à feu établies à Chennevières et à Cœuilly refoulent les colonnes du 1er corps, tandis que de nombreuses troupes d'infanterie, sortant de leurs retranchements de Villiers, chargent avec fureur nos bataillons du 2e. Un moment d'hésitation se manifeste dans nos rangs et pourrait dégénérer en panique. A tout prix, il nous faut tenir à Villiers, sous peine d'être jetés à la Marne ; une reculade aboutirait à un désastre.

L'énergique et intelligent dévouement de notre artillerie a bientôt arrêté la marche offensive de l'ennemi. Notre front de bataille se hérisse d'une trentaine de

---

(1) L'auteur de l'article précité de l'*Allgemeine Militär Zeitung* prétend que les Français se sont servis pour cette attaque des casques laissés au Plant par les Saxons, et ont pu arriver, à la faveur de ce déguisement, à 400 pas des murs du parc de Villiers. Cette assertion est dénuée de toute espèce de fondement.

Ab uno disce omnes. Nous nous sommes soigneusement abstenu, comme bien l'on pense, de puiser aucun autre document à ce fantaisiste récit de la bataille.

batteries de campagne, qui tirent sans relâche et font un mal énorme aux Prussiens. Ceux-ci fléchissent. Les nôtres reprennent confiance. Les officiers raffermissent leurs troupes, les raniment, les entraînent en se jetant eux-mêmes en avant. Toute trace de désordre a bientôt disparu. Pendant que notre artillerie tonne et démonte les pièces prussiennes, nos soldats se précipitent, au pas de course, sur l'infanterie qui vient de les charger et la reconduisent, à son tour, le sabre-baïonnette aux reins.

Il est deux heures. Le 3e corps (d'Exéa) vient de franchir la Marne sur les ponts établis en amont de Brie; sa 1re division (de Bellemare) attaque et occupe le village; elle se dispose à gravir le plateau.

Alors le général Ducrot ordonne, par les pentes de l'Ouest, une attaque générale, — qui eût certainement pu se prononcer plus tôt, sans gêner en rien l'action de l'artillerie. Cette fois, les Prussiens se sentent définitivement ébranlés et se replient vers leurs retranchements pour ne plus reparaître.

Nous sommes décidément maîtres du plateau de Villiers jusqu'aux abords du village. A cinq heures et quart précises, le canon se tait, la bataille est finie. Nos troupes s'apprêtent à camper sur les positions conquises, pendant que les réserves allument leurs feux de bivouac sur les pentes de Nogent et de Fontenay-sous-Bois.

L'exposé qu'on vient de lire résume des récits de témoins oculaires, tous combattants français, et il convient, par suite, de mettre en regard de ces lignes quelque tableau reflétant les appréciations de l'ennemi sur la journée du 30 novembre.

Voici l'esquisse qu'en a rapidement tracée le major Blume (1) :

« L'ennemi, dit-il, déploya des forces considérables qu'il lança, à 9 heures du matin, contre la division wurtembergeoise et le 12º corps (Saxons). Pendant que les troupes cantonnées sur la rive droite de la Marne prenaient leurs positions de combat à Chelles, les Saxons, qui venaient d'occuper les avant-postes et ne connaissaient pas encore le terrain, étaient chassés de Brie et de Champigny, et la division wurtembergeoise, dont l'aile droite n'avait pas encore été relevée, était attaquée *vigoureusement*, à la fois à Villiers et sur sa gauche.

« Dès qu'il eut repoussé l'attaque tentée contre le 6º corps, le général de Tümpling se porta rapidement au secours des Wurtembergeois, à la tête d'une forte brigade mixte.

« La 7º brigade se mettait en marche au même moment, et entrait peu de temps après en ligne.

« Vers une heure de l'après-midi, l'attaque tentée contre l'aile gauche était repoussée, et le général Obernitz put se porter, avec 3 bataillons et 3 batteries, au secours de l'aile droite de sa division.

« Au commencement de la bataille, la 24º division

---

(1) *Exposé des Opérations des armées allemandes.*

n'avait fait que commencer à passer la Marne et quelques bataillons de la 48ᵉ brigade étaient seuls arrivés sur la rive gauche. Cette brigade entra tout entière en ligne vers midi, suivie de près par la 2ᵉ brigade de la division, par la moitié de l'artillerie du 12ᵉ corps et une partie de la 45ᵉ brigade d'infanterie.

« La lutte se prolongea, à Villiers, jusqu'à la nuit et ne prit fin que vers 6 heures. Les troupes allemandes s'étaient maintenues, malgré les efforts d'un ennemi supérieur en nombre, sur les positions de Villiers et de Noisy-le-Grand.

« Une partie des troupes françaises repassa la Marne le soir même, mais cependant l'ennemi resta solidement établi sur la rive gauche dans les villages de Brie et de Champigny, qu'occupaient ordinairement nos avant-postes.

« Les pertes des troupes allemandes furent des plus sensibles dans cette journée du 30 novembre. Elles s'élevèrent à environ cent officiers et plus de deux mille hommes. »

Le major Blume avoue, comme on le voit, le fait de notre solide établissement sur la rive gauche de la Marne. Ainsi, malgré les 2,669 obus lancés par les Wurtembergeois et leur 170,000 cartouches brûlées; malgré les amères critiques du duc Guillaume de Wurtemberg (1), il est incontestable que nous venions d'obtenir un succès.

---

(1) « A Villiers, dit le duc de Wurtemberg (*Neüe Militär Zeitung*,

La bataille offensive de Villiers devait être bientôt suivie d'une autre bataille, et celle-ci allait avoir un caractère essentiellement défensif. Elle a gardé le nom de *bataille de Champigny*.

La journée du 1er décembre s'était écoulée dans le plus grand calme, et, sauf quelques combats de tirailleurs en avant de nos positions, les Prussiens n'avaient tenté aucune attaque; nous n'avions rien fait, de notre côté, pour étendre nos progrès de la veille. Mais cette journée et les deux nuits qu'elle venait de disjoindre avaient été passées par nous en travaux de fortification de campagne exécutés à Champigny et à Brie-sur-Marne; par nos adversaires, en mouvements de concentration de leurs forces en arrière des positions de Villiers et de Cœuilly.

Malgré le feu du plateau d'Avron, qui n'avait cessé d'inquiéter Chelles et Gournay, ces concentrations de l'ennemi se parachevèrent la seconde nuit, et, le 2 décembre, avant le jour, des masses considérables de troupes fraîches s'élancèrent sur les positions de notre 2e armée. Sur toute la ligne, l'attaque se prononça subitement, et à l'improviste, contre les avant-postes de

---

août 1871), il y avait deux plateaux, à 600 pas des murs de jardin, occupés par deux bataillons wurtembergeois; on les prit et on les garnit de mitrailleuses, pendant que trois brigades françaises se trouvaient derrière. Au lieu de faire, couverts par les hauteurs, un mouvement de flanc, pour séparer Villiers de Noisy et s'avancer sur un terrain depuis longtemps mais non suffisamment fortifié, contre l'endroit appelé Tilliers, il n'y eut que des attaques continuelles contre les murs de jardins, dont les défenseurs résistèrent toute la journée. »

nos trois corps, de Champigny jusqu'à Brie-sur-Marne. Les premiers obus arrivaient droit sur les tentes de nos hommes, et cette précision ne doit pas surprendre : nos feux de bivouac, toujours si nombreux et si brillants, donnent à l'ennemi d'utiles indications, tandis que son terrain, à lui, reste toujours dans l'ombre.

Malgré cet avantage, l'effort des Prussiens échoua. A notre droite, il leur fut impossible d'aborder les premières clôtures du village de Champigny que quelques travaux avaient renforcées (1). Au centre, ils se heurtèrent vainement à la ligne des carrières, en avant des fours à chaux, dont nous avions fait de solides retranchements. Bien que tirant à près de 5,000 mètres de distance, le fort de Nogent appuyait singulièrement les défenseurs des carrières. A gauche, chaque mouvement en avant de l'infanterie prussienne fut invariablement suivi d'un mouvement de retraite au delà de Villiers. A l'extrême gauche, enfin, sur les pentes qui s'étendent de Brie-sur-Marne à Noisy-le-Grand, on vit deux régiments saxons, les 107e et 108e, détruits par deux de nos régiments occupant, par une singulière coïncidence, des rangs similaires dans la nomenclature

---

(1) Ces travaux avaient été faits par le service du génie militaire, dont on sait le dévouement à toute épreuve, et qui paya noblement sa dette au pays en cette journée du 2 décembre. Le lieutenant-colonel Guyot y fut mortellement blessé; le capitaine de la Taille reçut une balle au front; le lieutenant Perceval, également frappé d'une balle à la tête, mourut dans le clocher de Champigny.

française. C'étaient les 107ᵉ et 108ᵉ, formant la 2ᵉ brigade (Daudel) de la 2ᵉ division du 3ᵉ corps. Partout, du reste, la lutte fut longue et terrible ; partout, il nous fallut opposer une rude résistance et reprendre plusieurs fois une offensive vigoureuse. Il est vrai que les efforts de notre infanterie étaient, comme l'avant-veille, admirablement soutenus par l'artillerie qui balayait, en tous sens, le plateau de Villiers et y hachait les colonnes prussiennes. A onze heures du matin, l'ennemi était rompu ; à une heure de l'après-midi, il nous cédait les hauteurs ; à quatre heures, le feu cessait sur toute la ligne. Nous restions maîtres du champ de bataille, sans avoir eu besoin de faire appel au concours des 33 bataillons de la garde nationale placés en réserve au Tremblay et, en arrière, sur la ligne du chemin de fer, entre Joinville et Nogent.

Les batailles de Villiers et de Champigny nous coûtèrent environ six mille hommes. — « Là, dit le général
« Trochu, périt l'élite des hommes qui avaient été
« mes collaborateurs les plus énergiques pendant le
« siége : le général Renault qui avait passé sa vie
« entière sur nos champs de bataille d'Afrique, de
« Crimée, d'Italie ; le général La Charrière, et de
« Grancey, qui fut un héros parmi nos gardes
« nationales mobiles ; Néverlée, Franchetti, Prévaut,
« des hommes à la mémoire desquels j'ai le devoir de
« rendre hommage. »

Là, nous avions retrouvé comme un reflet de nos beaux jours de gloire militaire, de cette gloire que les

Prussiens ne sauraient nous pardonner (1). Formé des débris de Reichshoffen, le 4ᵉ zouaves montant à l'assaut des positions de Villiers nous avait rappelé nos zouaves d'Inkermann. Un feu sacré, nourri de sentiments d'honneur, de patriotisme et de rage agitait le cœur de nos officiers. On vit le général Ducrot se jeter à la tête de ses bataillons, mettre lui-même l'épée à la main et plonger cette épée de général en chef dans le ventre d'un soldat prussien. Mais quel est donc le nom glorieux que les colères populaires n'essayent point de flétrir? Un député républicain, dont nous pourrions écrire le triste nom, n'a-t-il pas demandé au général Ducrot pourquoi et comment il était encore de ce monde?

. . . .

Le gouverneur avait paru enchanté des résultats de la bataille de Champigny. — « J'ai une bonne nouvelle à vous annoncer, avait-il dit, le 2 décembre, aux gardes nationaux réunis au Tremblay : depuis sept heures du matin, nous avons eu cent mille hommes de vieilles troupes sur les bras, que nous avons dû combattre avec une jeune troupe… et, pour la deuxième fois, la jeune armée a battu la vieille armée; elle l'a, sur toute la ligne, rejetée hors de ses positions. »

Et, le soir, le général Trochu écrivait de Nogent :

« Je reviens à mon logis du fort, à 5 heures, très-

---

(1) Voyez l'ouvrage déjà cité du major Blume, chapitre II, page 15, de la traduction française. — Paris, Dumaine, 1872.

fatigué et très-content. Cette deuxième grande bataille est beaucoup plus décisive que la précédente..... L'ennemi nous a attaqués au réveil avec des réserves et des troupes fraîches : nous ne pouvions lui offrir que les troupes de l'avant-veille, fatiguées, avec un matériel incomplet, et glacées par des nuits d'hiver qu'elles ont passées sans couvertures ; car, pour nous alléger, nous avions dû les laisser à Paris. Mais l'étonnante ardeur des troupes a suppléé à tout ; nous avons combattu trois heures pour conserver nos positions, et cinq heures pour enlever celles de l'ennemi, où nous couchons. Voilà le bilan de cette dure et belle journée. »

A la lecture de cette dépêche, le public fut dans le ravissement. Nous couchons sur les positions de l'ennemi pensait-il, et demain, après-demain au plus tard, nous donnerons la main à l'armée de la Loire qui déjà peut-être, à l'heure qu'il est, se trouve campée dans la forêt de Fontainebleau !... Le cercle de fer qui nous enveloppait est enfin rompu ; c'est la délivrance !... Le désappointement fut donc grand lorsqu'on sut que la deuxième armée venait de repasser la Marne dans la journée du 3 décembre, et qu'elle avait bivouaqué, la nuit suivante, dans le bois de Vincennes. Le 4 décembre, on lut, placardée sur les murs, cette proclamation du général Ducrot :

« Soldats !

« Après deux journées de glorieux combats, je vous

ai fait repasser la Marne, parce que j'étais convaincu que de nouveaux efforts, dans une direction où l'ennemi avait eu le temps de concentrer toutes ses forces et de préparer tous ses moyens d'actions, seraient stériles.

« En nous obstinant dans cette voie, je sacrifiais inutilement des milliers de braves, et, loin de servir l'œuvre de la délivrance, je la compromettais sérieusement..... je pouvais même vous conduire à un désastre irréparable.

« Mais, vous l'avez compris, la lutte n'est suspendue que pour un instant, nous allons la reprendre avec résolution : soyez donc prêts, complétez en toute hâte vos munitions, vos vivres, et surtout élevez vos cœurs à la hauteur des sacrifices qu'exige la sainte cause pour laquelle nous ne devons pas hésiter à donner notre vie. »

Cette proclamation expliquait, en termes généraux, le mouvement de retraite que nous venions d'opérer et l'attribuait surtout au fait de la concentration des forces prussiennes. Mais la raison principale en était que la marche sur Paris d'une armée de secours n'était qu'une expression stratégique de M. Gambetta, dont le moindre défaut était d'être assez risquée. Peut-être eussions-nous pu rompre, sur quelque point, le *cercle de fer* des lignes prussiennes ; mais ce cercle se refermait derrière nous ; nous étions projetés dans le vide et, comme le disait le général Ducrot, nous courions à un irréparable désastre. La délégation de

Tours nous avait fait une invite absurde et nous ne pouvions plus répondre à un aussi dangereux partner.
— « Dès lors, dit le gouverneur, Paris était abandonné « à lui-même. Pour moi, il l'avait toujours été. »

Les Parisiens ne pouvaient se consoler de cette déception qu'en songeant au mal qu'ils venaient de faire à l'ennemi. Partout où il s'était présenté en forces, nos batteries l'avaient écrasé; notre mousqueterie lui avait détruit des régiments entiers ; nos projectiles l'avaient frappé jusque dans ses plus extrêmes réserves; il avait enfin perdu une douzaine de mille hommes. Aussi, lit-on dans l'*Ordre du roi Guillaume*, du 6 décembre, ce passage significatif : — « Les tentatives des Fran-« çais pour rompre la ligne d'investissement de Paris « ont été repoussées résolûment, souvent, à la vérité, « aux prix de très-sanglants sacrifices, comme à « Champigny.... » Pour la première fois depuis le commencement de la campagne, l'ennemi portait instinctivement la main à ses blessures. Frappé dans sa puissance et son orgueil, il venait de laisser passer une rivière en sa présence, en plein jour, à une armée qu'il avait attaquée la veille avec violence, à une armée qui, deux mois auparavant, n'existait pas. A tout prendre, nous étions victorieux, si nous ne nous battions que pour sauver l'honneur.

Nous combattions encore hélas! pour sauver de la ruine une malheureuse patrie qui nous semblait alors abandonnée de Dieu. Allait-elle donc, ainsi que la Niobé antique, tomber mourante sur ses fils expirants? Les cœurs véritablement patriotes repoussaient énergiquement cette idée désolante, alors présente à tant de cœurs abattus. Avant les batailles de la Marne, le général Ducrot avait eu avec M. Thiers une entrevue au pont de Sèvres. L'homme d'État et le militaire étaient tombés d'accord sur ce point qu'il fallait, à tout prix, tenter un grand effort, obtenir un succès incontestable..... et traiter de la paix. Le succès, il venait d'être obtenu très-brillamment en ces journées des 30 novembre et 2 décembre. Nos adversaires étaient épuisés; ils appelaient de tous leurs vœux la fin d'une lutte qui leur semblait interminable. Jamais il n'y avait eu meilleur moment de traiter.

Mais notre pauvre pays portait aux flancs une large plaie. Les hommes du 4 septembre avaient poussé leurs cris de guerre après Sedan, alors que, militairement, la guerre était finie et qu'il ne restait plus qu'un tronçon d'épée aux mains de la France (1)... C'est le

---

(1) Est-ce à dire que la France dût alors renoncer à la lutte et permettre l'accès de sa capitale à l'ennemi déclaré qui, depuis soixante ans, la visait au cœur? Non, sans doute, mais la résistance devait être rationnelle, au lieu d'être insensée. Il fallait, après Sedan, préparer, comme on l'a fait, la défense de Paris; se garder d'y proclamer une république quelconque et réserver expressément la solution de la question gouvernementale, avec celle de tous les problèmes économiques. Au lieu de laisser M. Gambetta gaspiller les forces de nos provinces, il fallait en confier l'organisation sérieuse à un d'Aurelle de Paladines. Il convenait de donner à un soldat la haute direction des opérations militaires, au lieu de la laisser usurper par l'ingénieur Freycinet. Nous devions, en un mot, nous montrer éminemment sages, faire bonne contenance, et attendre. A ces conditions, l'intervention des puissances ne pouvait nous faire défaut, et les Prussiens

moment que les malheureux avaient choisi pour nous octroyer la République et nous aliéner ainsi la bonne volonté des puissances médiatrices. Que ces tristes rhéteurs eussent été, ou non, le jouet de M. de Bismarck ; qu'ils se fussent mis à la tête ou à la remorque des sectaires socialistes, c'est à leur conduite insensée qu'était due la journée du 31 octobre, c'est-à-dire un deuxième échec des tentatives de médiation des puissances. C'est à leurs absurdes projets de résistance qu'il était encore réservé de nous faire perdre tout le fruit de notre victoire de Villiers-Champigny.

Il voulut donc et ordonna la lutte à outrance, cet incroyable Gouvernement de la défense nationale qui, le 31 janvier 1871, après le consentement de l'armistice, faisait encore un appel aux armes par la voix de M. Gambetta. Ils refusèrent de traiter, les braves avocats de France. Or, veut-on savoir l'opinion qu'ils professaient tout haut, quelques jours seulement avant la déclaration de guerre, ces hommes qui n'avaient inventé la formule de l'outrance que pour conserver en leurs mains impuissantes les bribes du pouvoir qu'ils s'étaient arrogé? Le député Jules Favre disait en la séance du Corps législatif du 1er *JUILLET 1870* (!!!) :

« Qu'une nation comme la France s'organise pour

---

en avaient grand'peur, comme le major Blume l'avoue en toute humilité. — Voyez l'*Exposé des Opérations des Armées allemandes*, par le major W. Blume, chapitre II, page 15, ouvrage traduit de l'Allemand par M. E. Costa de Serda, capitaine d'état-major.—Paris, Dumaine, 1872.

« la guerre, c'est là, permettez-moi de le dire, UNE
« COUPABLE FOLIE, une mesure funeste aux fi-
« nances du pays, funeste à sa moralité, à sa gran-
« deur, à sa prospérité matérielle!.... »

On pourrait écrire des volumes, si l'on voulait classer et mettre en lumière toutes les palinodies de nos
rhéteurs. — « Qu'est-ce que je lis dans les documents
« officiels? disait le même député Jules Favre, lors
« de la discussion du budget de 1869, qu'est-ce que
« je lis? Il faut que la France soit armée comme ses
« voisins; sa sécurité est attachée à ce qu'elle soit
« embastionnée, cuirassée, qu'elle ait dans ses maga-
« sins des monceaux de poudre et de mitraille; sans
« cela elle est exposée à périr!.... *J'avoue que ma con-*
« *science proteste contre de semblables propositions.* Vous
« dites qu'il est nécessaire que nous conservions ces
« fortifications dont nous entourons la moindre de
« nos bourgades, dès qu'elle touche à la frontière;
« qu'il nous faut cette ceinture de villes fortifiées.
« Tout cela, permettez-moi de le dire, c'est de l'an-
« cienne politique, c'est de la politique de haine.....
« ce n'est pas de la politique d'expansion et d'aban-
« don...,. »

Et le député Garnier-Pagès ajoutait : « ..... A quoi
« cela (1,200,000 fusils) vous servira-t-il? Qu'est-ce
« que la force matérielle? Ah! si vous vouliez, au con-
« traire, employer la force morale!.... Quelle puis-
« sance vous auriez, si vous vouliez avoir confiance
« dans le peuple et dans la liberté! »

L'année précédente, l'honorable Garnier-Pagès avait prononcé ces paroles mémorables :

« Il faut protester énergiquement contre ces paroles
« du message impérial : *L'influence d'une nation dépend*
« *du nombre d'hommes qu'elle peut mettre sous les armes.*
« Non. Son influence dépend de ses principes. Les
« alliances avec les gouvernements n'ont pas de va-
« leur. Les alliances avec les peuples sont seules utiles.
« Les rivières, les montagnes, les forteresses ont fait
« leur temps : la vraie frontière, c'est le patriotisme. »

C'est aux mains de ces insensés qu'étaient alors tombées les destinées de la France !.....

Donc le gouvernement de ces fiers républicains refusa de traiter après les victoires de Villiers et de Champigny.

Ces deux batailles avaient fait perdre aux armées de Paris la plupart de leurs officiers de marche et une grande partie de leurs cadres. Il fallait les refondre, en modifier les bases, en réorganiser les éléments constitutifs. Les modifications les plus importantes consistèrent en la dissolution du 1er corps (Blanchard) de la 2e armée et le versement dans la 3e armée de sa 1re division (de Malroy) qui avait beaucoup souffert. A partir du 5 décembre, la 2e armée (Ducrot) ne fut plus composée que de deux corps : l'un à trois, l'autre à deux divisions ; et d'une réserve de trois brigades. La 3e armée (Vinoy) comprit *un corps de la rive gauche* à trois divisions, plus quatre divisions actives d'infanterie et une de cavalerie. Du 6 novembre au 5 décembre, le quartier général de la 2e armée avait été installé à la Porte-Maillot : celui de son 1er corps, à la gare Mont-Parnasse ; du 2e corps, à Sablonville ; du 3e, à Fontenay ; celui de la cavalerie, à l'Ecole-Militaire. Durant la même période, le quartier général de la 3e armée se trouvait à l'École-Militaire ; les quartiers généraux divisionnaires fonctionnaient à l'Elysée, au Palais-Royal, au Luxembourg, à Bicêtre. A partir du 5 décembre, s'ouvre une ère d'opérations nouvelle ; les quartiers généraux des armées, des corps d'armée, des divisions deviennent essentiellement instables et mobiles. Ils se posent, au moment du besoin, sur les points qui leur semblent le plus commodes. C'est ainsi que, à la fin de décembre, le général Vinoy est installé au fort de Rosny et que, vers le 15 janvier, on voit le général Ducrot aux Lilas.

Cette réorganisation des armées de Paris demanda une quinzaine de jours, pendant lesquels on n'eut à signaler d'autres incidents qu'une reconnaissance vigoureuse poussée sur Aulnay par nos francs-tireurs, l'arrivée de la fameuse dépêche de M. de Moltke, nous annonçant une défaite de l'armée de la Loire, et celle des faux pigeons, également porteurs de mauvaises nouvelles. Durant cette quinzaine aussi, le canon ne cessa de tonner sur toute la ligne des forts.

Bataille du Bourget.

Le 18 décembre, nos armées paraissant avoir

repris quelque ressort, le gouverneur s'empressa de leur adresser une proclamation chaleureuse qui se terminait par ces mots : « .... Puisse votre général « faire pénétrer dans vos âmes les sentiments, les « espérances, les fermes résolutions dont son âme est « remplie! » A la lecture de ce document, le public soupçonna l'imminence d'une nouvelle entreprise militaire et il n'eut plus aucun doute à cet égard quand, suivant l'habitude, le général Schmitz lui fit connaître que toutes les portes de Paris seraient fermées à partir du 19 décembre, à midi. Le général Trochu partit effectivement, dans la soirée du 20, pour se mettre à la tête des troupes qui devaient opérer dès le lendemain, au point du jour. Il avait à cœur de réaliser une combinaison d'un caractère nouveau. — « J'étais désespéré, dit-il lui-même, que l'ennemi ne « me montrât jamais que son canon, et j'avais le sen-« timent que, s'il eût amené son infanterie dans la « plaine, je l'aurais battue avec la mienne. C'était là « mon espoir, ma pensée de tous les jours, et je « me dis que peut-être, *en conduisant l'armée dans la* « *plaine de Saint-Denis*, ce qui n'exigerait pas d'elle « de trop grandes fatigues, auxquelles elle n'était plus « propre, j'obligerais peut-être l'ennemi, en voyant la « menace que je dirigerais contre ses lignes de « retraite, à déployer ses masses. C'est dans cette « espérance que j'ai préparé et que j'ai livré la bataille « du 21 décembre. » Ainsi, Paris abandonné à lui-même, et sans grand espoir de salut, n'allait combattre les Prussiens, que pour leur faire payer cher un triomphe désormais certain.

Ce n'est pas ce qui se disait alors dans les rangs de de l'armée. Abusés par les dépêches mensongères de M. Gambetta, nos soldats pensaient tout haut qu'on se proposait d'enlever le Bourget; de prendre ensuite le Blanc-Mesnil, Aunai, Sevran; et de filer vers le Nord-Est, par la forêt de Bondy, dans le but évident de tendre la main à Bourbaki dont l'armée n'était pas loin.

Nourries de ces illusions, les armées de Paris se préparèrent à combattre; on leur avait adjoint une centaine de bataillons de la garde nationale mobilisée. C'est pendant la nuit du 20 au 21 décembre que ces forces réunies allèrent s'établir sur les positions qui s'étendent des bords de la Marne à ceux de la Seine, de la Ville-Evrard à Saint-Denis, en décrivant un quart de cercle complet. Quelques détachements furent aussi dirigés sur la presqu'île de Gennevilliers. Bien que opérée en partie par le chemin de fer de ceinture, cette concentration fut très-fatigante pour les troupes. Le temps s'était mis au froid; il faisait un vent glacial qui ne devait pas cesser de souffler pendant le cours des opérations qui se préparaient.

L'attaque principale, dirigée sur le Bourget, Drancy et la ferme de Groslay, devait être couverte, sur chacun de ses flancs, par une diversion importante. Deux actions secondaires s'engagèrent donc, dès le 21, au matin : l'une, sur la Seine; l'autre, sur la Marne.

Le général Noël, commandant du Mont-Valérien, lança, vers sept heures, plusieurs reconnaissances. Opérant sur toute la largeur de la presqu'île de Gennevilliers, il fit fouiller, sur sa gauche, les hauteurs de Montretout; au centre, il dirigea sur Buzenval et Longboyau, les 8e et 18e bataillons de la garde nationale détachés de la 3e division (rive droite) de la 3e armée (général de Beaufort); sur sa droite, il ordonna une démonstration contre Chatou, par l'île du Chiard. L'île fut vigoureusement enlevée par des francs-tireurs de Paris; et l'ennemi, refoulé dans Chatou (1). Une autre affaire s'engageait encore sur la Seine : le 68e bataillon de la garde nationale mobilisée de Saint-Denis se présentait inopinément devant Épinay, pendant que les batteries flottantes nos 1 et 4 canonnaient le village, ainsi que le Cygne d'Enghien et la butte d'Orgemont.

D'autre part, le général Vinoy attaquait les positions occupées par l'ennemi sur la rive droite de la Marne. Le général de Malroy, commandant la 1re division active de la 3e armée, était chargé d'assurer le succès d'un ensemble d'opérations tentées sous le canon du plateau d'Avron et celui du fort de Nogent. Notre artillerie de campagne, habilement dirigée, fit

---

(1) Nous eûmes, en cette affaire, plusieurs officiers hors de combat, parmi lesquels le chef de bataillon Faure, commandant du génie du Mont-Valérien.

encore des prodiges : elle éteignit partout le feu du prince de Saxe, dont le corps d'armée fut rudement ébranlé. A la faveur de cette commotion, la brigade Dargentolle s'installa résolûment dans Neuilly-sur-Marne avec les 32e et 127e bataillons de la garde nationale; et quatre bataillons de la brigade Blaise surent enlever rapidement le parc et les bâtiments de la Ville-Evrard. La Maison-Blanche tombait en même temps entre nos mains, et nous étions ainsi maîtres de toute la zone comprise entre la Marne et le chemin de fer de Strasbourg. Ce succès devait nous coûter cher. Dans la nuit du 21 au 22, nos bataillons de la Ville-Evrard furent attaqués à l'improviste par une soixantaine de saxons qui, lors de la prise de l'établissement, étaient parvenus à se réfugier dans les caves. Surpris par ce brusque retour offensif, nos soldats firent bonne contenance... Les 111e et 112e régiments d'infanterie prirent ou tuèrent une bonne partie des assaillants... mais leur général périt dans la bagarre. Ancien colonel du 46e, où il a laissé de profonds regrets, le général Blaise était, sous tous rapports, un brave et digne soldat.

Ainsi couverts sur notre gauche par le général Noël; sur notre droite, par le général Vinoy, nous devions diriger notre principal effort vers la partie centrale du quadrant Nord-Est de la place. Notre premier objectif était le Bourget... et l'attaque en fut confiée à l'amiral de La Roncière qui s'installa, de sa personne, à la Courneuve. Le fort de l'Est était armé de 59 pièces, dont une de $0^m,19$ de la marine; celui d'Aubervilliers de 79 pièces, dont deux de $0^m,19$. Les deux forts concentrèrent leurs feux sur le village qui était, d'ailleurs, en prise aux coups de la Courneuve et de deux waggons blindés, armés de gros calibres, en panne sur le chemin de fer de Soissons. Quand les défenses prussiennes lui parurent suffisamment battues, l'amiral déploya le 135e en tirailleurs dans l'angle formé par la Molette et le Crould et lança ses colonnes en avant. Sa 1re brigade (Lavoignet) aborda le Bourget par le Sud; sa 3e brigade (Lamothe-Tenet), par le Nord, pendant que les 10e, 12e, 13e et 14e bataillons de mobiles de la Seine faisaient diversion sur les flancs.

Les marins de Lamothe-Tenet, soutenus par le 138e d'infanterie, enlevèrent immédiatement leur part du village, malgré l'énergique résistance de l'ennemi. La lutte fut très-vive, surtout à la Suiferie où l'on fit une centaine de prisonniers. Pendant près de trois heures, ces braves gens se maintinrent dans le nord du Bourget jusqu'au delà de l'église, emportant les maisons une à une, luttant pied à pied, avançant sous le feu d'un ennemi intangible, mais qui tirait comme un démon par les créneaux (1), par les fenêtres, par les soupiraux des caves.

---

(1) « Il est un fait certain, dit le duc Guillaume de Wurtemberg « (*Neüe Militär Zeitung*, août 1871), c'est que presqu'aucune atta-« que des Français n'a abouti contre des murs ou des retranchements « défendus par les Allemands..... ainsi, au Bourget, le 21 décembre. »

Les marins du brave Lamothe-Tenet donnent au duc Guillaume un démenti formel.

L'attaque du sud n'était malheureusement pas aussi brillante. Le général Lavoignet se voyait arrêté par de fortes barricades qui l'empêchaient de dépasser les premières maisons et de conjuguer son attaque avec celle que la 3e brigade conduisait si vigoureusement. L'amiral dut faire sonner la retraite.

L'occupation du Bourget était donc affaire manquée. On attribua cet échec à des *accidents de guerre imprévus*, à l'état de l'atmosphère, à la rigueur de la saison, mais la raison véritable en est que le village, si bien enlevé par la marine, dut être évacué par elle parce qu'elle ne fut pas suffisamment soutenue.

Sur la droite du Bourget, les villages de Bondy et de Drancy, ainsi que la ferme de Groslay, furent occupés sans encombre par la division de Bellemare, renforcée de quatre bataillons de mobiles du Tarn. La 1re brigade (Fournès), fut laissée en réserve ; la 2e brigade (Colonieu), chargée de couvrir les travailleurs qui reliaient Groslay à Drancy, se porta en avant, dans la direction d'Aunay, à l'intersection du chemin de fer et de la route n° 24, dite des Petits-Ponts.

Contrairement aux désirs du gouverneur, l'ennemi ne se montra pas. Il garda toute son infanterie en arrière de la Molette et de la Morée, double ligne de défense renforcée de villages barricadés et de batteries de position. Il ne nous opposa que son artillerie, mais une artillerie formidable : il n'avait pas moins de dix batteries de Dugny au Blanc-Mesnil ; autant du Blanc-Mesnil à Aunay. Notre belle artillerie de campagne tenait ferme sous ce feu d'enfer et ripostait vigoureusement. Ce fut une canonnade terrible qui dura jusqu'à la chute du jour avec une violence dont les oreilles de nos hommes gardèrent longtemps le souvenir. A la nuit, les têtes de colonne conservant leurs positions, nos troupes furent repliées en arrière dans les tranchées qui formaient les points d'appui du champ de bataille préparé. Mais ce mouvement ne s'opéra pas sans que l'ennemi tentât de le couper. Il faillit enlever la brigade Colonieu avec trois batteries d'artillerie sous les ordres du commandant Tardif. Les Prussiens avaient fait avancer au pont David deux batteries qui couvrirent notre ligne de retraite de feux en éventail; ils bordèrent le chemin de fer de masses d'infanterie profondes et firent charger un régiment de cavalerie qui était, depuis le matin, en réserve dans le bois voisin. La bonne contenance de notre colonne put seule dérouter leurs projets.

La bataille du Bourget nous avait coûté peu de monde. Seule, la marine avait fait des pertes sérieuses, et nous avions à déplorer la mort de quatre officiers, parmi lesquels le jeune Duquesne, héritier d'un beau nom. Citons aussi l'abbé Blanc, aumônier, et Jean-Marie Baffie, en religion frère Néthelme, brancardier des ambulances de la Presse. Voilà de grandes victimes dont les fureurs démagogiques ne parviendront jamais à flétrir la mémoire.

Le soir de cette journée laborieuse, un froid de neuf degrés centigrades envahit le camp de nos sol-

dats; il s'éleva, la nuit, à quatorze degrés! — « Oh! la
« cruelle soirée, la cruelle nuit! dit un témoin, nous
« nous souviendrons tous longtemps de ces lieux que
« nos hommes ont si justement nommés le *camp du*
« *froid*. Pour faire la soupe, quelques graines de riz,
« quelques miettes de biscuit... de l'eau qu'on puisait
« à grand peine en perçant la glace du canal de
« l'Ourcq et qui gelait pendant le transport... La nuit
« arriva dès quatre heures, sombre et triste; une bise
« du nord aigüe, déchirante, lacérait le visage des mal-
« heureux groupés autour de rares et chétifs feux de
« bois vert. La terre était trop dure pour qu'on pût
« y enfoncer des piquets de tente. Bien peu dormi-
« rent cette nuit-là, et, parmi les dormeurs, on cons-
« tata, dès le lendemain, 900 cas de congélation. »

Telles étaient, à cette époque du siège, les souffrances des défenseurs de Paris.

Le gouverneur ne s'était pas laissé décourager par l'insuccès d'une attaque de vive force du Bourget. Ce village demeura l'objectif de nos opérations à l'est de la place, et nos troupes furent employées dans cette région à d'importants travaux d'approches (1). Mais un

---

(1) « Les Français, dit le duc Guillaume de Wurtemberg (*Neüe*
« *Militär Zeitung*, août 1871), ont inauguré un genre d'attaque
« caractéristique et qui devait réussir contre le Bourget... Ils s'avan-
« cèrent de Drancy à la sape volante... Ce cheminement, ainsi que
« les tranchées et les trous pour tirer, était un excellent moyen
« imaginé par les Français pour couvrir et protéger l'infanterie. Ils

froid des plus rigoureux contrariait singulièrement nos efforts : la terre, gelée à cinquante centimètres de profondeur, ne se laissait plus entamer à la pioche, et nos soldats étaient soumis à des épreuves au-dessus de leurs forces. Dès le 24 décembre, la dureté du sol devint telle qu'il fut impossible de poursuivre les travaux et qu'on dut se limiter à la garde des tranchées précédemment ouvertes. C'est à cette date aussi que les chefs de corps ne purent décidément plus méconnaître l'altération de la santé des hommes; les sources en étaient profondément atteintes... et celles de la vie menaçaient de tarir... Les cas de congélation se multipliant dans des proportions effrayantes, l'autorité militaire s'empressa de ramener la moitié de l'armée dans ses cantonnements, pour l'y abriter le mieux possible, tandis que l'autre moitié alternait avec la garde nationale pour le service des tranchées. Mais le

---

« plaçaient dans la terre, qu'ils rejetaient à l'extérieur, des corbeilles
« tressées en forme de cônes, présentant un trou de trois pouces de
« diamètre, de sorte que le fantassin n'avait pas besoin de tirer par
« dessus et se trouvait mieux couvert que derrière un mur crénelé.
« On imagina aussi de placer en croix des sacs à terre dont l'un était
« retiré en arrière et laissait une ouverture par laquelle on pouvait
« faire feu. L'emploi des corbeilles est plus avantageux que celui
« des sacs à terre, parce qu'elles fournissent un plus grand champ
« de tir. »

Le duc Guillaume, nous le craignons, abuse ici des méthodes d'induction qui lui sont familières. Ceux de nos défenseurs qu'il met en scène n'ont sans doute dû qu'à un heureux hasard l'idée de faire usage de quelques-unes de ces nasses d'osier dont on se sert pour la pêche. Quant au gabion conique, il n'est pas encore réglementaire dans l'armée française.

froid, la fatigue, les privations avaient déjà fait tant de victimes que, vers le 1er janvier, près de 20,000 soldats sans blessures, mais atteints d'anémie, rentraient dans Paris avec une santé ruinée.

« Ils disparurent dans le gouffre, dit le gouverneur, et je ne les revis plus. »

Les opérations du siége entrepris par les Prussiens allaient alors prendre une physionomie nouvelle, et d'autres maux nous attendaient encore. Après plus de cent jours de blocus, l'ennemi, irrité de notre résistance prolongée, démasqua des batteries de pièces à longue portée destinées au bombardement de nos défenses.

Il n'entre point dans le cadre de ce récit de retracer les douloureux épisodes d'un bombardement qui veut, à lui seul, toute une étude. Nous n'en donnerons ici qu'une analyse sommaire, nous proposant d'examiner ailleurs une question de droit des gens qu'un plat vainqueur a très-hypocritement traitée. M. de Bismarck a cru devoir citer Vattel en sa lettre à M. Kern, en date du 17 janvier 1871. L'autorité de Vattel est, malheureusement, très-discutable. Que le chancelier de la Confédération du Nord veuille bien consulter les jurisconsultes de son temps, principalement ceux de son pays, et, s'il est honnête, il avouera qu'il a commis des excès condamnables. Cette violation du droit, nous la démontrerons.... nous réservant, démonstration faite, d'écrire en lettres rouges des noms que l'histoire doit flétrir.

Les procédés dont usèrent envers nous les Prussiens leur étaient inspirés par le besoin de se créer comme un rideau derrière lequel ils pussent faire manœuvrer leur armée de siége. Ils avaient reçu des renforts considérables, mais ils n'attendaient plus rien de l'Allemagne exténuée. Les hommes récemment arrivés ne valaient ceux qu'ils remplaçaient ni en moral ni en expérience, et les bataillons d'infanterie ne présentaient plus qu'un effectif de 600 hommes, tous fatigués, irrités par une résistance de tous les jours, par une guerre de chicane sans cesse renouvelée, et dont ils ne pouvaient prévoir la fin. Leur armée sous Paris ne comptait alors, au plus, que de 160,000 à 190,000 fantassins, et ils avaient, chaque jour, à faire à cette armée quelque emprunt pour parer aux nécessités de la guerre à l'intérieur de la France. Parmi les divers motifs qui firent décider le bombardement, le plus sérieux, peut-être, fut de masquer l'affaiblissement numérique des assiégeants. Dans les premiers jours de janvier, le 1er corps bavarois (Von der Thann), réduit par la campagne d'Orléans de 30,000 à 5,000 hommes, vint se reposer devant Paris en prenant la place du 2e (Hartmann), fort de 20,000 à 22,000 hommes, envoyé au prince Frédéric-Charles. D'autre part, la manœuvre de Bourbaki dans l'Est avait, sur la fin de décembre, décidé M. de Moltke à distraire de Paris un corps tout entier, le 2e (Fransecki), en faveur de l'armée du prince royal, et à l'expédier à marches forcées sur Nancy. C'est ainsi que, du 25 décembre au 5 janvier, une quarantaine de mille hommes furent enlevés à l'armée de siége par l'état-major de Versailles, dans la pensée que le bombardement empêcherait, de notre part, toute sortie sérieuse.

La mise à exécution de ce projet débuta, le 27 décembre, par l'attaque des forts de l'est. Celle-ci fut suivie de l'attaque des forts du sud, commencée le 5 janvier, puis de celle des forts du nord, entreprise le 21. Les premiers projectiles arrivèrent sur la ville elle-même dans la journée du 5 janvier; les derniers, le 26 janvier à minuit. Il est donc permis de dire que le bombardement a duré précisément un mois. Tous nos forts détachés eurent à souffrir des batteries prussiennes — à l'exception du Mont-Valérien, d'Ivry, de Charenton et de Romainville; Bicêtre ne reçut que quelques obus. — Il en fut de même de la plupart des centres de population suburbains tels que Groslay, la Courneuve, Drancy, Bobigny, Bondy, Noisy-le-Sec, Aubervilliers, Crèvecœur et Saint-Denis, au Nord; Rosny, Montreuil, Nogent, Fontenay-sous-Bois, Plaisance et la boucle de la Marne, à l'Est. Bien d'autres petites localités, bien des groupes de maisons, bien des bâtiments isolés furent, en outre, dévastés ou détruits. Quant à la ville de Paris, elle fut frappée au nord et au sud : au nord, sur une petite étendue du 18e arrondissement; au sud, sur la superficie presque totale des 13e, 14e, 15e, 5e, 6e et 7e arrondissements; une portion du 16e et quelques points des 4e et 12e.

Les Prussiens avaient installé, à l'entour de la

place, un nombre de batteries considérable, et, pour ne citer que des exemples, on en comptait une vingtaine sur le cours de la Morée, d'Aunay à Dugny; quatre au Bourget; quatre au nord de Stains; une à Pierrefitte; deux à Villetaneuse; deux à la Butte-Pinson; une à Deuil; trois sous Enghien; une au moulin d'Orgemont; une à Épinay. Il y avait douze autres batteries, réparties par groupes de trois, au Raincy, à Gagny, à Noisy-le-Grand et au pont de Gournay; cinq à Meudon; cinq aux abords de Clamart; huit au plateau de Châtillon; trois en avant de Fontenay-aux-Roses; trois derrière Bagneux; etc. Vingt-cinq batteries, comprenant cent quarante pièces de gros calibre, concentraient leurs feux sur le sud; elles consommèrent environ soixante mille projectiles, ce qui permet d'évaluer, par induction, à deux cent mille le nombre total de boulets et d'obus lancés sur les forts et sur la ville pendant cette période d'un mois de bombardement. Le feu prussien, intermittent et inégal, était parfois d'une violence extrême. Le 27 décembre, 3,000 projectiles écrasèrent le plateau d'Avron; le lendemain, 28, les forts de l'est en reçurent de 5,000 à 6,000; ceux du sud furent aussi rudement atteints dans la journée du 5 janvier. Un fort était ordinairement frappé de 500 coups en vingt-quatre heures, mais ce nombre était parfois doublé. La Briche, battu par sept batteries convergentes, reçut un millier de projectiles dans la journée du 23 janvier; le fort de Nogent, dans celle du 4, en avait reçu douze cents.

C'est au 15 janvier qu'on peut fixer la date du maximum d'intensité du bombardement ; des milliers d'obus fendirent alors les airs ; ce fut une pluie de fonte, mêlée au jet continu d'une multitude de balles de rempart lancées sur les défenseurs de nos ouvrages.

Après le bombardement du plateau d'Avron et l'évacuation qui s'ensuivit, les Prussiens croyaient avoir assez facilement raison de nos forts de l'est. Ils pensaient forcer, en vingt-quatre heures, ceux de Nogent et de Rosny à amener leur pavillon tricolore ; aussi, leur stupéfaction fut-elle grande lorsque, après un temps de silence, ils virent se prononcer de notre part une résistance énergique. La même surprise les attendait, à quelques jours de là, du côté de nos forts du sud, de ces insolentes et surannées défenses dont le roi Guillaume avait, deux ou trois fois déjà, annoncé l'entière destruction à la reine Augusta. C'est alors qu'ils songèrent à bombarder la ville. Occupant et tenant en échec les forts du sud au moyen de leurs premières batteries, ils espéraient cheminer jusqu'en des points d'où, élevant des batteries nouvelles, ils pussent bombarder, non-seulement la rive gauche, mais aussi la rive droite de la Seine.... couvrir d'obus la capitale entière et la faire ainsi capituler.

Nos adversaires ne purent, nous l'avons dit, qu'entamer la ville et frapper la moitié de ses vingt arrondissements. Alors ils concentrèrent toute leur rage sur le sud. La rive gauche était, le plus souvent, arrosée de projectiles suivant une zone moyenne dont l'épaisseur pouvait se mesurer, sur l'avenue d'Orléans, du carrefour des Quatre-Chemins à la place d'Enfer. Tel était le résultat d'un tir négligé, lâché, n'exigeant point grande attention de la part des artilleurs. Quand ceux-ci rectifiaient leur tir, ils lui donnaient grande précision; c'est alors qu'ils atteignaient nos édifices, pris pour centres des *ronds de bombardement*. Le Val-de-Grâce, le Jardin-des-Plantes, le Luxembourg, l'hospice des Aliénés, les Invalides servaient tour à tour de *tonneaux* à ces descendants de Filimer, et, quand on leur reprochait le massacre des blessés et des malades, leurs dépêches officielles accusaient des erreurs de pointage! Enfin, ils tiraient parfois à toute volée et envoyaient des obus jusque dans l'île Saint-Louis et sur le quai des Célestins. Mais ces prouesses étaient assez rares.

Tout ne marchait pas non plus au gré des bombardeurs. Leurs canons souffraient beaucoup des fortes charges de poudre; et leurs affûts, de l'angle de trente degrés et demi qu'il leur fallait ouvrir pour atteindre Paris. Les 6e, 7e et 8e secteurs leur démontaient nombre de pièces; le Mont-Valérien leur éteignait des batteries entières. Nos obus firent sauter, le 21 janvier, le magasin à poudre du Moulin-de-Pierre, et, le surlendemain, 23, celui de la batterie de gauche de Châtillon. Bien qu'ils eussent pour principe absolu d'exclure tous les étrangers de leurs ouvrages, on sut qu'ils faisaient en hommes des pertes considérables. Un de nos projectiles faillit, une fois, tuer M. de

Moltke qui fut renversé et couvert d'éclats de pierre et de terre. Il en fut quitte pour la peur. Ce Fridigern aux canons d'acier ne méritait point donc une mort de soldat?...

Quant à la population parisienne, loin de se laisser troubler par ces bombarderies sauvages, elle s'indigna. Elle éleva son cœur qui s'ouvrit à des sentiments non de haine, mais de mépris... et l'histoire lui donnera raison.

Il convient d'observer que le début du bombardement coïncide avec l'inauguration d'une attitude toute nouvelle de l'ennemi. Jusqu'alors, les Prussiens s'étaient tenus immobiles dans leurs lignes, ne faisant jamais de sorties et se bornant à repousser nos attaques. Aussitôt que leurs batteries se démasquent, ils entreprennent des reconnaissances, poussent en avant et viennent tâter nos positions. Du 28 décembre au 8 janvier, ils insultent quatre fois la maison Crochard et patrouillent dans Rueil. Trois fois, les 1er, 5 et 16 janvier, ils attaquent le village de Bondy. Le 4 janvier, ils inquiètent la Ferme des Mèches et les tranchées en avant de Vitry; le 13 au soir, ils tentent de culbuter nos travaux de la Suiferie, sur la route de Flandre; le 16, ils veulent reprendre la maison Millaud, sur la route d'Orléans. Partout, on les sent agités, on les voit en mouvement. On comprend qu'ils veulent épaissir le rideau qui leur sert à dérober le départ de leurs corps d'armée pour la province.

L'armée de la défense ne demeura pas non plus

inactive dans l'intervalle de temps qui sépare la bataille du Bourget de celle de Buzenval, et la région du sud fut principalement le théâtre de nos opérations. Le 22 décembre, huit compagnies de mobiles de la Seine fouillèrent les bois de Clamart; le 28, douze compagnies des mobiles de la Seine et de la Somme pénétrèrent dans le Bas-Meudon, dans le Val-Fleury, et rejetèrent l'ennemi sur le Haut-Meudon. Enfin, le Moulin-de-Pierre fut l'objectif des expéditions qui eurent lieu les nuits des 4, 9 et 13 janvier. La position fut d'abord reconnue sommairement; on y fit, la deuxième fois, une vingtaine de prisonniers, et la troisième reconnaissance offensive se heurta à des batteries qui l'arrêtèrent.

Le 26 décembre fut témoin d'une brillante affaire à l'est de la place. Trois bataillons de mobiles, sous les ordres du colonel Valette, chassèrent les Prussiens du parc de la Maison-Blanche et en abattirent le mur crénelé, dont les feux nous gênaient beaucoup. Mais l'opération la plus solide et la plus brillante fut, sans contredit, celle de l'évacuation du plateau d'Avron.

« Avron, dit le général Trochu, était une position très-intéressante, mais elle était dominée, sur les trois quarts de son périmètre, par des hauteurs plus élevées occupées par l'armée prussienne, à une demi-portée de canon; elle était découverte, et la nature de son sol ne permettait pas de travaux profonds, des travaux d'abri. Par conséquent, l'occupation du plateau d'Avron, dans les circonstances ordinaires du siége, m'apparaissait comme une faute dangereuse pour l'avenir, et je me refusai à la commettre. J'ai dû me décider à m'y établir, parce que l'artillerie accumulée là était destinée à appuyer la bataille de Villiers, et à avoir sur elle une influence considérable. »

Ces considérations n'ayant plus de valeur au moment du bombardement, et la position, battue par six batteries convergentes, étant devenue intenable, malgré les efforts du général du génie Guillemaut, du colonel d'artillerie Stoffel et des troupes du général d'Hugues, l'évacuation dut en être ordonnée. Elle s'exécuta dans la nuit du 28 au 29 décembre, et fit le plus grand honneur aux marins de l'amiral Saisset qui, par équipes de 24 hommes, s'attelèrent à la plupart de nos soixante-quatorze pièces de gros calibre. L'abandon du plateau n'empêcha pas d'y faire ultérieurement quelques reconnaissances; on fouilla aussi le Raincy, Groslay, et les abords du Bourget.

Pendant ce temps, la situation, déjà bien tendue au point de vue militaire, devenait plus grave encore sous le rapport des subsistances. Quarante mille chevaux avaient disparu dans la consommation, et le pain, qui ne contenait plus que 25 pour 100 de farine, allait bientôt manquer. Les atteintes d'un froid rigoureux, exceptionnel, provoquaient de fréquents désordres. Le peuple dévastait les clôtures en planches des terrains à bâtir, pillait les chantiers de bois, envahissait les jardins pour y couper des arbres. Et le bombardement étendait toujours ses ravages! Il s'était annoncé par la destruction de la Gare-aux-Bœufs, du pont du chemin de fer de Saint-Germain, de la Tour-à-l'Anglais; et maintenant, c'étaient des quartiers entiers qui étaient menacés de la ruine. C'est vers le milieu de janvier, nous l'avons dit, que cette éruption de carbure de fer atteignit son intensité maximum.

« C'est alors, dit le gouverneur, que le général Ducrot se présenta à moi et me dit : « L'état des « troupes ne permet plus les grands efforts. Je crois « qu'il faut se renfermer dans la défensive jusqu'à ce « que nous en soyons venus à notre dernier morceau « de pain. » Pour moi, je pensais que le siége de Paris devait être couronné par une dernière entreprise, que j'avais annoncée de tout temps à mes collègues du Gouvernement de la défense nationale, et que j'appelais l'*acte du désespoir*. Je me rappelais ce mot traditionnel du bailli de Suffren : « Tant qu'il vous reste « un coup de canon, tirez-le, c'est peut-être celui qui « tuera votre ennemi ! »

« Je voulais épuiser les efforts; je crois que mon devoir était là, et, quoique sur ce point, j'aie été souvent attaqué, je persiste à croire que tel était mon devoir.

« Pour la première fois, je réunis mes officiers généraux; je leur dis : « Je vous propose de diriger « une attaque sur le plateau de Châtillon; c'est plein « de périls, je le reconnais... mais si, par fortune, nous « arrivions à percer sur ce point les lignes prussien-« nes, toutes les défenses de Versailles seraient tour-

« nées et nous aborderions cette ville par le sud. »
Il y avait là vingt-cinq officiers généraux ; un seul fut de mon avis. Je recueillis alors les opinions de tous, et, à l'unanimité, ils me proposèrent d'attaquer Versailles, mais à la condition que je prisse pour point de départ et comme base d'opérations la forteresse du Mont-Valérien.

« Telle est l'origine de la bataille de Buzenval. »

Bataille de Buzenval.

Dès le matin du mercredi, 18 janvier, l'aspect de Paris était extraordinaire : la grande ville semblait avoir la fièvre. Le Gouvernement avait convoqué, pour les mêler aux troupes, quatre-vingts bataillons de la garde nationale mobilisée, et ces bataillons se rendaient aux lieux ordinaires de leurs rassemblements pour aller, de là, prendre leurs postes de combat. Le tambour appelait en même temps sous les armes une portion de la garde sédentaire, destinée à servir de réserve, de sorte que tous les quartiers étaient saisis d'un frémissement étrange. Il devenait évident que la journée du lendemain devait être témoin d'événements de guerre importants. Le Gouvernement prit, d'ailleurs, comme il le faisait toujours, la peine d'en informer le public. Voici la proclamation qui fut, à cette occasion, placardée sur les murs :

« Citoyens,

« L'ennemi tue nos femmes et nos enfants ; il nous bombarde jour et nuit ; il couvre d'obus nos hôpitaux. Un cri : « Aux armes ! » est sorti de toutes les poitrines.

« Ceux d'entre nous qui peuvent donner leur vie sur le champ de bataille marcheront à l'ennemi ; ceux qui restent, jaloux de se montrer dignes de l'héroïsme de leurs frères, accepteront au besoin les plus durs sacrifices comme un autre moyen de se dévouer pour la patrie.

« Souffrir et mourir, s'il le faut ; mais vaincre ! »

« 18 janvier 1871. »

L'ennemi était donc bien et dûment prévenu de nos intentions. On résolut de lui dissimuler au moins le point d'attaque, et une puissante diversion fut jugée nécessaire. A cet effet, 8,000 gardes nationaux sortirent le 18, à midi, par les portes de Flandre et de la Chapelle. Guidés par le major de place du 4e secteur, ils se portèrent en avant du fort d'Aubervilliers, où ils restèrent jusqu'à la nuit close.

Pendant ce temps, les *régiments de Paris* partaient pour la presqu'île de Gennevilliers, où s'opérait la réunion des forces qui devaient prendre part à l'action du lendemain. Ils n'arrivèrent sur les points qui leur étaient désignés que vers huit ou neuf heures du soir, tous assez fatigués et, la plupart, sans vivres de campagne. De leur côté, l'armée et la mobile, pourvues de quatre jours de vivres, furent dirigées, pendant la nuit du 18 au 19, sur les positions qu'elles devaient occuper. Toutes les voies de communication donnant accès dans la presqu'île, y compris les chemins de fer, servirent concurremment à cette immense concentration, et, le 19 au matin, on put faire entrer en ligne une centaine de mille hommes, chiffre considérable pour une ligne de bataille qui, de Bougival à Saint-Cloud, ne mesure que de six à sept kilomètres.

Cette masse de combattants était répartie en trois corps d'armée composés de troupes de ligne, de mobiles et de gardes nationaux, et commandés par les généraux Ducrot, Vinoy et de Bellemare. Le gouverneur s'en était réservé le commandement en chef.

La colonne de droite, commandée par le général Ducrot, était formée des divisions Faron, Susbielle et Berthaut.

La division Faron se composait de francs-tireurs et des brigades de la Mariouse et Lespiau. La première brigade (de la Mariouse) comprenait les 35e et 42e régiments d'infanterie et le 19e régiment de la garde nationale ; la seconde (Lespiau), les 121e et 122e régiments d'infanterie avec le 25e régiment de la garde nationale. L'effectif de la division s'élevait ainsi à 8,700 hommes.

La division Susbielle avait une composition analogue. Éclairée par des francs-tireurs, elle avait aussi deux brigades. La première brigade (Ragon) était formée des 115e et 116e régiments d'infanterie réunis au 51ᵉ régiment de la garde nationale ; la seconde (Lecomte), des 117ᵉ et 118ᵉ régiments d'infanterie avec le 23ᵉ de la garde nationale. Ces forces juxtaposées portaient à 8,200 hommes l'effectif de la division.

Symétriquement, la division Berthaut se décomposait en deux brigades qu'éclairaient également des francs-tireurs. La première brigade (Bocher) comprenait les 119ᵉ et 120ᵉ régiments d'infanterie avec le 17ᵉ de la garde nationale ; la seconde brigade (Miribel), le 8ᵉ régiment de cette garde joint aux bataillons de mobiles du Loiret et à ceux de la Seine-Inférieure. Ensemble, 10,600 hommes.

Les forces dont disposait le général Ducrot s'élevaient ainsi à l'effectif total de 27,500 hommes de toute provenance : francs-tireurs, troupes d'infanterie, mobiles et régiments de Paris.

La colonne de gauche, sous les ordres du général Vinoy, comprenait la division de Beaufort, les forces commandées par le lieutenant-colonel Monneron-Dupin et la division Courty placée en réserve.

La division de Beaufort se composait de trois groupes distincts : le premier (général Noël) comprenait le 3ᵉ bataillon du 139ᵉ régiment d'infanterie, un bataillon de mobiles de la Loire-Inférieure ; une section du génie détachée du Mont-Valérien ; une compagnie du génie auxiliaire et le 2ᵉ régiment de la garde nationale. Ensemble, 5,250 hommes. Le deuxième groupe (lieutenant-colonel Madelor) provenait de la réunion de trois bataillons de mobiles de la Vendée et du 42ᵉ régiment de la garde nationale ; le troisième (colonel Balette), de quatre bataillons de mobiles et du 3ᵉ régiment de la garde nationale. Ces deux groupes présentaient un effectif total de 5,300 hommes ; ce qui portait à 10,550 hommes celui de la division de Beaufort.

La brigade Monneron-Dupin se composait du 3ᵉ bataillon de mobiles d'Ille-et-Vilaine et du 6ᵉ régiment de la garde nationale. Ensemble, 2,300 hommes.

La division Courty était formée de francs-tireurs et de deux brigades d'infanterie : la première (Avril de l'Enclos); se composait des 123ᵉ et 124ᵉ régiments d'infanterie et du 5ᵉ régiment de la garde nationale ; la seconde (Pistouley), des 125ᵉ et 126ᵉ régiments d'infanterie, avec le 48ᵉ de la garde nationale. L'effectif de la division montait ainsi à 9,400 hommes.

En additionnant les chiffres ci-dessus, on voit que la colonne du général Vinoy présentait un effectif de 22,250 combattants.

La colonne du centre, sous les ordres du général de Bellemare, comprenait trois *attaques* distinctes dites *de droite*, *du centre* et *de gauche*.

L'attaque de droite (colonel Colonieu) mettait en ligne des francs-tireurs, le 136ᵉ régiment d'infanterie, une section du génie, une section du génie auxiliaire, le 9ᵉ régiment de la garde nationale, et gardait en réserve les mobiles du Morbihan avec le 10ᵉ régiment de la garde nationale. Ensemble, 7,300 hommes.

L'attaque du centre (général Journès) comptait dans

ses rangs des francs-tireurs, le 4ᵉ zouaves, une section du génie, une section du génie auxiliaire et le 11ᵉ régiment de la garde nationale. Sa réserve était formée du 14ᵉ régiment de cette garde mobilisée et des bataillons de mobiles de Seine-et-Marne.

L'attaque de gauche (général Valentin) comprenait symétriquement des francs-tireurs, le 109ᵉ régiment d'infanterie, une section du génie, une section du génie auxiliaire, le 16ᵉ régiment de la garde nationale et, en réserve, le 18ᵉ régiment de cette garde, soutenu par le 110ᵉ régiment d'infanterie.

Les attaques du centre et de gauche présentaient ensemble un effectif de 14,900 hommes, ce qui portait à 22,200 combattants celui de la colonne de Bellemare.

Cette colonne avait, d'ailleurs, une réserve générale formée de deux brigades. La première brigade (Hanrion) réunissait le 135ᵉ régiment d'infanterie, le 5ᵉ bataillon de mobiles de la Seine et le 20ᵉ régiment de la garde nationale; ensemble, 5,800 hommes. La seconde (Valette), 3 bataillons de la Seine, le 1ᵉʳ bataillon du Finistère, le 5ᵉ d'Ille-et-Vilaine, le 4ᵉ de la Vendée, le 21ᵉ régiment de la garde nationale; en tout, 6,600 hommes. Ces forces faisaient monter au chiffre de 34,600 hommes l'effectif total de la colonne de Bellemare, réserves comprises.

En résumé, le général Ducrot menait au combat 27,500 hommes; le général Vinoy, 22,250; le général de Bellemare, 34,600. C'est donc une masse de

84,350 hommes que le gouverneur de Paris jetait sur les hauteur de Buzenval ; les rapports officiels en ont même accusé 100,000. C'était assurément beaucoup de monde, eu égard aux dimensions restreintes de l'échiquier sur lequel on se proposait de jouer la partie décisive, car un groupe de 10,000 hommes n'avait guère à couvrir que sept ou huit cents mètres de la ligne de bataille (1).

L'objectif indiqué à l'armée était le Butard. En supposant qu'elle pût s'élever jusqu'à ce point, elle devait occuper ensuite les villages de Marne, de Vaucresson, de Rocquencourt ; s'y installer solidement et, de là, canonner et, finalement, enlever Versailles. Dans cet

---

(1) « Dans les vieux livres de tactique, il est admis en principe qu'une position paraît suffisamment occupée, lorsqu'on y compte 100,000 défenseurs sur un front d'environ 7,500 mètres et que cette proportion existe sur toute l'étendue du champ de bataille. Malgré le perfectionnement des armes à feu, en portée et en justesse, ce principe a survécu dans les dernières instructions. L'armée française n'est pas assez habile manœuvrière pour se soustraire aux exigences de cette règle. Nous avons trouvé les Français tellement massés dans toutes leurs positions que nous en comptions plus de 10,000 par kilomètre. Ils offraient ainsi, par cette formation serrée, mais non profonde, un merveilleux objectif à l'artillerie ennemie, tandis que leurs propres mouvements, qui s'opéraient presque toujours en ordre de bataille, paralysaient les puissants effets de leurs feux. — Pour l'offensive, les Français massent encore plus leurs troupes que pour la défensive..... comme le prouve la bataille du Mont-Valérien, du 19 janvier 1871. Si l'artillerie prussienne a pu, là comme ailleurs, développer tous ses moyens d'action, la faute en est à la tactique française qui ne lui opposait que des masses humaines. » C'est ainsi que le duc de Wurtemberg (*Neüe Militär Zeitung*, août 1871) s'est chargé de répondre à ceux de nos braves gardes nationaux qui réclamaient avec conviction une série de batailles *torrentielles*.

ordre d'idées, chacun des commandants de corps d'armée avait à se conformer subsidiairement à un programme spécial. La colonne de droite, sous les ordres du général Ducrot, dut opérer sur la partie Ouest du parc de Buzenval et attaquer Longboyau, pour se porter sur le haras Lupin. Celle du centre (de Bellemare) eut pour objectif particulier la partie Est du plateau de la Bergerie. La colonne de gauche, enfin, commandée par le général Vinoy, fut chargée d'enlever la redoute de Montretout, les maisons de Béarn, Pozzo di Borgo, Armengaud et Zimmermann, maisons dont on a tant de fois redit les noms pendant la guerre des communeux. Quant au gouverneur, il s'établit avec son état-major au Mont-Valérien, pour y centraliser la direction des mouvements.

Suivant ses ordres, l'attaque des positions devait commencer à 5 heures du matin. Les troupes s'étaient, à cet effet, levées à 3 heures; mais, par suite de l'encombrement des routes, ce n'est qu'à sept heures et demie que les premières têtes de colonnes se trouvèrent en mesure d'engager la lutte.

La partie des lignes prussiennes que nous allions aborder était appuyée, à l'Est, au parc de Saint-Cloud. « Elles longeaient, dit le major Blume (1), la route de Montretout à Vaucresson; embrassaient le village

---

(1) *Militarische Blatter und Operationen der deutscher Heere von der Schlacht bei Sedan bis zum Ende des Krieges.* — Traduit de l'allemand par M. E. Costa de Serda. — Paris, Dumaine, 1872.

de Garches, s'étendaient jusqu'au mur de Buzenval et passaient ensuite par la Malmaison pour venir aboutir à la Seine, à la hauteur de Croissy. La ville de Saint-Cloud, la redoute de Montretout, les hauteurs qui la dominent à l'ouest, ainsi que le parc de Buzenval, se trouvaient donc, à vrai dire, en dehors de ces lignes : mais, si la configuration du terrain et le feu des grosses pièces du Mont-Valérien ne permettaient pas aux troupes allemandes de s'installer sur ces points d'une manière permanente, on ne pouvait pas non plus, vu l'importance des positions, laisser les assiégés s'y établir. Les généraux allemands avaient, pour ces motifs, fait occuper la redoute de Montretout, les hauteurs de Garches et le parc de Buzenval par de petits détachements chargés d'observer le terrain et, en cas d'attaque, de forcer l'assaillant à déployer ses forces. Dans le cas d'une attaque sérieuse, ils devaient immédiatement se replier sur le gros des troupes. »

Ces lignes étaient alors gardées par les troupes du 5ᵉ corps de l'armée ennemie.

Nos adversaires se trouvaient encore sous l'impression d'une cérémonie *à la fois simple et majestueuse* qui avait eu lieu la veille, 18 janvier. Le roi de Prusse venait de se faire proclamer empereur d'Allemagne, et ses sujets ne se sentaient pas de joie (1). Néanmoins ils faisaient bonne garde.....

---

(1) « L'opinion est peut-être plus froissée en France de ce que le roi Guillaume se fait couronner empereur d'Allemagne dans la galerie

Vers huit heures du matin, les observatoires de la Jonchère et les détachements d'avant-postes firent connaître au général de Kirchbach, commandant du 5ᵉ corps, que les assiégés dessinaient un mouvement. On voyait, disaient-ils, des colonnes de troupes s'avancer dans la direction de Montretout et des hauteurs situées à l'ouest de cette redoute, pendant que de fortes réserves paraissaient se masser entre Rueil et le Mont-Valérien. Ces renseignements, très en harmonie avec les rapports qu'expédiaient depuis plusieurs jours les espions entretenus dans la place, donnaient la certitude qu'il était enfin venu le jour, tant de fois annoncé, de la grande sortie *du désespoir*.

Le général de Kirchbach n'avait pas à hésiter. Sur son ordre, les troupes des 9ᵉ et 10ᵉ divisions, qui formaient le 5ᵉ corps, occupèrent aussitôt leurs postes de combat; les réserves se massèrent sur le plateau de Jardy, non loin de Beauregard, et le télégraphe demanda des renforts à Versailles. Sur le vu de la dépêche, le prince *impérial* prescrivit sans retard divers mouvements de nature à assurer un ferme appui aux divisions appelées à soutenir le premier choc de l'adversaire. Cinq bataillons de la division de landwehr de

---

des glaces de Versailles qu'elle ne le serait par l'abandon d'une place forte ou de quelques hectares de territoire. C'est une faute que commet la Prusse de vouloir nous humilier dans nos sentiments patriotiques. Il ne faut jamais humilier un vaincu, surtout si cette humiliation ne rapporte rien au vainqueur—qui ajoute ainsi à l'actif du vaincu une force dont il charge son passif. »

(*Simple dialogue* de M. E. Viollet-le-Duc.)

la garde durent se porter de Saclay sur Versailles et, là, demeurer l'arme au pied, sur l'avenue de Paris. Un sixième bataillon de cette même division quitta immédiatement Saint-Cyr pour venir doubler le bataillon de garde au château. Une brigade du 2e corps bavarois, alors cantonnée à Bièvre, reçut l'ordre de se porter sur Versailles. Commandée par le général major de Diehl, elle était forte de cinq bataillons, deux escadrons et deux batteries d'artillerie. L'arrivée à Versailles de cet important renfort permit à l'état-major prussien de disposer des deux bataillons de garde au château et il s'empressa de les envoyer à Marly au secours du général de Kirchbach. Deux bataillons de la division de landwehr de la garde étaient, en même temps, dirigés de Saint-Germain sur le théâtre des opérations. Le 6e corps (de Tümpling), cantonné au sud de la place assiégée, recevait l'ordre de tenir une de ses brigades prête à marcher, au besoin, au secours du 2e corps bavarois. Le 4e corps, stationné au nord, suivant certaines prescriptions formulées en un télégramme, expédiait de Sannois quatre batteries qui partaient au galop prendre position sur les hauteurs qui courent entre Houilles et Carrières-Saint-Denis.

Telles étaient les mesures de prudence adoptées par nos adversaires.

Au moment où la lutte allait s'engager, les troupes du 5e corps étaient réparties comme il suit dans les lignes dont nous avons plus haut donné la description sommaire : la 9e division (général Sandrart) occupait le terrain qui s'étend entre Saint-Cloud et le parc de Buzenval, avec les 5ᵉ et 4ᵉ régiments de Posen, nᵒˢ 58 et 59 ; le 1ᵉʳ bataillon du régiment de grenadiers du roi, nᵒ 7 ; deux batteries d'artillerie et deux escadrons du 1ᵉʳ régiment de dragons de Silésie, nᵒ 4. Deux compagnies du 2ᵉ régiment d'infanterie de la Basse-Silésie, nᵒ 47, étaient postées à l'entrée du parc de Saint-Cloud. Le bataillon de chasseurs de Silésie, nᵒ 5, fournissait tous les détachements d'avant-postes. Le reste de la division, soutenu par une section d'artillerie montée, demeurait en réserve sur le plateau de Jardy. — La 10ᵉ division (général de Schmidt) s'étendait de Buzenval à la Seine et occupait la Jonchère. En première ligne, se trouvaient placés le 3ᵉ régiment d'infanterie de la Basse-Silésie, nᵒ 50, et le régiment de fusiliers de Westphalie, nᵒ 37, soutenus par des réserves massées à la Celle-Saint-Cloud. Quatre batteries d'artillerie, défendues par deux bataillons de landwehr de la garde, avaient pris position derrière des épaulements préparés à l'avance à Saint-Michel. Le reste de la 10ᵉ division, renforcée de deux batteries d'artillerie du corps d'armée, était en réserve à Beauregard.

On peut juger, d'après ce simple exposé, de l'importance des forces ennemies qui s'apprêtaient à recevoir nos colonnes d'attaque. Un brouillard très-épais dérobait les premiers mouvements de celles-ci aux yeux exercés des observateurs prussiens, qui n'étaient pas encore bien sûrs de nous voir approcher ;

ils étaient, avec tous les assiégeants, ... *dans la pensée que le bombardement empêcherait toute sortie sérieuse* (1). Vers neuf heures, cependant, il leur fallut bien se rendre à l'évidence. C'était bien réellement l'armée de Paris qui s'avançait en bon ordre sous le canon du Mont-Valérien. Le grand quartier général en reçut définitivement l'avis, et aussitôt le prince impérial alla s'installer sur une hauteur située au nord-ouest de Vaucresson. Le nouvel empereur d'Allemagne se rendit, de son côté, à Marly où l'on organisa un poste télégraphique, et il se mit aussitôt à interroger l'horizon du haut de cet aqueduc dont les sombres arceaux lui rappelaient ses transes de la journée du 21 octobre 1870.

Nous avons exposé plus haut les causes du regrettable retard de nos colonnes d'attaque. Elles devaient tenter une surprise à la faveur de l'obscurité, et, par suite d'un concours de circonstances fatales, ce n'est que de sept heures et demie à huit heures qu'il leur fut possible de dessiner leur mouvement. Malgré les inconvénients de ce début défectueux, nous étions, à dix heures du matin, maîtres de la redoute de Montretout.

Le général Vinoy s'en était emparé après un combat des plus vifs et il y avait fait une soixantaine de prisonniers. Le reste des défenseurs prussiens avait précipitamment déguerpi...

---

(1) C'est ce que venait de nous apprendre une lettre du comte de Paris, du 17 janvier.

A la même heure, le général de Bellemare enlevait la *Maison-du-Curé* et les crêtes boisées situées à l'ouest ; il canonnait Garches et se préparait à l'attaque du plateau de la Bergerie. Sa droite (division Colonieu) pénétrait par la brèche dans le parc de Buzenval, en occupait le château et les hauteurs, et se disposait à faire le siége de plusieurs maisons crénelées fort gênantes. Tous les points favorables situés entre Saint-Cloud et Buzenval se hérissaient de batteries françaises qui commençaient un formidable concert de détonations.

Malheureusement, la colonne du général Ducrot était notablement en retard, et la division Colonieu sentait sa droite à découvert. Le général de Bellemare envoya, pour l'appuyer, la division Valentin, et fit ainsi donner une partie de sa réserve pour se maintenir sur les positions conquises.

Le général Ducrot arriva enfin. La concentration de nos troupes, pendant une nuit obscure et sur des terrains détrempés par la pluie, avait été partout difficile et laborieuse ; partout il y avait eu encombrement, heurt et confusion, mais le retard avait surtout affecté notre colonne de droite. Obligée de faire, la nuit, un chemin extrêmement long (13 kilomètres) sur une voie ferrée obstruée et sur une route occupée par un convoi d'artillerie égaré, elle n'avait pu parvenir à son poste de combat qu'après le commencement des attaques de la gauche et du centre.

Une fois en ligne, le général Ducrot s'empressa de regagner le temps perdu.

Les Prussiens virent bientôt douze bataillons de notre aile droite se déployer devant le front de leur 10ᵉ division du 5ᵉ corps (de Schmidt), entre Buzenval et la Seine. Six bataillons s'avançaient contre l'angle saillant des bois; deux bataillons se portaient sur la Malmaison, tandis que les quatre autres, soutenus par de fortes réserves, couvraient l'espace compris entre la Malmaison et le cours du fleuve. En même temps, notre artillerie commençait le feu. Le Mont-Valérien, la redoute du Moulin-des-Gibets, une batterie de mitrailleuses et six batteries de campagne placées aux environs de Rueil et de la Maison-Crochard et, enfin, deux locomotives blindées faisaient tomber sur les lignes prussiennes une pluie de projectiles de tout calibre.

La bataille était donc engagée partout, de Saint-Cloud à Croissy, sur tous les points de la base du grand oméga que décrit le méandre de la Seine.

Nous ne saurions suivre les péripéties ni retracer les épisodes de cette longue journée de Buzenval qui ne devait se terminer qu'à la nuit. Il faut nous borner à décrire les obstacles de toute nature qui, de toutes parts, s'opposèrent à la marche de nos soldats.

Notre aile droite, qui s'appuyait à Rueil, était battue de plein fouet par les quatre batteries prussiennes de Saint-Michel et prise à revers par les quatre batteries du 4ᵉ corps, établies sur la rive opposée de la Seine en des points bien choisis des hauteurs de Carrières. Malgré les feux combinés de nos adversaires, les tirailleurs du général Ducrot se jetèrent en avant avec cet entrain que ne connaîtront jamais les sujets de l'empereur Guillaume..... Ils donnaient malheureusement contre des positions retranchées avec un soin extrême. Les avant-postes de l'ennemi avaient bien évacué la Malmaison, mais ils s'étaient repliés derrière les murs du parc et, de là, tiraient sur nous sans relâche, en croisant leurs feux avec ceux de quelques compagnies de fusiliers de Westphalie, embusquées derrière des barricades. Il nous fut impossible de déboucher du parc de la Malmaison.

D'autre part, le général Ducrot, qui s'était donné pour objectif *le rendez-vous de chasse*, se trouvait arrêté par les défenses de la porte de Longboyau. C'était un obstacle sérieux car, aujourd'hui, un mur arrête une armée, s'il est percé de deux rangs de créneaux, quand il ne peut être tourné ou que l'artillerie ne parvient pas immédiatement à l'abattre. Or, il était crénelé à deux étages de feux, ce terrible mur de Longboyau; on ne pouvait songer à le prendre à revers, et deux de nos pièces de 12, mises en batterie à 200 mètres de distance, n'avaient pu l'entamer d'une manière sérieuse, car il leur était impossible d'en voir le pied. Il fallut donc songer à faire brèche à la mine, et les canonniers volontaires dynamiteurs, commandés par M. Brüll, s'empressèrent d'y pratiquer une douzaine d'ouvertures (1). Mais la position était vigoureusement défendue. Nos soldats avaient affaire au 3ᵉ régiment de la Basse-Silésie, n° 80, soutenu par quatre compagnies du régiment de fusiliers de Westphalie, n° 37, et le feu bien dirigé de ces forces très-solidement retranchées empêcha les nôtres de s'approcher du *rendez-vous de chasse*. Trois fois le général Ducrot engagea lui-même les troupes de ligne et la garde nationale, et trois fois il vit échouer des attaques que nos adversaires eux-mêmes ont qualifiées d'acharnées. Il lui fallut bien renoncer à l'entreprise et, à partir de trois heures de l'après-midi, les efforts de notre colonne de droite se réduisirent, de fait, aux proportions d'un engagement de tirailleurs.

Cet échec ne devait pas être le seul de la journée. Notre colonne du centre, avons-nous dit, donnait dans

---

(1) Nous trouvons ce fait relaté dans le numéro du 25 novembre 1871 du *Bulletin de la Réunion des Officiers*, reproduisant un article de l'*Engineering*, déjà reproduit par le journal polytechnique de Dingler.

Il nous serait difficile de révoquer en doute l'importance des services rendus par le corps franc des dynamiteurs, mais nous ne saurions non plus passer sous silence les actes de dévouement si simplement et noblement accomplis par le génie militaire.

Le général Tripier, dont la bravoure est proverbiale, voit notre aile droite arrêtée par le mur de Longboyau. Cet obstacle l'irrite et lui fait retrouver cette ardeur qu'il déployait, il y a trente ans et plus, à la défense de Miliana. Sous un feu d'enfer, il jette en avant, pour faire brèche, une brigade de dix sapeurs et d'un sergent du génie, commandée par un officier, le lieutenant Joseph Beau.....

Ni les dix hommes ni l'officier n'ont reparu. Seul, le sergent a pu revenir, mais atteint de trois blessures mortelles. La brigade entière est donc tombée au champ d'honneur.

la direction de Garches. Elle attaquait les positions occupées par le 3ᵉ régiment de Posen, nº 58, le 4ᵉ régiment de Posen, nº 59, et trois compagnies de chasseurs. Ces forces étaient soutenues par trois batteries d'artillerie établies derrière des épaulements que l'ennemi avait élevés entre Villeneuve et Vaucresson. Appuyée aux murs du parc de Saint-Cloud et protégée par trois autres batteries placées sur la hauteur nord-ouest du parc, la 10ᵉ division du 5ᵉ corps prussien faisait subir au général de Bellemare des pertes considérables. Malgré tout, nos colonnes avançaient toujours. Elles tentèrent d'enlever la Bergerie, mais là encore il fallait faire brèche aux murs et l'on n'avait sous la main aucun détachement de dynamiteurs.

On résolut d'attaquer à la pioche et au pic à roc. Quinze sapeurs s'élancent, armés de leurs outils, mais dix d'entre eux sont presque aussitôt mis hors de combat. Il faut absolument se résoudre à passer par les lenteurs d'un cheminement pour avoir raison d'une muraille sur laquelle nos troupes étaient arrivées avec un élan qui semblait irrésistible.

La tranchée fut donc entreprise et vigoureusement menée par nos officiers du génie, parmi lesquels il faut citer le capitaine Coville. Là encore, nos braves sapeurs couraient de grands dangers : non-seulement ils piochaient sous les créneaux prussiens, mais ils recevaient encore les balles des gardes nationaux placés en arrière et qui tiraient trop bas. Ils se trouvaient ainsi entre deux feux.

On parvint, à force de courage et de peine, à ouvrir le mur défensif... Nos soldats, pleins d'ardeur, en tentèrent l'assaut, mais vainement. C'est que la brèche était étroite ; que l'accès n'en était possible qu'à un petit nombre d'assaillants, et que ces braves gens se heurtaient à des avalanches de Prussiens (1).

Notre aile gauche s'était solidement établie dans Montretout et avait occupé Saint-Cloud ; mais, le soir, vers quatre heures, elle plia sous un retour offensif de l'ennemi, exécuté avec une violence extrême. Les Prussiens pénétraient en coin entre la gauche et le centre des positions dont nous nous étions si brillamment emparés le matin et que leur général Sandrart tenait essentiellement à reprendre. « A cet effet, dit le major Blume, deux compagnies du 4e régiment de Posen, n° 59, deux compagnies de chasseurs et le 1er bataillon du régiment de grenadiers du roi s'avancèrent contre les crêtes situées au-dessus de Garches, soutenus à gauche, et à hauteur de la Bergerie, par le bataillon de fusiliers de la Basse-Silésie, n° 47. Appuyées par les batteries de Vaucresson, ces troupes finirent par enlever, après un vif engagement, les po-

---

(1) « Il est un fait certain, dit le duc Guillaume de Wurtemberg « (*Neüe Militär Zeitung*, août 1871), c'est que presque aucune atta-« que des Français n'a réussi contre les murs ou des retranchements « *défendus par les Allemands.* »

Défendus par les Allemands !... Ce membre de phrase nous rend rêveur. Nous voudrions savoir si la réciproque est vraie, mais l'histoire militaire de nos ennemis est loin d'être riche en fait d'attaques de ce genre.

sitions qu'elles avaient abordées à la fois de front et de côté.

« Deux autres compagnies du 4ᵉ régiment de Posen, n° 59, furent lancées, au même moment, contre le parc de Buzenval; mais là, l'ennemi avait su mettre le temps à profit. Il avait fortifié le mur du parc, et le détachement ne put parvenir à reprendre la position.

« Une compagnie du 5ᵉ bataillon de chasseurs, une compagnie du 3ᵉ régiment d'infanterie de Posen, n° 58, une compagnie du 3ᵉ régiment de Nassau, n° 88, se dirigèrent vers la redoute de Montretout (1), mais la présence de réserves considérables placées derrière la redoute empêcha les troupes prussiennes d'accentuer leur mouvement. On résolut d'attendre la nuit pour reprendre la redoute. A neuf heures du soir, dix compagnies du 1ᵉʳ régiment de la Basse-Silésie, n° 46, que le général en chef avait mis à la disposition du commandant de la 9ᵉ division, deux compagnies du 2ᵉ régiment de Nassau, n° 88, et deux compagnies du 8ᵉ régiment de Posen, n° 68, s'avançaient contre la redoute, couverts sur leur droite par un bataillon du 2ᵉ régiment de la Basse-Silésie, n° 47. Les hauteurs et la redoute furent reprises sans combat (2); mais une lutte acharnée s'engagea à Saint-Cloud et le

---

(1) Ce régiment avait été envoyé, vers onze heures du matin, au secours du général Sandrart; son deuxième bataillon était resté à Sèvres et dans le parc de Saint-Cloud.

(2) Le major Blume se garde d'attribuer au bouillant courage des assaillants la reprise de la redoute de Montretout. C'est faire acte de

bataillon chargé de l'attaque réussit, en faisant, il est vrai, des pertes sensibles, à reprendre la ville, à l'exception des deux dernières maisons. »

Ce que le major Blume ne dit pas, c'est que, dès le début du retour offensif de ses compatriotes, le gouverneur de Paris avait mesuré toute l'étendue du péril ; qu'il s'était porté de sa personne sur les points menacés ; qu'il avait fait remonter sur les crêtes les troupes qui en étaient descendues. Il convient de constater que les positions conquises dès le matin, et perdues à quatre heures, ont été par nous reconquises vers le soir.

Cependant la nuit arrivait, et nos efforts durent cesser, vu l'impossibilité d'amener assez d'artillerie pour constituer un établissement solide sur des terrains défoncés. Dans cette situation, il devenait dangereux d'attendre une attaque de l'ennemi qui, surpris le matin par la soudaineté de notre entreprise, avait, sur le soir, fait converger sur nous ses réserves d'infanterie, et, comme toujours, des masses d'artillerie considérables. Nos troupes étaient, d'ailleurs, exténuées de fatigue à la suite d'un combat auquel elles n'avaient pris part qu'après des marches de nuit pénibles... On leur donna l'ordre d'évacuer leurs

---

bonne foi et de bon goût, plus que cet auteur militaire allemand qui vient d'imputer à l'impétuosité des Bavarois l'enlèvement de la redoute de Châtillon. La vérité est que les deux ouvrages étaient évacués par les nôtres lorsqu'ils tombèrent aux mains de l'ennemi.

positions et de se retirer dans les abris situés entre la maison Crochard et le Mont-Valérien.

Les Prussiens s'attendaient à voir nos attaques se renouveler dans la journée du 20. Le général de Kirchbach avait, en conséquence, décidé que ses troupes reprendraient, dès l'aube, leurs postes de combat, pendant que le gros des réserves se porterait, comme la veille, à Beauregard et à Jardy. Les renforts envoyés par le 2e corps et la division de landwehr de la garde avaient aussi reçu du commandant de la IIIe armée l'ordre de passer la nuit à Versailles. Mais ces précautions étaient inutiles. Le général Trochu ne songeait plus à combattre... Il avait, pendant la nuit, fait évacuer le parc de Buzenval (1).

Toute la journée du 19, la population avait écouté, haletante, le canon de la bataille. Espérant contre toute espérance, elle avait voulu demander à chacune des détonations l'apaisement d'une de ses angoisses, et elle attendait, anxieuse, le dénoûment du drame... Sa douleur fut immense autant que son espoir avait été téméraire, quand elle eut, le lendemain, connaissance de cette dépêche du gouverneur à son chef d'état-major général :

« Mont-Valérien, 20 janvier, 9 h. 30 m. matin.

« Le brouillard est épais. L'ennemi n'attaque pas.

---

(1) Un de nos détachements, oublié dans Saint-Cloud, fut enveloppé par les Prussiens et dut se rendre dans la journée du 20 janvier. Il se composait, au dire de nos adversaires, de 18 officiers et de 320 hommes.

J'ai reporté en arrière la plupart des masses qui pouvaient être canonnées des hauteurs ; quelques-unes, dans leurs anciens cantonnements.

« Il faut à présent parlementer d'urgence à Sèvres pour un armistice de deux jours, qui permettra l'enlèvement des blessés et l'enterrement des morts. Il faudra pour cela du temps, des efforts, des voitures très-solidement attelées et beaucoup de brancardiers. Ne perdez pas de temps pour agir dans ce sens. »

Beaucoup de brancardiers !..., et du succès, du résultat espéré, pas un mot !... (1)

On vit alors Paris dans la stupeur.

Telle fut cette malheureuse bataille — la dernière du siége — dont le plan et l'exécution ont soulevé des critiques auxquelles nous nous garderons bien de prendre part. Depuis quatre mois, la fortune ne cessait de nous trahir, mais le canon de Buzenval est surtout lugubre en ce qu'il a frappé le premier glas de notre agonie.

---

(1) Les Prussiens, qui n'ont voulu accuser que la perte de 38 officiers et de 599 hommes tués, blessés ou disparus, les Prussiens prétendent que nous avons laissé entre leurs mains 25 officiers et 450 hommes. Ils ajoutent que 1200 cadavres français jonchaient le champ de bataille de Buzenval et que nos pertes totales s'élevèrent, en cette journée, à plus de 6,000 hommes. Nous n'avons aucun moyen sûr de contrôler l'exactitude de ces chiffres, qui nous paraissent excessifs. Nous pouvons seulement dire que, d'après les renseignements recueillis par l'état-major de la garde nationale, on ne comptait, au 5 février, que 283 gardes nationaux tués ; 1183 blessés ; 165 disparus ; ensemble 1630 manquants.

TITRE IV.

LA CAPITULATION.

Après Buzenval, les événements se précipitent avec une extrême violence.

Triste présage de notre fin prochaine ! . . . .
. . . .

C'est d'abord l'autorité du commandement militaire qui, depuis longtemps battue, finit par s'ébranler, céder au choc et se résigner à la chute. Déjà, le 6 janvier, les *délégués* des vingt arrondissements avaient adressé au *peuple* de Paris un long *factum* portant accusation d'incapacité; cinq jours après, c'est-à-dire le 11 janvier, certains journaux avaient lancé une accusation de forfaiture.

Mais, « à partir de la bataille de Buzenval, dit lui-même le général Trochu, la population, la presse, la garde nationale, le Gouvernement se prononcèrent contre moi d'une manière définitive. L'idée qui prévalut était celle qui avait pour origine le succès de Coulmiers, à savoir : « Il faut sortir avec toutes les masses « organisées et non organisées qui sont dans Paris. » Je reçus une députation de la garde nationale qui venait me proposer de faire sortir, en même temps que les hommes armés, les hommes sans armes... afin, me disaient-ils, de livrer ce qu'ils appelaient une bataille torrentielle.

« Et ce n'est pas seulement la foule qui était dans ces sentiments. Le Gouvernement, à des degrés divers, y était tout entier. J'étais pressé tous les jours de livrer la grande bataille définitive. Je déclarai qu'il y avait là un crime militaire à commettre et que je ne le commettrais pas. C'était devenu, à mon tour, pour moi comme pour le général Ducrot, un cas de conscience militaire.

« Oh! alors, se passèrent de petits désordres, je dirais de grands désordres, au point de vue des principes, s'il y avait eu des principes possibles dans Paris assiégé. Le Gouvernement tint, en dehors de moi, de petits conciliabules, pour chercher un général en chef qui voulût bien livrer la grande bataille. Les généraux, les colonels, les lieutenants-colonels et plusieurs chefs de bataillon furent appelés dans ce but auprès des ministres, et on chercha parmi eux un homme hardi qui voulut répondre à l'espérance qu'on mettait dans la grande bataille..... on n'en trouva aucun. Mais l'autorité du général en chef était désormais compromise.

« Les maires de Paris, réunis autour du Gouvernement, me dirent, avec la plus grande courtoisie, que ma situation n'était plus possible; ils m'invitèrent à donner ma démission. Je répondis que je ne la donnerais pas. J'étais là, vis-à-vis de ma démission, dans le système où j'étais depuis six mois devant les épreuves qui m'accablaient. Je ne voulais pas me retirer; mais, parlant au Gouvernement, je lui dis : « Vous êtes le « Gouvernement, vous avez le droit de me destituer « et de me remplacer. »

« Je fus destitué et remplacé.

« On n'a pas manqué de dire, dans le public, que c'était un arrangement entre collègues pour me faire sortir d'embarras, en raison d'une proclamation que j'avais faite quelques semaines auparavant et dans laquelle j'avais dit : « Le gouverneur de Paris ne capi-« tulera pas. » Eh bien non ! ce ne fut pas un arrangement; ce fut une véritable destitution, consentie sans observation par le général en chef. »

Le 22 janvier, le fait fut porté à la connaissance du public par la voie du *Journal officiel*, qui contenait ces simples lignes :

« Le Gouvernement de la défense nationale a décidé que le commandement en chef de l'armée de Paris serait désormais séparé de la présidence du Gouvernement.

« M. le général de division Vinoy est nommé commandant en chef de l'armée de Paris.

« Le titre et les fonctions de gouverneur de Paris sont supprimés.

« M. le général Trochu conserve la présidence du Gouvernement. »

Le même jour, le général Vinoy adressait cet ordre à l'armée de Paris :

« Le Gouvernement de la défense nationale vient

de me placer à votre tête ; il fait appel à mon patriotisme et à mon dévouement ; je n'ai pas le droit de me soustraire. C'est une charge bien lourde, je n'en veux accepter que le péril, et il ne faut pas se faire d'illusions.

« Après un siége de plus de quatre mois, glorieusement soutenu par l'armée et la garde nationale, virilement supporté par la population de Paris, nous voici arrivés au moment critique.

« Refuser le dangereux honneur du commandement, dans une semblable circonstance, ce ne serait pas répondre à la confiance qu'on a mise en moi.

« Je suis soldat et ne sais pas reculer devant les dangers que peut entraîner cette grande responsabilité.

« A l'intérieur, le parti du désordre s'agite, et cependant le canon gronde. Je veux être soldat jusqu'au bout. J'accepte ce danger, bien convaincu que le concours des bons citoyens, celui de l'armée et de la garde nationale ne me feront pas défaut pour le maintien de l'ordre et le salut commun. »

Ainsi, le nouveau commandant en chef ne dissimulait point à ses soldats que l'heure de rendre leurs armes allait bientôt sonner. Cette franche déclaration leur portait un coup douloureux, mais ils s'applaudissaient, d'autre part, d'avoir à leur tête un homme énergique, incapable d'hésiter à réprimer les désordres de la rue. Ils se rappelaient, non sans quelque satisfaction, son ordre du jour au 13e corps, le lendemain de l'affaire du 31 octobre, lequel ordre se terminait par cette simple et mâle péroraison :

« Soldats du 13e corps, comptez sur votre général comme il compte sur vous ; ses mesures sont assurées pour la défense de l'ordre intérieur comme elles l'ont été contre les attaques extérieures. Attendez avec confiance : je veille. »

Il était alors temps de prendre de nouveau des mesures propres à couper court aux agitations suscitées par d'occultes instigateurs. M. de Bismarck avait dit à M. Jules Favre, lors de la fameuse entrevue de Ferrières, que, sans aucun doute, le Gouvernement de la défense nationale serait emporté par un mouvement populaire, et, depuis cette époque, il n'avait cessé de travailler de compte à demi avec nos communeux. Un nouvel attentat venait de se produire.

Nous nous réservons d'examiner ailleurs si ces moyens de guerre sournoise sont bien en harmonie avec les principes du droit des gens moderne. Mais puisque, à plusieurs reprises, nous avons attribué au chancelier de la Confédération du Nord la plus grande part de nos malheurs civils, il convient de justifier ces dires, et nous ne saurions mieux faire que de reproduire un passage du discours prononcé par le général Trochu, à la tribune de l'Assemblée nationale, séance du 15 juin 1871.

« Toutes les entreprises des sectaires avaient été conçues, dit le général, et engagées par eux dans un sentiment toujours violemment exprimé : la haine contre les Prussiens; la déclaration que le Gouvernement de la défense trahissait le pays parce qu'il n'ordonnait pas la levée en masse. Ils demandaient la guerre à outrance, et ils affirmaient que, avec ou sans le Gouvernement, ils la feraient eux-mêmes. C'est dans le même sentiment qu'ils s'emparèrent, sur la place de Wagram, des canons qui y avaient été déposés et qu'ils les transportèrent à Montmartre, où s'organisa la citadelle de l'insurrection.

« Le 18 mars, les sectaires sont maîtres de Paris par suite des douloureux événements que vous savez; ils sont maîtres de la ville, de l'enceinte, des forts, ils sont maîtres de l'armement, des munitions, de tout. Et à l'instant même, à mon grand étonnement, et malheureusement sans que Paris ait paru s'en étonner, par une contradiction singulière, ils déclarent reconnaître toutes les clauses des préliminaires de paix. Ils entrent dans des relations, qu'on pourrait dire cordiales, avec l'ennemi. Un officier général prussien est dans l'obligation d'expliquer une lettre qu'il avait adressée à la Commune ou au commandant militaire de Paris sous la Commune; le délégué à la guerre, comme on l'appelait, rend une série d'arrêtés très-sévères qui ont pour but d'assurer à l'ennemi la libre jouissance de tous les droits que lui conféraient les négociations en cours; des hommes qui avaient été incarcérés par mon ordre, pendant le siége, comme agents prussiens, deviennent directeurs des affaires militaires de la Commune ; le sieur Dombrowski était dans ce cas.

. . . .

« Quelle est donc l'origine de l'insurrection de Paris ?

« Je l'ai regardée, je la regarde encore, pour une part au moins, comme une continuation de la guerre étrangère transformée.

« Et je ne puis oublier, je le dis avec douleur, que M. le prince de Bismarck, qui a fait deux fois à l'insurrection de Paris l'honneur de s'en occuper, dans des discours officiels qui nous sont parvenus, n'a pas exprimé l'horreur qu'inspirent au monde entier, devant la morale universelle, les crimes de la Commune... et qu'enfin, pour comble, il lui a trouvé un grain de bon sens. »

Et, antérieurement, à la séance de l'Assemblée du 20 mars :

« Pendant le siége de Paris, avait dit le général, nous avions les ennemis à la fois au dehors et au dedans.

« Au dedans, il y avait une officine prussienne à laquelle était annexée une fabrique de florins. Il y avait une officine française qui nous attaquait par derrière, tandis que nous faisions face à l'ennemi ; des scélérats avaient alors pour but de paralyser et de déshonorer nos efforts. »

Il n'y a donc aucun doute à garder à cet égard ; ce sont les Prussiens qui, pendant et après le siége, ont été les fauteurs de nos sinistres insurrections ; et l'on peut remarquer que la vigueur de leurs odieuses tentatives a suivi constamment une progression croissante: Au 21 septembre, c'est une simple manifestation sur la place de la Concorde ; au 8 octobre, c'est une émeute à l'Hôtel de Ville ; le 31 du même mois, les membres du Gouvernement sont arrêtés et gardés à vue par les chefs de bandes ; le 22 janvier, enfin, des hommes en armes, bien disciplinés, en viennent à faire le coup de feu contre les murailles de cet Hôtel de Ville qu'ils ont incendié quatre mois plus tard. Si l'on avait fouillé ces hommes, on eût trouvé sur eux des papiers prussiens, comme on a trouvé des livrets de l'armée régulière italienne sur les prétendus garibaldiens qui nous tenaient tête à Mentana.

Dès le 21 janvier, à onze heures du matin, des rassemblements s'étaient formés sur la place de Grève, mais ils avaient été promptement dissipés. Dans la nuit du 21 au 22, une poignée d'agitateurs avait forcé la prison de Mazas et mis en liberté plusieurs prévenus, parmi lesquels le célèbre Flourens.

« Après ce premier acte de violence, dit le *Journal officiel* du 23, les émeutiers, en assez petit nombre, se sont portés sur la mairie du 20ᵉ arrondissement, dans le but d'y installer le quartier général de l'insurrection. Leur entreprise n'a pas obtenu un succès de longue durée. Néanmoins, elle s'est assez prolongée pour qu'ils aient pu commettre les actes les plus blâmables. Les insurgés, en effet, au risque de livrer au supplice de la faim toute la population indigente de Belleville, se sont emparés de deux mille rations de pain. Ils ont, en outre, bu une barrique de vin réservée aux nécessiteux, et dévalisé un épicier du voisinage.

« M. Flourens s'est retiré en déclarant qu'on n'était point en nombre et qu'on reviendrait.

« Le commandant du 2ᵉ secteur, aussitôt qu'il a été avisé de l'envahissement de la mairie, a envoyé quelques compagnies de garde nationale, et la mairie a été évacuée sans effusion de sang. A six heures et demie, l'ordre était complétement rétabli à Belleville. »

Durant la matinée du 22, Paris fut assez calme, mais les émeutiers reprenaient haleine. Après s'être rassemblés et refaits, ils descendirent de Belleville et vinrent former, sur la place de l'Hôtel de Ville, des groupes qui semblaient animés des intentions les plus mauvaises. On vit en même temps déboucher sur la place 150 gardes nationaux, appartenant pour la plupart au 101ᵉ bataillon de guerre... Ils marchaient, officiers et tambours en tête.

Il était alors une heure et demie.

Un grand tumulte régnait au sein de la foule qui s'agitait sur la place et ne faisait que s'accroître à chaque instant. C'étaient des vociférations inouïes qui s'entre-croisaient, des courants de *sang-impurs* qui s'entre-choquaient en tous sens.

Au lieu de rester massés sur place, les gardes nationaux s'étaient disséminés, mais pour se disposer suivant certain ordre qui rappelait singulièrement la manière inaugurée par les Prussiens, le 30 octobre, à l'attaque du Bourget. Ils exécutaient ce mouvement préparatoire sous le commandement d'un homme de mauvaise mine qui, bien que revêtu d'habits bourgeois, avait des allures extrêmement militaires.

Tout à coup, à trois heures et quart, les chenapans font tous genou-terre et tirent sur les officiers de mobiles qui stationnent près de la porte de la mairie. L'adjudant-major Bernard est grièvement blessé aux bras et à la tête. C'est alors seulement que les mobiles font usage de leurs armes. Un feu de peloton balaye la place de l'Hôtel de Ville qui est évacuée vivement et comme par enchantement... Cependant tout n'était pas fini. Les suppôts de l'ennemi reprennent de plus belle leur fusillade, de l'angle des rues qui débouchent sur la place ; ils s'installent dans les maisons voisines du bâtiment de l'Assistance publique et, de là, lancent contre la façade de l'édifice une grêle de balles explosibles et de petites bombes dites *orsiniennes*..... Enfin, la garde républicaine parvient à les débusquer et les disperse définitivement.

Tel est l'histoire succincte du quatrième exploit de M. de Bismarck à l'intérieur de la place (1).

---

(1) La politique du chancelier de la Confédération du Nord ne saurait publiquement affirmer ses principes, et, cela étant, les officiers prussiens s'attachent à en dissimuler les menées sombres.

« Il est facile de concevoir, dit négligemment le major Blume, que

Le général Vinoy prit aussitôt d'excellentes mesures pour mettre l'Hôtel de Ville à l'abri d'un nouveau coup de main des Dombrowski. Quant au Gouvernement, il adressa à la population parisienne une proclamation pleine de sagesse ; il fit fermer les clubs ; il porta de deux à quatre le nombre des conseils de guerre de la 1re division militaire ; il supprima le *Réveil* et le *Combat* et prit d'excellents arrêtés de police..... qu'il eût dû prendre quatre mois plus tôt.

Pour assurer le succès de l'affaire du 22, les autorités prussiennes avaient organisé, à l'extérieur, une puissante diversion. Pendant que, mêlés à *nos patriotes*, leurs partisans tiraillaient hardiment contre la façade de l'Hôtel de Ville, le colonel Kamecki recevait de M. de Moltke l'ordre de reprendre les opérations du bombardement avec une nouvelle vigueur... Mais cet ordre avait déjà reçu un commencement d'exécution spontanée. Les militaires prussiens ont, en effet, d'étonnantes naïvetés de caractère : ils trouvent toujours mauvais que l'adversaire, objet de leurs attaques, ose faire une défense quelconque, et notre résistance *in*

---

l'issue du combat sous le Mont-Valérien ait soulevé dans Paris un *tolle* général. Les esprits surexcités réclamèrent simultanément une sortie en masse contre les lignes ennemies, à laquelle devait être conviée toute la population, y compris les femmes et les enfants. *On douta même un moment que le Gouvernement pût se maintenir en place.* S'il était tombé, Paris marchait vers la plus épouvantable catastrophe que l'histoire ait jamais enregistrée..... D'un autre côté, si le Gouvernement était tombé, qui aurait surgi, au milieu de l'anarchie, pour signer à temps la capitulation ? *Heureusement pour Paris et pour la France*, l'émeute fut, encore une fois, vaincue. »

extremis avait particulièrement le don de les irriter. Ils semblaient alors vouloir se venger de nos efforts sur les pierres de nos édifices. Le surlendemain de la bataille de Buzenval, commença le bombardement des forts du nord et de la ville de Saint-Denis. C'est le 21 janvier, soixante-dix-huitième aniversaire de la mort du roi Louis XVI, que les premiers obus prussiens frappèrent la vieille basilique où furent les tombeaux de nos rois. En même temps, une violente canonnade s'échangeait, au sud, entre nos forts, soutenus par les 6e, 7e et 8e secteurs, et les batteries de Châtillon, de Clamart, de Bagneux, de Meudon, de Breteuil.

Nos ennemis avaient l'air de gens exaspérés. On observait, chez eux, des mouvements de troupes considérables; on les voyait construire de nouvelles batteries; ils déployaient une activité fiévreuse sur tout le pourtour de la ligne d'investissement.

Et le bombardement redoublait de fureur...

Tout à coup, dans la nuit du 26 au 27 janvier, à minuit précis, le feu cessa. On n'entendit plus rien...

Notre heure venait de sonner.

. . . .

Le lendemain, 27, le *Journal officiel* communiquait au public cette note du Gouvernement :

« Tant que le Gouvernement a pu compter sur l'arrivée d'une armée de secours, il était de son devoir de ne rien négliger pour prolonger la défense de Paris.

« En ce moment, quoique nos armées soient encore debout, les chances de la guerre les ont refoulées : l'une, sous les murs de Lille; l'autre, au delà de Laval; la troisième opère sur les frontières de l'Est. Nous avons dès lors perdu tout espoir qu'elles puissent se rapprocher de nous, et l'état de nos subsistances ne nous permet plus d'attendre.

« Dans cette situation, le Gouvernement avait le devoir absolu de négocier. Les négociations ont lieu en ce moment. Tout le monde comprendra que nous ne pouvons en indiquer les détails sans de graves inconvénients. Nous espérons pouvoir les publier demain. Nous pouvons cependant dire, dès aujourd'hui, que le principe de la souveraineté nationale sera sauvegardé par la réunion immédiate d'une Assemblée; que l'armistice a pour but la convocation de cette Assemblée; que, pendant cet armistice, l'armée allemande occupera les forts, mais n'entrera pas dans l'enceinte de Paris; que nous conserverons notre garde nationale intacte et une division de l'armée, et qu'aucun de nos soldats ne sera emmené hors du territoire. »

Entamées dans la soirée du lundi, 23 janvier, les négociations aboutirent, le samedi suivant — huit heures du soir — à une *convention* (1) que notre mi-

---

(1) « Ce sont, dit le major Blume, des considérations politiques qui nous ont empêchés d'exiger de Paris une capitulation pure et simple. »

Vos considérations, major, nous les connaissons bien.

nistre des affaires étrangères et le chancelier de la Confédération du Nord revêtirent gravement de leur signature et de leur sceau. Strasbourg avait capitulé le 28 septembre; Metz, le 28 octobre; Paris, le 28 janvier !

De cette convention, qui brisa derechef le cœur de M. Jules Favre, il nous répugne de reproduire ici le texte ou même de faire une analyse sommaire. Nous ne voulons arrêter notre attention que sur quelques passages de ce triste document.

L'article 3 mentionnait une ligne de démarcation à tracer entre les armées française et prussienne. Cette ligne fut déterminée, ainsi qu'il suit, par une annexe à la *Convention*, annexe qui porte la date du 29 janvier, et dont nous reproduisons ici les deux premiers articles :

« Art. 1er. — *Ligne de démarcation devant Paris.*

« Les lignes de démarcation seront formées, du côté français, par l'enceinte de la ville; du coté allemand :

« 1° Sur le frond sud, la ligne partant de la Seine, à la hauteur de l'extrémité nord de l'île de Saint-Germain, longera l'égout d'Issy, de Vanves, de Montrouge, de Bicêtre, d'Ivry, en se tenant à une distance d'environ cinq cents mètres des fronts des forts jusqu'à la bifurcation des routes de Paris à Port-à-l'Anglais et Alfort.

« 2° Sur le front Est, depuis le dernier point indiqué, la ligne traversera le confluent de la Marne et de la Seine, longeant ensuite les lisières de l'ouest et du nord du village de Charenton, pour se diriger directement à la porte de Fontenay, en passant par le rond-point de l'obélisque.

« Puis la ligne se dirigera vers le nord, jusqu'à un point à cinq cents mètres à l'ouest du fort de Rosny et au sud des forts de Noisy et de Romainville, jusqu'à l'endroit où la route de Pantin touche au bord du canal de l'Ourcq.

« La garnison du château de Vincennes sera d'une compagnie de deux cents hommes et ne sera pas relevée pendant l'armistice.

« 3° Sur le front nord, la ligne continuera jusqu'à cinq cents mètres au sud-ouest du fort d'Aubervilliers, le long de la lisière sud du village d'Aubervilliers et du canal de Saint-Denis, traversant le dernier à cinq cents mètres au sud de la courbe, gardant une distance égale au sud des ponts du canal et se prolongeant en droite ligne jusqu'à la Seine.

« 4° Sur le front ouest, à partir du point où la ligne indiquée touche à la Seine, elle en longera la rive gauche, en amont, jusqu'à l'égout d'Issy.

« De légères déviations de cette ligne de démarcation seront permises aux troupes allemandes, autant qu'elles seront nécessaires pour établir leurs avant-postes, de la manière qu'exige la sûreté de l'armée. »

« Art. 2. — *Passage de la ligne de démarcation.*

« Les personnes qui auront obtenu la permission de franchir les avant-postes allemands ne pourront le faire que par les lignes suivantes :

« Route de Calais, — de Lille, — de Metz, — de Strasbourg (porte de Fontenay), — de Bâle, — d'Antibes, — de Toulouse, — et n° 189. Puis, enfin, sur les ponts de la Seine, y compris celui de Sèvres, dont la reconstruction est autorisée. »

Nous avons indiqué, par un liséré bleu, la ligne de démarcation consentie ; la lettre P, aussi à l'encre bleue, en précise les points de franchissement. (Voir la carte.)

L'article 4 de la Convention Favre-Bismarck portait que, *pendant la durée de l'armistice*, l'armée allemande n'entrerait pas dans Paris; mais cette armée ne s'interdisait pas, d'une manière absolue, l'accès de la capitale, et l'on se rappelle l'émotion qui s'empara de tous les cœurs quand on en vint à y pressentir l'entrée de quelques milliers de nos ennemis. A cette occasion, le général Trochu écrivit la lettre suivante, qui porte la date du 21 février :

« Vous me demandez mon sentiment au sujet du bruit, qui se répand de plus en plus, de l'entrée prochaine de l'armée allemande dans Paris. Je vous le dirai tout entier.

« Après quatre mois et demi de siége ; après huit

combats et quatre batailles, dont l'initiative a toujours appartenu à l'assiégé; après le bombardement qui a fait tant d'innocentes victimes; après la convention que la famine seule a pu dicter, l'ennemi devait à Paris les honneurs de la guerre, à moins qu'il n'eût aucun souci des traditions et des règles qui sont, devant l'opinion, les titres de noblesse des vainqueurs et des vaincus.

« Pour Paris, les honneurs de la guerre, c'étaient le respect de son enceinte et le respect de son deuil.

« L'ennemi veut pénétrer dans Paris, alors qu'il n'a forcé aucun des points de l'enceinte; pris d'assaut aucun des forts détachés; enlevé aucune des lignes extérieures de défense ! S'il en est ainsi, que le gouvernement de la cité lui soit remis, pour qu'il ait seul l'odieux et les responsabilités de cette violence. Que par une muette et solennelle protestation, les portes soient fermées et qu'il les ouvre par le canon, auquel Paris désarmé ne répondra pas.

« Et laissons à la vérité, à la justice, à l'histoire le soin de juger. »

Certains organes de la presse, peu jaloux de l'honneur de nos armes, ont raillé cette lettre autant que la plupart des actes du gouverneur destitué. Il n'est pas bon d'être vaincu en France.

Malgré la violence de ces attaques, nous soutenons ici que le général avait pleinement raison. Militairement, les Prussiens n'avaient pas plus le droit d'entrer dans Paris que de se faire un trophée de nos drapeaux de Metz. Là, comme ailleurs, ils ont brutalement escamoté le triomphe.

Aux termes du premier paragraphe de l'article 6, tous les défenseurs de Paris étaient déclarés prisonniers de guerre, à l'exception d'une division de douze mille hommes qui devait conserver ses armes pour les besoins du service intérieur. Cette division, placée sous les ordres du général Vinoy, se décomposait comme il suit :

1re brigade : général de La Mariouse, 35e et 42e régiments de ligne ; un bataillon de mobiles de la Vendée.

2e brigade : général Valentin, 109e et 110e régiments de ligne ; un bataillon de mobiles de la Côte-d'Or.

3e brigade : colonel Comte, 113e et 114e régiments de ligne ; un bataillon de mobiles du Finistère.

Artillerie : deux batteries de mitrailleuses et deux batteries de 7.

Cavalerie : 9e régiment de chasseurs.

Le deuxième paragraphe de l'article 6 portait que les troupes prisonnières de guerre déposeraient leurs armes, et, en conséquence, le Gouvernement de la défense nationale dut remettre aux Prussiens : 153,278 chassepots avec leurs baïonnettes ; 6,962 fusils de divers modèles ; 11,989 mousquetons ; 2,188 fusils de cavalerie ; 5,335 pistolets ; 689 sabres de tambour ; 10,040 sabres de cavalerie ; 145 lances et 5,062 sabres-baïonnettes ; ensemble, 195,688 armes portatives.

Il lui fallut aussi livrer à nos adversaires : 1138 caissons ; 268 canons de 4, rayés ; 34 canons de 8, rayés ; 174 canons de 12 ; 36 canons de 7 ; 24 canons de 4, de montagne, et 66 mitrailleuses ; ensemble, 602 bouches à feu.

Enfin, l'article 11 de la convention frappait Paris d'une contribution de guerre de deux cents millions, et, par décret du 10 février, le Gouvernement autorisa la ville de Paris à contracter un emprunt, en établissant, pour faire face à ses obligations, une taxe municipale de guerre, et en engageant, pour garantie, tous ses biens meubles non affectés à des services publics. Conformément aux clauses stipulées, la contribution fut payée dans les quinze premiers jours de l'armistice.

Ce n'était pas encore là, pour la France, le fond du calice d'amertume. Notre malheureux pays devait, de plus, être démembré de deux provinces ; subir, de par les Prussiens, les horreurs de la guerre des communeux, et payer à ces vainqueurs avides cinq milliards de francs, c'est-à-dire près de quatre-vingt-six fois la somme que Rome tira de Carthage, à l'issue de la deuxième guerre punique.

La France payera.

La France est riche, mais qu'elle profite de la leçon ! Qu'elle n'oublie pas que les sources de sa richesse peuvent tarir en un jour, si elle ne sait pas maintenir ses forces militaires en parfaite harmonie avec sa puissance industrielle et commerciale.

ÉPILOGUE.

Donc, nous avons été vaincus.

Il ne pouvait en être autrement. Nos défaites successives ne sont que la conséquence de nos fautes ; nos immenses désastres n'ont fait que répondre à l'énormité de nos erreurs. Point d'illusions ! Nous n'avons été si rudement châtiés que parce que nous étions de grands coupables, et chacun de nous peut se frapper la poitrine.

Ces tristes vérités ne devraient pas avoir besoin de démonstration, aujourd'hui que le malheur s'est chargé de nous instruire ; mais il est encore, hélas ! des esprits réfractaires à l'évidence ; des hommes politiques dont la passion atrophie l'entendement.

Nous demandons à les convaincre, si faire se peut.

« Le pays, dit le général Susane (1), porte aujourd'hui la peine de son aveuglement. Que ce soit par esprit d'économie, par sentimentalisme philosophique, ou par toute autre cause, il a fait précisément ce

---

(1) *L'artillerie avant et depuis la guerre.* — Paris, Hetzel, 1871.

qu'il y avait à faire pour avoir la guerre et pour être ruiné par la guerre.

« Pendant que la monarchie prussienne, mécontente du lot qui lui était échu en 1815, irritée du contre-coup humiliant que la révolution de 1848 lui avait fait subir à Berlin, travaillait sourdement, patiemment, et avec la persévérance redoutable d'une idée fixe, à perfectionner ses institutions guerrières, à enseigner à son armée l'art de combattre les Français et à élever son peuple dans une haine farouche pour la France; pendant que la Prusse préludait, sans trop mettre de sourdine, à l'exécution de ses desseins par l'écrasement du Danemark ; puis, par la ruine de l'Autriche, suivie de l'absorption violente des petits États du nord de l'Allemagne et de l'absorption moins brutale, mais tout aussi impérieuse, des États du sud; pendant que la Prusse triplait ainsi, en six ans, le nombre de ses soldats et nous dénonçait effrontément à l'Europe comme des ambitieux insatiables, il y avait en France de braves gens, trop honnêtes pour admettre l'idée du mal, trop sincères pour n'être pas convaincus de la valeur de leurs idées et de l'efficacité de leurs théories, qui prêchaient incessamment à la tribune, dans les journaux et dans les réunions, le retour aux mœurs innocentes des temps primitifs, la fraternité universelle, l'abolition de la guerre et, comme point de départ, celle de l'armée permanente. »

Il se débitait à la tribune du Corps législatif tant de dangereuses utopies, tant de fadaises humanitaires, tant d'absurdités grandioses que, en 1867, M. Thiers, profondément froissé dans ses sentiments de patriotisme, dut un jour dire aux gens *avancés* de la gauche :

— « On vient soutenir ici tantôt l'intérêt de l'Allemagne, tantôt l'intérêt de l'Italie, à ce point qu'on pourrait se croire au parlement de Berlin ou au parlement de Turin. Les nations, selon vous, peuvent faire tout ce qui leur plaît? Songez donc qu'*en raisonnant ainsi, vous désarmez la France!*... Je ne blâme pas l'ambition chez les grandes nations ; ce que je blâme, c'est la sottise, la duperie des nations qui se prêtent à tout ce que méditent leurs ennemis. »

Sottise et duperie! l'expression n'est point trop forte. Que les citoyens de la République universelle veuillent bien, en effet, se pénétrer de cette idée que la Prusse a toujours été, est et sera toujours l'ennemie acharnée de la France, et cela, fatalement, nécessairement, en vertu des lois dont l'ethnologie et les sciences géographiques accusent irréfutablement l'empire. A ne considérer que les causes permanentes de conflits résultant des accidents du sol, ne sait-on pas que, en ce qui nous concerne, nous avons ce que des historiens éminents ont justement appelé la *passion du Rhin?* Pour ne parler que des temps modernes, cette passion n'a cessé de nous agiter depuis le règne de Henri II.—
« Sans la limite du Rhin, disait M. de Bonald, la
« France n'est pas finie et ne saurait être stable. » —
« Pour que l'univers soit en équilibre, avait dit un
« poëte, il faut deux grands États du Rhin : l'Alle-

« magne, sur la rive droite ; la France, sur la rive
« gauche. »

Ce qui n'était pour nous qu'un désir avant 92, était devenu, depuis 1815, un besoin. Avant la révolution, notre frontière était déjà vulnérable ; mais, après la chute du premier Empire, elle fut ouverte sur une large étendue. La coalition nous prit alors ces *clefs de la maison* dont M. de Bismarck vient de compléter le trousseau.

Depuis 1815, nous n'avons songé qu'à boucher la brèche ouverte au flanc de notre territoire. La Restauration et la monarchie de juillet voulurent tirer la France d'une situation douloureuse qui la livrait aux chances d'une grande bataille et d'une guerre de huit jours, mais elles ne purent trouver, l'une et l'autre, ni l'occasion ni les moyens de revendiquer la frontière perdue. Fidèle à la tradition nationale, le second Empire crut rencontrer, en 1866, le moment opportun de le faire. Il espéra pouvoir masquer la lézarde du nord-est de la France par l'établissement d'un État neutre, à l'exemple du roi Louis-Philippe qui avait couvert celle du nord en favorisant la formation du royaume de Belgique. Ses combinaisons échouèrent, et cela pour deux raisons, d'abord : parce que la *paix armée* lui était nécessaire et que l'opinion dite libérale lui imposa la *paix désarmée* ; et, en second lieu, parce qu'il fit la faute de concevoir, avec l'Europe entière, l'espérance du triomphe de l'armée autrichienne.

On se rappelle que M. de Bismarck s'empressa

d'aller alors à Biarritz faire agréer ce que M. d'Haussonville appelle, par euphémisme, ses *amabilités*; puis, secrètement, il poussa jusqu'à Turin, où sa diplomatie n'eut pas grand'peine à négocier une alliance avec nos amis d'Italie, qui se repentiront un jour de leur absurde condescendance.

De là Sadowa.

Après cette journée de Sadowa, nous n'avions à prendre que l'un de ces deux partis : ou nous résigner aux conséquences du fait accompli, ou nous préparer à démolir l'édifice de la Prusse.

Qu'a fait l'*opinion*, cette sotte opinion qui règne en souveraine et qui paraît devoir gouverner la France jusqu'à ce qu'elle en ait obtenu la ruine ? Qu'a-t-elle fait ? Elle s'est attachée à perpétuer le souvenir cuisant de Sadowa ; à parler à tout venant de l'humiliation de la politique française; à nous montrer la France descendue au rang de puissance secondaire ; à exaspérer une foule de citoyens paisibles qui, dès lors, se sont crus tenus d'exprimer tout haut le désir d'une revanche. Et, pendant que la presse et la tribune agaçaient ainsi la Prusse à qui mieux mieux, que faisaient nos députés ? Ils entravaient avec persistance les efforts du gouvernement, qui, en présence de la situation nouvelle, demandait la tranformation de l'armement et une notable augmentation de l'effectif de l'armée.

Quelques détails sont ici nécessaires. Après le coup de foudre de Sadowa, le Gouvernement avait institué une grande commission militaire chargée de doter la France d'une force permanente de 1,200,000 hommes, à l'effet de contenir d'ambitieux voisins devenus redoutables. Le 12 décembre 1866, le travail de cette commission était terminé, mais son projet mal accueilli fut, à plusieurs reprises, modifié, remanié par les soins patriotiques de notre Corps législatif. Le projet définitif ne fut discuté qu'à la fin de l'année 1867, et c'est à l'occasion de cette discussion que furent prononcées certaines paroles bien dignes de passer à la postérité, attendu qu'elles expriment toute la pensée des orateurs qui furent, trois ans après, membres du Gouvernement du 4 septembre.

— « Les armées permanentes en théorie sont jugées
« et condamnées. L'avenir appartient à la démocratie
« armée. »

Cette sentence est de M. Magnin.

— « Le militarisme est la plaie de l'époque. Il n'y
« a pas d'armée sans esprit militaire, me dit-on ; alors,
« nous voulons une armée qui n'en soit pas une. »

Ce *desideratum* est de M. Jules Simon.

— « Soyez-en sûrs, nos véritables alliés, ce sont les
« idées, c'est la justice, c'est la sagesse. La nation la
« plus puissante est celle qui peut désarmer. »

Cette grande maxime est de M. Jules Favre.

— « Il n'y a qu'une bonne organisation militaire :
« la levée en masse ! Lorsque nous avons fait la levée
« en masse, nous avons vaincu la Prusse et nous
« sommes allés à Berlin. »

Cet apophthegme, assez piquant pour l'histoire, est de M. Garnier-Pagès.

A ces puérilités prétentieuses le maréchal Niel répondit avec fermeté : — « On nous demande, dit-il, d'armer la nation sans l'organiser. La vraie levée en masse sérieuse, pratique — c'est le système prussien. Quant à la levée d'hommes sans éducation militaire, c'est un monstrueux préjugé. En 92, le pays a été sauvé *malgré les levées en masse* qui ne servirent que l'ennemi, en jetant l'indiscipline dans l'armée et l'effroi dans les populations. Appeler de gros contingents en cas de guerre est une autre illusion! Avec la rapidité qu'ont acquise les opérations militaires, avant que les gros contingents fussent prêts à entrer en campagne, la guerre serait déjà finie. »

Malgré ses efforts, l'illustre maréchal, si prématurément enlevé à la France, ne put faire passer, sans des mutilations nouvelles, son dernier et très-humble projet de loi sur la garde mobile. Il lui fut impossible de convaincre la commission de la nécessité absolue de réunir les mobiles huit jours par an. Cette étonnante commission pensa que huit jours d'absence *seraient un fardeau trop lourd pour les populations*, et elle refusa d'admettre un déplacement de plus de *douze heures!...*

On croit rêver.

Populations et députés voulaient le repos à tout prix ; tous demeuraient rebelles à la puissance de cet axiome que le seul moyen de ne jamais avoir la guerre, c'est d'être toujours prêt à la faire avec énergie. La France a été cruellement punie de son erreur, et, nous le répétons, il n'en pouvait être autrement.

Saura-t-elle, notre chère et malheureuse patrie, saura-t-elle mettre sérieusement à profit les dures leçons qu'elle vient de recevoir? De sa sagesse dépend son avenir. Il lui faudrait d'abord reconnaître ses fautes et confesser qu'elle a fait tout au monde pour contrarier les vues du maréchal Niel et lui rendre la tâche impossible. Elle s'est étrangement abusée; que ne revient-elle franchement à la vérité? Pourquoi prête-t-elle encore l'oreille aux rhéteurs qui l'ont perdue? Comment accuse-t-elle avec fureur et le gouvernement qu'il lui a plu un jour de se donner, et l'armée qu'elle n'a pas voulu rendre forte et les hommes qui avaient le courage de résister aux passions de la multitude? Pourquoi s'en prend-elle à tout le monde, excepté à elle-même, des malheurs qui viennent de l'accabler? C'est que, dit le général Susane (1) « une nation qui s'est endormie sur ses lauriers, s'estimant invincible, et qui est arrachée à ses rêves aussi brusquement que vient de l'être la nôtre, ne se résigne pas aisément à reconnaître les vraies causes de ses désastres. Elle se sent coupable, et il lui répugne de s'avouer à elle-même que, si elle meurt, elle s'est suicidée... »

En particulier, Paris, étourdi de douleur et de honte, Paris n'a pas voulu dire, au jour de sa chute, que

---

(1) *L'artillerie avant et depuis la guerre.* — Paris, Hetzel, 1871.

ses députés n'étaient que de pauvres grands hommes ; il n'a pas eu le stoïcisme de baisser la tête en déclarant qu'il s'était trompé touchant la valeur de ses élus ; en reconnaissant que tous ses flatteurs n'étaient que des impuissants. Cela étant, il lui a fallu des victimes expiatoires, et il s'est plu à reprocher sa défaite à l'insuffisance de tous les corps constitués. Soit orgueil, ingratitude ou démence, il a, tour à tour, attaqué les services administratifs, l'artillerie, le génie, les états-majors et surtout le gouverneur qui capitulait.

Nous protestons hautement contre les incriminations, les diatribes, les railleries des Parisiens frappés dans leur immense amour-propre.

De simples raisons de convenance devaient les empêcher de parler en termes amers de ces services de l'intendance qui les ont nourris pendant la majeure partie du temps du siège.

Ils n'avaient pas le droit de faire chorus avec ces fameux initiateurs du *génie civil*, qu'un patriotisme connu poussait à se substituer aux artilleurs de notre armée. L'artillerie française, de l'aveu des Prussiens eux-mêmes, a été pendant la guerre, à hauteur de son rôle. Elle a fait son devoir. Si elle n'a pas fait plus, cela provient de la dangereuse parcimonie de la Chambre (1) et, surtout, de l'opposition véhémente de

---

(1) Dans un pays organisé et administré comme l'est aujourd'hui le nôtre, tout commence et tout finit par une question d'argent. L'artillerie est absolument irresponsable des dépenses qu'elle n'a pas faites avant la guerre, attendu qu'elle n'avait pas qualité pour se

ces députés que les Parisiens honoraient de leurs suffrages.—« Je vous le déclare, disait le maréchal Niel, lors de la discussion du budget de 1869, je vous déclare que je ne saurais remplir mon devoir si, à chaque instant, je montais à cette tribune pour vous dire que ce que vous me donnez est insuffisant. — Nous avons moins d'artillerie que toutes les autres puissances de l'Europe. Nous avons 2 pièces par 1,000 hommes ; partout ailleurs, on compte 3 pièces par 1,000 hommes. Il y a des inconvénients à entrer dans tous ces détails, je ne me le dissimule pas et je répugne à dévoiler ainsi

---

voter à elle-même les fonds qu'elle jugeait indispensables à la marche régulière de son service.

La loi de finances n'autorisait, en 1870, que l'entretien de 164 cadres de personnel de batteries de campagne, afférent au service de 984 bouches à feu ; mais ces 984 canons ne pouvaient entrer en ligne du jour au lendemain, attendu qu'ils réclamaient l'emploi de 58,000 canonniers et de 39,000 chevaux, et que le budget ne permettait d'entretenir que 34,000 hommes et 16,000 chevaux. Pour passer du pied de paix au pied de guerre, le service de l'artillerie avait à se pourvoir de 24,000 canonniers et de 23,000 chevaux de trait. Il a pu y parvenir heureusement ; mais il a rencontré, dans l'accomplissement de cette tâche, des difficultés réputées insurmontables et qui, toutes, doivent être imputées à l'imprévoyance du législateur.

Pour la transformation de l'artillerie de campagne lisse en artillerie rayée, le budget n'accordait annuellement qu'une allocation dérisoire de 320,000 fr.

En ce qui concerne les canons se chargeant par la culasse, qu'on a reproché à l'artillerie de n'avoir pas faits en temps utile, le Corps législatif a-t-il alloué la somme de cent millions, jugée nécessaire? Etant donné ce déni de toute allocation, l'artillerie a fait ce qu'elle devait et pouvait faire. Elle a étudié des types et des modèles qui se sont trouvés prêts au moment où l'opinion publique les a réclamés.

Tous les retards, tous les mécomptes sont le fait des députés de la France.

notre situation à chaque instant, et sur chaque point ; mais je remplirai ma mission jusqu'au bout. Eh bien, au moment actuel, il serait souverainement imprudent de descendre au-dessous d'une artillerie nécessaire... Je vous en supplie, Messieurs, ne me forcez pas à avouer en public mon insuffisance. Les autres cabinets suivent attentivement ces débats. C'est là que se déclare la guerre ! »

A quoi le député Jules Favre répondait en ces termes : « Ayez donc confiance dans le patriotisme des populations. — Quand on vient vous demander des millions pour perfectionner tel ou tel engin de guerre ; lorsque les hommes de guerre qui viennent vous faire ces réclamations, vous dire que vos économies sont déplacées, qu'elles tendent à affaiblir l'armée, certes, ils ne se trompent pas ; ils en savent à cet égard plus que nous, mais ils sont à certains égards de mauvais juges, car ils sacrifient tout à un point de vue spécial et oublient trop par quelle force supérieure la France serait défendue si jamais elle était au moment du danger ! » — « Que la France désarme, s'écriait M. Emile Ollivier, et les Allemands sauront bien contraindre leurs gouvernements à l'imiter ! » — « Le budget de la guerre nous mène à la banqueroute, ajoutait M. Garnier-Pagès. C'est la plaie, c'est le chancre qui nous dévore ! »

Sur ces réflexions si judicieuses des députés de Paris, la Chambre ne vota qu'un crédit insignifiant, applicable à la transformation du matériel de l'artillerie.

Donc Paris n'a jamais eu le droit de se plaindre du manque de canons se chargeant, ou non, par la culasse.

Mais serait-il mieux autorisé à critiquer les méthodes et les travaux du service du génie? Nous ne saurions l'admettre, attendu que ses députés eussent alors refusé l'allocation d'une obole qui eût été destinée au perfectionnement de ses défenses. En 1868, sur un état de 110 millions de travaux reconnus urgents, le Gouvernement n'avait osé demander que 50 millions au Corps législatif, et celui-ci n'en avait accordé que 32. A cette occasion, M. Thiers s'écriait : — « C'est se livrer à une illusion désastreuse de croire qu'avec cette somme on parviendra à mettre nos places fortes dans l'état où elles doivent être!... quand on a demandé 110 millions, on a demandé l'indispensable... uniquement. »

Et M. Jules Favre, député de Paris, se levait pour dire : — « C'est une erreur de croire qu'une nation n'est aujourd'hui véritablement forte qu'à la condition de se cuirasser et de se bastionner! — Si nous voulions suivre tous les progrès de la science qui marche sans cesse, nous serions condamnés à nous épuiser dans des dépenses stériles... à fortifier la France tout entière et à creuser un nombre considérable de fossés, dans lesquels nous engloutirions beaucoup plus de millions que d'ennemis. Je proteste contre une telle exagération. »

Aucun des députés de Paris n'eût voulu consentir, en 1869, à l'organisation ni du Moulin-Saquet, ni des Hautes-Bruyères, ni de Châtillon, ni de Montretout, ni d'aucun ouvrage extérieur, ni d'aucun camp retranché pouvant couvrir la Capitale.

Donc Paris doit garder modestement le silence, quand s'agite la question de l'imperfection de ses défenses au jour de son investissement (1).

Après le génie, l'artillerie et l'intendance, le peuple le plus spirituel de la terre ne pouvait manquer de prendre à partie les états-majors et les officiers de l'armée, et de révoquer en doute ou leur mérite ou leur dévouement. Mais qu'avait-il donc fait, depuis longues années, pour en encourager le développement ou l'essor? Il avait prôné partout, et à satiété, que la guerre était un acte de sauvagerie sans nom..... et le métier des armes, le dernier des métiers. Il avait philanthropiquement entrepris l'agitation systématique contre le principe des armées permanentes et le fait de la constitution d'une armée nationale. Une littérature malsaine, un théâtre éhonté, des arts charivaresques s'étaient appliqués à démontrer que la carrière militaire, loin de mener aux honneurs, ne valait plus à ceux qui l'embrassaient qu'une compassion mélan-

---

(1) En laissant s'accomplir le coup de main du 4 septembre, Paris paralysa, d'ailleurs, les moyens qu'improvisait le comité de défense.— « Le 4 septembre a mis en désarroi tous les ouvriers qui « étaient occupés aux travaux de défense de Paris. Il y a eu cent « mille hommes qui n'ont pu travailler pendant huit jours ». (*Déposition du général de Chabaud-La-Tour devant la Cour d'assises de la Seine.*) — Les conséquences de ce travail perdu furent incalculables.

colique ou des plaisanteries d'un goût douteux et, dans tous les cas, la pauvreté !...

Et, tout en prêchant ainsi, le peuple le plus étonnant du monde embrassait avec ardeur ce culte du veau d'or que les législations antiques s'attachaient si bien à proscrire. Un besoin de commerce et d'industrie à outrance s'était emparé de tous les esprits ; une soif de lucre inextinguible y avait desséché les âmes, et Paris ne croyait plus qu'au plaisir. Il n'avait plus d'autre foi.

La saine étude des sciences militaires pouvait-elle fleurir et porter quelques fruits au sein de cette atmosphère babylonienne? Le culte de la chaste Pallas pouvait-il être en honneur à côté des priapées élégantes qui faisaient à Paris une réputation de mauvais aloi? Non, le pays était tombé dans un état de profond affaissement. Pareille anémie morale a sans doute pu s'observer parfois dans les rangs de l'armée, mais ce n'était là qu'un simple effet de contagion. Une armée nationale ne fait jamais que refléter les vices ou les vertus de la nation dont elle émane. C'est le pays, c'est Paris surtout que nous jugeons coupable.

Suivant les principes qu'il professait et pour être conséquent avec lui-même, Paris, au jour du danger, n'avait plus le droit de se montrer chatouilleux sur les questions d'honneur national. Il aurait dû savoir dévorer les affronts, se montrer insensible aux outrages de la Prusse et ne point relever, comme il l'a fait, le gant de M. de Bismarck. Issu du suffrage universel, le Corps législatif, qui représentait la France, n'aurait pas dû, à la majorité de 247 voix contre 10, se permettre la fameuse déclaration de guerre qui fut accueillie, on se le rappelle, par les cris d'enthousiasme de la population parisienne (1).

Pendant et après le siége, cette population, essentiellement légère, a très-sévèrement apprécié les intentions et les actes du général Trochu, dont elle avait si bien fêté l'arrivée au pouvoir. Comme le général l'a dit lui-même, tous les beaux esprits se sont égayés des originalités de sa manière militaire. Des gens sérieux n'ont pas craint de répandre le blâme sur ses *honnêtes* efforts. Nous ne les suivrons pas sur ce terrain ; nous ne ferons point chorus avec les détracteurs des opérations du siége de Paris (2),

---

(1) « Est-ce que vous avez oublié, Messieurs, ces transports d'allégresse à la pensée des batailles qui allaient s'engager ? Est-ce que vous avez oublié ce peuple tout entier, aveuglé, criant : « A Berlin ! à Berlin ! et ces paroles que rien au monde ne pouvait contenir ? » (*Plaidoirie de M. Lachaud, à l'audience de la Cour d'assises de la Seine du 2 avril* 1872.)

(2) Nous ne voulons nous associer aux sentiments ni de M. de Meffray (*une triste page d'histoire moderne, Figaro*, février 1871), ni à ceux du général Ambert (*lettre à M. Gambetta*, du 7 février 1871), ni à ceux du colonel Stoffel (Lettre datée du 31 mai, publiée par le *Gaulois* du 26 juillet 1871). Nous condamnons les diatribes de MM. de Pène, Sarcey et Vitu ; nous ne saurions comprendre les mouvements oratoires de MM. Lachaud et Grandperret. En fait de récriminations, nous nous bornerons à reproduire, à titre de document douloureusement grotesque, la proclamation suivante des *délégués des vingt arrondissements de Paris*, en date du 6 janvier :

« Le Gouvernement du 4 septembre s'est chargé de la défense nationale. A-t-il rempli sa mission ? Non ! Nous sommes 500,000 et

de « ce beau siége qui honorera la France pourvu

200,000 Prussiens nous étreignent ! A qui la responsabilité, sinon à ceux qui nous gouvernent? Ils n'ont pensé qu'à négocier, au lieu de fondre des canons et de fabriquer des armes.

« Ils se sont refusés à la levée en masse.

« Ils ont laissé en place les bonapartistes et mis en prison les républicains.

« Ils ne se sont décidés à agir enfin contre les Prussiens qu'après deux mois, au lendemain du 31 octobre.

« Par leur lenteur, leur indécision, leur inertie, ils nous ont conduits jusqu'aux bords de l'abîme ; ils n'ont su ni administrer ni combattre, alors qu'ils avaient sous la main toutes les ressources, les denrées et les hommes.

« Ils n'ont pas su comprendre que, dans une ville assiégée, tout ce qui soutient la lutte pour sauver la patrie possède un droit égal à recevoir d'elle la subsistance ; ils n'ont su rien prévoir : là où pouvait exister l'abondance, ils ont fait la misère ; on meurt de froid, déjà presque de faim ; les femmes souffrent ; les enfants languissent et succombent.

« La direction militaire est plus déplorable encore : sorties sans but ; luttes meurtrières sans résultats ; insuccès répétés, qui pouvaient décourager les plus braves ; Paris bombardé. Le Gouvernement a donné sa mesure ; il nous tue. Le salut de Paris exige une décision rapide. Le Gouvernement ne répond que par la menace aux reproches de l'opinion. Il déclare qu'il maintiendra l'ordre, comme Bonaparte avant Sedan.

« Si les hommes de l'Hôtel de Ville ont encore quelque patriotisme, leur devoir est de se retirer, de laisser le peuple de Paris prendre lui-même le soin de sa délivrance.

« La Municipalité ou la Commune, de quelque nom qu'on l'appelle, est l'unique salut du peuple, son seul recours contre la mort.

« Toute adjonction ou immixtion au pouvoir actuel ne serait rien qu'un replâtrage perpétuant les mêmes errements, les mêmes désastres. Or, la perpétuation de ce régime, c'est la capitulation, et Metz et Rouen nous apprennent que la capitulation n'est pas seulement encore et toujours la famine, mais la ruine de tous, la ruine et la honte ! C'est l'armée et la garde nationale transportées prisonnières en Allemagne, et défilant dans les villes sous les insultes de l'étranger ; le commerce détruit, l'industrie morte, les contributions de

« qu'on n'en détruise pas le prestige par des récrimi-
« nations inutiles... » (1)

Non, nous ne nous sentons point le courage de réfuter, avec le calme qui convient à un tel sujet, les étranges théories qu'on a vues se produire au grand jour touchant l'opportunité des *percées*, des *trouées*, des *sorties en masse*, des *batailles torrentielles* et l'irrésistibilité des bataillons de guerre de la garde nationale.

La vérité vraie, c'est que, à part quelques exceptions très-honorables, la présence des 355,955 gardes nationaux inscrits sur les contrôles équivalait, en réalité, à l'absence de 20,000 hommes de troupes régulières et que, avec les 75,000 hommes de troupes diverses dont elle disposait, avec les 100,000 mobiles qu'elle venait de former, l'autorité militaire ne pouvait faire que ce qu'elle a fait. — « Nous avons fait ce que nous avons pu, dit fort bien le gouverneur, non

---

guerre écrasant Paris : voilà ce que nous prépare l'impéritie ou la trahison.

« Le grand peuple de 89, qui détruit les bastilles et renverse les trônes, attendra-t-il, dans un désespoir inerte, que le froid et la famine aient glacé dans son cœur, dont l'ennemi compte les battements, sa dernière goutte de sang ? Non !

« La population de Paris ne voudra jamais accepter ces misères et cette honte. Elle sait qu'il est temps encore, que des mesures décisives permettront aux travailleurs de vivre, à tous de combattre.

« Réquisitionnement général.—Rationnement gratuit.—Attaque en masse.

« La politique, la stratégie, l'administration du 4 septembre, continuées de l'Empire, sont jugées. Place au peuple, à la Commune ! »

(1) Lettre du comte de Paris à M. Henri de l'Espée, en date du 8 février 1871.

ce que nous avons voulu. » Et l'on sait que, dès le début du siége, le gouverneur ne s'était fait à cet égard aucune espèce d'illusions.

On dit qu'il s'est commis des fautes durant la défense de Paris ; on y condamne des erreurs et des faiblesses ; on voue aux gémonies ceux qui n'ont pas su décréter la victoire conformément aux programmes de 92 ; mais la justesse de ces incriminations n'est pas encore, que nous sachions, démontrée... et la démonstration ne semble guère ressortir des longs débats de Cour d'assises qui viennent d'avoir un retentissement si fâcheux.

Nous dirons un mot de ce procès que le gouverneur de Paris a vraiment eu tort d'introduire.

La discussion a pris, un instant, pour objectif l'ensemble des effets et des causes de la bataille de Buzenval. Sur ce terrain, la lutte oratoire a été vive, mais les adversaires en présence ont cependant fini par cesser le feu... et le jury a rendu son verdict. La cause étant entendue, le public a bien le droit de faire connaître ses appréciations.

Pour nous, esclave des saines méthodes historiques, nous croyons devoir, tout d'abord, récuser les jurés dont on a torturé l'esprit et très-fort embarrassé la conscience. Nous récusons ces douze citoyens honorables, attendu qu'ils sont Parisiens de Paris ou de la banlieue ; qu'ils étaient peut-être à Paris pendant le siége ; et que, suivant cette hypothèse, ils faisaient très-probablement partie de la garde nationale. Nous n'admettons pas davantage la compétence de MM. Lachaud et Grandperret. Ce sont deux illustres avocats que leur immense talent ne saurait cependant transformer, tout d'un coup, en éminents critiques de nos opérations de défense. Tous deux invoquent, il est vrai, l'autorité du baron Stoffel, mais nous refusons nettement de rien entendre aux raisons dont ils se font si bruyamment l'écho. Le colonel Stoffel n'était pas, en effet, en situation de voir l'ensemble de nos actions de vigueur, mieux qu'un agent de la machinerie d'un théâtre ne peut, quand il est parqué dans la coulisse, bien juger des mouvements de la scène. Cet officier supérieur n'avait pas le don d'ubiquité. Il lui était difficile de se rendre compte des événements extérieurs, alors que sa présence était constamment obligatoire et indispensable sur le terrain du parc d'artillerie des Tuileries ou de celui du Palais de l'Industrie, aux Champs-Elysées. Tout son temps était pris par les soins de la direction de ces deux parcs et il les dirigeait fort bien, nous en sommes convaincu, quoi qu'on ait dit.

Mais entrons en matière :

— « Buzenval, se demande sérieusement M. Lachaud, Buzenval correspond-il à une nécessité du siége pouvant amener un résultat heureux ? » Nous n'hésitons pas à répondre affirmativement et ce, pour les raisons suivantes :

Loin de pouvoir être considérée isolément et indépendamment des circonstances extérieures, la défense de Paris se trouvait étroitement liée à celle des opérations militaires dont la France était alors le théâtre. Réduit à ses seules forces, Paris, quelle que fût sa valeur, ne pouvait rien. Appuyé des armées de province, il pouvait peut-être, au moment décisif, faire pencher en faveur de la cause de notre malheureux pays certaine balance divine, plus précise que celle de Minos.

C'est le lundi, 16 janvier, dit-on, que l'affaire de Buzenval aurait été décidée en conseil du Gouvernement de la défense. Eh bien! ce jour-là, notre armée de l'Est prononçait son mouvement sur Belfort et, pour appuyer le général Bourbaki, le colonel Denfert ordonnait deux démonstrations importantes. Ce jour-là, le général Faidherbe, qui, la veille, venait de reprendre Saint-Quentin, s'apprêtait à livrer bataille (1). Ce jour-là, était-il ou non opportun de décider qu'il serait fait sous Paris un grand et suprême effort?

— « Quelles pouvaient être, demande M. Grandperret, quelles pouvaient être les espérances du général Trochu à la veille de livrer la bataille de Buzenval? » La réponse est facile. Il se préparait une action combinée entre l'armée de Paris, l'armée de l'Est et l'armée du Nord. Une partie décisive allait se jouer sous la raison trilogique Paris-Belfort-Saint-Quentin... et les trois cases de cet échiquier étaient, on le comprend, solidaires. Dans cette situation, les *sycophantes* de Paris

---

(1) Voyez *Campagne de l'armée du Nord*, page 59.

n'avaient qu'une chose à faire : se débattre avec furie dans le cercle de fer qui les enserrait ; *chicaner* le plus rudement possible l'armée prussienne d'investissement et paralyser sur place les forces vives que cette armée pouvait détacher encore soit contre Faidherbe, soit contre Bourbaki. Il était permis d'espérer le succès de l'un de ces généraux et, par suite, le déblocus de la Capitale.

La journée de Buzenval porte la date du 19 janvier. Ce jour-là, il est vrai, le canon de Bourbaki ne s'entend plus de Belfort ; l'armée de l'Est s'éloigne de la place assiégée, mais le colonel Denfert est encore loin de s'en émouvoir. — « J'espère, écrit-il ce jour-là, j'espère que notre armée de secours saura, par un changement rapide d'opérations, tourner les lignes de défense de nos ennemis et déjouer leurs calculs... Je continue à avoir confiance !... » Et, ce jour-là même, 19 janvier, le général Faidherbe livrait à von Gœben la bataille de Saint-Quentin !... Nous le demandons, le moment était-il bien choisi pour frapper sous Paris un coup désespéré ? Oui, ce jour-là, comme le dit fort bien le colonel Denfert, un succès de l'armée de l'Est pouvait amener *le déblocus immédiat de Paris* ainsi que *la retraite des Prussiens poursuivis par nos armées jusqu'en Champagne et en Lorraine*. D'où il suit que *la France était probablement sauvée !...*

Les Parisiens, toujours si patriotes, n'eussent pas alors manqué de s'écrier avec enthousiasme : — « Nous avons bien mérité de la Patrie ! Nous avons beaucoup fait pour le salut de la France!... » Et ils auraient eu raison de le dire.

Mais, hélas! le vaillant Bourbaki n'a pas réussi à Belfort; les Prussiens attaqués dans l'Est en ont été quittes pour la peur... et, dès lors, le général Trochu n'est plus que l'*assassin de Buzenval*.

Encore une fois, il n'est pas bon d'être vaincu chez ce peuple qui se dit le plus spirituel de la terre.

La journée de Buzenval n'a pas donné les résultats qu'on pouvait en attendre, voilà qui est hors de doute; mais peut-on dire au moins que le théâtre de l'action ait été sagement choisi? C'est le major Blume qui va répondre : — « Dans l'armée allemande, dit-il, on n'avait aucun doute sur le résultat d'une attaque contre les lignes d'investissement. Au Sud, à l'Est et au Nord, l'assiégé avait à parcourir, pour se former, plusieurs kilomètres sous le feu des grosses pièces de siége; et les troupes dont Paris disposait étaient à peine à hauteur d'une pareille tâche. Avec une armée exercée, on aurait peut-être pu tenter cet effort en profitant de la nuit. Mais, avec les soldats que commandait Trochu, une opération de ce genre était tout au moins dangereuse, ainsi que l'a démontré l'issue de plusieurs sorties de nuit, et surtout celle des sorties plus importantes essayées dans les nuits du 13 au 14 et du 14 au 15 janvier contre le front de la garde et du 12e corps. Les colonnes assaillantes se retirèrent chaque fois en désordre devant le feu de nos avant-postes qui n'éprouvèrent que des pertes insignifiantes.

C'est donc seulement sur le front Ouest que s'ouvrait un champ de bataille pour une sortie. L'assiégé pouvait se former hors de la portée de nos canons, sous la protection du Mont-Valérien. Mais il rencontrait dans cette attaque des points si bien fortifiés et par la nature et par nos ouvrages qu'il lui était impossible de les enlever, s'ils étaient défendus avec énergie. »

On voit que nos ennemis eux-mêmes conviennent que la tâche était rude.

Mais, demande encore M. Lachaud, « Buzenval était-il possible? » Il faut s'entendre et en passer ici par l'inévitable *distinguo* des casuistes. Etait-il possible d'obtenir la levée du siége de Paris du fait de cette action isolée, tentée sous le canon du Mont-Valérien? Non, certainement. Aucun officier de l'armée n'a jamais pu compter sur un semblable triomphe, et nos prétentions étaient plus modestes. Depuis le 19 septembre, date du combat de Châtillon, nous avions pris la ferme résolution de ne pas chercher à *percer* les lignes prussiennes de part en part et de nous borner à opérer sous le canon des forts. Là, nous faisions, chaque jour, une *guerre de chicanes*, ainsi que l'a rappelé M. de Kératry; mais des chicanes aux proportions de celles de Champigny et du Bourget ne sont pas toujours du goût de l'adversaire, et celle de Buzenval, en particulier, pouvait être pour lui le prélude d'un désastre. Ce résultat était-il possible? Oui, très-certainement. Que fallait-il pour qu'il en fût ainsi? Un seul sourire de la fortune. Que, après le combat de Villersexel, Bourbaki eût attaqué les lignes prussiennes par Frahier, Chénebier et Chalonvillars, au lieu de les aborder, comme il l'a fait, par Montbéliard et Voujaucourt... et le but était atteint peut-être, et la journée de Buzenval entrait dans les fastes de l'histoire de Paris. Au lieu de cela, Paris, flanqué de deux partners, Paris a joué une grande partie... et il a perdu ! Que lui reste-t-il à faire, si ce n'est de se montrer beau joueur ?

Qu'il n'accuse donc personne des rigueurs d'un sort implacable ; qu'il ne soit pas injuste envers ses défenseurs ! Que si notre patrie porte à ses flancs des plaies sanglantes, il s'attache à les voiler, au lieu de les mettre en plein jour ! Qu'il ait horreur de l'enfant maudit qui ne craignit point de railler son père ! Qu'il fasse, au contraire, pour le pays qui souffre, ce que la décence inspirait aux bons fils du patriarche (1) !

Pour être juste, nous devons mentionner ici la grande faute du général Trochu, faute commise longtemps avant le siége. Le général de Palikao lui reproche (2) la publication d'un ouvrage dans lequel seraient en partie résumées plusieurs opinions émises au sein de la commission et de la sous-commission instituées pour la réorganisation de l'armée. Ce grief a peut-être sa raison ; nous ne voulons pas le savoir, mais

---

(1) « Sem et Japhet mirent un manteau sur leurs épaules et, marchant à reculons, ils couvrirent leur père... et leur visage demeura détourné, et ils ne virent point la nudité de leur père. »
(GENÈSE, IX, 23.)

(2) *Un ministère de la guerre de vingt-quatre jours*, page 14.

ce que nous savons et déclarons hautement, c'est que le général Trochu a eu le tort immense d'écrire son *Armée française en* 1867 et d'indiquer ainsi à l'ennemi les côtés faibles de l'armée nationale.

Pendant le siége, le gouverneur de Paris n'a fait, à notre sens, que deux fautes. La première est celle d'avoir employé hors de l'enceinte des bataillons de la garde nationale. Ces phalanges n'étaient partout et toujours qu'un embarras pour nous. Elles réclamaient à tout propos, l'on s'en souvient, le combat à outrance. On cède une fois à cette pression ; on emmène à Buzenval quelques *régiments de Paris et...* les Parisiens de s'écrier maintenant : — « *On a fait égorger nos frères !* » Non, il ne fallait user de la garde nationale ni à Buzenval, ni ailleurs.

Le second tort du général Trochu, c'est de ne pas s'être assez profondément pénétré des dispositions de l'article 214 de l'*Ordonnance sur le service des Armées en campagne* (1), à l'effet de conduire plus vigoureusement la répression de l'émeute. C'est à ces deux chefs que nous limiterons notre critique des actes militaires du gouverneur (2).

---

(1) L'article 214 débute en ces termes : « En cas de siége, l'autorité du commandant supérieur est absolue.... » La manifestation de cet absolutisme eût sans doute mieux valu que l'emploi des moyens moraux.

(2) Les officiers anglais qui suivaient les opérations du siége prussien se sont étonnés, dit-on, que nous n'ayons pas fait plus de travaux de contre-approches en avant de nos ouvrages. Cet étonnement ne saurait raisonnablement se justifier. Eu égard aux moyens dont

Quant aux faits et gestes de ses collaborateurs de la défense nationale, c'est autre chose.

---

il disposait, le gouverneur a eu bien raison de restreindre son action aux limites de la zone que protégeait le canon des forts, et, en cela, il était parfaitement d'accord avec les commandants supérieurs de l'artillerie et du génie. La preuve en est que les généraux Guiod et de Chabaud-la-Tour exprimaient, par exemple, en la séance du comité de défense du 17 novembre, leur regret de voir construire une ligne entre le Petit-Vitry et la Seine, par les soins de quelques ingénieurs civils, et cela sur des indications données en dehors de l'action précise de leur commandement.— « Toutes ces batteries que l'on élève, disaient sagement les deux généraux, toutes ces batteries sont à faible distance de l'ennemi, et, pour protéger le gros matériel qui s'y trouve, il faudrait de gros détachements de troupes très-solides. On ne saurait, sans danger, pousser plus loin les travaux de contre-approches qui, sur ce point, sont déjà mal soutenus par le fort d'Ivry.

« Dans la plaine de Vitry, comme en beaucoup d'autres points, les ingénieurs civils, entraînés par une sorte d'ardeur patriotique et enhardis par la réserve et le silence d'un ennemi qui, jusqu'ici, s'est tenu sur une défensive absolue, ont — aux extrémités avancées — construit des tranchées et exécuté des dispositifs de défense ou même d'attaque complétement en dehors de l'action des services compétents. Des batteries ont été établies sans plan arrêté, sans études préalables; de sorte qu'on est dans l'alternative ou de ne pas armer, ce qui aurait un effet fâcheux sur l'esprit de la population, ou de se résigner à mettre des pièces dans des positions où elles pourraient être compromises; de conduire, par suite, la défensive fort loin en avant des forts, c'est-à-dire au delà des combinaisons d'une sage prudence. »

On a dit et répété à satiété que le général Trochu ne possédait pas en l'art de la défense des places toutes les connaissances spéciales qu'on est en droit d'exiger d'un gouverneur. Soit. Ce qui est certain, c'est que ce gouverneur tant incriminé savait toujours entendre les conseils et se rendre aux raisons que lui donnaient les commandants supérieurs de l'artillerie et du génie.

C'est ainsi que, en la séance du comité de défense du 10 novembre, il sut, en suite des observations qui lui furent présentées par les généraux Guiod et de Chabaud-la-Tour, renoncer à l'adoption d'un projet assez étrange. Il s'agissait de prévenir les brèches aux escarpes des forts au moyen d'un dispositif « *consistant en mantelets formés*

Dans le cours de notre récit, comme on l'a vu, nous n'avons guère ménagé les tristes auteurs du 4 septembre. C'est qu'ils n'ont droit à aucune espèce d'indulgence, ces hommes dont l'avénement coïncide toujours si étrangement avec la venue des grands malheurs publics. Dès qu'une crise se prépare, on voit s'abattre vers les régions du pouvoir ébranlé la dynastie des républicains de profession, des Arago, des Crémieux et des Garnier-Pagès, comme on voit, à l'heure des tempêtes, les vols de goëlands tournoyer en envoyant des cris de mort au navire en détresse. Nous exceptons expressément ici le général Trochu, qui, en s'associant aux révolutionnaires, ne l'a sans doute fait que pour conspirer avec eux à la façon de Lamartine, c'est-à-dire *comme le paratonnerre conspire avec la foudre.* Nous donnons l'image pour ce qu'elle vaut. Les paratonnerres politiques ne nous inspirent point grande confiance, et l'usage en est dangereux.

Cela posé, nous ne nous ferons aucun scrupule de reproduire ici deux opinions autorisées qui résument

---

de rails jointifs reliés entre eux et doublés de matelas en sacs à terre ». Ces mantelets eussent été soutenus par de fortes chaînes passant par-dessus le parapet et on les eût appliqués successivement sur les points menacés.

Les commandants supérieurs de l'artillerie et du génie ayant exprimé des doutes sur la praticabilité de cette méthode nouvelle, le gouverneur n'insista pas.

— « J'ai toujours trouvé chez le général Trochu le concours le plus entier, pour tous les travaux que j'ai été appelé à diriger. » Ainsi s'est exprimé lui-même le général de Chabaud-la-Tour, à l'audience de la Cour d'assises de la Seine du 28 mars 1872.

bien les imprécations et les anathèmes dont les hommes de septembre ont été et seront toujours chargés.

— « Le 4 septembre, dit le colonel Stoffel (1), les
« députés de Paris usurpent le pouvoir et se donnent
« le nom de *Gouvernement de la défense nationale*... Des
« hommes sans mandat ne constituent pas un gouver-
« nement. Et en quoi des avocats incapables, âmes
« vulgaires, dépourvus de patriotisme, peuvent-ils
« contribuer à sauver le pays? — ..... gouverne-
« ment d'avocats incapables qui, dans leur coupable
« aveuglement, préparaient les voies à l'avénement de
« la Commune, et qui tous auraient pris parti pour elle
« au mois de mars 1871, si leur orgueil, leur ambi-
« tion et leur haine ne s'étaient trouvés satisfaits six
« mois plus tôt, le 4 septembre 1870, par cette cri-
« minelle usurpation du pouvoir, qui laissait la
« France sans gouvernement au moment le plus cri-
« tique de son histoire. »

Et le général de Palikao :

« ..... Pouvions-nous supposer, dit-il (2), que, l'en-
« nemi aux portes de la capitale, il se trouverait des
« hommes capables de lui faciliter par une révolution
« coupable la perte complète de la France !
« Ils se sont cependant trouvés, ces hommes dont

---

(1) Lettre du 31 mai 1871, reproduite par le *Gaulois* du 27 juillet.
(2) *Un Ministère de vingt-quatre jours*. — Paris, Plon, 1871.

« quelques-uns ont déjà expié les fautes de leur fatale
« ambition, en attendant que la postérité imprime sur
« tous leurs noms le sceau de la réprobation ! »

Rien n'est plus triste. Rien n'est plus vrai. Les révolutionnaires de septembre doivent tous porter le poids de nos malédictions (1). Ils sont coupables, sans aucun doute, mais, hâtons-nous de le dire à leur décharge, il est d'autres faits condamnables qui peuvent tempérer un peu l'horreur que leur mauvaise action inspirera toujours aux cœurs honnêtes.

Il est encore d'excellents esprits qui croient pouvoir affirmer que la raison déterminante de la marche des Prussiens sur Paris est tout entière dans le fait du coup de main de septembre. C'est une grave erreur.

Les Prussiens, depuis soixante ans, n'ont jamais cessé de jeter sur Paris des regards de convoitise et de haine. Pendant la guerre, ils n'ont jamais cessé de le prendre pour objectif. En veut-on la preuve ? A propos du blocus de Metz qu'il s'agit de confier, vers le 20 août, aux troupes du prince Frédéric-Charles, le major Blume s'exprime ainsi (2) : — « Bien qu'on se

---

(1) « Il était écrit que, en présence de l'étranger vainqueur et presque aux portes de la capitale, ces hommes feraient une révolution qui diviserait les forces de la défense nationale..... en cette journée du 4 septembre, célèbre dans les annales révolutionnaires et à jamais néfaste dans l'histoire de la France qu'elle a livrée aux hommes les plus incapables...... fatale journée qui a couvert pour longtemps la France d'un crêpe noir. » (*Un Ministère de la guerre de vingt-quatre jours.* — Paris, Plon, 1871.)

(2) *Exposé des Opérations des armées allemandes,* ouvrage déjà cité du major Blume, page 6.

« privât alors de 160,000 hommes pour les opérations
« ultérieures, on n'en était pas moins résolu à *pour-*
« *suivre* directement la marche sur Paris. » Et, plus
tard, après la journée de Sedan : — « La capitulation
« de l'armée française était signée, dit-il, au château
« de Bellevue, le 2 septembre, à onze heures et demie
« du matin, et, à midi, le roi envoyait déjà ses ordres
« préparatoires à la 3e armée et à l'armée de la Meuse
« pour la *reprise* de la marche sur Paris » (1).

Ne fermons pas encore le livre du major, où nous devons puiser d'utiles renseignements. Nous y lisons (2) que « après le résultat des batailles de Sedan et de
« Noisseville livrées le 1er septembre, il n'y avait plus
« pour la France qu'un bien faible espoir de donner
« une meilleure tournure aux événements. » C'est vrai, nous étions battus et, *militairement*, la guerre était finie. L'auteur a tort de dire que, « la nation
« française ne pouvait se faire à l'idée qu'elle était
« vaincue ».

Les Français n'hésitent jamais à confesser une défaite, ainsi que doit le faire tout beau joueur. Ils avaient perdu la partie..... soit. Là n'était pas le déshonneur, et il restait encore assez de succès à l'actif de leur histoire militaire.

---

(1) *Exposé des Opérations des Armées allemandes*, par le major Blume, page 16.
(2) *Idem*, page 14.

— 469 —

Donc la guerre était finie. Nous étions vaincus. Nous n'avions plus d'armée...

Dès lors, comment se fait-il que la lutte ait repris avec une intensité nouvelle?

C'est que les Prussiens nous faisaient une guerre qu'ils ne voulaient pas clore par un traité de paix ordinaire, ainsi que cela se pratique entre adversaires loyaux qui viennent de se mesurer suivant les us des gens civilisés. C'est qu'ils voulaient nous imposer « *une paix désavantageuse* ». L'histoire nous dira plus tard toutes les énormités que renferme cette simple expression du major Blume; provisoirement, nous estimons qu'il a voulu dire : « *déshonorante.* »

C'est que M. de Bismarck, qui avait entraîné l'Allemagne, était, à son tour, entraîné par elle et ne pouvait plus s'arrêter en chemin. Il avait surexcité d'immenses appétits qui réclamaient en pâture la tête de l'ennemi gisant à terre, et il se sentait poussé vers Paris, par cette force irrésistible qui précipite les pas d'Isaac Lakedem. A tout prix, il lui fallait entrer dans Paris, au mépris même des principes les plus élémentaires du droit des gens.

Comment faire?..

Le problème ainsi posé, la recherche de la solution n'était de nature à troubler ni le repos ni la conscience du chancelier de la confédération du Nord. Il fit signe aux agents qu'il entretenait dans notre capitale et leur ordonna d'essayer de nouveau le coup manqué le 14 août... Cette fois, l'affaire fut montée

de façon être préservée de tout *raté*. Les allumeurs prussiens enlevèrent vivement les tourbes internationales et il fut procédé avec ensemble à l'assaut du Corps législatif; ce que le major Blume expose ainsi, avec une grande placidité : — « La Régence que Napoléon
« avait laissée, au moment de son départ pour l'armée,
« sous la présidence de l'Impératrice, fut *mise de côté*
« le 4 septembre, par une révolution opérée *sans effu-*
« *sion de sang.* »

Sans effusion de sang! Ces mots ont bien de quoi nous surprendre. Vous plaidez donc, major, les circonstances atténuantes du cas de M. de Bismarck (1)? Pour nous, nous n'avons souci que de celles qui peuvent s'appliquer à nos hommes de septembre. Assuré-

---

(1) Après la bataille de Rezonville, une ambulance française fut coupée de l'armée. Ses membres, parmi lesquels l'abbé Baron, aumônier de l'hôpital militaire du Gros-Caillou, furent conduits au quartier général prussien, et admis en présence du roi Guillaume.

Le roi était alors entouré de MM. de Bismarck, de Roon, de Moltke, etc.

L'un de ces personnages dit aux Français : « Votre pays est dans une triste situation. Vous êtes battus, et rien ne nous empêche plus maintenant d'entrer dans Paris. »

— « Entrer dans Paris! s'écria l'abbé Baron, mais on n'y entre pas comme cela... Paris saura se défendre, croyez-le bien. »

— « Oh! nous avons des intelligences dans la place... Nous y avons de puissants auxiliaires... »

— « Lesquels donc? »

— « La révolution armée, organisée, prête à marcher.... Nous n'avons qu'une étincelle à faire jaillir, et aussitôt, dans votre Paris, la conflagration est générale... »

Les Français n'ajoutèrent aucune créance à ces déclarations impudentes.

ment, ils sont criminels, mais ils n'ont pas été, comme on l'a dit, les complices de l'ennemi. Ils ont été ses dupes, et nous pouvons adoucir l'expression du verdict de condamnation, tout en en maintenant la rigueur.

Cette journée du 4 septembre, pouvait-on l'empêcher? L'autorité était-elle assez forte pour couper le mal en sa racine? Nous le croyons. Certes, nous ne nous sentons aucun goût pour ce genre littéraire qui vit de palingénésies historiques, de dialogues des morts et de prosopopées, mais une hypothèse peut singulièrement prêter à la clarté du développement de notre appréciation. Nous pensons donc que, si le maréchal Pélissier, duc de Malakoff, eût encore été de ce monde et qu'on l'eût nommé gouverneur; étant donnée la situation que l'on connaît, nous pensons que le soleil n'aurait jamais éclairé de 4 septembre, ni par conséquent de 31 octobre, ni de 22 janvier, ni de 18 mars, toutes journées sinistres qui procèdent directement de la première. Partisan des effets moraux, mais non à la manière du général Trochu, le vieux maréchal eût montré quelque peu de cette énergie que les grottes du Dahrâ ont rendue célèbre... et, sur-le-champ, tous les agents de M. de Bismarck rentraient sous terre avec leurs compères de l'Internationale. Il est vrai que le major Blume n'aurait pas pu écrire ces mots aimables : « *sans effusion de sang,* » car le maréchal eût bien été forcé de tuer quelques Prussiens au milieu des sectaires... mais de grands malheurs auraient été épargnés à la France.

Au lieu d'avoir ainsi recours à l'emploi des moyens énergiques, qu'a-t-on fait?

Qu'a fait le général de Palikao?

Qu'a fait le général Trochu?

Le général de Palikao commandait dans Paris, comme il l'a reconnu (1), mais l'effectif des troupes qu'il avait sous la main ne lui semblait pas pouvoir suffire au maintien de l'ordre public (2)... Hélas! nous en sommes convaincu, le général s'est abusé... il était alors assez fort pour mettre à la raison les avocats révolutionnaires. Aucun mouvement, d'ailleurs, ne se fût prononcé le 4 septembre si, à la séance du Corps législatif du 24 août précédent, le député Jules Favre avait été mis en état d'arrestation, à la suite des paroles odieuses qu'il venait de proférer contre l'armée de son pays. Nous avons le droit d'en gémir, le général de Palikao a laissé paralyser son énergie bien connue par des considérations inopportunes de politique humanitaire et d'impuissante légalité.

---

(1) « J'étais le chef du général Trochu, et, pour qu'il comprît bien notre position respective, je la lui rappelai en conseil des ministres. » — « Je ne repris mon portefeuille que sous la condition que le gouverneur de Paris reconnaîtrait l'autorité du ministre de la guerre. » — « Le 3 septembre, il me semble qu'il eût été mieux de la part du général Trochu de venir me trouver pour se plaindre à moi *des ordres directs que j'avais donnés au commandant de la place de Paris.* » — (Un Ministère de la guerre de vingt-quatre jours, *passim.*)

(2) « Si le Gouvernement avait pu supposer qu'une révolution aurait lieu à Paris, en présence de l'invasion étrangère, aurait-il dégarni de troupes la capitale? Son tort fut donc une trop grande confiance que ne méritaient pas les hommes du 4 septembre! »

L'Empire en arrive à la crise dite *de l'effondrement*. Effondrement, soit. Mais, le général de Palikao n'étant plus en scène, quel était le devoir du gouverneur de Paris?

Son rôle, ce nous semble, était nettement déterminé. Le général avait à se souvenir qu'il était gouverneur et à agir simplement, mais énergiquement, en gouverneur. Au lieu de prêter l'appui de son honnêteté proverbiale à l'organisation d'un gouvernement *quelconque*, il avait à soutenir de toutes ses baïonnettes ce qui restait de députés courageux réunis dans la salle à manger du Corps législatif (1), et qui représentaient encore notre malheureux pays. Ces hommes groupés autour de M. Thiers, il avait à les protéger, au lieu de les laisser disperser par le député Jules Favre. Au lieu d'aller *faire du Lamartine* à l'Hôtel de Ville, il eût dû demeurer au Louvre, et de là, maintenir l'ordre, au besoin par la force. Au lieu de tolérer la génération spontanée d'une nouvelle république une et indivisible, il devait réserver l'avenir. Au lieu de prendre la tête d'une bande de conspirateurs, il avait à consulter la France!

Voilà suivant quels principes le général devait tracer sa voie et, s'il le fallait, risquer sa vie. En s'abstenant de tout *pronunciamento* politique, en restant militairement à son poste, en n'écoutant que sa conscience de soldat, le gouverneur pouvait, sinon déjouer, au moins

---

(1) Voyez nos *Préludes du siége*, page 22.

dérouter les projets ténébreux de l'audacieux chancelier de la Confédération du Nord.

Lui aussi, hélas ! le général Trochu a été la dupe de M. de Bismarck.

. . . .

Le siége est imminent. Quel est le rôle de Paris menacé par l'armée du roi de Prusse?

Nous avons déjà mentionné l'opinion de M. Thiers. — « Paris, dit-il (1), n'avait qu'un rôle dans la dé-« fense nationale : c'était de fermer ses portes et d'ar-« rêter l'ennemi autant qu'il le pourrait. » Mais c'est là, ne manque-t-on pas de dire, une appréciation personnelle, étayée uniquement de considérations politiques. Soit. Prenons l'avis d'un militaire expérimenté. — « On sait, dit le général Frossard (2), que, pour la défense d'un État, certaines forteresses doivent être transformées en *grandes places de manœuvres et de dépôt*, par la construction d'une ceinture de forts extérieurs, avancés assez loin pour rendre vaines les tentatives de bombardement. On sait aussi que le choix des emplacements de ces ouvrages doit être déterminé de telle sorte qu'ils puissent servir de points d'appui efficaces et de *jalons*, pour ainsi dire, à des *lignes de bataille* que l'armée nationale viendra occuper pour y attendre l'attaque de l'ennemi. »

— « Ce qu'on n'ignore pas non plus, ajoute le gé-

---

(1) Voyez notre titre Ier, *Préludes du siége*, page 38.
(2) *Rapport sur les opérations de la 2e armée*, page 120.

néral, c'est que l'espace intérieur, protégé par cette ceinture de forts, ne doit devenir un *camp retranché*, un *refuge* que dans des circonstances malheureuses, quand l'armée qui tenait la campagne a été défaite, mise en désordre, et dans un état de désorganisation qui ne lui permet plus de lutter au dehors. »

Eh bien, nous le demandons, dans la situation où se trouvait la France après le désastre de Sedan, Paris devait-il être considéré comme *grande place de manœuvres* ou simplement comme lieu de *refuge*? Le doute n'est pas possible. Paris n'avait qu'une seule chose à faire : fermer ses portes et attendre... attendre la réorganisation des forces nationales, ou plutôt le succès de l'improvisation d'une armée nouvelle, capable de venger celle qui venait d'être anéantie. Nous pouvons donc, tout d'abord, constater que la conduite de Paris dans l'œuvre de la défense nationale a été, de tous points, conforme aux besoins d'une situation que nos malheurs avaient trop bien définie.

Cela posé, croyait-on donc que Paris fût capable de faire une bonne et longue défense sans l'appui d'une armée de secours? La théorie exige impérieusement que l'hypothèse de cette armée ne soit pas un vain mot, et nous ne sommes ici que l'écho des Prussiens eux-mêmes. — « *Une armée française*, dit l'auteur des *Con-« sidérations* (1), concentrée au sud-ouest de Paris, entre

---

(1) *Considérations sur les défenses naturelles et artificielles de la France, en cas d'une invasion allemande.* — Berlin, 1867.

« Versailles et Saint-Germain, couvrira les flancs sud
« et ouest de la capitale. — Cette *armée de secours* et
« les voies ferrées dont elle est maîtresse assureront à
« la garnison des approvisionnements en vivres et
« munitions, ainsi que les arrivées de troupes fraîches.
« Les défenseurs ne garderont que faiblement les
« fronts sud et ouest de la ville et utiliseront leurs
« forces à la défense du front nord et, principale-
« ment, à l'organisation de grandes sorties qu'ils fe-
« ront coïncider avec les attaques de *l'armée de secours.*
« — Investir Paris comme toute forteresse doit l'être
« d'après les règles de l'attaque, de manière à empê-
« cher tout secours et ravitaillement extérieurs est
« une pure impossibilité si, en dehors de la garnison,
« il existe pour la soutenir une *armée de secours*,
« même faible, commandée par un général entrepre-
« nant. »

— « L'armée de Paris, dit aussi le major Blume, n'avait qu'une chance pour ne pas trouver de notre côté la résistance la plus vigoureuse à ses tentatives de sortie. C'était le cas où *l'une des armées de secours* eût remporté quelque victoire et nous eût forcés de détacher au loin une fraction importante de notre armée d'investissement. — C'était la tâche qui était principalement dévolue à Chanzy, mais sa situation au Mans ne lui permettait plus de venir *au secours* de la capitale. — Faidherbe pouvait, en cas de succès, attirer à lui quelques détachements de l'armée d'investissemment ; mais, ayant à tenir tête à la 1re armée, il était visiblement trop faible pour concourir à la délivrance de Paris » (1).

Le premier besoin de la défense, c'était donc une armée de secours! une armée que, dès le début des hostilités, M. Thiers réclamait avec instance (2); une armée que le gouverneur avait tenté de créer dans Paris même et dont la conception laborieuse ne sut point aboutir; une armée dont le général Ducrot ne pouvait s'empêcher de déplorer l'avortement, provoqué par le désordre des conceptions de M. Gambetta. Eh

---

(1) Ce que le major Blume ne dit pas, c'est que le général Faidherbe attirait effectivement à lui nombre de détachements prussiens provenant de l'armée cantonnée sous Paris. Ce fait se produisit mainte fois, notamment le 19 janvier 1871, jour de la bataille de Saint-Quentin. Le chemin de fer amenait continuellement sur le terrain même de l'action des troupes expédiées à toute vapeur par les soins du quartier général de Versailles. (Voyez *Campagne de l'armée du Nord,* page 64).

Ce que le major ne veut pas dire non plus, c'est que la manœuvre de Bourbaki dans l'Est avait décidé M. de Moltke à distraire de Paris un corps tout entier (le 12ᵉ Fransecki), et que ce corps avait été dirigé à marches forcées sur Nancy. (Voyez notre page 387.)

Que notre armée de l'Est eût eu quelque peu moins de male chance et Paris pouvait être débloqué le 19 janvier.

Confessez de bonne grâce, major, que vous n'étiez pas tranquille le jour de Buzenval.

(2) Voyez notre titre II, *L'organisation de la défense,* page 47.

— « Dans le comité de défense, M. Thiers, M. le général Trochu, M. Jérôme David et moi, nous avons insisté de la manière la plus vive, *je dirai presque les larmes aux yeux,* pour que l'armée du maréchal de Mac-Mahon revînt de Châlons à Paris.

« Nous avions la confiance que, dans ces conditions, Paris aurait pu être indéfiniment défendu. » (*Déposition du général de Chabaud-la-Tour devant la Cour d'assises de la Seine, audience du 28 mars 1872.*)

bien! malgré le néant des armées de secours, Paris a tenu plus de quatre mois!

Le rôle de notre capitale, c'était, nous le répétons, d'*attendre*, en gardant une bonne attitude défensive, et elle était, sous ce rapport, capable de tenir son rôle.

— « On a fait à Paris, dit le général Frossard (1), une enceinte de sûreté et une ceinture de dix-huit forts. Ces forts, sans doute, eussent été établis dans des conditions plus favorables de défense générale, s'ils étaient venus au monde trente ans plus tard, et les emplacements de quelques-uns eussent été mieux choisis; mais ils n'en constituaient pas moins un très-bon camp retranché..... — Que ceux qui, sur ces questions, attribuent aux étrangers tant d'intelligence, d'activité et d'habileté et accusent la France de *routiner sans cesse* veuillent bien nous dire en quel point de l'Europe ils auraient trouvé un camp retranché qui se comportât mieux que celui de Paris. »

Pendant que Paris résistait ainsi, que faisait le commandement de nos forces de province, lequel ne pouvait certainement méconnaître l'étendue de ses devoirs? Il avait dit aux Parisiens assiégés : — « Tenez quelques « semaines et nous vous délivrerons! (2) » Mais ces folles promesses n'accusaient qu'un esprit d'audacieuse présomption. Quel que soit, en effet, le talent d'un

---

(1) *Rapport sur les opérations du 2ᵉ corps.* — Annexe n° 15. — Paris, Dumaine, 1871.

(2) *Proclamation du Gouvernement de la défense nationale*, en date du 5 février 1871.

avocat, doublé de la science militaire d'un ingénieur des mines, il lui est difficile de faire surgir de terre des armées réellement capables de tenir la campagne. Pousser des cris de guerre à outrance, est-ce bien faire la guerre ? C'est se vouer à cette Bellone en démence que la poésie nous représente une torche à la main, les cheveux épars, l'œil en feu et faisant claquer dans les airs son fouet ensanglanté. Ce n'est point invoquer, comme il convient, la déesse qui préside à la sagesse et à l'art des combats ; cette Pallas qu'on n'honore que par l'étude et de longs sacrifices, et que Jupiter lui-même ne put enfanter qu'en soumettant sa tête au coup de hache.

Le sol de la France est si fécond qu'il donna pourtant des soldats, dès qu'il fut frappé du pied de l'avocat qui venait de se tailler un manteau de dictateur. On vit de toutes parts surgir des légions. — « C'est par des prodiges, écrivait-on aux défenseurs « de Paris (1), que la France a créé de vastes armées « qui ont pu tenir la campagne, vivre au milieu de « l'hiver, et se battre contre les légions aguerries de « l'envahisseur. Ces masses d'hommes peuvent fati- « guer l'ennemi, l'user en détail et, à force de souf- « frances, lui infliger à lui-même les plus dures « épreuves. Mais, à moins d'une immense supériorité « numérique, il leur faudra essuyer plusieurs défaites « avant de savoir le vaincre. Elles l'apprendront, mais,

---

(1) Lettre du comte de Paris, du 17 janvier 1871.

« en attendant, elles n'avancent sur la route de Paris
« que pour reculer ensuite. *Tout dépend donc du temps*
« *que Paris pourra durer*..... »

Hélas! au moment où il recevait cet avis *in extremis*, Paris durait déjà depuis plus de quatre mois. Il supportait les plus grandes souffrances (1); il était épuisé, et l'un de ses plus glorieux défenseurs allait bientôt écrire (2) :

— « A bout de vivres, enserrés dans un cercle de fer que les efforts les plus énergiques n'ont pu rompre, *sans espoir d'être secourus,* nous avons dû cesser une lutte qui désormais ne pouvait aboutir qu'à un affreux désastre..... »

Paris ne pouvait plus *attendre*..... mais il avait amplement fait son devoir, pendant que des insensés gaspillaient les forces vives de la France (3).

---

(1) — « Le siège de Paris a duré quatre mois et douze jours; le bombardement, un mois entier. Depuis le 15 janvier, la ration de pain est réduite à 300 grammes; la ration de viande de cheval, depuis le 15 décembre, n'est que de 30 grammes. La mortalité a plus que triplé. Au milieu de tant de désastres, il n'y a pas eu un seul jour de découragement. »
— « Paris s'est résigné aux privations les plus cruelles. Il a accepté la ruine, la maladie, l'épuisement. Pendant un mois, les bombes l'ont accablé, tuant les femmes, les enfants. Depuis plus de six semaines, les quelques grammes de mauvais pain qu'on distribue à chaque habitant suffisent à peine pour l'empêcher de mourir. »
(*Proclamations du Gouvernement de la défense nationale,* des 28 janvier et 5 février 1871.)

(2) Lettre du général Ducrot au préfet de la Nièvre.

(3) Lettre du général Ambert à M. Gambetta, ministre de l'intérieur, datée de Lanzac, 6 février 1871.

Ces hommes sont jugés. — « Ils ont, dit le général
« Ambert (1), partout semé la division, détruit la con-
« fiance et immolé notre malheureuse France à leurs
« appétits ambitieux. Complices de l'Allemagne, ils
« ont amené nos défaites successives. Leur arrogante
« nullité, leurs prétentions grotesques ont porté le dé-
« couragement dans toutes les provinces. » Aux lieu et
place de ces impuissants faiseurs, il eût fallu voir à la
tête de nos forces de province un homme de guerre,
de sens droit et de main vigoureuse; mais un tel
homme, quand il se révélait, tombait promptement *en
disgrâce*, car les amis de M. Gambetta ne pouvaient
souffrir qu'on osât attenter au dogme de leur pouvoir
sans limite et de leur liberté capricieuse.

On sait ce qu'il est advenu des écarts de ces imagi-
nations entraînées par une ambition que déguisait assez
habilement un semblant de patriotisme en délire (2). Les
pharmaciens à plumets, les journalistes en bottes fortes,
les intendants fantaisistes issus de la basoche, tous les
guerriers d'opéra-comique ne tardèrent pas à s'éva-
nouir... et force fut, dès lors, d'en revenir aux vrais militaires. Mais ceux-ci ne se souciaient plus de subir les

---

(1) Lettre à M. Gambetta, datée de Lanzac, 6 février 1871.
(2) — « La direction de cet admirable mouvement national était
« confiée à des personnes dont le nom était devenu retentissant, mais
« comment? à force d'intrigues et de charlatanisme. Oui, toutes ces
« vies précieuses, tous ces braves enfants du pays ont été sacrifiés à
« des intrigants et à des charlatans. » (Discours de M. Jean Brunet
à l'Assemblée nationale, séance du 8 mars 1872.)

fantaisies d'un quartier général obéissant à des gouvernants sans valeur. C'est ainsi que le général d'Aurelle de Paladines, sollicité de reprendre du service, répondit au ministre de l'intérieur et de la guerre (1) :

« J'ai eu l'honneur de recevoir votre lettre par exprès. Je place mon pays avant tout et, malgré les déboires et les dégoûts dont j'ai été abreuvé, je suis prêt à reprendre le commandement d'un corps d'armée. Mais je ne veux tenir ce commandement que d'un gouvernement régulier, dont le premier acte aura été de faire passer en jugement les ambitieux et les incapables qui ont perdu la France ! »

Tous les insuccès, d'ailleurs, ne doivent pas être portés au passif de la délégation du gouvernement de la défense nationale. Il faut dire, afin d'être juste, que nos armées naissantes furent bientôt paralysées par le fait de la chute prématurée de Metz, de Metz qui devait demeurer *place de manœuvres* et se garder de devenir *refuge*; qui devait rendre à l'armée du Rhin la liberté de ses mouvements, au lieu de l'absorber; et la vivifier, au lieu de l'éteindre. Metz avait à conserver son indépendance et à résister, ainsi que l'a fait Belfort, jusqu'à la dernière extrémité (2). Si ce rôle avait été bien com-

---

(1) Cette lettre est datée de Belley, 11 janvier 1871.
(2) Le siége de Belfort a duré cent-trois jours, et sa glorieuse résistance met en lumière l'incalculable valeur d'une place qui veut se donner la peine de tenir. Cette place peut sauver le pays ! Ici l'exemple est saisissant

L'armée de l'Est, sous les ordres du général Bourbaki, se dirigeait sur la trouée de Belfort ; elle était maîtresse de toutes les routes qui,

pris et rempli, la 2ᵉ armée allemande (Frédéric-Charles) eût eu sur les bras assez d'adversaires sérieux pour ne point songer à inquiéter nos jeunes troupes de la Loire (1).

---

entre le Jura et les Vosges, mènent à Belfort et à Montbéliard. Les Prussiens, qui firent mine de défendre le passage de l'Oignon, furent d'abord repoussés à Villersexel et à Lure. Si le gros des masses françaises s'était porté de là sur la route de Lure, à Frahier, à Chenevier, puis à Chalonvillars, il est plus que probable que l'armée de l'Est eût été victorieuse.

— « Malheureusement, disent les auteurs de la *Défense de Belfort* (Paris, Lechevalier, 1871), les efforts de l'armée de l'Est ne furent pas dirigés ainsi. Ils portèrent plutôt sur Montbéliard, et furent successifs sur les divers points de la ligne de défense des Allemands.

« Néanmoins, nous avons touché la victoire et mis l'ennemi à deux doigts de sa perte.

« Nos soldats, en effet, entrèrent à Montbéliard. Un effort de plus pour passer... et toute la ligne de défense des Prussiens, prise à revers, tombait. — C'en était fait de cette armée ennemie qui essuyait un désastre comparable au nôtre à Sedan, et perdait tout son matériel de siége.

« L'armée de l'Est gagnait ensuite les Vosges, menaçant les communications de la grande armée prussienne, et provoquait, sans coup férir, le déblocus immédiat de Paris et la retraite des Prussiens, poursuivis par nos armées, jusqu'en Champagne et en Lorraine.

« La France était probablement sauvée. »

(1) Veut-on savoir ce que les Prussiens pensaient de l'importance des fortifications de Paris et de Metz, et des relations forcées qui faisaient du sort de chacune de ces places une *fonction* bien déterminée du sort de l'autre? Qu'on lise attentivement ces quelques extraits du *Jahrbücher für die deutsche Armee und Marine* :

« Lorsque, au mois d'août 1870, les armées allemandes franchirent la frontière française, nous pûmes lire, affichée dans toutes les communes, une proclamation qui prescrivait à tous les habitants de venir se réfugier dans la place de Metz et n'exigeait d'eux que quarante jours de vivres. Si l'on eût, au contraire, expulsé de la place toutes les bouches inutiles et fait saisir, sans ménagement aucun,

Quoi qu'il en soit, il est constant que, sans armée de secours, sans soutien, sans espoir, Paris a su tenir cent trente-cinq jours ! Le camp retranché a donc fait son devoir puisqu'il a empêché les Prussiens de forcer notre capitale. Les Parisiens se sont donc bien conduits, puisqu'ils ont donné l'exemple d'une énergie morale à laquelle l'ennemi lui-même a été le premier à rendre hommage (1). Les défenseurs ont donc le droit de dire avec le général Ducrot (2) :

« Lorsque les passions seront calmées, et que les faits seront mieux connus, l'histoire nous rendra justice ; elle dira ce qu'il y a eu de grandeur et de dévouement dans cette défense à outrance d'une grande

---

les vivres qui se trouvaient encore en grande quantité dans les environs de Metz ; si l'on eût complété les approvisionnements en se servant, sur une grande échelle, des chemins de fer belges et luxembourgeois, Metz eût pu, *en octobre*, résister pendant plusieurs mois encore, et *il est possible que la guerre se fût alors dénouée tout autrement.* »

— « Si Metz avait tenu trois ou quatre semaines de plus, *Paris n'eût pu être investi, ni assiégé, ni au sud ni à l'ouest.* Comme on n'aurait pas eu de troupes en nombre suffisant à opposer à l'armée de la Loire, il n'y aurait eu d'autre parti à prendre que d'abandonner une portion du parc de siége et d'aller prendre, à l'est de Paris, une position d'observation où l'on eût livré une bataille décisive. »

— « Chacun sait quelle influence ont exercé sur la marche tout entière des opérations les fortifications de Paris et de Metz. Ces deux places n'ont été vaincues que par la famine. Les fortifications de Paris étaient encore parfaitement défendables, comme l'a, du reste, suffisamment prouvé la Commune de Paris, ce tragique épilogue de la guerre. »

(1) Proclamation du Gouvernement de la défense nationale, du 28 janvier 1871.
(2) Lettre du général au préfet de la Nièvre, de février 1871.

capitale qui comptait plus de deux millions d'habitants et un bien petit nombre de soldats ! »

Et avec le général Susane (1) :

« La France se souviendra de ce que Paris a fait
« pour elle. Elle se souviendra que Paris, par sa vi-
« rile résolution, par son énergique attitude, a tenu,
« pendant plus de quatre mois en échec l'Allemagne
« tout entière, reconquis l'honneur de la patrie com-
« promis au début de la guerre, et écrit une des plus
« magnifiques pages de son histoire. »

Et, sur les architraves de ses édifices restitués, Paris renaissant de sa cendre écrira de nouveau sa fière devise :

« *Fluctuat nec mergitur.* »

A laquelle les Prussiens voudront bien nous permettre d'ajouter :

« *Merses profundo, pulchrior evenit* » (2).

FIN.

---

(1) L'artillerie avant et depuis la guerre. — Paris, Hetzel, 1871.
(2) *Horace* (*Odes*, liv. IV, od. III, v. 65).

APPENDICE A.

De la marche des Prussiens sur Paris.

Nous avons exposé, pages 33-35, les circonstances principales de la marche des Prussiens sur Paris, ou du moins celles qui parvenaient alors à la connaissance des défenseurs préoccupés de leurs préparatifs de résistance. Pour plus de détails, il convient de consulter le chapitre II de l'ouvrage déjà cité du major Blume, lequel a pour titre : « *Marche de la IIIe armée et de l'armée de la Meuse de Sedan sur Paris.* »

APPENDICE B.

Du service de santé.

Nous avons parlé, pages 111 et suivantes, des éminents services rendus pendant le siége par les sociétés hospitalières, la *Société française*, l'*Internationale*, les *Ambulances de la Presse*, etc. Les limites du cadre de notre livre ne nous permettaient pas de faire davantage.

L'histoire des ambulances vient, d'ailleurs, d'être écrite en tous détails et nous devons signaler les intéressantes monographies signées de MM. Cochin et Piedagnel. L'ouvrage du regretté M. Cochin a pour titre : *Le Service de santé des armées avant et pendant le siége de Paris*; celui de M. Piedagnel : *Les Ambulances de Paris pendant le siége*, Paris, Maillet, 1871.

APPENDICE C.

Des pigeons-messagers.

Nous avons mentionné, pages 149 et suivantes, l'usage qu'on a fait des pigeons pendant le siége de Paris et rappelé que cet usage remonte à la plus haute antiquité. De tout temps, en effet, le vol des oiseaux servit à éclairer la marche et la navigation de l'homme.

C'est une corneille et une colombe qui apprennent à Noé la fin du déluge, alors que son navire mouille à l'aplomb du mont Ararat (1). C'étaient également des oiseaux qui, au temps d'Alexandre, éclairaient et guidaient

---

(1) — « Noé envoya un corbeau qui allait et revenait jusqu'à ce que les eaux eussent disparu de la terre.
— « Et après, Noé envoya aussi une colombe, pour voir si les eaux ne s'étaient point retirées de la face de la terre.
— « Mais, comme celle-ci ne trouva pas où poser le pied, elle retourna vers lui dans l'arche; car les eaux étaient sur toute la terre. Noé tendit la main, la prit et la remit dans l'arche.
— « Et, après avoir attendu sept autres jours, il envoya de nouveau la colombe hors de l'arche.
— « Mais elle vint à lui vers le soir, portant à son bec un rameau

les mouvements des caboteurs de l'Inde et de l'île de Ceylan (1). Belon rapporte que les Egyptiens entretenaient aussi, à bord de leurs vaisseaux, des pigeons qu'ils lâchaient quand ils arrivaient en vue des côtes, afin d'annoncer leur retour. De l'Egypte cette coutume passa en Crète, à Chypre et dans toutes les îles de l'archipel.

Sur terre, les Romains éclairaient la marche de leurs légions au moyen d'employés militaires qui consultaient le vol des oiseaux (2). On cite le centurion Phosus qui lâchait un pigeon (*columba*) et jugeait d'après le calme et la régularité du vol qu'il n'y avait point de rassemblements ennemis à redouter sur les points au-dessus desquels le pigeon planait sans inquiétude.

De bonne heure aussi, les Romains employèrent les pigeons en qualité de messagers. Le 21 décembre 1870, M. Egger signalait à la *Société des antiquaires de France* deux passages d'auteurs latins constatant que, dès l'an 43 avant J.-C., les pigeons voyageurs étaient employés comme messagers dans les villes assiégées. Les textes dont il s'agit se rapportent au siége de Modène. Pline nous apprend que, par le moyen de ces oiseaux, les assiégés

---

d'olivier aux feuilles vertes; Noé comprit donc que les eaux s'étaient retirées de la face de la terre.

— « Et il attendit encore sept autres jours, et il envoya de nouveau la colombe qui ne revint plus vers lui. »
(Genèse, VIII, 7-12.)

(1) — « Siderum in navigando nulla observatio. Septentrio non cernitur : sed volucres secum vehunt, emittentes sæpius, meatumque earum terram petentium comitantur. »
(*Pline, Hist. nat.*, VI, xxiv).

(2) Ces employés militaires avaient reçu le nom d'*augures*. Ils consultaient aussi le chant de certains oiseaux. — Voyez Pline (*Hist. nat.*, X, xxii).

communiquaient avec le camp des consuls. D'après Frontin, le consul Hirtius se servait également de pigeons pour envoyer ses réponses à Decimus Brutus (1).

Voyez dans le *Journal des sciences militaires*, numéros de mars et avril 1872, *Les Pigeons-messagers dans l'art militaire*, du commandant du Puy de Podio.

APPENDICE D.

Des ballons dirigeables.

Nous avons écrit, page 155, que M. Dupuy de Lôme reçut, pendant le siége, mission de construire des ballons dirigeables d'un modèle conforme à celui qu'il avait conçu

---

(1) Voici le texte des passages cités :

— « Quin et internuntiæ in rebus magnis fuere (columbæ) epistolas annexas earum pedibus obsidione Mutinensi in castra consulum Decimo Bruto mittente. »

Pline (Hist. nat., X, LIII).

— « Idem (Hirtius) columbis, quas inclusas ante tenebris et fame adfecerat, epistolas setâ ad collum religabat, easque a propinquo in quantum poterat, mœnibus loco emittebat. Illæ lucis cibique avidæ altissima ædificiorum petentes excipiebantur a Bruto qui eo modo de omnibus rebus certior fiebat : utique postquam disposito quibusdam locis cibo columbas illuc devolare instituerat. »

Frontin (Stratag. III, XIII, 8).

— Voyez aussi *la Poste aérienne pendant le siége de Paris*, du commandant du Puy de Podio, dans le numéro d'avril 1872 du *Journal des Sciences militaires*. Ce document permet de compléter et de rectifier ce que nous avons dit des ballons pages 152-154.

et que le siége se termina avant qu'il fût intervenu de solution. C'est ce que rappelle lui-même M. Dupuy de Lôme en un rapport qu'il vient de présenter à l'Institut.

« Le 29 octobre 1870, expose le savant ingénieur maritime, durant le siége de Paris, le gouvernement de la Défense nationale me chargea de faire exécuter pour le compte de l'État un aérostat dirigeable, conformément aux vues que j'avais exposées, touchant cet objet, à l'Académie des Sciences dans la séance tenue le 17 du même mois.

« J'acceptai cette mission, après m'être assuré le concours d'un savant aéronaute, M. Yon, et celui de M. Zédé, ingénieur de la marine, qui, depuis longues années, a partagé mes travaux. Je ne me dissimulais pas les difficultés que je pourrais rencontrer dans la construction d'aérostats, basée sur des idées nouvelles et avec les ressources restreintes que pouvait offrir une ville assiégée. Nous espérions cependant réussir assez à temps pour que nos travaux pussent être utilisés.

« Nous n'eûmes point cette satisfaction.

« Encouragé, après le siége, à continuer mes essais dans l'intérêt de la science, je me remis à l'œuvre aussitôt que possible et les opérations nécessaires étaient commencées lorsque les événements qui suivirent le 18 mars me forcèrent à un nouvel ajournement.

« Dès que le rétablissement de l'ordre me le permit, je fis reprendre les travaux, d'abord dans un hangar situé à Vincennes et appartenant à M. Yon, puis au Fort-Neuf de Vincennes.

« Toutes mes dispositions étant prises, le Ministre de

l'instruction publique nomma une commission destinée à constater la remise de mon appareil à l'État et à présider l'expérience qui allait en être faite. »

L'expérience dont il est ici fait mention eut lieu le 2 février 1872. Quatorze personnes, parmi lesquelles MM. Dupuy de Lôme, Zédé, Yon et Dartois, avaient pris place à bord de la nacelle. Partis de Paris à 11 heures du matin, les voyageurs atterrirent, vers 3 heures, sur le territoire de Mondécourt, à 17 kilomètres de Noyon. Ce voyage aérien, heureusement accompli, a péremptoirement démontré que le nouvel appareil jouit d'une stabilité parfaite; qu'il obéit convenablement au propulseur et au gouvernail; enfin, qu'il est capable de prendre une vitesse considérable dans une direction donnée.

Le grand problème de la navigation aérienne semble donc, dès aujourd'hui, résolu. C'est au fait du long blocus de Paris que nous devons la réalisation des projets de M. Dupuy de Lôme, et le beau succès de l'éminent ingénieur peut, jusqu'à certain point, nous consoler de nos désastres.

Voyez les *Ballons au siége de Paris* (Colburn's united service Magazine, décembre 1871), et le n° 6 des Comptes rendus de l'Académie des Sciences, 1872.

APPENDICE E.

De l'emploi de la dynamite.

Au début du siége, il fut institué, sous le contrôle du ministère de l'instruction publique, un *Comité spécial* chargé d'étudier les meilleurs procédés de préparation de la dynamite et d'en expérimenter le mode d'emploi.

Bientôt après, le ministère des travaux publics en ordonna la fabrication en grand et il fut créé, à cet effet, deux usines : l'une, aux Buttes-Chaumont; l'autre, à la Villette. On réquisitionna la glycérine dans toutes les fabriques de chandelles et de bougies; on se procura, sans difficulté, des acides nitriques en quantité suffisante, et la cendre du charbon de Boghead fut prise pour base de la dynamite, c'est-à-dire comme matière absorbante de la nitro-glycérine.

Les deux usines ne furent complétement outillées que vers la fin du mois de novembre; mais elles purent, dès cette époque, obtenir une production quotidienne de 330 kilogrammes de dynamite, ou poudre Nobel, représentant comme force la valeur de 2,200 kilogrammes de poudre de mine ordinaire.

On essaya aussitôt la nouvelle substance qui fut successivement employée au chargement de projectiles creux ; à la mise hors de service de pièces d'artillerie; à l'abatage de gros arbres; au bris de plaques de blindage en fer laminé de 0^m05 d'épaisseur et de barres de fer forgé de

0^m12 d'équarrissage; à la démolition de diverses maçonneries.

La dynamite fut encore utilisée pendant le siége pour la rupture des glaces. Vers la fin de décembre, plusieurs canonnières de la flottille de la Seine furent prises et immobilisées dans une position où elles étaient exposées au feu de l'ennemi sans pouvoir rendre aucun service. Les glaces furent brisées sur une étendue de plus de deux kilomètres, et les canonnières dégagées purent aussitôt reprendre l'offensive.

Enfin, la dynamite fut appliquée en grand à la pêche fluviale. Quelques cartouches suffisaient pour tuer, dans un rayon considérable, une grande quantité de poissons qui apparaissaient aussitôt à la surface de l'eau.

En résumé, les expériences faites pendant le siége de Paris ont mis en évidence toutes les propriétés de la dynamite et démontré que cette substance peut rendre de grands services à l'art militaire, à raison de la rapidité qu'elle permet d'apporter à la destruction des obstacles.

Nous avons dit, page 72, qu'une compagnie de canonniers volontaires dynamiteurs fut formée à Paris, par arrêté du gouverneur du 15 janvier 1871. Elle était placée sous les ordres de M. l'ingénieur civil Brüll qui, le 27 janvier 1872, a fait au fort de Montrouge, en présence de l'Empereur du Brésil, de nouvelles expériences tendant à prouver que la dynamite doit être considérée comme une substance précieuse à la guerre.

On peut consulter à ce sujet :

L'*Engineering*, mai 1871 ; — Le *Journal polytechnique de Dingler*, juillet 1871 ; — Le *Bulletin de la réunion des officiers*, n^{os} des 18 et 25 novembre 1871 ; — *De la dyna-*

mite et de ses applications pendant le siége de Paris, Paris, Tanera, 1871 ; — Le Compte rendu de la séance de l'Académie des sciences du 30 octobre 1871.

APPENDICE F.

De l'investissement.

Le chapitre premier de notre titre III, pages 262-276, a été tout entier consacré à l'exposé des opérations d'investissement, exposé qui ne pouvait relater et ne relate en effet d'autres incidents que ceux qui parvenaient alors à la connaissance de l'assiégé. Le lecteur qui voudrait réunir des données précises touchant l'ensemble de ces opérations préliminaires du siége devrait lire en entier le chapitre IV, *Investissement de Paris*, de l'ouvrage déjà cité du major Blume.

APPENDICE G.

Notice bibliographique.

Salicis, capitaine de frégate. — *Étude sur le siége de Paris.* — Paris, librairie de l'École et de la Sorbonne.

Rustow. — *Guerre des frontières du Rhin*, 1870-71, traduct. Savin de Larclause. — Paris, Dumaine, 1872.

Blume (major). — *Les Opérations des armées allemandes depuis le combat de Sedan jusqu'à la fin de la guerre.*— Traduction Costa de Serda.—Paris, Dumaine, 1872.

Cousin de Montauban (général). — *Un ministère de la guerre de 24 jours.* — Paris, Plon, 1871.

Trochu (général).—*Une page d'histoire contemporaine.*—Paris, Dumaine, 1871.

Susane (général). — *L'Artillerie avant et depuis la guerre.*— Paris, Hetzel, 1871.

Louis Reybaud. — *La Marine au siége de Paris.* — Revue maritime et coloniale, août 1871.

Un officier attaché au …ᵉ secteur.— *Le Siége de Paris.* — Spectateur militaire, août, septembre, octobre 1871. — Paris, Delagrave.

Bulletin de la réunion des officiers. — Collection de 1871-1872.

Journal officiel. — Collection de juillet 1870 à mars 1871.

L. Fleury. — *Occupation et bataille de Villiers-sur-Marne.*— Paris, Lacroix, 1871.

De Grandeffe. — *Mobiles et volontaires de la Seine pendant la guerre et les deux siéges.*—Paris, Dentu.

De La Roncière Le Noury (amiral).—*La Marine au siége de Paris.* — Paris, Plon, 1872.

L. Veuillot. — *Paris pendant les deux siéges.* — Paris, Palmé.

Spectateur militaire hollandais, 1871, cah. 10. — Quelques mots sur le rôle de Paris pendant la guerre de 1870-71.

Fernand Giraudeau. — *La Vérité sur la campagne de 1870.* — Marseille, 1871.

Vinoy (général). — *Le Siége de Paris.* — Opérations du 13e corps et de la IIIe armée. — Paris, Plon, 1872.

Annenkow. — *La Guerre de 1870 et le Siége de Paris.* — Paris, Librairie centrale.

Un officier d'état-major. — *Le Siége de Paris par les Prussiens.* — Paris, Degorce-Cadot.

Lorédan Larchey. — *Mémorial illustré des deux siéges de Paris.* — Paris, librairie du *Moniteur universel*, 1872.

Ch. Yriarte. — *Les Prussiens à Paris.* — Paris, Plon, 1871.

Le Moniteur Prussien de Versailles. — Paris, L. Beauvais.

Roux. — *La Poudre pendant le siége de Paris.* — Annales du génie civil, novembre 1871.

Borrego. — *Le Général Trochu devant l'histoire*, trad. Gerdebat. — Paris, Maillet 1871.

Bellier de Villiers. — *Siége de Paris, le cinquième secteur.* — Paris, Bachelin-Deflorenne, 1871.

Georges d'Heylli. — *Journal du siége de Paris.* — Paris, Librairie centrale.

Le Figaro. — *Le Siége de Paris*, tablettes au jour le jour.

Fuzier-Herman. — *La Province au siége de Paris.* — Paris, Dumaine, 1871.

Le Gaulois. — *Le Journal du siége de Paris.*

Viollet-le-Duc. — *Mémoire sur la défense de Paris.* — Paris, Morel, 1871.

Viollet-le-Duc. — *Simple dialogue.* — Paris, Morel, 1871.

Henri Dichard. — *La Première affaire du Bourget.* — Paris, Mauger-Capart et Cie, 1871.

G. Richardet. — *L'Affaire du Bourget* dans le *National*, numéros des 31 octobre et 1er novembre 1871.

Elsholz. — *Le Bourget.* — Berlin, Schropp, 1871.

Ozou de Verrie. — *Les Trois journées du Bourget.* — Paris, Rouquette.

*** — *De la Dynamite et de ses applications pendant le siége de Paris.* — Paris, Tanera, 1871.

Colburn's united service magazine, décembre 1871. — *Les Ballons au siége de Paris.*

Commandant du Puy de Podio. — *Les Pigeons-messagers.* — Journal des sciences militaires, numéros de mars et avril 1872.

Augustin Cochin. — *Le Service de santé des armées avant et pendant le siége de Paris.*

Piédagnel. — *Les Ambulances de Paris pendant le siége.* — Paris, Maillet, 1871.

F. Sarcey. — *Le Siége de Paris, souvenirs et impressions.*

T. Colonna-Ceccaldi. — *Lettres militaires du Siége de Paris.* — Paris, Plon, 1872.

H. de Sarrepont (major).—*Le Bombardement de Paris par les Prussiens*, en 1871.—Paris, Firmin Didot, 1872.

Die Belagerüng von Paris. — Chapitre XII, de l'ouvrage intitulé : *Militärische Gedanken und Betrachtüngen über den Krieg* 1870-1871. — Mayence, 1871.

Valfrey. —*Diplomatie du Gouvernement de la défense nationale.*

Considérations sur l'armement des puissances belligérantes pendant la guerre de 1870-1871.— Siége de Paris dans le *Mittheilungen über Gegenstande des Artillerie-und-Genie-Wesens.*

Duc de Grammont. — *La France et la Prusse avant la guerre.*

Jules Favre. — *Le gouvernement de la défense nationale.* — Paris, Plon, 1872.

Le Figaro. — *Procès du général Trochu contre le journal le Figaro.* — Paris, Lacaze, 1872.

Ponsinet.— *La Télégraphie militaire.*— *Son rôle pendant le siége de Paris.* — Paris, Dentu, 1872.

Gordon. — *Le Siége de Paris au point de vue de l'hygiène et de la chirurgie.* — Traduit de l'anglais par Decaisne. — Paris, Baillière, 1872.

Un ancien élève d'une école spéciale. — *Travaux d'investissement exécutés par les armées allemandes autour de Paris.* — Paris, Dentu, 1872.

Un officier de marine. — *Histoire critique du siége de Paris*. — Paris, Dentu, 1871.

J. d'Arsac. — *Mémorial du siége de Paris*. — Paris, Curot, 1871.

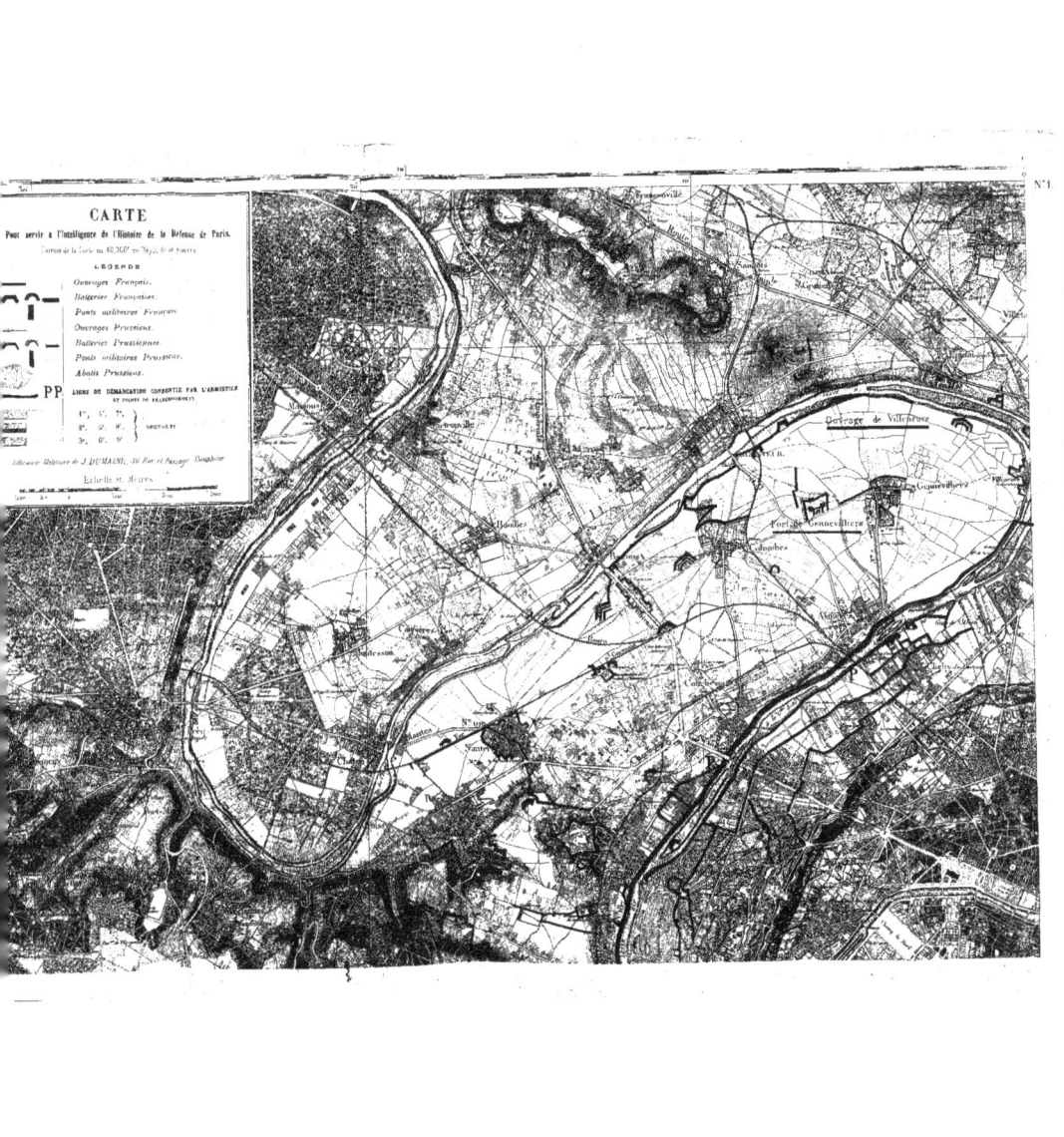

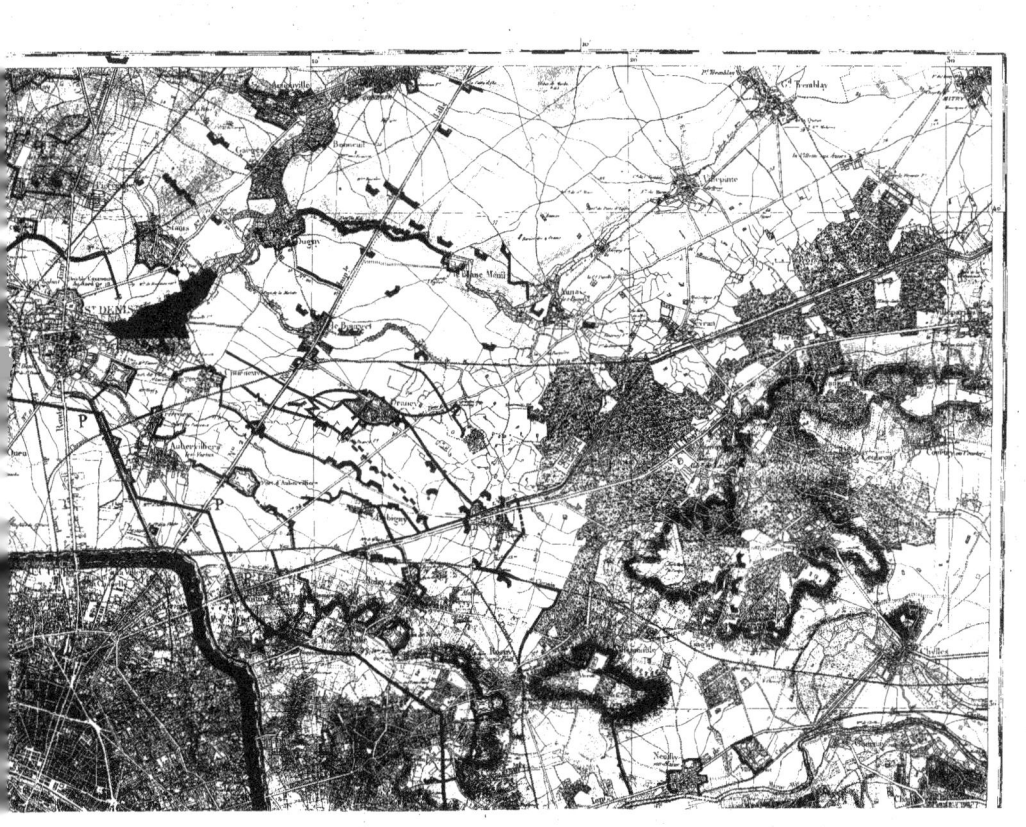

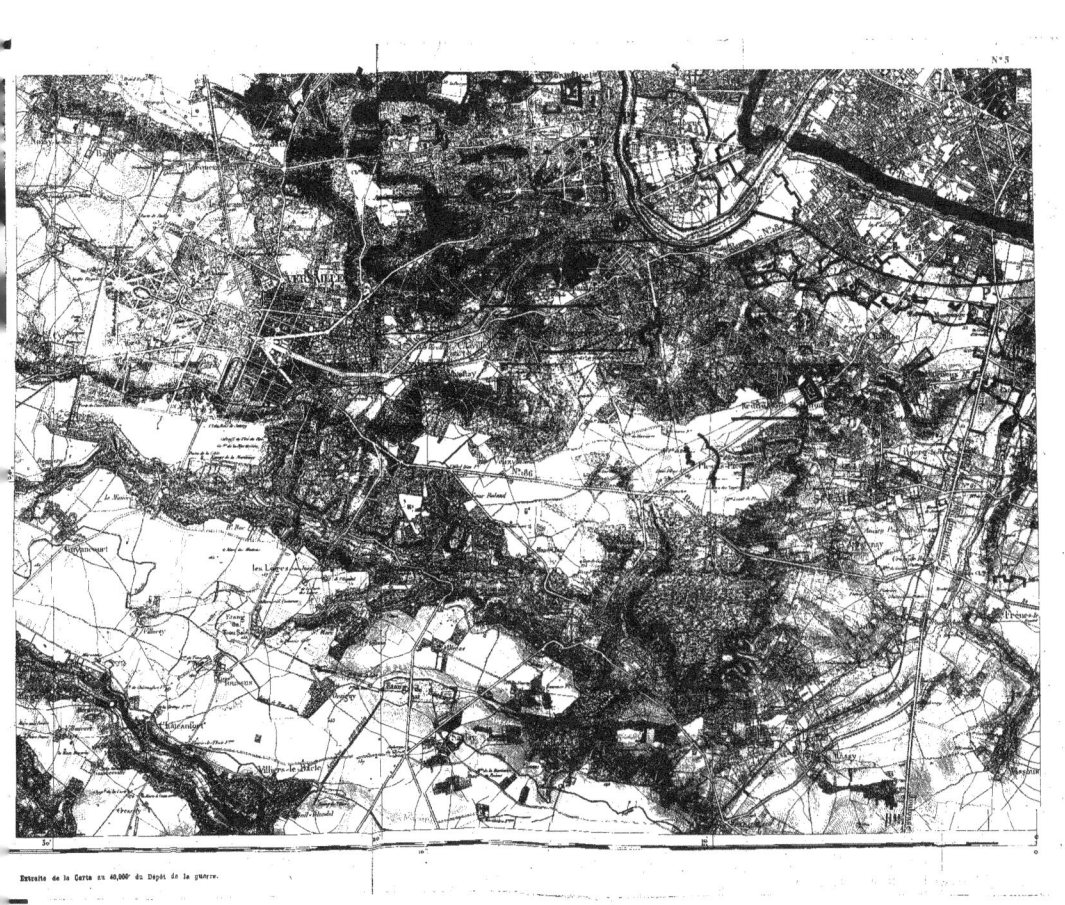

Extrait de la Carte au 40,000ᵉ du Dépôt de la guerre.